SV

Hans Krämer
Integrative Ethik

Suhrkamp

Die Deutsche Bibliothek – CIP-Einheitsaufnahme

Krämer, Hans:
Integrative Ethik / Hans Krämer. –
1. Aufl. – Frankfurt am Main :
Suhrkamp, 1992
ISBN 3-518-58112-0

Erste Auflage 1992

Satz und Druck: Friedrich Pustet, Regensburg
Printed in Germany

Inhalt

Mir selbst zugeeignet

Vorbemerkung

Das seit eineinhalb Jahrzehnten angekündigte Buch reicht in der ersten Konzeption noch viel weiter, nämlich um mehr als die doppelte Zeitspanne zurück. Es ist aus verschiedenen Gründen erst jetzt zu einem Abschluß gelangt, der gleichwohl nur als Zwischenbilanz zu verstehen ist.

Irgendein Zusammenhang – etwa biographischer Entwicklung – mit den Arbeiten des Verfassers zum Platonismus besteht nicht, da diese immer nur historisch, nicht systematisch intendiert waren, während im vorliegenden Buch eine eigene philosophische Position zum Ausdruck kommt.

Für klärende Gespräche sei auch an dieser Stelle gedankt Otto Friedrich Bollnow, der die Publikation leider nicht mehr erleben konnte, Andreas Breuninger, Christina Greiner-Kornher, Heinz Happ, Josef Hohmann, Bernhard Klasing und Gisela Walter-Zimmermann, für eine Durchsicht der Fahnen Margarita Kranz sowie meinem Mitarbeiter Panagiotis Thanassas. Gedankt sei ferner den zahlreichen Studenten, die meine Bemühungen über die Jahre hinweg anteilnehmend oder kritisch begleitet haben.

Tübingen, im Februar 1991 H. K.

1 Moral und Moralphilosophie

Der Buchtitel ›Integrative Ethik‹ steht für einen vervollständigten, nicht-restriktiven und nicht-reduktionistischen Begriff von Ethik, der in sich differenzierbar und dadurch leistungsfähiger ist und der andererseits Probleme, die bisher zwischen Ethischem und Außerethischem bestanden, als ethikinterne Probleme thematisierbar macht. Das gegenwärtig bei den Philosophen vom Fach, aber auch im allgemeinen Sprachgebrauch geläufige Verständnis von Ethik bezieht sich demgegenüber auf einen ganz bestimmten, speziellen Begriffsgehalt: Ethik ist danach die philosophische Theorie von Moral oder Moralen, die angibt, was jedermann verbindlich zu tun oder zu unterlassen hat, und zwar primär in sozialen Bezügen. Diese Auffassung setzt Ethik mit *Moralphilosophie* synonym an, wobei der Unterschied zwischen universaler und gruppenspezifischer Moral, zwischen Moralität und Sittlichkeit vorläufig vernachlässigt werden kann.

Moralphilosophie im heutigen Verstande gibt es streng genommen erst seit dem achtzehnten Jahrhundert. Die entscheidende und am weitesten reichende Zäsur liegt bei Kant, während der gleichzeitig entstehende Utilitarismus eher die Ethik des moralischen Sinnes bei den Engländern weiterführt, also gemessen an Kant vormodern wirkt, auch wenn er sozialethisch zunehmend mit dem Kantianismus konvergiert. Die Profanethik der frühen Neuzeit bis ins achtzehnte Jahrhundert hinein hatte jedoch weitgehend die Grundposition der antiken und mittelalterlichen Ethik weitergeführt, d. h. sie war keine Ethik der unbedingten Verpflichtung und des kategorischen Sollens, sondern Strebensethik wie die ältere philosophische Ethik insgesamt gewesen. Es ist jedenfalls ein Irrtum, irgendwo in der Antike eine derartige Sollensethik zu unterstellen. Nach der Aufklärung der Sophistik mit der kritischen Destruktion der traditionalen Moral konnte die philosophische Ethik nur noch auf das Selbstinteresse des Einzelnen gestellt werden, und von Sokrates an wetteiferten alle Philosophenschulen in dem Bemühen zu zeigen, daß die Anforderungen der Sozietät sich mit den wahren Interessen des Individuums decken, denn nur

so waren sie überhaupt zu rechtfertigen. Die gesamte antike Ethik war darum ausschließlich Strebensethik in dem Sinne, daß es ihr primär um das gelingende Leben des Einzelnen ging, alles weitere erhielt seine Rechtfertigung nur dadurch, daß es in den Dienst dieses Letztziels gestellt wurde. Es gab daher, kantisch gesprochen, keine kategorischen, sondern nur hypothetische Imperative, die vom eigenen Wollen und Streben des Einzelnen her begründet werden mußten. Natürlich waren auch damals in der gesellschaftlichen und politischen Wirklichkeit unbedingte Forderungen bekannt und anerkannt, aber die philosophische Theorie hat im Bann des Begründungszwangs davon keine Notiz genommen. Sie hat vielmehr die Sollensphänomene verdrängt oder in hypothetische Imperative abgeschwächt und umgedeutet. Es ist dies ein empfindlicher Mangel der älteren Ethik, daß sie den Unterschied zwischen Strebens- und Sollensethik grundsätzlich verwischt und verschleiert.
Die nachkantische Ethik gewichtet entgegengesetzt und entwikkelt auf dem Wege eines Paradigmenwechsels das konträre Gegenstück zur älteren Ethik. Sie ersetzt die Monopolansprüche der Strebensethik durch diejenigen der *Sollensethik*, die zunehmend wie selbstverständlich als die Ethik schlechthin angesehen wird, während die Strebensethik entweder explizit aus der philosophischen Ethik ausgebürgert oder ins Abseits des Irrelevanten verdrängt wird. Die Umkehrung der Paradigmen erfolgte jedoch nicht unvorbereitet: Von der spätantiken Patristik an waren in die *theologische* Ethik, die Nachfolgerin der philosophischen in der christlichen Ära, deontologische Elemente eingedrungen. Sie waren allerdings noch zu schwach gewesen, um den strebensethischen Rahmen zu sprengen. Der monotheistische Gott des Christentums war zwar oberster Gesetzgeber und Richter und als solcher Urheber unbedingter Imperative (wie im Dekalog), aber zugleich auch Schöpfer und Erhalter und daher ebenso für die Belange der Erhaltung und Glückserfüllung, also die Anliegen der Strebensethik zuständig. Die Omnipotenz Gottes und umgekehrt die schlechthinnige Dependenz des Menschen von Gott, dem Seinsgrund und Inbegriff der Realitätsfülle, verhinderten deshalb in der christlichen Ära das Herausreflektieren einer *reinen* Sollensethik aus dem komplexen Motivationssyndrom der christlichen

Religion und Theologie. Immerhin gab es vom Beginn der Neuzeit an theologische Ansätze, die die Hingabe an Gott von der Hoffnung auf das Seelenheil zu lösen und auch bei der Gewißheit persönlicher Verdammnis aufrechtzuerhalten suchten (resignatio ad infernum: Luther) oder die in der Nachfolge der Mystik interessenfreie Selbstlosigkeit, Demut und Gehorsam gegenüber Gott unter Absehen von jeder Glückserwartung forderten (Bewegung des amor purus etwa bei Fénelon, auch in der philosophischen Ethik von A. Geulincx). Kant ist – wie nachweisbar später Hegel – vermutlich über den Pietismus von solchen Überlegungen beeinflußt worden (aufschlußreich dafür der Wilmans-Brief im ›Streit der Fakultäten‹: VII 69ff.). Doch erst bei Kant kommt es zu einem konsequenten Bruch mit der philosophisch-ethischen Tradition seit Sokrates, indem moralische Leistung und Lebenserfüllung, die in bloße Glücks*würdigkeit* zurückgenommen wird, durch einen Hiat geschieden und in ein streng synthetisches Verhältnis zueinander gesetzt werden. Damit war in die Ethik die Kategorizität eines reinen Sollens eingeführt. Die imperativische Energie der Sollensethik hat Kant ersichtlich der Moraltheologie entnommen, nicht ohne sie in charakteristischer Weise zu säkularisieren und profanethisch umzudeuten. Dies zeigt der Vergleich mit Ch. A. Crusius (1744/72), dem Kant oft bis ins Detail folgt, nur daß er die Theonomie durch die Autonomie des Vernunftwillens ersetzt und damit die Gewichte der Moraltheologie umkehrt: War die Vernunft bei Crusius Stellvertreter Gottes, so rückt sie bei Kant zum Äquivalent Gottes auf, der seinerseits zu ihrem Satelliten herabgestuft wird. Die bei Kant auftretende profane Sollensethik ist ihrer Genesis nach eine radikalisierte theologische Ethik ohne Theologie, radikalisiert insofern, als sich das durch die Allmacht Gottes gegebene Motivationssyndrom hier endgültig auflöst und ein reines, um seiner selbst willen zu befolgendes Sollen freisetzt. Die Frage, weshalb gerade die von der Theologie sich emanzipierende Profanethik der Aufklärung die Form einer Sollensethik annahm, ist wohl am ehesten so zu beantworten, daß hier, kulturmorphologisch betrachtet, ein Kompensationsmechanismus spielte, der den Säkularisationsschub aufzufangen und das sich damit anbahnende Autoritätsvakuum auszugleichen bestimmt war: In dem Augenblick, da die Moraltheologie in breiteren Volksschichten ihren

Einfluß verlor, übernahm die von ihr emanzipierte Profanethik ihre Funktionen mit. Darin war auch ein Konkurrenzverhältnis gegeben, insofern die Profanethik den Nachweis ihrer äquivalenten Leistungsfähigkeit anzutreten sich erbot und damit zugleich den Tribut für ihre Emanzipation entrichtete. Die philosophische Ethik hat diese in der Aufklärung eröffnete Konstellation bis heute weltweit konserviert, und zwar so gründlich, daß für den Ansatz einer Strebensethik kaum mehr Raum zu bleiben scheint. Das Bedürfnis nach Verbindlichkeit und Unbedingtheit ist jedenfalls bei den Theoretikern von Profession noch immer so groß, daß Orientierungsbedürfnisse anderer Art sich daneben als fast irrelevant darstellen. Die kritische Frage ist demgegenüber angezeigt, ob damit nicht eine exzeptionelle und transitorische geschichtliche Situation über Gebühr perpetuiert und zu einer systematischen Engführung und zu einem Monopolismus verfestigt wurde, obwohl die Säkularisationskrise mittlerweile in einem langfristigen Gewöhnungs- und Anpassungsprozeß verwunden worden ist, wie er für tiefgreifende Bewußtseinsveränderungen typisch zu sein scheint (Heliozentrismus, Deszendenztheorie, Tiefenpsychologie, Historismus, offene Gesellschaft) und der auch in diesem Fall bereits zu Abnutzungs- und Verschleißerscheinungen des Sollens-Paradigmas geführt hat, die das Pendel schon ins Gegenextrem ausschlagen lassen.

Die Wendung zum deontologischen Paradigma hat sich bei Kant nur schrittweise vollzogen (unter Ausgrenzung einer zunächst anerkannten partiellen Analytizität zwischen Vernünftigkeit und Glück in einer apriorischen Glückseligkeit der Vernunft sowie der postmortalen Glückserwartung als Zusatzmotiv) und bis zuletzt wesentliche Bestände der antiken und frühneuzeitlichen Strebensethik bewahrt. Die Grundlagen der kantischen Ethik entstammen in der Tat dem Neostoizismus (Begriffe der Vernunft, Würde, Pflicht; Apathieideal, Vergleichgültigung der Weltgüter) oder Neoepikureismus (hedonistischer Glücksbegriff) der Neuzeit; Einflüsse des (christlichen) Platonismus treten hinzu (Freiheits- und – mittelbar – Autonomiebegriff, bezogen auf das Beisichselbstsein der Vernunft als Glied der intelligiblen Welt). Die Ethik Kants repräsentiert und inauguriert damit insgesamt einen *Mischtypus*, der zwei verschiedene Traditionen zu amalgamieren sucht:

die bis dahin herrschende, mehr oder weniger profane philosophische Strebensethik und die vorphilosophischen, nämlich religiösen und gesellschaftlichen Sollensforderungen, die erst jetzt ins Zentrum der philosophischen Ethik Eingang finden. Man muß dabei den Gesichtskreis über die christliche Moraltheologie, an die Kant primär angeknüpft hat, hinaus erweitern und religionsphilosophisch und -soziologisch generalisierend Religionen als Exponenten von Sozietäten und Kulturen und die Gott-Mensch-Relation als für Intersubjektivität prototypisch betrachten. Dann bieten sich die folgenden typologischen Unterscheidungen an: I. Die konventionelle Sollensmoral geschlossener Gesellschaften, die von der vorgeschichtlich-archaischen Epoche bis zur Gegenwart reicht und noch immer, aber nicht mehr ungebrochen, den Großteil faktisch geltender Normen und Verpflichtungen ausmacht. Die elementare Struktur solcher Gruppenmoralen spiegelt sich in der Neuzeit etwa in den Moraltheorien von Hume, Hegel oder Gehlen. II. Die philosophisch aufgeklärte, soziale Verpflichtungen im Eigeninteresse des Individuums begründende Moralauffassung, die die Ethik von der antiken Sophistik bis zum achtzehnten Jahrhundert bestimmt und die das moralische Sollen der Sache nach weitgehend eliminiert hat. Ein unbedingtes, kategorisches Sollen ist hier deshalb ausgeschlossen, weil es, wie Kant richtig bemerkt (VI 386), eine Überdetermination des originären Selbstverwirklichungsstrebens mit sich brächte. III. Der Mischtypus der neuzeitlichen Aufklärungsmoral, der mit dem Autonomie- und Vernunftprinzip die philosophische Tradition von II fortführt, aber im Gedanken der Selbstverpflichtung das Sollen des Elementartyps I zum wenigsten analogisch-metaphorisch – in einer Art von Über-Sollen – einzuholen und aufzuheben trachtet. Die Aufklärungsmoral verschärft sogar die Sollensforderung, indem sie deren Kategorizität erstmals rein herausarbeitet und ausschließend gegen das Selbstinteresse des Typus II kehrt, während Typus I sich dazu noch indifferent verhalten hatte. Die Ethiktypen II und III stehen sich seither als teleologischer und deontologischer Ethiktypus gegenüber, beide primär philosophischer Herkunft – auch im Universalismus von III – und dadurch vom vorphilosophischen und meist auch vorrationalen Typ I unterschieden.

Indem Kant im Autonomiegedanken den Kern der philosophischen Ethik, die Selbsterhaltung und -verwirklichung der Vernunft, bewahren, andererseits aber das Moment unbedingten Sollens damit verbinden möchte, gelangt er zur Vorstellung einer Selbstverpflichtung, also zu einer internalistischen Moralauffassung. Die Pflichten gegenüber sich selbst gewinnen in der Tat bei Kant einen zentralen systematischen Stellenwert, denn sie fundieren die Verpflichtungen gegenüber anderen Personen. Ein solches kombinatorisches Konzept ist aber mit unüberwindlichen Schwierigkeiten behaftet und erweckt insbesondere begründete Zweifel an der Konsistenz der Theorienbildung. Das ›Ich will‹ und das ›Ich soll‹ können nämlich nicht beide die erste Stelle einnehmen. Wenn das *Wollen* erstbestimmend ist, können nur noch hypothetische, aber keine kategorischen Imperative folgen. Von einem *unbedingten* Sollen könnte dann nur um den Preis einer Bedeutungsverschiebung ins Uneigentliche und Metaphorische die Rede sein. Nähme man dagegen die Unbedingtheit ernst, so führte der Gedanke der Selbstverpflichtung zu einer ineffizienten Zirkularität nach Art einer Münchhausiade: Wozu wir uns selbst verpflichten, wäre vom freien Wollen her jederzeit revidierbar und daher nicht letztverbindlich. Verbindlich kann stricto sensu nur dasjenige Gebot sein, das unserer eigenen Verfügung entzogen ist. Nur dann ist zu einem als nötigend einsehbaren Sollen zu gelangen. Setzt man aber auf Grund dieser Sachlage umgekehrt das Sollen als primär an, wie Kant dies von 1787 an mit dem Hinweis auf das ›Faktum der Vernunft‹ (die ursprüngliche Erfahrung des Verpflichtetseins) tut, dann ist nicht mehr einsehbar, welche Rolle die Selbstbestimmung daneben noch spielen könnte. Der Ethiker steht also vor einem Dilemma: Er muß sich zwischen dem Primat des Wollens oder des Sollens entscheiden. Dann gelangt er im ersten Fall zur traditionellen Strebensethik zurück, im zweiten zum Postulat einer streng deontologischen Ethik, bei der jedoch unklar bleibt, von welcher Instanz denn das Sollen ausgeht, wenn das Eigenwollen als Sollensquelle auszuschließen ist. – Kant hat das Problem recht wohl gesehen und durch einen metaphysischen Dualismus zu lösen versucht, demzufolge der Mensch Bürger zweier Welten sei und als Vernunftwesen das *wolle*, was er als Sinnenwesen *nur solle*. Indessen sind damit die bekannten Verhältnisse der traditionellen Strebensethik, insbesondere des Platonismus, ohne Not umgedeutet, nämlich dramatisierend überinterpretiert. Für die ältere Strebensethik ist es evident, daß Selbstimperative, die vom Vernunftwollen ausgehen, nur hypothetische Imperative sein können – und das mit vollem Recht. Auch wenn wir uns an einer allgemeinen Vernunft orientieren, bedürfen wir, soweit wir uns mit ihr identifizieren, in unserem eigentlichen Wollen keines unbedingten Sollens, und alles weitere Sollen hängt hypothetisch vom eigentlichen Wollen ab; soweit wir uns dagegen von jenem allgemeinen Vernunftwollen ab externo genötigt fühlen (als Sinnenwesen), läuft dies auf einen metaphysischen *Externalismus* des Sollens hinaus, der Selbstbestimmung gerade ausschließt. Das metaphysische Vernunftwollen ist dann nämlich unserem empirischen Selbst von Hause aus ein Fremdes und Äußeres. Diesem zweiten Fall der Alternative nähert sich Kant mit der Version vom ›Faktum der Vernunft‹ an, bei dem nur das Sollen phänomenal bezeugt ist und das Wollen ganz im Hintergrund bleibt. Auch hier ist Kant natürlich auf Selbstbestimmung angewiesen, um heteronome Erklärungen des ›Faktums‹ bis hin zu psychopathologischen Zwangsvorstellungen fernzuhalten. Selbstbestimmung darf aber dann keine bloß postulierte, imputierte oder eingeredete sein, sondern muß ebenso gut phänomenal ausweisbar sein wie das Sollen. Eine unbewußte, nicht in Entscheidungsprozessen greifbare ›Selbstbestimmung‹, die nur hinter unserem Rücken wirksam sein soll, ist widerspruchsvoll und für die Praxis unerheblich. Zum wenigsten muß Sollen in explizites Wollen überführbar sein, andernfalls bleibt es beim *bloßen* Sollen externer und heteronomer Art und wir bewegen uns in einer rein deontologischen Ethik, aus der Autonomie faktisch getilgt oder in ein otium cum dignitate versetzt ist. Wir finden uns also auch unter der Voraussetzung eines metaphysischen Dualismus auf das vorige Dilemma zurückgeworfen: In Kants Konstruktion kommt entweder das Sollen oder das Wollen zu kurz. Nimmt man den Gedanken der Selbstbestimmung ernst, dann läuft das (unbedingte) Sollen leer, nimmt man das unbedingte Sollen als Grunddatum, dann wird Selbstbestimmung fiktiv oder unter der Hand in eine metaphysische Fremdbestimmung verkehrt. Die Fehlerquelle liegt darin, daß die Vorstellung einer kategorischen Selbstverpflichtung widersprüchlich und illusorisch ist. Autonomie und Kategorizität des Sollens schließen einander aus. Der Weg einer internalistischen Moralauffassung, den Kant zu gehen versucht, ist grundsätzlich nicht gangbar und führt dazu, daß die Entdeckung des unbedingten Sollens für die philosophische Ethik wieder verspielt, andererseits aber das Selbstverhältnis des Menschen unnötig belastet wird. Diese Klärung ist von allgemeiner Bedeutung, weil ein Moralinternalismus auch in der Gegenwart in verschiedenen Versionen – auch außerhalb der Tradition des Kantianismus – vertreten wird.

Die Schwierigkeiten internalistischer Moraltheorie lassen sich exemplarisch verfolgen an der Annahme von sogenannten *Pflichten gegen sich selbst*, in denen sich die Selbstbindung konkretisiert. Zur Auflösung diene zunächst ein historisches Argument: Der philosophische Pflichtbegriff entstammt, ob auf »Pflichten« gegen sich selbst, andere oder Gott bezogen, einem strebensethischen Kontext und bezeichnet ein »richtiges, gemäßes Handeln« auf Selbsterhaltung und -verwirklichung hin, also im Status eines hypothetischen Imperativs; erst im achtzehnten Jahrhundert und speziell bei Kant wird er mit einem unbedingten Sollen verbunden. Der gängige Sprachgebrauch hätte aber beim Selbstverhältnis vor einer solchen Verschärfung warnen sollen: Man kann sich selbst so wenig kategorisch verpflichtet sein wie sich etwas versprechen, verzeihen, sich selber dankbar sein oder vor sich selbst entschuldigen. Analysiert man das, was heute semantisch ungeschieden mit Ausdrücken wie Selbstverpflichtung, Sich-selber-etwas-schuldigsein und dergleichen verbunden wird, dann ergeben sich wenigstens *vier* verschiedene Verwendungsweisen: 1.) *Anforderungen*, die man selbst an sich stellt, aber natürlich jederzeit zurücknehmen kann (z. B. bis zum Examen keinen Alkohol zu trinken, nicht tanzen zu gehen usw.). Es ist klar, daß es sich hier um Vorsätze der individuellen Lebensführung mit den zugehörigen hypothetischen Imperativen handelt, die zur Strebensethik und nicht zur Moralphilosophie gehören. 2.) Ähnlich steht es mit Sätzen wie »Ich bin mir etwas schuldig« (z. B. einmal Urlaub zu machen, auszuspannen oder auf meine Gesundheit zu achten) oder »Ich sollte mir etwas gönnen« (z. B. ein gutes Buch zu lesen, ins Theater zu gehen, am Geburtstag eine Flasche Champagner zu trinken usw.): Hier artikuliert sich die Stimme des wahren Selbstinteresses und das Streben nach Selbstverwirklichung und -erhaltung im ganzen, d. h. dessen, was ich eigentlich will, gegenüber weniger wichtigen, peripheren Bestrebungen. Es geht also wieder um eine Selbstklärung auf dem Boden der richtigen Lebensführung, die zur Strebensethik, aber nicht zur Moralphilosophie gehört. 3.) Wieder anders gelagert sind Pflichten gegenüber *anderen in Bezug auf sich selbst*, z. B. wenn ein Familienvater oder Politiker auf sich achten muß, um Verpflichtungen gegenüber seiner Familie oder der Sozietät nachkommen zu können. Dies sind in Wahrheit indirekte Pflichten gegenüber *anderen*, moralisch, aber extern orientiert und nicht primär auf das Selbstverhältnis bezogen. – Davon ganz verschieden sind jedoch 4.) Formen internalisierter Fremdbestimmung, die undurchschaut zur Selbstrepression durch scheinbar objektive Pflichten gegen sich selbst geworden sind. Diese Kategorie ist selbstwidersprüchlich, da sie ein Selbst als fordernde Instanz und als Adressaten von unbedingt geforderten Leistungen fingiert, die von der eigenen Zielsetzung gleichwohl unabhängig sein sollen. Es handelt sich bei solchen vermeintlichen Pflichten gegen sich selbst um stellvertretende Selbstüberwachung im Agentenstatus – pseudomoralisch, da die Außensteuerung verschleiert wird, ja unmoralisch auf Seiten der Einflußnehmenden, von Ausnahmefällen eines begründeten Paternalismus abgesehen (etwa bei Kindern oder geistig Behinderten). Zu solcher verdeckter Fremdbestimmung können bereits fundamentalistisch fixierende Aussagen über »*den* Menschen« gehören, die objektiv festlegen, wie er sein Selbstverhältnis zu gestalten habe. Systematisch gesehen kann es also unbedingte Pflichten gegenüber sich selbst in eigentlicher Bedeutung nicht geben. Das Selbstverhältnis fällt vielmehr – von den unter 3.) aufgeführten Ausnahmen abgesehen – insgesamt in die Zuständigkeit der Strebensethik.

Entsprechendes trifft für den verwandten, aber neuerdings häufiger gebrauchten Begriff der *Selbstverantwortung* zu, bei dem ein mehrfach selbstbezügliches Verantwortungsverhältnis mit der Identität von Subjekt, Objekt (»für«) und Adressat (»vor«) der Verantwortung unterstellt wird. Auch dieser Gedanke ist jedoch illegitim und irreführend. Er ist hervorgegangen aus der Analogiebildung zur angeblichen Selbstverpflichtung und der Sache nach aus einem fehlerhaften Schluß von der Nichtverantwortlichkeit der Anderen auf eine Selbst- oder Eigenverantwortung des Betroffenen für sich selbst. Zugrunde liegt jedoch lediglich der phänomenale Befund, daß der Betroffene für die Folgen seines Handelns oder Nichthandelns selber aufkommen muß, daß er auf eigenes Risiko handelt und darin auf sich selbst gestellt ist, ohne auf andere Personen rekurrieren zu können. Dies einzusehen, ist jedoch nicht Sache moralischer Verantwortung, sondern der Klugheit und einer richtigen, d. h. rationalen und ökonomischen Lebensführung. Auch hier ist nicht die Moralphilosophie, sondern die Strebensethik gefragt, die über die Tatsache des Aufsichselbstgestelltseins aufklärt und ferner dazu anhält, präventives Verhalten einzuüben und Maßnahmen zur Bewältigung etwaiger Folgelasten bereitzustellen; insbesondere auch, sich rechtzeitig über einschlägige Chancen und Risiken zu informieren und informieren zu lassen. Diesen nichtmoralischen Sachverhalt künstlich zu dramatisieren und durch die Ausdrücke Selbst- oder Eigenverantwortung mit einem quasi-moralischen Appellcharakter zu verbinden – sei es von Seiten der Anderen oder des Betroffenen selbst –, ist nicht sachgerecht, weil die wesentlich interpersonale Verantwortungsrelation intrapersonal nicht reproduzierbar ist und weil die inflationäre Überbeanspruchung des Moralischen hier wie anderwärts auf lange Sicht einen demoralisierenden Effekt hat. Davon zu unterscheiden ist dagegen die durchaus legitime Frage, ob die einen oder die andern die Verantwortung für bestimmte Vorkommnisse oder Zustände tragen, ob jemand allein oder mit andern zusammen verantwortlich ist und wie sich die verschiedenen Verantwortungsträger anteilig zur Gesamtverantwortung verhalten. Sinnvoll und legitim, weil gleichfalls interpersonal orientiert, ist auch noch die weitere Frage, ob jemand für sich selbst – seine eigenen Handlungen, Widerfahrnisse und Zustände – *vor* und *gegenüber anderen* Verantwortung trägt oder nicht. (Das letztere ist der Regelfall, das erstere der Ausnahmefall, der dem der Pflichten gegenüber anderen in Bezug auf sich selbst S. 17 Nr. 3. entspricht. Das Verhältnis zu sich selbst kann dann eine abgeleitete moralische Qualität gewinnen, wenn und soweit es in eine externe, interpersonale Verantwortungsrelation einbezogen wird und daran teilhat.) Die Mehrzahl der Fälle hingegen, wo illegitimerweise von Selbstverantwortung stricto sensu (mit der Implikation einer Verantwortung *vor* sich selbst) die Rede ist, lassen sich auf eine undurchschaute oder gar bewußt verdeckte Generalisierung eben jenes Ausnahmefalles zurückführen und entsprechen damit der Struktur internalisierter sozialer Verpflichtungen, die als objektive Pflichten gegenüber sich selbst ausgegeben werden (S. 17 Nr. 4.).

Die Idee einer zirkulären Selbst-Bestimmung – als Verpflichtung, Verantwortung und in der Folge auch Verschuldung gegenüber sich selbst – ist mithin aus der Moralphilosophie ganz zu verabschieden und durch einen prinzipiellen Externalismus zu ersetzen. Moral ist wesentlich ein *soziales* Phänomen, nach Genesis, Geltung und Exekution. Nur unter dieser Voraussetzung, die den gesellschaftlichen und religiösen Gegebenheiten des Elementartypus (1) entspricht, kann Kants philosophische Thematisierung eines unbedingten Sollens auf eine tragfähige Grundlage gestellt werden. Insofern war Kants Versuch eines Paradigmenwechsels in der Ethik noch nicht radikal genug.

Immerhin finden sich bei Kant gewisse Ansätze zu einem Moralexternalismus im sogenannten Reich der Zwecke, der Gemeinschaft aller Vernunftwesen, die zwar nur ein »praktisches Ideal« darstellt, aber für die moralische Orientierung wegweisend sein kann und darum vom Neukantianismus (H. Cohen) zu Recht aufgewertet und ins Zentrum der Ethik gerückt worden ist. Kant selbst hat freilich den hier drohenden Externalismus durch die kontraktualistische Metaphorik der dritten Formel des Kategorischen Imperativs (»Handle als ob Du gesetzgebendes Glied im allgemeinen Reich der Zwecke wärst«) zu Unrecht aufzufangen gemeint.[1]

1 Wenn Kant allein Gott als Oberhaupt im Reich der Zwecke »keinem Willen eines anderen unterworfen« sein läßt, ist dies sinnvoll nur, wenn die Teilnahme an der Gesetzgebung nicht eo ipso Autonomie bedeutet und das Sollen nicht voll in Wollen auflösbar ist. In der Tat sind wir alle *ganze* Adressaten moralischer Forderungen der Sozietät, aber nur sehr *partikulär* deren Urheber, die in jedem Falle der Majorisierung unterliegen und deren Mitbestimmung sich auf die Zustimmung zur moralischen Nötigung reduziert, die vom allgemeinen Konsens ausgeht.

Wer die externalistische, sozialethische Rekonstruktion der kantischen Ethik ablehnt, sieht sich hinsichtlich des unbedingten Sollens schwerwiegenden Geltungs- und Motivationsproblemen ausgesetzt. Die Kategorizität des Sollens wird dann entweder stillschweigend unter Streben und Wollen subsumiert und dadurch aufgehoben – der Paradigmenwechsel der neuzeitlichen Ethik wäre dann nur ein scheinbarer gewesen – oder die Rede vom unbedingten Sollen ist ernst gemeint, wird aber geltungstheoretisch ortlos und motivationspsychologisch chimärisch und illusionär. Wenn wir nämlich vom Reich der Zwecke absehen und andererseits die vermeintliche Selbstverpflichtung auf eine Strebensethik zurückführen, bleibt zunächst die Geltungsquelle der Verbindlichkeit unklar: Von welcher Instanz geht die unbedingte Sollensforderung aus, wenn nicht von Gott noch von der Sozietät noch auch eigentlich vom Selbst? Zweitens tut sich mit der Herauslösung aus allen sozialen und religiösen Zusammenhängen ein Motivationsdefizit auf, das mittelbar auf die Geltungsfrage zurückschlägt. (Zwar werden die Motivationsfragen von den Moralphilosophen in der Regel nicht behandelt, weil sie psychologischer Art und geltungstheoretisch unerheblich seien; doch besteht insoweit ein Zusammenhang, als dadurch die Praktikabilität einer Moral oder Moraltheorie tangiert und prinzipiell in Frage gestellt wird, denn in diesem Falle kann die Moral auf längere Sicht auch nicht gültig sein.) Machen wir uns klar: Traditionsgeschichtlich gesehen ist Kants Ethik des unbedingten Sollens eine radikalisierte theologische Ethik ohne Theologie. Genauer hat Kant den Gott der Moraltheologie durch eine stoizisierende Tugendautarkie und umgekehrt das Lebensziel des geglückten Lebens (Eudämonie) durch ein quasi-theologisches unbedingtes Sollen jeweils substituiert und kompensiert. Es liegt mithin ein unbedingtes Sollen ohne Gott und eine Moralität ohne Glück vor. (Kant versteht das ›Glück‹ hedonistisch, was objektive Formen partieller Selbstverwirklichung nicht ausschließt. Doch ist Kant zuzugeben, daß in der Tradition die Selbstverwirklichung immer mit einer hedonistischen Komponente verbunden war, und *diese* sucht Kant als Beweggrund auszuschließen.) Kants puristische, von Gott und Glück gleichermaßen gereinigte Sollensforderung mutet also dem moralischen Subjekt einiges zu: einen Hypertheologismus und

Hypermystizismus, der beide, die orthodoxe Theologie wie auch die Theologie des amor purus, an Unbedingtheit und Selbsttranszendenz noch überbietet, und andererseits einen Hyperstoizismus, der von der weltlosen Tugendautarkie der stoischen Ethik auch noch die immanente glückhafte Gewißheit ihrer selbst als Motivationsgrund wegnimmt. Nicht zufällig hat darum der Vorwurf der Motivationsschwäche die kantische Ethik von Anfang an begleitet. Man ist versucht, in Bezug auf die Kategorizität der Sollensforderung von einer konstitutionellen Frustrations- und Sisyphos-Situation zu sprechen, die der Münchhausiade der Geltung wie ein Schatten folgt. Kant kann wohl nur deshalb den Selbstzweckcharakter des Sollens herausstellen und vollends Moralität als Letztzweck der Welt interpretieren, weil er insgeheim Anleihen bei der älteren teleologischen Tradition macht, indem er auf einen Vorbegriff vom Wesen des Menschen rekurriert. In der Tat fällt es nicht schwer, den gesamten Ethikansatz Kants von Aristoteles und insbesondere von der – bei seinen Vorläufern und Zeitgenossen präsenten – stoischen Tradition (Selbstzueignung der Vernunft mit Selbsterkenntnis, -liebe, -erhaltung und spezifischer, nicht primär hedonistischer Analytizität der Selbsterfüllung) her strebensethisch zu rekonstruieren.[2] Systematisch und – wie wir heute sehen – historisch ist ein solcher Rekurs Kants natürlich unzulässig und selbstzerstörerisch, weil er die Unbedingtheit der Sollensforderung aufhebt, bis hin zur Depotenzierung in simplen hypothetischen Imperativen einer Strebensethik. Der externalistische Weg über ein rekonstruiertes Reich der Zwecke steht also allein noch offen. Kant hat ihn nicht explizit beschritten und darum auch keine zureichende theoretische Erklärung des von ihm in die philosophische Ethik eingeführten unbedingten Sollens vorgelegt. Er hat es ferner zu wenig generalisiert und zu speziell an bestimmte Inhalte gebunden.

Das Beispiel Kants lehrt, daß Sollens- und Strebensethik mindestens idealtypisch auseinandergehalten werden müssen, damit sich

2 Vgl. Verf., Antike und moderne Ethik?, Zeitschrift f. Theologie u. Kirche 80, 1983, bes. 194ff., wo die strebensethische Tiefenstruktur der kantischen Ethik freigelegt ist, freilich unter Absehen von der berechtigten deontologischen Seite dieser Ethik, deren Rekonstruktion hier nachgeholt wird.

systematische Konsistenz einstellt und andererseits für Theorie und Praxis klare Fronten gewährleistet werden können.

Intuitionisten wie G. E. Moore und die Wertethiker stimmen insoweit überein, als sie das Gute bzw. die Werte als subjektunabhängig ansetzen – darin liegt eine Distanzierung vom neuzeitlichen Subjektivismus, Historismus und Relativismus, die ihre letzten Konsequenzen um die Jahrhundertwende zu entfalten begannen – und gleichzeitig mit einem inhärenten Sollen ausstatten (›Seinsollen‹ oder ›ideales Sollen‹ im Unterschied zum ›Tunsollen‹ des Handelnden, zwischen die sich bei N. Hartmann noch das ›aktuale Sollen‹ der Werte schiebt, die sich die handelnden Subjekte »greifen«). Hier muß von den verschiedenen Einwänden, die man gegen den Ultra-Realismus Moores, Schelers und Hartmanns gerichtet hat, sowie von ihren Differenzen untereinander abgesehen werden. Einschlägig ist hingegen, daß die Überbrückung und Vermittlung zwischen Wert- und Realsphäre, zwischen idealem Sollen und Tunsollen beide Male nicht einsehbar dargetan werden kann. Vor allem kann die Annahme eines – wie sehr auch immer metaphorisch (»ideal«) abgeschwächten – Sollens *vor* und unabhängig von aller Subjektivität nicht als sinnvoll verständlich gemacht werden. Während bei Scheler ein hintergründiger, unklarer Theismus das Sollen der Werte noch abzustützen geeignet ist, aber natürlich philosophisch unverbindlich bleibt (nach der anthropologischen Wendung des späten Scheler hätte er seine Ethik umschreiben müssen), sind Moore und Hartmann diesem Einwand gegenüber von vornherein ungeschützt. Grundsätzlich ist darauf zu insistieren, daß Sollen kein Datum ist, das von intersubjektiven Verhältnissen abgelöst werden könnte. Dies gilt nicht etwa nur in dem eingeschränkten Sinn, daß das Sollen auf korrespondierende Akzeptanz im Subjekt angewiesen wäre, das dann Sollensforderungen zustimmend ins Handeln und Vollbringen umsetzt, sondern prinzipieller so, daß ohne eine sollenssetzende Willensinstanz Sollen selbst gar nicht als möglich gedacht werden kann. Die Annahme eines Sollens an sich, wie sie sich im Verein mit der neueren Wertphilosophie – einem Spaltprodukt der älteren Metaphysik – und im größeren Rahmen einer Enttheologisierung der neuzeitlichen Philosophie herausgebildet hat, ist logisch fehlerhaft und unterliegt selbst dem Vorwurf einer tieferen Konfusion von Sein und Sollen. Irreführend ist dabei die Berufung auf das Ansichsein des Logischen. Weder die Logik noch sonst ein Anwärter auf das ›dritte Reich‹ oder die ›objektive Erkenntnis‹ gibt ein kategorisches Sollen her, wie es der Intuitionismus und Präskriptivismus für die Moral unterstellt. Die Logik liefert nur hypothetisch-technische Imperative, die angeben, wie ich denken muß, *wenn* und *soweit* ich denken und darüber hinaus richtig denken will (was ich so wenig unbedingt zu tun brauche wie bauen oder richtig bauen). Die Logik stützt m. a. W. allenfalls eine teleologische Strebensethik, aber gerade keine Moral. Die Unbedingtheit des moralischen Sollens kann daher nicht mit der immanenten Gesetzlichkeit des logischen »Sollens«, das durchaus hypothetisch bleibt, verglichen und Moral vollends nicht auf Logik reduziert oder auch nur damit parallelisiert werden. So wenig vielmehr Praxis ohne Subjektivität auskommt, damit überhaupt Handeln in Gang gesetzt wird, so wenig Praktische Philosophie ohne die Voraussetzung von Strukturen der (Inter)Subjektivität und eine – wie sehr auch immer idealisierte – »Psychologie«, um sinnvoll von moralischem Sollen reden zu können, und zwar nicht erst auf der Ebene der Motivation, sondern schon auf derjenigen der Geltung.

Moores auf die ältere Ethik zielende Polemik gegen die Gleichsetzung von ›gut‹ und ›gesollt‹ mit ›erstrebt‹ oder ›gewollt‹ läßt demgemäß in mehrfacher Hinsicht die notwendigen Differenzierungen vermissen, nämlich eine Bedeutungsunterscheidung nach verschiedenen *Instanzen* des Wollens und Strebens – d. h. nach dem eigenen *und* dem Wollen der Anderen – ebenso wie nach verschiedenen *Niveaus* und hierarchischen Stufen des Wollens, und zwar sowohl innerhalb des eigenen wie innerhalb desjenigen der jeweils Anderen. Mit dem zweiten Gesichtspunkt – dem Stufenpluralismus – erledigt sich etwa das vordergründige Argument, Sollen sei in der Gleichsetzung mit gegebenem Wollen überflüssig und funktionslos. Es gilt offensichtlich nicht bei der Unterscheidung zwischen eigentlichen und uneigentlichen Interessen (von Platon bis zur Tiefenpsychologie) und der dadurch indizierten Stufenordnung des Wollens und Strebens. Noch wichtiger für die Struktur des moralischen Sollens ist der *Instanzenpluralismus*, kraft dessen das Wollen der *Anderen* dem eigenen Wollen restriktiv-prohibitiv, d. h. aber als *Sollen* gegenübertritt. Diese Konstellation ist jedoch für das moralisch Gute konstitutiv, kann also nicht mit Moore unter ein noch allgemeineres (moralisches) Gutes subsumiert werden. Hier liegt vielmehr eine funktionelle Grundbestimmung des moralisch Guten vor, die nicht zum »naturalistischen Fehlschluß« führt. Es handelt sich um ein legitimes Identitätsverhältnis, das für weitere »offene Fragen« keinen Raum läßt. (Es liegt daher auf einer anderen Ebene als etwa die Gleichsetzung von Gutem und Lust, während Moore beide Beispiele – Gewolltes und Lust – paritätisch behandelt.) Darüber hinaus ist es schon jetzt in Umrissen klar, daß Fragen der Rechtmäßigkeit und Gültigkeit des Strebens und Wollens durch den Rückgang auf den *Stufenpluralismus* auch im Moralischen, d. h. innerhalb des Wollens der Sozietät, gelöst werden können – und zwar überhaupt nur so und auf keine andere Weise.[3] Auch hier kann Sollen immer nur eine intersubjektive Objektivität gewinnen, nicht aber eine solche, die von Subjektivität isolierbar wäre und als antithetische Alternative gegen sie ausgespielt werden könnte.

Daran gemessen erscheint Moores künstliche Herauslösung scheinbar magischer Vokabeln aus allen lebenspraktischen – intersubjektiven und genetischen – Zusammenhängen als ein Rückfall hinter Hume, der das ›ought‹ richtig sozial – im sensus moralis der

3 Moore geht – im Unterschied zu den ›Principia Ethica‹ – in seinem zweiten Hauptwerk zur Ethik (›Ethics‹ 1912, deutsch: Grundprobleme der Ethik, München 1975) auf die Theorie der soziogenen Moral ein, weist sie aber – wiederum auf Grund mangelnder Differenzierung zwischen verschiedenen Niveaus und Beurteilungsinstanzen – pauschal und ohne Überzeugungskraft zurück (90ff., 133ff. der dt. Übers.). Das Verfahren eklektischer Beispielwahl findet sich hier in entsprechender Weise bei der Abwehr der Gleichsetzung von ›gut‹ und ›begehrt‹, wo der Umstand, daß Begehrtes auch schlecht sein kann, nicht ausschließt, daß ›gut‹ von einem kritischen Streben höherer Ordnung abhängt (101, Moore deutet den Einwand 102 selbst an, entzieht sich ihm aber mit einer petitio principii). Trivial bleibt der Versuch, Bewertungen durch den Bezug auf den Folgenkalkül zu objektivieren (103f., 118). Diese Art von berechenbarer Richtigkeit gehört einer untergeordneten Ebene des Faktischen an, muß aber doch im Kontext von vorgängigen Bewertungen interpretiert werden, um überhaupt praktische Relevanz zu gewinnen.

Sozietät – und geschichtlich situiert hatte. Die Konzeption eines ansichseienden, abstrakt-allgemeinen und leeren Guten und Gesollten trägt die Hypothek einer okkulten intuitionistischen Mystifikation und eines kryptometaphysischen und quasi-theologischen Konstrukts an sich. An die Stelle der *Differenz* der *Richtung* und der *Reichweite* zwischen Sollen und Wollen tritt bei Moore ein dualistischer Hiat, der im Wertplatonismus der Wertethiker sein Pendant findet. In beiden Fällen bleibt die nötigende Instanz im ›Guten‹ und in den Werten im dunkeln und daher die Sollensrelation unausgewiesen und unglaubwürdig; der Funktionszusammenhang zwischen den verschiedenen Instanzen wird ferner nicht analysiert; daher kann schließlich auch das Ineinandergreifen von Sollen, Anerkennen und Vollbringen nicht durchsichtig werden. Wie generell die Beweislast für subjektunabhängige ›Werte‹ uneingelöst ist (und notwendig in einer zirkulären Figur befangen bleibt), so unterschlägt speziell eine realistisch und absolutistisch ambitionierte Moralphilosophie die wertsetzende (Inter)Subjektivität, deren interne Struktur auch allein die Lösung der Geltungsprobleme verbürgen kann.

Mit der Extremposition eines objektivistischen Sollens-Realismus korrespondiert als Gegenextrem die Position des *Neonaturalismus*, der das moralische Sollen auf das Eigenwollen und Selbstinteresse reduziert. Die Antwort, die er auf die für die neuere angelsächsische Moralphilosophie wegweisende kritische Frage F. H. Bradleys ›Warum sollte ich moralisch sein?‹ (1876) anbietet, geht wie diese vom Utilitarismus, dem zweiten großen Beispiel des in der Aufklärung entstandenen Mischtyps in der Ethik (III) neben dem Kantianismus, aber auch von gewissen Annahmen der Existenzphilosophie aus. Sie lenkt vom modernen Ethiktypus III durch Eliminierung der deontologischen Momente schrittweise zum Typus II zurück. So hat Ph. Foot die antike Moralbegründung im Selbstinteresse ausdrücklich erneuert und später differenzierend eine dem sensus moralis verschriebene Lebensform mit Klugheitskalkülen kombiniert. Der Typus einer deontologischen Ethik ist damit im Prinzip durch den einer Strebensethik ersetzt und Kategorizität wie Apodiktizität des Sollens gleichermaßen in Frage gestellt. Die Merkmale der Nötigung und Sanktion sind hier für die Moralphilosophie entbehrlich geworden, weil das eigene

Wollen und Streben des Handelnden an ihre Stelle tritt und sie überflüssig macht. Zugleich soll damit die Ineffizienz der Nötigung unterlaufen werden. Dieser Linie folgt im wesentlichen U. Wolf, wenn sie einer strebensethischen Aufstrukturierung der Moral zuneigt, die das Sollen grundsätzlich auf das eigene Wollen hin interpretiert. Der Ethiktyp II erscheint bei Wolf der Intention nach vollgültig restituiert und die strikte Kategorizität des Sollens wie bei Foot preisgegeben, aber auch seine Apodiktizität durch die individuelle Lebenswahl – zwischen Moral und Amoral oder zwischen verschiedenen Moralen – wenn nicht aufgehoben, so doch stark eingeschränkt. Ähnlich hatte schon M. Zimmerman für die Aufhebung der Dichotomie von Sein und Sollen und die Eliminierung des Sollens (auch sprachlich) plädiert, da seine Effizienz von der Anerkennung oder Nichtanerkennung seitens des eigenen Wollens abhänge, mithin dieses allein praktisch relevant sei. Die Ansätze von Foot und Zimmerman verbindet R. Bittner, indem er – in eigentümlicher Germanisierung der Fragestellung – die entscheidende Rolle des Eigenwollens auf den erweiterten Autonomiebegriff Kants bezieht und davon die Gültigkeit einer jeden Sollensforderung abhängig macht. Das Sollen kommt dann gleichsam immer schon zu spät, da es seine Legitimation erst vom Wollen empfängt und daher dieses nicht ein- oder gar überholen kann. Ein so weit formalisierter Autonomiebegriff ist allerdings wie der – dafür wohl vorbildliche – Freiheitsbegriff Sartres unhintergehbar und fast trivial: Heteronomie, etwa im Sinne des moralischen Genötigtseins und Abhängigwerdens, ist dann nur Selbsttäuschung, denn faktisch sind wir immer schon alternativenlos autonom gewesen und geblieben. Bittner radikalisiert die neonaturalistische Position auch darin, daß er auf den Titel des Moralischen ganz verzichtet – Moral scheint nicht nur als überflüssig, sondern als unmöglich dargetan – und lediglich eine individuelle Klugheitslehre für die Ethik übrigläßt. Wie Foot (mit Warnock) aus der kombinatorischen Moraltheorie des Utilitarismus den Ethiktypus II herauslöst und in möglichster Reinheit restituiert, so versucht Bittner die Inkonsistenz des Mischtypus III in seiner kantianischen Version aufzudecken. Eine Letztbegründung gültigen Sollens sei hier nicht möglich, weil die Geltung verbürgende Anerkennung nicht ihrerseits unter ein Sollen gebracht werden

kann (mit der Figur des Anerkennungszirkels oder -regresses ad infinitum). Bittner zieht aus der Überlegung, daß das moralische Sollen in der Sozietät am andersartigen Selbstverhältnis der einzelnen Person festgemacht werden müßte, aber nicht kann, die Konsequenz, daß Sollen angesichts der Suprematie des Wollens zur Nichtigkeit verurteilt sei: Die radikal gefaßte Selbstbestimmung schließt das moralische Gebot als sinnlos aus.
Indessen erhebt sich gegenüber dieser Richtung der Moralphilosophie, die das Pendant zum oben analysierten supranaturalistischen Sollens-Realismus abgibt, und dem von ihr propagierten Monopolanspruch des Ethiktyps II der Verdacht eines Eklektizismus und Reduktionismus, der den moralischen Phänomenen nicht wirklich gerecht wird. Wie dort das abstrakte Sollen zu einer selbständigen, quasi-metaphysischen Instanz von eigener Dignität aufgebläht und hypostasiert erscheint, so wird hier das Eigenwollen nicht weniger künstlich von allen sozialen Bezügen und Wollensrelationen simplifizierend isoliert und abstrakt auf sich selbst gestellt. Das Eigengewicht und der Nötigungscharakter sozialer Verhältnisse, wie sie der Regeltypus I repräsentiert, sind hier offensichtlich unterschätzt und mit einer stillschweigenden Verschiebung des Schwergewichts zugunsten einer individualisierenden Fortbildung der Typen II und III aus dem Blick geraten. Insbesondere fehlt die kategoriale Differenzierung zwischen einem spontanen, erstbestimmenden Eigenwollen und einem bloß reaktiven Wollen in der Anerkennung fremder Forderungen. Spezifisch moralische Nötigungs- und Anerkennungsverhältnisse sind aber nicht nur von äußerem Zwang, sondern auch vom planen Eigenwollen zu unterscheiden und können damit auf keine Weise sinnvoll gleichgesetzt, verrechnet oder darin einbegriffen gedacht werden, es sei denn um den Preis eines subsumptiven Fehlschlusses. So wenig die Wahl zwischen zwei Übeln als voll autonom gelten kann, so wenig läßt sich die Heterogeneität zwischen einer bloß abgenötigten »Zustimmung« und den ungebrochenen Wahlakten des guten Lebens verkürzen und nivellieren. Daß dabei immer schon eine bewußte Lebenswahl zugunsten der Moral zugrunde liege (Wolf), kann nicht als typisch betrachtet werden, und selbst dann werden im Einzelfall Konfliktsituationen mit defizitären Haltungs-, Strebens- und Gewissenslagen ein einhelli-

ges, uneingeschränktes Wollen nicht aufkommen lassen. – Ein solcher subsumptiver Fehlschluß, der die Differenz zwischen Eigenwollen und Sollen einebnet, ist bei Foot und Wolf dadurch begünstigt, daß beide mit Hume und Hare vom moralischen Urteil des Einzelnen ausgehen, der zunächst andere beurteilt und dann folgerichtig sich selbst einbezieht. Die moralische Grundsituation ist demgegenüber eher umgekehrt akzentuiert: Sie ist primär durch das Urteil der *Anderen* definiert, dem sich der potentielle Akteur stellen muß und das ihn zur praktischen Entscheidung herausfordert. Auch der einsame Moralist fühlt sich, soweit er selbst moralisches Subjekt ist, immer schon vor dem Fernhorizont dessen verantwortlich, was *andere* von ihm erwarten oder doch erwarten könnten, ist also immer auch Geforderter. Im strengen Sinne gibt es daher keine Privatmoral. Moralisches Sollen kann darum nicht a priori mit dem Eigenwollen koinzidieren, sondern steht dazu in einem charakteristischen Spannungsverhältnis.

Bittners Versuch, aus dem komplexen, hochreflektierten Typus III den Typus II herauszulösen, wird vom Typus I durchweg unterlaufen, wo der vorherrschende Moralpositivismus für eine prinzipielle Geltungsreflexion gar keinen Raum läßt. Bittner hat es von da her gesehen versäumt, das gegenüber Kant geklärte Selbstverhältnis mit dem faktischen Sozialverhältnis und seinen Sollensqualitäten neu in Beziehung zu setzen. Im übrigen kann man mit verschiedenen Gründen bestreiten, daß gültiges Sollen explizite Zustimmung voraussetzt, wie auch umgekehrt Zustimmung noch nicht etwa Gültigkeit garantiert – man kann auch unmoralischen Forderungen zustimmen –, sondern der Bestätigung durch den erweiterten konsensuellen Geltungshorizont Dritter und Fernerer bedarf. Irgendeinen solchen aber haben wir – mag auch seine Reichweite noch so gering sein – durch unsere Sozialisation immer schon anerkannt, woraus sich Implikationen und Konsequenzen konkreten Verpflichtetseins ergeben. Darüber hinaus sind hermeneutische Generalaufklärungen wie die, daß wir immer schon alternativenlos autonom sind, für die Praktische Philosophie und Ethik von zweifelhaftem Wert, weil sie mit der ubiquitären, aufs Transzendentale zurückgehenden Trivialität ihrer These einen Mangel an Operabilität mit sich bringen, der vom praktischen Sichentscheiden und Handeln weg zum Quietismus führt. Die eigentlichen Entscheidungen über Freiheit gegenüber der Moral fallen dort, wo Freiheit zusammen mit Unfreiheit zur Disposition steht und entweder verweigert oder zugestanden und in concreto hergestellt wird. Nicht dadurch, daß man Sollen insgesamt als verkleidetes Eigenwollen entlarvt und neu interpretiert, wird Freiheit erfahren, sondern damit, daß jeweils ein ganz bestimmtes Sollen negiert und zum Verschwinden gebracht wird.

Moralisches Sollen läßt sich auch nicht, wie dies der Utilitarismus vorgezeichnet hat, mittelbar – auf dem Umweg über das Gemeinwohl – auf das Eigeninteresse des Individuums zurückführen. Soweit dies tatsächlich für die Betroffenen erkennbar der Fall ist, ist Nötigung allerdings überflüssig und sind moralische Forderungen und Leistungen ganz durch Akte des individuellen Selbstverwirklichungsstrebens ersetzbar. In der Regel ist dieser Befund aber nicht eindeutig gegeben – man kann dann nur bona fide unterstellen, daß die Interessen des Einzelnen im Gesamtwohl ausreichend repräsentiert seien –, ja vielfach ist sogar umgekehrt die Inkongruenz zwischen Gesamt- und Einzelinteresse manifest. Die moralische Nötigung besteht dann darin, das Privatinteresse dem Ganzen unterzuordnen, und zwar auch ohne Aussicht auf eine künftige Entschädigung. Ein solcher unabgegoltener Überschuß ist für die moralische Leistung und das moralische Sollen konstitutiv. Er liegt faktisch auch dann vor, wenn der effektive Vorteil für den Einzelnen zunächst virtualisiert und undurchschaubar bleibt, zumal eine Kontrolle in den meisten Einzelfällen gar nicht möglich ist. Solche Ambivalenz fördert aber den Hang, sich moralischen Forderungen durch eine parasitäre Sonderrolle in der Gesellschaft zu entziehen.

Dieser Befund präjudiziert auch das heute in der Nachfolge des Utilitarismus (vgl. die im vorigen zitierte Fragestellung Bradleys) zunehmend auch von der kontinentalen Philosophie diskutierte Problem der *Moralbegründung*. ›Begründung‹ ist mehrdeutig und bezeichnet im vorliegenden Zusammenhang nicht etwa die Fundierung der Moral in für jedermann verbindlichen prinzipiellen Sätzen, wohl aber die Rechtfertigung einzelner moralischer Urteile, Forderungen oder Handlungen durch vernünftige »Gründe« und insgesamt die ausreichende Motivierung zum moralischen Handeln von einem außermoralischen Standort her. Diese Fragestellung ist jedoch – dies haben Autoren wie H. A. Prichard klargestellt – trotz der Anknüpfung an die große Tradition des Ethiktypus II als verfehlt zu betrachten, weil sie Moral als *Nötigung* und Moralität als *innere Haltung* von vornherein aufhebt und unmöglich macht. Eine »Moralbegründung« durch das Eigenwollen oder wohlverstandene Selbstinteresse des moralischen Subjekts würde Moral und Moralität in ein andersartiges Selbstverwirklichungsstreben überführen und Moralphilosophie durch eine heterogene Strebensethik ersetzen. Moral und Begründung verhalten sich hier in Wahrheit komplementär zueinander und schließen einander gegenseitig aus: Entweder gibt es Moral ohne moralexterne Begründung oder Begründung ohne Moral. Moral ist also für den Betroffenen auf diesem Wege gar nicht begründbar. Man könnte freilich versucht sein, den Perspektivenwechsel bewußt zu vollziehen und mit den Neonaturalisten Moral nicht mehr gesinnungsethisch, sondern in weiterer Bedeutung legalistisch zu definieren und so doch in eine prudentielle Strebensethik hineinzunehmen. Doch scheitert dieses Unterfangen aus mehreren Gründen: Seine Voraussetzung, die Anforderungen der Sozietät ließen sich mit dem Eigeninteresse des Einzelnen schlechthin zur Deckung bringen, ist illusorisch – sie gehört zu den unausweisbaren postulatorischen Idealbildungen des traditionellen Ethiktyps II –, und zweitens: moralische Nötigung und moralische Haltung (Gewissen, guter Wille, Reue, Schuldbewußtsein, Scham und dergleichen) sind nun einmal phänomenal gegeben – dies gilt unabhängig von der Frage ihrer faktischen Motivationskraft – und nehmen zwischen sanktionistischen Zwangsverhältnissen und dem autonomen Eigenstreben nach Selbstverwirklichung und dem guten Leben – eine unvollständige Disjunktion! – eine unverwechselbare und irreduzible mittlere Position ein. Ferner lehrt die Erfahrung, daß bereits die Legalität als zweite Wahl betrachtet wird, die – wie exemplarisch beim Verbrecher – hinter den Vorteilen eines »illegalen« parasitären Sonderstatus in der Sozietät zurücksteht. Das Begründungsdilemma läßt sich also auch nicht durch Versuche einer Abschwächung des Moralbegriffs beiseite räumen. Dabei ist in Rechnung zu stellen, daß Legalität auf lange Sicht – durch Internalisierung – Moralität nach sich zu ziehen pflegt.

Moralisches Sollen ist mit der moralischen Grundsituation gegeben, daß ich mich als moralisch Verantwortlicher von anderen *als* anderen, d. h. durch divergierende und konfligierende Interessenlagen bestimmten Subjekten, gefordert weiß. Obwohl der moralische Erwartungshorizont der anderen, der mir gegenübertritt, in sich abgestuft und insofern justiziabel ist, ist er *als ganzer* nicht mehr hinterfragbar und von mir selbst her begründbar, sondern als indisponibel und schicksalhaft hinzunehmen. Dem entspricht es, daß auch meine Motivierung nicht aus der Idee einer – wie auch immer verstandenen – Selbstverwirklichung ableitbar sein kann, jedenfalls nicht im Akt der moralischen Entscheidung selbst (außermoralische Rationalisierungen post actum sind heterogener Art). An der prinzipiellen Unverfügbarkeit des moralischen Sollens ändert auch nichts die Geschichtlichkeit und Wandelbarkeit des Sollens nach seinen Inhalten oder sogar die interne Selbsteinschränkung der Moral durch die Gebote der Toleranz und Liberalität, die dazu anhalten, auf Gegenseitigkeit weniger Forderungen aneinander zu stellen. Solange auch nur die Forderung erhalten bleibt, daß kein Sollen sein soll, ist zum wenigsten ein Sollen zweiter Ordnung präsent, abgesehen davon, daß auch materiale moralische Forderungen wie die, Verbrechen zu unterlassen oder zu verhindern, Hilfe zu leisten oder Konflikte zu beseitigen, durch keinen partikulären Beschluß oder Konsens zu eliminieren sind.

Daran gemessen bleiben auch alle Vertreter des *good reasons approach* in der Ethik im Bannkreis des Ethiktyps II (Hare, Singer, Baier, Gewirth, auch Rawls u. a.). Sie verknüpfen rationale Begründungen für moralisches Handeln mit dem Prinzip der Verallgemeinerung, beziehen aber beides zuletzt auf eine aristotelisch gesehene Selbstverwirklichung der Vernunft, die zwar nach Art des utilitaristischen Motivpluralismus durch andere Ziele ergänzt wird, aber für ein kategorisches Sollen keinen Raum läßt. Dies trifft selbst für Hare zu, dessen Präskriptivismus internalistisch harmonisiert wird und daher keine eigentliche Nötigung erlaubt. Bei anderen Autoren fehlt nicht nur die verpflichtende Willensinstanz, sondern auch das explizite Vernunftinteresse, so daß außer den Bedingungen für eine Moralphilosophie auch die für eine Strebensethik nicht voll erfüllt sind.

Ihnen allen und den neonaturalistischen Reduktionisten gegenüber ist daran festzuhalten, daß die moralische Perspektive nicht auf die strebensethische des guten Lebens zurückführbar ist, so wenig wie umgekehrt die herkömmliche Moralphilosophie eine autonome Strebensethik überflüssig machen kann. Naturalismus wie Intuitionismus verfehlen darum insgesamt Moral als intersubjektives, soziomorphes Phänomen und damit den legitimen Titel einer Moralphilosophie.

Ähnliches trifft für die verschiedenen Versionen des *Utilitarismus* zu, von dem die oben behandelten Richtungen ausgegangen sind. Er gehört wie der Kantianismus zum Mischtypus der neuzeitlichen Aufklärungsethik, indem er die ältere philosophische Ethik des individuellen Selbstinteresses mit vorphilosophischen Sollensmomenten religiöser und sozialer Art kombiniert, die in der Hauptsache dem aus dem Geist christlicher Brüderlichkeit erwachsenen frühneuzeitlichen Sozialeudämonismus entstammen. Der Utilitarismus sucht diese Elemente in ein umfassendes Kalkulations- und Sanktionssystem einzubringen und dadurch gleich Kant die Praktische Philosophie zum Rang einer nomologischen Wissenschaft zu erheben. Der im Unterschied zu Kant nicht gesinnungsethische, sondern legalistisch-sanktionistische Ansatz führt zu einem Motivpluralismus (wohlverstandenes Interesse, da der Akteur in der Regel in den Gesamtkalkül einbezogen ist; Sanktionsfurcht, altruistische Sympathiemotive, später das Fairneß-Prinzip), der interessenfreie, mit Kants Kategorizität vergleichbare Unbedingtheit mit nichtmoralischen Motiven verbindet, überfordert aber in der Zielsetzung das Motivationspotential von Einzelnen und Gruppen nicht viel weniger und noch offenkundiger als die Ethik Kants. Dazu gehören der dehumanisierende, von der Spontaneität des Selbst- und Weltverhältnisses entfremdende Kalkulationszwang, der schon für das eigene Leben und vollends für einen totalisierenden Universalkalkül der menschlichen Gattung nicht durchzuhalten ist, sowie die – geltungsrelevante – Nichtbeachtung des konzentrischen Gefälles zwischen Nah- und Fernethik und andere, oft monierte Mängel der Durchführbarkeit. Im übrigen gehen dem Utilitarismus von Hause aus wesentliche Merkmale des Moralischen ab (Moralität; Maximierung ursprünglich auch gegen Fairneß und Gerechtigkeit).

Die neokantianische *Diskursethik* der Gegenwart läßt auf Grund ihres Ansatzes in sprachvermittelter Intersubjektivität zunächst erwarten, daß sie die Theorielücken ihrer Vorgänger schließt. Wenn jedoch der metaphysische Hiat zwischen intelligibler und sensibler Welt, in dem bei Kant das Sollen wurzelt, zum Vorgriff auf die ideale Sprechsituation eigeebnet wird, die in jeder realen Kommunikation immer schon mitgegeben und notwendig unterstellt ist, dann wird die Differenz zwischen Sein und Sollen so abgespannt und neutralisiert, daß konkrete Verhältnisse der Nötigung und Entscheidungsspielräume dadurch nicht mehr erfaßt werden. Indem wir überhaupt kommunizieren oder auch nur denken, sind wir ja bereits auf einen idealen Vorgriff gelingenden Sprechens angewiesen, wobei ein Erklärungszirkel zwischen beiden nicht ausgeschlossen werden kann. *Daß* wir aber kommunizieren müssen, wird mit einem pragmatischen Interessenpluralismus begründet, der von der Selbsterhaltung des Einzelnen oder der Gattung bis zur Selbstidentifikation oder dem Streben nach dem guten Leben reicht und damit die Kategorizität des Sollens so gut wie völlig durch hypothetische Imperative ersetzt. Das für eine Moral konstitutive verbindliche Sollen ist hier nicht genügend thematisiert oder auch nur explizit gemacht, ja unter der Hand durch eine strebensethische Grundorientierung verdrängt worden. In der Tat sucht die libertäre Diskursethik das Sollen von ihrem kontraktualistischen Ansatz her zu minimisieren. Dem steht jedoch entgegen, daß der Überhang unverfügbaren Sollens, unter den der Einzelne sich gestellt findet, kontraktuell und konsensuell nicht untergebracht und abgearbeitet werden kann. Dabei sind mindestens drei Ebenen der Nötigung zu unterscheiden: die Nötigung zur Anerkennung des Egalitätsprinzips selbst, dann die zur Teilnahme am Diskurs (nebst Anerkennung der Diskursbedingungen) und zur Anerkennung von Mehrheitsbeschlüssen, und endlich drittens die Nötigung, das gemeinsam Festgelegte auch im Konfliktsfall zu befolgen, und zwar nicht etwa nur im Falle, daß man zur überstimmten Minorität zählt, sondern auch als Angehöriger der Majorität. Da Eingriffe in die Moral auf dem Diskursweg ohnehin Ausnahmen bleiben müssen, wird die dritte Form der Nötigung für die Mehrzahl potentieller Akteure nach wie vor die einzige sein. Die Thematisierung dieser Situation wie überhaupt des Sollens ist darum von einer vollständigen Moraltheorie zu fordern. Andernfalls bleibt sie eine Proto-Ethik und Proto-Moralphilosophie, die sich selektiv auf bestimmte mögliche Initial- oder Korrekturphasen moralischen Handelns beschränkt.

Bei einem solchen Abstand zu den realen individuellen Entscheidungs- und Handlungsprozessen ist es auch fraglich, ob man die bei Kant fehlende externalistische Moralauffassung in der Diskursethik voll entfaltet finden kann. Die praxisbezogene Nötigung des Einzelnen durch die Sozietät ist jedenfalls nicht Gegenstand der Diskursethik, die eher eine Art von Selbstverpflichtung im Kommerzium mit den anderen Gliedern der Sozietät im Auge hat. Wenn aber für die Moral ein unabgegoltener Überschuß an Leistung wesentlich ist, den der Einzelne gegenüber der Sozietät zu erbringen hat, dann wird nicht auf einer nur ausnahmsweise zu beziehenden Diskursebene über Moralität entschieden, sondern nach wie vor im alltäglichen Handeln selbst. Individuelle Praxis und Maximenbildung sind jedenfalls der Ort, wo wir uns in die moralische Entscheidungssituation »geworfen« fühlen, und das mit der ganzen Härte, die sich aus dem Hiat zwischen dem partikulären Interesse des Individuums und den Anforderungen der Sozietät ergibt.

Darüber hinaus ist auch die »Transformation« des Altkantianismus in die Diskursethik nicht verlustfrei geglückt, wie Kritiker wiederholt moniert haben. Zwar zieht sich die Moralphilosophie hier nach der Problematisierung der massiven naturrechtlichen Ansprüche und Festlegungen Kants (etwa in der ›Metaphysik der Sitten‹) auf eine generelle Position zurück, von der aus alle speziellen Bestimmungen in geschichtlich kontingenten Diskursen konsensuell neu festgelegt werden müssen. Doch fragt es sich, ob damit der relativen Unverfügbarkeit und Beharrungskraft historisch gewordener Moralsysteme hinreichend Rechnung getragen ist, die um der notwendigen Effektivität und Verläßlichkeit willen auch auf der Stufe des Automatisierten, ja Tabuisierten fundiert sein müssen. Die Tendenz, Moral kontraktualistisch zu operationalisieren und womöglich jederzeit auf Abruf kontrollierbar zu halten, greift darum in ihre Seinsweise ein und kommt einer latenten oder offenen Politisierung oder Juridisierung der Moral, mit demokratischen Pebisziten und andererseits Akten der

Rechtssetzung, ziemlich nahe. Eine politoide oder juridoide, kontraktualistische Rekonstruktion der Moral ist aber kaum phänomengerecht. Das kontraktualistische Modell ist für die Moral nur sehr begrenzt tragfähig, nämlich als Grenz- und Ausnahmefall, in dem das Moraltabu zur Schlichtung von Normenkonflikten temporär und partikulär suspendiert und virtualisiert wird, um danach eine Retabuisierung zu erfahren, die Moral funktionstüchtig erhält. Das kontraktualistische Modell eignet sich daher eher für eine kritische, quasi-demokratisch normierte Theorie der Gesellschaft anstelle oder neben der Politik- und Demokratietheorie als für eine Moralphilosophie. Damit hängt es zusammen, daß die isolierte Rationalität des Diskurses zu weiteren essentiellen Momenten, ja zum Begriff der »Moral« selbst in eine Querlage gerät: Ohne emotive Stellungnahme, ohne Einübung in dauerhafte Willens- und Haltungslagen der Moralität, ohne Internalisierung und auf Dauer gestellte Handlungsdispositionen kann von Moral nicht eigentlich die Rede sein. Auch könnte ohne emotive, volitive und habituelle Faktoren, rein aus der Ratio heraus, keine Praxis in Gang gesetzt und in reguliertem Gang gehalten werden. Dem besseren Argument allein die Kraft der Motivation oder gar Unbedingtheit zuschreiben, hieße einer kognitivistischen Verkürzung von Moral und einem intellektualistischen Fehlschluß verfallen, der auf ein weiteres externes Modell, nämlich das der Forschergemeinschaft, zurückweist.

Bestimmte Versionen der Diskursethik (Apel, Kuhlmann) entfernen sich noch weiter von der Moralpraxis, indem sie die Grenze zwischen Metatheorie und Normativer Ethik verwischen und aus invariablen Grundbedingungen oder formalen Momenten des Diskurses normative Folgerungen zu ziehen suchen. Normen müssen jedoch entscheidungsfähig sein und setzen Alternativen voraus. Darum schließen beispielsweise Normativität und Transzendentalität einander aus, und transzendentale oder anthropologische Bedingungen können keine normativen Letztbegründungsfunktionen übernehmen. Man hat zu wählen zwischen einer transzendentalen Allgemeingültigkeit, die normativ leer, und einer Normativität, die partikulär, historisch relativ und nicht notwendig durchsetzbar bleibt. Man kann das Verhältnis auch nicht so interpretieren, daß es eigentlich um die Anerkennung und Durch-

setzung von immer schon geltenden transzendentalen Momenten oder Regeln gehe, denn eine solche Durchsetzung ist allerdings normativer Art, aber nicht mehr selbst transzendental und notwendig, sondern nur durch weitergehende Wahl- und Entscheidungsakte hindurch vermittelt; zugleich wird deutlich, daß der vorgebliche transzendentale Status jener Momente zum mindesten nicht eindeutig, sondern ambivalent ist. Dies bedeutet a fortiori, daß man keinen starken, normativen Begriff von Rationalität aus der Kommunikation *überhaupt* herausholen und dann als verbindlich für die *Inhalte* von Kommunikation ausgeben kann. Relativ formale Elemente des Diskurses können nicht dessen Gegenstände normativ oder kriteriell – bei angeblicher Gefahr performativer Widersprüche – präjudizieren, abgesehen davon, daß Moral gewöhnlich unterhalb des Diskursniveaus angesiedelt ist, daß kein praktischer Diskurs allein praktische Wirkungen zeitigen kann und daß andere, nicht-diskursive Sprechweisen dem Moralischen von Hause aus weit mehr affin sind. Den Intentionen der Diskursethiker zum Trotz gibt es keine Möglichkeit, die Notwendigkeit von Moralverhalten argumentativ darzutun und allgemein einsehbar zu beweisen.
Der Vorwurf mancher Kritiker geht freilich fehl, die Normativität sei in der Diskursethik in formalen Verfahrensregeln aufgegangen. Die Diskursethik übernimmt von der Aufklärungsmoral bestimmte oberste Werte und Normen inhaltlicher, wenn auch sehr genereller Art, die wie dort als Explikate der Vernunft verstanden werden (Egalität, Herrschaftsfreiheit, Rationalität, gutes Leben u. a.). Sie sind als Supernormen unseres Kulturkreises selbst Inhalte eines Grundkonsenses oder sollen es werden, der von der Diskursethik artikuliert und stimuliert wird. Die philosophische Ethik weist damit in der Rolle einer Übermoral und Moral der Moral kritisch auf, was Moral künftig sein soll, entgegen dem eher restriktiven bis repressiven Moralverständnis der Tradition (statt der Freiheit und Partizipation) oder gewissen irrationalen Moralformen religiöser und weltanschaulicher Art (statt rationaler Argumentation) oder den Moralen bloßer Systemerhaltung (anstelle des guten Lebens) oder den Herrschafts- und Machtstrukturen in der Moral (anstelle der Egalität). Es gehört zum kritischen Anspruch einer Übermoral, sich derart oblique zu gegebenen und

vorangegangenen Moralen zumal vom Typus 1 zu verhalten. Trotz Ansätzen zur Reflexion auf die Epochalität der Diskursethik bei J. Habermas fehlt jedoch bisher eine weitergehende Bestimmung ihres eigenen Status, die über die geschichtsphilosophische Perspektive hinaus zur systematischen Einordnung führt: Einmal müßte die geschichtsphilosophische Selbstrelativierung zu einer formalen Metatheorie weiterentwickelt werden, die die eigenen Grundbegriffe und Supernormen noch einmal hinterfragt und in einen anthropologischen Rahmen hineinstellt. Zum zweiten wird zwar zunehmend anerkannt, daß geschichtlich gewordene Gruppenmoralen notwendig sind, damit die Supernormen der universal intendierten Übermoral überhaupt greifen können. Eine Übermoral funktioniert fast nur negativ, nämlich als Instanz des Verbotenen oder allenfalls Zugelassenen, und bedarf darum auch innerhalb der Moral der Konkretisierung durch die Ebene der Gruppenmoralen. Es genügt dann aber nicht, diese naturwüchsigen Moralen lediglich durch die universal gerichtete Moralphilosophie ab externo zu rektifizieren, sonst aber sich selbst zu überlassen. Aufgabe einer vollständigen, integrierten Moralphilosophie ist es vielmehr, auch diese speziellen Moralen immanent zu explizieren, zu artikulieren und gegebenenfalls durch Entscheidung von Konflikten oder die innovatorische Normierung neuer Problemfelder zu regulieren. Daraus ergibt sich folgerichtig, daß das Konkurrenzverhältnis von ›Moralität und Sittlichkeit‹ und von universaler und partikulärer Moralphilosophie auf einem systematischen Mißverständnis beruht und durch ethikinterne Kooperationsformen zu ersetzen ist, da beide Teilethiken in einem einheitlichen Funktionszusammenhang komplementär aufeinander verweisen und sich in der gegenwärtigen und künftigen Welt vermutlich nicht mehr auf die eine oder die andere reduzieren lassen.

Die Theorie nichtuniversalistischer, geschlossener und daher in der Regel institutionell abgesicherter, meist ethnischer *Gruppenmoralen* führt von Aristoteles über Hegel etwa zu Gehlen und zum sogenannten Neoaristotelismus (richtiger wohl: Neohegelianismus) der Ritter- und Heidegger-Schule, im angloamerikanischen Raum zu den Nachfolgern des späten Wittgenstein (Anscombe, Austin, Searle), aber auch zum Communitarianism etwa von A. MacIntyre oder Ch. Taylor. Dieser Ethiktyp verfolgt programmatisch – nicht nur akzidentiellerweise wie die Diskursethik – die Tendenz zur Aufhebung oder doch Einschränkung des Sollens, das im geschichtlich gelebten Ethos und seiner Vernünftigkeit virtualisiert wird, und grenzt sich damit von jeder Übermoral als kritisch reflektierender Moralität wie auch von ihren universalistischen Prätentionen als systematisch übergeordneter Instanz (Gattungsmoral) mit dem Hinweis ab, daß es sich dabei nur um utopisch überfliegende und ineffiziente Konstrukte oder selbst um verkleidete Gruppenmoralen handle. Methodisch verfährt dieser Ethiktyp demgemäß nicht präskriptiv, sondern hermeneutisch-hypoleptisch explizierend und aufklärend über die jeweils vorgegebene Sitte. Gruppenmoralen bilden zweifellos auch heute nach wie vor die unverzichtbare Grundlage der Moral und darum auch der Moralphilosophie, doch können sie und die ihnen gewidmete Theorie einen Monopolanspruch zunehmend weniger aufrechterhalten; ferner ist die Funktion der Theorie selbst nicht ganz adäquat bestimmt worden und muß anders und weiterreichend formuliert werden.

Zunächst ist die kritische Instanz des Universalismus qua Übermoral heute systematisch gesehen nicht mehr eliminierbar; sie ist aber auch nicht völlig positivierbar, d. h. in die Einzelmoralen integrierbar. Konkret gesprochen: Die kritische Reflexion der Aufklärung ist nicht mehr rückgängig zu machen, am wenigsten philosophisch. Es gibt kein Zurück zur Utopie archaisierender Simplizitäten und kein Festschreiben des Moralpositivismus, vollends nicht nach den Erfahrungen des zwanzigsten Jahrhunderts. Die Einzelmoralen müssen prinzipiell kritisierbar sein, einerseits nach außen wie bei den expansiven und aggressiven Gruppen, andererseits nach innen wie bei den repressiven, illiberalen und intoleranten Gruppen, die die Freizügigkeit und Entscheidungsfreiheit der Einzelnen oder von Teilgruppen einschränken. Dafür ist eine kritische Instanz nötig, die Gerechtigkeitskriterien inter- und übersozietärer Art zur Geltung bringt. Diese Instanz braucht nicht fundamentalistisch oder gar metaphysisch begründet zu sein, es genügt dafür der Überkonsens der Epoche. Die Moralphilosophie kann jedenfalls nicht bloße hermeneutische Selbstaufklärung des konkreten, gerade geltenden Ethos betreiben, sondern muß mehrschichtig verfahren.

Im Grunde setzt schon die philosophische Thematisierung der Gruppenmoral ihre Problematisierung in der Wirklichkeit voraus. Vollends heute verhält sich die Gruppenmoral im Zeichen einer universalen Weltzivilisation überwiegend regressiv, während der Universalismus komplementär an Boden gewinnt. Die Orientierungskraft der Gruppenmoral nimmt auch deshalb ab, weil sie in sich komplexer wird oder gar pluralistisch zerfällt. Von der Einhelligkeit eines geschlossenen Gruppenethos kann kaum mehr und immer weniger die Rede sein. An der substantiellen Sittlichkeit als letztem Maßstab der Moral festhalten hieße daher einem Mythos »nachgeahmter Substantialität« verfallen (Habermas gegen Gehlen). In das Orientierungsvakuum treten einerseits der progressive Universalismus, andererseits die Strebensethik ein.
Die Theorie der Gruppenmoral neigt dazu, bestehende Moralsysteme zu affirmieren und zu sanktionieren. Damit hängt zusammen die Konfundierung von Sein und Sollen mit der Virtualisierung des Sollens auch in der Praxis. Von Grenzfällen abgesehen gibt es für die Gruppenmoralisten keine nennenswerten unrealisierten Überschüsse und keine Konflikte, sondern eine prästabilierte Harmonie zwischen Bedürfnissen, Sollen und Tun: Wir tun immer schon, was wir sollen, und wir sollen, was wir wollen und brauchen. Durch die sittliche Praxis ist dies alles immer schon abgedeckt. – Wäre dem wirklich so, dann hätte die Praktische Philosophie und Ethik wenig mehr zu bestellen. Sie hat es mit der Handlungsanleitung, d.h. mit dem noch Unversöhnten zu tun und lebt deshalb, soweit sie Moralphilosophie ist, vom Sollen (als Strebensethik dagegen vom unerfüllten Wollen). Der supponierte Automatismus substantieller Sittlichkeit würde, je vollkommener er funktioniert, die Ethik um so mehr überflüssig machen oder in die Rolle einer bloß deskriptiven Ethik abdrängen, die zur Theoretischen Philosophie in Gestalt einer Kulturtheorie hintendieren würde. Der Immobilismus und Quietismus oder das Vertrauen in die Selbstregulierung des Gegebenen ist jedenfalls nicht das Medium, in dem Praktische Philosophie als praxisregulierende gedeihen kann. Auch wo Ethik überwiegend befolgte Grundregeln verdeutlichend zum Bewußtsein bringt, tut sie es, um der Problematisierung im *Einzelfall* entgegenzuwirken. Für sie steht das nichttriviale Handeln im Vordergrund, das noch der Regulierung

und Stabilisierung bedarf. Eine sinnvolle Theorie der Gruppenmoral muß dementsprechend angelegt sein.
Im übrigen ist das aristotelische Modell für eine zeitgemäße Theorie der Gruppenmoral ganz ungeeignet, und das aus verschiedenen Gründen: Die aristotelische Ethik ist nach modernen Maßstäben keine Moralphilosophie qua Sollensethik, sondern als reine Strebensethik aufgemacht. Wie in der gesamten älteren Ethik ist hier der Konflikt zwischen Gemeinwohl und Individuum harmonistisch überspielt und durch das Postulat ihrer Kongruenz ersetzt. Möglicherweise hat Aristoteles eine bestimmte günstige Konstellation in der Entwicklung der griechischen Geschichte im Auge, die aber schon zu seiner Zeit nur eine archaisierende Reminiszenz in idealisierender Perspektive gewesen ist. Sie kann heute nicht mehr maßgebend sein, so wenig wie die Radikalisierung der aristotelischen Theorie bei Hegel. Der sittliche Staat Hegels besitzt heute in der geschichtlichen Realität kaum Anhalt, und wenn, dann nur als ein einzelnes Moment, das in einer übergreifenden Moraltheorie aufgehen muß. Vor allem gilt es, von der Simplifikation wegzukommen, die ein philosophisch stilisiertes Postulat dieses Ethiktyps ohne phänomenalen Zeugniswert darstellt und die von der jeweiligen Realität desavouiert zu werden pflegt: daß nämlich die Interessen des Einzelnen und der Sozietät zu voller Deckung kommen, wodurch sogar die Unterscheidung von Sollens- und Strebensethik überflüssig würde. Tatsächlich ist Moral primär Sache der Sozietät und allenfalls eine Kompromißstruktur zwischen Einzel- und Gesamtinteresse. Auf das Streben des Einzelnen kann sie aber nur künstlich auf dem Weg einer Sekundäranalyse uminterpretiert werden. Daß Moralnormen »nützlich sind«, ist schon eine einseitig utilitäre Moralauffassung, und auch dann wäre zu fragen: nützlich für wen und wie lang? Der Hiat zwischen Gemeinwohl und Eigeninteresse ist prinzipiell nicht überbrückbar, und wenn, dann nur tendenziell in unendlicher Annäherung. Bedauerlicherweise wird die undifferenzierte Gleichsetzung von Wollen, Sollen und Wirklichkeit nicht nur von Gruppenmoralisten vertreten, sondern auch von Universalisten, die sie von ihren Kontrahenten unbesehen übernehmen, um sich dann global davon abzusetzen. Der komplexen Aufgabe einer modernen Integrativen Ethik ist damit wenig gedient. Speziell die

unserem eigenen Belieben entzogen.[4] Dies schließt eine zirkuläre Selbstnötigung und Selbstverpflichtung aus, die grundsätzlich revidierbar und daher nicht unbedingt wäre. Die moralische Forderung bedarf daher des sozialen Außen- und Gegenhalts: Sie wird von Anderen, Dritten und zuletzt der Sozietät an uns herangetragen. Moral ist daher wesentlich sozionom und für den Geforderten heteronom und in diesem Sinne als externalistisch verfaßt zu betrachten. Die moralische Grundsituation ist durch die Erwartungshaltung der Anderen definiert, die uns zur Entscheidung auffordert und der wir uns stellen müssen. Im übrigen ist moralisch relevantes Handeln nicht nur dem Erwartungsdruck und der Beurteilung seitens der jeweils Anderen ausgesetzt, sondern bezieht sich auch inhaltlich wesentlich auf unsere Beziehung zu anderen Menschen und Wesen, also auf Außenverhältnisse, nicht etwa auf unser Verhältnis zu uns selbst (abgesehen vom Grenzfall der Verpflichtungen gegenüber anderen in Bezug auf uns selbst). Der den abstrakten Pflichtbegriff zunehmend ablösende neuere Verantwortungsbegriff macht dies in den meisten westlichen Sprachen auch semantisch deutlich: Er bezieht sich stets mehrstellig nicht nur auf das ›Wofür‹, sondern auch auf denjenigen, *vor* dem man verantwortlich ist, schließt also, richtig verstanden, die soziale Dimension ein. Auch in der Mehrzahl der Fälle, in denen wir scheinbar ohne Nötigung freiwillig in ein Verantwortungsverhältnis eintreten oder uns zu etwas verpflichten, folgen wir nur den sogenannten weiten Pflichten etwa der Hilfeleistung, zu denen ein Ermessensspielraum gehört, sind also nur beschränkt autonom. Wenn wir jedoch wirklich spontane Leistungen erbringen, die uns in keiner Weise abgenötigt worden sind, so sind dies verdienstliche Werke (merita, supererogatoria), die, wenn überhaupt zur Moral, so doch nicht zum Zentrum der Moral gehören. Dies ergibt sich schon daraus, daß ihnen keine allgemeine Verbindlichkeit zukommt. Wenn sich die Vorstellung, moralisches Verhalten sei eine Form der Selbstverwirklichung, gerade mit ihnen verbindet, so zeigen sie im Gegenteil, daß Selbstverwirklichung sich zur Moral allenfalls akzidentiell verhält. (Noch weniger aufschlußreich ist

4 Der Begriff der Kategorizität ist im folgenden in dieser generellen Bedeutung verwendet (also nicht in der spezielleren, auf den Kategorischen Imperativ bezogenen Kants).

der Umstand, daß wir bis zu einem gewissen Grade selbst entscheiden können, in wie viele und in welche Lebensverhältnisse wir uns einlassen, die eine moralische Erwartungshaltung anderer mit sich bringen.) Moralische Selbstverwirklichung kann auch nicht mehr im Namen der Vernunftnatur des Menschen geltend gemacht werden, da weder der Mensch noch gar die Moral vorrangig auf Rationalität festlegbar sind und insbesondere in der postteleologischen Moderne ein starker substantialistischer Vernunftbegriff und damit die Einhelligkeit der Vernunft nicht mehr vorausgesetzt werden kann. Vernünftigkeit und Rationalität sind vielmehr in sich selbst konfliktuös. Auch der rational Orientierte muß deswegen damit rechnen, von abweichenden Auffassungen majorisiert zu werden; er muß Kompromisse schließen und ist darum auch in der Rationalität seines Entscheidens und Handelns Nötigungen ausgesetzt. Eine Ethik aber, die die gegenüber Minoritäten auftretende moralische Nötigung nicht unterbringen kann, ist unbrauchbar (auch wenn man von der unvermeidlichen Perspektivendifferenz zwischen Nötigendem und Genötigtem einmal absieht). Andererseits liefert selbst die Berufung auf das individuelle moralische Gewissen keine Gegeninstanz zu einer externen Ausrichtung der Moral. Zunächst müssen zwei Arten von Gewissen unterschieden werden: die Stimme des wahren Selbstinteresses, die nicht zur Moral, sondern zum Selbstverwirklichungsstreben gehört und darum auch von der antiken Strebensethik des Typus II als erste Gewissensform philosophisch thematisiert worden ist; und das moralische Gewissen, das ein internalisiertes, durch Erziehung eingeprägtes und gruppenspezifisch konkretisiertes sozionomes Sollen darstellt, das nicht bruchlos in Eigenwollen überführt werden kann. Solche internalisierten Sollensforderungen haben stets einen sozialen, intersubjektiven Realgrund, der in der Regel auch identifiziert und aufgewiesen werden kann. So ist der moderne Begriff des individuellen Moralgewissens kraft seiner Herkunft aus der Tradition der Mystik und des Protestantismus ursprünglich auf Gott bezogen, dessen Stimme das Gewissen repräsentiert – der prototypische Fall externer Moralbestimmung. Dieser Gewissensbegriff ist in theologischen, also interpersonalen Zusammenhängen erwachsen und darum ohne eine intersubjektive Außenorientierung auch nicht existenzfähig. Ein strikt individuelles, auf keine Sozietät oder Religion beziehbares Sollensgewissen ist auch anderweitig nicht nachweisbar. Vom Gewissen des Einzelnen führt auch kein Weg zu einer verbindlichen Moral- und Rechtsordnung, wenn man nicht naturrechtliche oder konsensuelle Prämissen unterstellt.

Natürlich kann man sich einzelne moralische Forderungen anderer ganz zu eigen machen, indem man sie in sein eigenes Selbstverwirklichungsstreben aufnimmt (mit einem Übergang vom Gewissen B zum Gewissen A). Sie hören dann auf, moralische Nötigung und Gesolltes zu sein und werden gleichsam strebensethisch positiviert. Oft vollzieht sich eine solche Umsetzung über mehrere Stufen, wobei sich die Qualität wiederholt verändert: vom äußeren Zwang (durch Erziehungs- und Rechtssanktionen) über die bloße Gewissensnötigung hin zum Eigenstreben und zur Neigung, die zur zweiten Natur geworden ist. Kriterium für abgeschlossene Positivierungsprozesse ist, ob man sich langfristig auch dann so würde verhalten wollen, wenn der Erwartungsdruck der Anderen und damit die moralische Nötigung entfällt. Eine solche Aneignung und Umsetzung moralischer Forderungen ist aber immer nur begrenzt, d. h. partiell und temporär zu realisieren. Der moralische Erwartungshorizont der Sozietät ist als ganzer darin nicht auflösbar, sondern bleibt prinzipiell unverfügbar. Es wird vielmehr immer noch weitere und möglicherweise wechselnde moralische Forderungen geben, die nicht durch strebensethische Assimilation positivierbar sind. Im übrigen entspricht dem Fall der Positivierung als Kehrseite der entgegengesetzte der Negativierung: daß das Gewollte sich zum bloß Gesollten entleert, wenn das eigene Streben abnimmt oder erlischt, der Erwartungsdruck aber anhält oder gar zunimmt. Eine durchgehende Positivierung des Sollens würde, wie schon gegenüber den Neonaturalisten und »Neoaristotelikern« moniert, die Moralphilosophie als Regulations- und Hemmungsinstanz überflüssig machen. Zu kurz greift auch das weitere Argument, die Moral beruhe wie das Recht auf Gegenseitigkeit, schütze also ebenso wie sie dem eigenen Streben Abbruch tut. Für eine Gesinnungsmoral ist diese Argumentation indessen unbrauchbar und der moralischen Grundsituation ursprünglichen Gefordertseins unangemessen. Sie wird im übrigen unterlaufen durch das Parasitentum, das zwar die moralischen (und rechtlichen) Leistungen anderer in Anspruch nimmt, sich selbst aber den entsprechenden Verpflichtungen entzieht, indem es sich von der Erfüllung der Normen nach Möglichkeit ausnimmt und dadurch einen Surplus-Vorteil gewinnt.[5]

Führen also alle wie auch immer – ob sollens- oder strebensethisch – gearteten nichtexternalistischen Moralauffassungen in unlösbare Schwierigkeiten, so gibt es andererseits kein Sollen, das unabhängig von intersubjektiven Relationen zwischen Fordernden und Geforderten irgendwo in der Realität oder Idealität an sich selbst existierte. Als die neuzeitliche Profanethik Gott als Gebotsinstanz eliminierte, blieb nicht etwa ein metaphysisches, freiflottierendes Sollen als Säkularisationsprodukt übrig, sondern lediglich der Kreis der Sozietäten der Menschen und ihrer Glieder. Der von der Seite des Sollens-Objektivismus her naheliegende Einwand, das Bewußtsein des moralischen Gefordert- und Genötigtseins bedürfe nicht des Regresses zu anderen Subjekten als den Urhebern der Forderung, sondern begnüge sich mit deren objektiven Inhalten, läßt sich – von gewissen erklärbaren Ausnahmen abgesehen – moral- oder auch religionspsychologisch nicht stützen. Der Erwartungshorizont der Sozietät (von der Kleingruppe, etwa der Familie, bis hin zur Gattung aller Menschen) oder der Gottheit ist zum wenigsten *implizit* im moralischen Bewußtsein bei allen seinen Entscheidungen präsent. Autoren wie M. Scheler und zumal E. Lévinas haben auf diese intersubjektive oder gar interpersonale Bedingtheit des Moralbewußtseins hingewiesen. Die Beziehung des Sollens auf den Erwartungshorizont der anderen Subjekte ist nicht etwa eine nachträgliche und entbehrliche Reflexion des Theoretikers, sondern ein moralpsychologisches Grunddatum.

Sollen als moralische Nötigung ist demnach weder die Eigenschaft oder Folge eines objektiv Seienden noch selbst eine ansichseiende Entität, aber auch nicht mit dem eigenen Wollen des Handelnden – etwa im Sinne einer zirkulären Selbstverpflichtung – gleichzusetzen. Nimmt die objektivistische Auffassung, die auf ein – nicht nur semantisch verstandenes – Reich axiologischer Geltungen zielt,

5 Weiteres zum Verhältnis von Moral und Recht unten S. 70f. und Kap. VIII S. 405f. Anm. 10.

die Undifferenziertheit der Argumentation gegenüber konkurrierenden Positionen und einen versteckten Ontologismus in Kauf, der das Explanandum im Explanans schon voraussetzt, so verfällt die strebensethische Umdeutung einer eklektischen Reduktion der Phänomene, die Sollen de facto funktionslos macht. Demgegenüber ist festzuhalten, daß moralisches Sollen kein Ansichsein besitzt und von Subjektivität nicht abgetrennt werden kann, aber andererseits auch nicht einseitig dem eigenen oder dem fremden Wollen allein – etwa in Zwangsverhältnissen – zugesprochen werden kann. Sollen setzt sowohl Subjekte voraus, von denen es ausgeht, wie auch Adressaten, an die es sich richtet. Das Sollen für die einen ist demgemäß stets die Kehrseite und das Pendant des fremden Wollens, des Wollens der jeweils Anderen, und umgekehrt. In diesem Sinne setzt Sollen stets korrelativ Wollen voraus und weist darauf zurück. Sollen ist daher primär das, was andere von uns fordern oder fordern könnten, und in zweiter Linie das, was wir in unserem Wollen davon mehr oder weniger anerkennend akzeptieren. Sollen stellt sich infolgedessen, formal betrachtet, insgesamt dar als eine komplexe Relation zwischen verschiedenen Willensinstanzen, d. h. eine höherstufige Wollensordnung, und als solche unterschieden von den einstufigen des eigenen Wollens wie auch des bloßen fremden Wollens in Zwangsverhältnissen. Das Schwergewicht liegt dabei aber asymmetrisch auf der Forderung, die von anderen Subjekten heteronom an uns herangetragen wird, und nicht etwa auf der hinzutretenden Anerkennung oder Zustimmung unsererseits. Diese sind nämlich nicht schlechthin frei oder gar autonom, sondern abgenötigt. Die Dimension der moralischen Nötigung ist aber stets eine intersubjektive, soziale, keine intrasubjektive, und als solche nicht mehr hinterfragbar. Genau das besagt die These vom Externalismus der Moral. Daß die Forderungen einander inhaltlich entsprechen können, bedeutet darum auch keineswegs, daß jeder Einzelne unmittelbar durch seine *eigenen* Forderungen moralisch gebunden wäre. Er ist dies in jedem Falle nur durch sein Bezogensein auf andere Subjekte.

Wenn Sollen das Wollen anderer Subjekte widerspiegelt und die Differenz zwischen Sollen und Wollen sich daher nur als eine Differenz der Richtung, der Reichweite und der Komplexion von

Willensakten darstellt, dann fällt es schwer, zwischen Sollen und Wollen auch weiterhin einen modalontologischen Unterschied anzunehmen. Wenn das Gesollte nur eine Spezialform des Gewollten ist – beide sind übrigens in gleichem Maße irreal –, dann könnte die abweichende Modalität des Sollens allenfalls in der Relationalität und Komplexheit eines Wollens zweiter Ordnung liegen. Insbesondere ist es sehr fraglich, ob die Einordnung des Wollens in die Dichotomie von Sein und Sollen tatsächlich auf die Seite des Seins hin erfolgen kann wie überwiegend angenommen wird, oder ob nicht im Blick auf Ansätze Humes andere Zuordnungen vorzuziehen sind: etwa die gemeinsame Abgrenzung des Sollens und des Wollens als des Unwirklichen vom Wirklichen, Realen. Entsprechendes trifft zu für die prätendierte geltungstheoretische Differenz zwischen Sollen und Wollen, die gegen die vermeintliche Verwechslung von Motiv und Norm ins Feld geführt wird. Mit der allmählichen Trivialisierung der Dualität von Sein und Sollen in der Diskussion zeichnet sich jedenfalls eine Verlagerung der Fragestellung auf die genauere Bestimmung des Sollens und seines Verhältnisses zum Wollen ab, die, wie gezeigt, nicht bei einem Gegensatz von Sollen und Wollen stehenbleiben kann, sondern das Sollen selbst als Wollensrelation zu begreifen hätte. So läßt sich der »Fehlschluß« vom Sein auf das Sollen jetzt präzisieren als ein Überspringen der intersubjektiven Wollensordnung.

Als nächstes drängt sich die Frage nach der Billigkeit, *Gültigkeit* und Ausweisbarkeit moralischer Forderungen auf. Gibt es ein Kriterium dafür, ob ein Ansinnen moralisch objektiv vertretbar ist, zumal im Falle der Nichtanerkennung seitens des Geforderten, also bei konfligierenden Geltungsansprüchen? Geltungstheoretisch gesehen ist die Bezugnahme auf das Wollen anderer in der Tat nicht ausreichend, da dieses Wollen so wenig wie das eigene als gültig ausgewiesen ist. Der bereits angesprochene Stufenpluralismus der Wollensordnung, der jetzt näher zu entfalten ist, weist jedoch in die gesuchte Richtung. Die Billigkeit und Gültigkeit des moralischen Sollens ergibt sich nämlich aus der hierarchischen Abstufung der einander übergreifenden fremden Erwartungshorizonte nach dem Maßstab der jeweils höheren Instanz: Die jeweils weiterreichende, umfassendere Instanz bietet Beurteilungsmittel für die Rechtmäßigkeit und Geltung von Ansprüchen an: zunächst die neutralen Zeugen und Beurteiler gegenüber den involvierten Kontrahenten, dann weiterhin der faktische Konsens der Gruppe oder gar der Menschengattung. Der jeweils übergeordnete Erwartungshorizont fungiert in Konfliktsfällen und darüber hinaus als Normenkontroll- und Appellationsinstanz. Er liefert Beurteilungskriterien dafür, was andere Einzelne oder Gruppen von uns moralisch verbindlich fordern dürfen und was wir als moralisch berechtigte und begründete Forderung anzuerkennen haben. Der weitere Horizont bricht dabei gegebenenfalls den engeren und korrigiert ihn. Gültiges Sollen ist also nicht beliebiges Wollen der anderen, sondern auf einen übergeordneten Konsens bezogen und von da her zu rechtfertigen. Die Möglichkeit einer solchen kritischen Qualifikation schließt einen Moralpositivismus einzelner Gruppenmoralen aus.[6] Man bemerkt zugleich, daß sich damit der Gegensatz zwischen den Theorien der Gruppenmoral (›Sittlichkeit‹) und der universalistischen Moral (›Moralität‹) weitgehend verflüchtigt, weil beide Moralformationen im Sinne einer Integrativen Ethik in einen gemeinsamen Funktionszusammenhang eingehen, in dem sie jeweils ihren notwendigen Part spielen. Genauer betrachtet muß man aber eine ganze Reihe von Moralhorizonten annehmen, die einander konzentrisch fortschreitend übergreifen und so ein Kontinuum bilden: von der Spezialmoral der Zweiergruppe über mittlere und größere Gruppen bis hin zur Moral einer Kultur oder Epoche, ja bis zum Rückgriff auf ältere oder zum Vorblick auf antizipierte, erst potentiell subsistierende, künftig zu aktualisierende Gruppenideale oder gar auf imaginierte universalisierte Übergruppen, die für den Gattungskonsens ste-

6 Darin unterscheidet sich die hier vorgelegte Theorie des moralischen Sollens von derjenigen Humes (und Hares), desgleichen darin, daß bei Hume noch nicht zwischen Urhebern und Adressaten des Sollens unterschieden wird (nur in den letzteren wird Sollen als solches aktualisiert). – Searles Versuch, aus einem noch ungeschiedenen Komplex von Tatsachen und Normen ein (reines) Sollen abzuleiten, überzeugt deshalb nicht, weil die vermeintlich in den institutionellen Tatsachen impliziten Normen mit der Erwartungshaltung der jeweils Anderen bereits hinreichend als Sollen expliziert sind, und zwar schon für den durchschnittlich Handelnden, nicht erst in der theoretischen Reflexion.

hen.[7] Dabei verhalten sich allerdings Geltungsgrad und Verantwortungsdruck gegenläufig zueinander: Beide sind konzentrisch angelegt, aber die Geltung nimmt mit der zentrifugalen Perspektive zu, die Verantwortung dagegen gemäß dem Vorrang der Nah- vor der Fernethik ab. Im übrigen wird der universalere Horizont in der Regel die Geltung von Gruppenmoralen in ihrer Außenorientierung strengeren Kriterien unterwerfen, ebenso möglicherweise in ihrer Binnenstruktur, im zweiten Fall aber doch häufiger liberalisieren, d. h. Pluralismus und Toleranz befördern. Im Einzelfall muß die Berufung auf den weiterreichenden Konsens die Entscheidung herbeiführen. Wo jedoch ein einschlägiger faktischer Konsens nicht zu ermitteln ist, muß ausnahmsweise im Diskurs ein Kompromiß ausgehandelt oder eine Rechtssetzung vorgenommen werden.

Das Geltungsproblem des verbindlichen Sollens findet demnach seine Lösung in der Abstufung der Wollensordnung, nicht aber in ihrer Überschreitung: Gültiges Sollen ist *qualifiziertes* Wollen, bezogen auf einen bestimmten übergeordneten Wollenskontext. Die damit vorgelegte Rahmenbestimmung des moralischen Sollens, die gemäß dem Prinzip der Sparsamkeit mit einem Minimum an Voraussetzungen auskommt, trägt den phänomenalen Gege-

7 Auch der einzelne Moralist, der sich mit seinen Forderungen gegen die eigene Gruppe oder Epoche stellt, ist an einen solchen übergeordneten Bezugsrahmen gebunden, von dem er sich selbst in seinem individuellen moralischen Gewissen gefordert und dem er sich als seinem Gegenüber verantwortlich fühlt. Stets sind es weitere Erwartungshorizonte dessen, was andere von ihm selbst erwarten oder doch erwarten könnten, die ihn in seinen eigenen Forderungen tragen und zugleich binden. Der Einzelne kann als solcher niemals eine Moral begründen oder praktizieren, da die entscheidenden Geltungsfragen – abgesehen vom elementaren sozialen Gegenhalt – heute nicht anders als durch Majoritäten entschieden werden können. Dies ist auch der Haupteinwand gegen die Konzeption des »idealen Beobachters« (oder Gesetzgebers) als Beurteilungsinstanz der Moral etwa bei R. Firth oder (einst) R. B. Brandt (nach Ansätzen bei Hume und A. Smith). Sie war schon mit der Majorisierung Gottes, an dessen Sonderstellung sie erinnert, durch den Konsens aller Vernunftwesen in der Aufklärung überholt worden. (Nur wenn man den »idealen Beobachter« als Typus auffaßt, kann man in ihm den Vertreter der idealen Gruppe erkennen.)

benheiten Rechnung und erlaubt auch die Einbeziehung nichtvernünftiger Lebewesen. Moralisches Sollen ist adäquat definierbar als Wollensrelation, nicht weniger, aber auch nicht mehr. Dadurch ist nicht nur einer Entmystifizierung und Dehypostasierung des Sollens der Weg bereitet, das eines zumindest in der Theorie unangemessenen Nimbus entkleidet wird, sondern es sind auch Chancen und Ansatzpunkte der Kritik, der Korrektur und der Umwandlung von Sollensgehalten sowie der – weitergehenden – Minderung des Sollensbestandes im ganzen eröffnet.

Der im vorigen verwendete Konsensbegriff bedarf jedoch der näheren Erläuterung und der Abgrenzung von anderen, heute gängigen Konsensbegriffen. Zunächst besteht der moralische Konsens als Geltungsgrund nicht etwa zwischen Fordernden und Geforderten, es sei denn akzidentiellerweise, sondern nur zwischen den Fordernden untereinander. Er ist also mit der Wollensordnung des moralischen Sollens nicht identisch, sondern in der Regel nur ein Teilkomplex davon. In Grenzfällen können beide sogar auseinandertreten: Es kann Sollen (und seine Anerkennung) geben, ohne daß ein validierender Konsens auszumachen oder in Anspruch genommen wäre, und es können konsensuell abgesicherte Geltungen bereitstehen, noch ehe ein bestimmter Betroffener von der Forderung überhaupt erreicht und sich ihrer bewußt wird. Konsens bezeichnet ferner die *faktische* Übereinstimmung der moralischen Bewertungen und Urteile und – wiederum von Grenzfällen abgesehen – nicht schon das Sichmiteinanderverständigthaben oder auch nur die Kommunikation derer, die am Konsens objektiv teilhaben. Im übrigen impliziert die Berufung auf den Konsens keinen naturalistischen Fehlschluß. Der praktische Konsens enthält selbst schon und per definitionem ein Sollen, das die philosophische Theorie nur artikuliert und interpretierend verdeutlicht. Man schließt also nicht vom Faktum des Konsensus auf ein Sollen, sondern dieses Faktum ist, ähnlich wie Kants Faktum der Vernunft, selber ein Sollen.

Eine zu Ende reflektierte Metatheorie der Ethik kann sich jedoch der weitergehenden formalen Überlegung nicht entziehen, daß der faktische, antizipierte oder nur imaginierte Konsens jedenfalls geschichtlich kontingent und als ein spezieller und endlicher relativierbar ist. Dazu muß schon auf der normativen Ebene ein

Konsens *über* die Geltung von Konsens und Konsensen und vor allem über die gültige Konsens*art* unterstellt werden, also ein Grundkonsens darüber, daß überhaupt Konsens und weiterhin ein bestimmter qualifizierter Konsens Geltungskriterium von Moral sein soll. Zunächst ist der Rekurs auf übergeordnete Kontrollinstanzen oder deren Anerkennung selbst Inhalt des moralischen Wollens und Sollens und steht daher prinzipiell zur Disposition. Dies trifft beispielsweise für Epochen und Kulturen zu, die über Gruppenmoralen hinaus keinen moralischen Sinn für Überkonsense entwickeln, noch mehr aber für erst antizipierte, in statu nascendi befindliche oder gar nur imaginierte Konsense, deren Geltung als Kontrollinstanzen noch kontrovers und Gegenstand werbender und überredender Appelle ist. Zum zweiten ist der in der Gegenwart oft als nicht explikationsbedürftige Trivialität behandelte, im Zeichen der Gleichheit stehende Konsenstyp keineswegs der einzig mögliche: Zwar kann sich der Konsensbegriff inhaltlich nach Maßgabe der Gleichheit am Mehrheitsprinzip orientieren, aber auch gemäß der Hierarchie der Ungleichen und schließlich sogar an einer autoritativen Minderheit (auch auf der Reflexionsstufe der Theorien- oder Ideologienbildung selber). Alle Konsenstypen führen zuletzt auf Fragen der Macht und Übermacht und die Probleme ihrer Interpretation hinaus, ohne daß man dazu schon die Hypothese von der Moral als internalisierter sanktionistischer Gewalt bemühen müßte (Macht ist nicht Gewalt). Der Grundkonsens wird nicht wie der inhaltlich bestimmte Konsens durch Gleichheit (oder Ungleichheit) legitimiert, sondern legitimiert seinerseits erst die Gültigkeit der Gleichheit (oder Ungleichheit). Der Grundkonsens *über* die Gültigkeit von Konsens und Konsenstyp ist im übrigen selber geschichtlich kontingent. Die Figur des infiniten Regresses findet jedoch hier keinen Anhalt, zumal der Grundkonsens in den jeweiligen bestimmten Konsensen impliziert gedacht werden muß.

Der Konsens als Kriterium der Gültigkeit von Moral ist kein Wahrheitskriterium, denn Gültigkeit ist nicht Wahrheit. Es ist daher abwegig, konsenstheoretische Wahrheitsbegriffe oder -kriterien ins Praktische zu transponieren und in diesem Zusammenhang von praktischer Wahrheit zu sprechen. Für den praktischen

Bereich eignen sich, von bestimmten Formen der Normenkontrolle abgesehen, nur die Begriffe der Gültigkeit und der Richtigkeit, nicht aber der Wahrheit. Gültigkeit und Richtigkeit (diese für die Strebensethik) sind freilich beide grundsätzlich fallibel. Im übrigen ist der Konsens streng genommen nicht nur Geltungskriterium – so nur für den sich praktisch Orientierenden –, sondern auch Geltungsquelle.

Die Reziprozität der Forderungen (oder Nichtforderungen) zwischen den Partnern der Wollens- und Sollensrelation kann in materialer Bedeutung nur so weit zutreffen, wie Gleichheit der Partner vorliegt. Sie trifft jedoch auch in formaler Bedeutung nicht ausnahmslos zu, wie insbesondere das Beispiel künftiger Generationen und der höheren Tiere lehrt. In beiden Fällen liegt eine Asymmetrie der Verpflichtung vor, insofern wir für *und* vor beide(n) Verantwortung tragen, aber nicht umgekehrt. Auch höhere Tiere, zu denen wir im Verhältnis der Symbiose und des Kommerziums stehen, sind nämlich moralische Subjekte (nicht Personen), die uns gegenüber eine Erwartungshaltung entwickeln, die unmittelbar verpflichtend wirkt – im Unterschied zur Empathie gegenüber anderen Lebewesen, wo Schonung und Hilfeleistung nur verdienstliche Leistungen sind, solange darüber nicht ein allgemeiner Konsens unter den Menschen erreicht ist. Allerdings ist die Geltungsquelle für die Verbindlichkeit, die von der Erwartungshaltung höherer Tiere ausgeht, gleichfalls erst im übergeordneten Konsens der Menschen zu suchen. Demgemäß können künftigen Generationen in einem antizipierten Gattungskonsens auch Geltungsfunktionen zugeschrieben werden, während die moralischen Erwartungen höherer Tiere solchen von Menschen im Konfliktsfall eindeutig nachzuordnen sind.

Der Geltungskonsens der Moral bezieht sich auf reziproke wie auf nichtreziproke Verhältnisse, kann aber auch nicht ohne weiteres mit dem Prinzip der Generalisierung oder Universalisierung zusammengebracht werden. Zwar unterliegt das System der einander übergreifenden konsensuellen Horizonte sehr wohl dem Prinzip der Verallgemeinerung und um so mehr, wenn man es modernem Verständnis gemäß auf Egalität hin qualifiziert – Geltungsprobleme der Moral können heute nur noch durch Majoritäten entschieden werden –, doch kann der evaluativ und dijudikativ wirksame Konsens grundsätzlich auch einen Pluralismus von Gruppenmoralen nebeneinander zulassen, wenn sie nur bestimmten Limits des Überkonsenses genügen. Konsensuelle Kontrolle bedeutet also nicht Uniformität der Moral (wie auch nicht und noch weniger der individuellen Lebensführung). Demgemäß ist der Begriff der Apodiktizität, der allgemeinen Gültigkeit von Normen für jedermann, der wie der der Kategorizität (Unbedingtheit) wesentlich zur Moral gehört, mehrdeutig und differenzierungsbedürftig: Er kann sich auf die Geltung von Normen einer Gruppe für jedes einzelne ihrer Mitglieder, in weiterer Bedeutung aber auf alle Menschen beziehen, die vom jeweiligen Überkonsens betroffen sind.

Verallgemeinerung kann auch nicht für sich genommen bereits als Index von Rationalität verstanden werden. Eine solche die Analogie zum theoretischen Weltverhalten überziehende Deutung verkennt, daß Moral und die Geltungsfragen von Moral primär auf einer wenngleich konzentrisch aufgestuften Wollensordnung beruhen und daß sich hinzutretende rationale Elemente zu dieser volitiv-emotiven Basis sekundär und kontingent verhalten. Der Umstand, daß solche Elemente selbst zum Inhalt bestimmter moralischer Forderungen gemacht werden können, indiziert gerade ihre Dependenz von vorgelagerten Wahl- und Entscheidungsakten. Die Ratio kann aus sich heraus keine moralischen Normen hervorbringen, nicht einmal in Bezug auf sich selbst. Gefühle und Bestrebungen haben fundierende Tragweite für die Normsetzung und das Normverstehen. Die letzte Entscheidung über Rationalität muß daher dem vorrationalen Konsens der moralischen Subjekte vorbehalten bleiben. Auch der universale Horizont aller denkbaren Subjekte läßt sich aber nicht mit Notwendigkeit rationalistisch präjudizieren. Im übrigen ist auch eine rationalistische Moralauffassung auf ein Wollen angewiesen, denn Rationalität allein bewegt nichts und kann aus sich heraus kein Sollen entlassen.

Im Hinblick auf verbreitete Rationalitätsunterstellungen empfiehlt es sich, die Rolle von Rationalität in der Moral nach Reichweite und Grenzen noch genauer zu bestimmen. Sie wird meist mit dem Begründungsbegriff verbunden, der jedoch mehrdeutig ist. Moralisches Handeln rational begründen (»auf einen Grund zurückführen«) kann folgende Bedeutungen annehmen: auf a) rationale Normen oder b) vernünftige Supernormen zurückführen (»Letztbegründung«), *oder* außermoralische Gründe namhaft machen: c) Randbedingungen (z. B. bei weiten Pflichten), Folgenabschätzungen (in der Verantwortungsmoral), Formalkriterien (z. B. Ersparnis- oder Minimaxprinzip) oder d) begleitende oder langfristig zu erwartende Utilitäten und Nutzeffekte (»Es lohnt sich, moralisch zu sein«, mit einem Überstieg in die Strebensethik), oder e) metatheoretische Erklärungen anthropologischer oder transzendentaler Art. Davon ist bereits im vorigen der Begründungstyp d) als moralzerstörend (S. 29 f.), der Begründungstyp e) als nicht normativ gehaltvoll und daher nicht unmittelbar praxisrelevant (S. 35 f.) charakterisiert worden. Der Typus der Letztbegründung (b) zeigt mehrere Alternativen, von denen die intuitionistischen, an theologischen Modellen orientierten Absolutheitspostulate der metaphysischen Tradition in der Gegenwart methodisch obsolet geworden sind und rekonstruktiven, d. h. reflexiven oder hermeneutischen Verfahren Platz gemacht haben. Deren Rationalität beruht jedoch ausschließlich auf der immanenten begrifflichen Explikation geschichtlich und gesellschaftlich vorgegebener Supernormen, kann also diese Normen selber nicht mehr als rational rechtfertigen. Zwar können Letztwerte und Übernormen (Gleichheit, Verallgemeinerung, Freiheit, Sachlichkeit u. a.) durch längerwährende Anerkennung selbstverständlich und trivial wirken und dadurch den Schein von Rationalität annehmen oder als rational ausgegeben werden, wobei der Titel des Rationalen als Geltungsresonator und Überzeugungsverstärker dienen mag. Doch verbergen sich in solchen durch Trivialisierung zugeflossenen Rationalitätsmerkmalen die sedimentierten Optionen und eingefahrenen Überzeugungen des Kulturkreises oder der Epoche. Sie werden in der Regel durch die moralphilosophische Theorienbildung meta-optional verstärkt und durch Arbeit am Konsens schärfer konturiert, anders akzentuiert und in eine bestimmte Richtung gelenkt. Die Optionalität der Praktischen Philosophie und Ethik, die sie von der Theoretischen und den Wissenschaften unterscheidet, äußert sich vorzugsweise in den werbenden Vorschlägen und Appellen, mit denen sie den allgemeinen Konsens über Normen und Supernormen zu beeinflussen und zu bearbeiten sucht. Es geht ihr darum, Optionspotentiale eines latenten oder auch primoptional antizipierten Grundkonsenses mäeutisch zu entbinden, zu erweitern und gegebenenfalls abzuändern. Die Perspektive der Moral und der Moralphilosophie kann dabei eine geschichtsphilosophische und in der Konsequenz auch politische Dimension gewinnen. Es leuchtet jedoch ein, daß solche Optionalität das hermeneutisch-zirkuläre Begründungsverfahren, das lediglich verdeutlichend auf bereits anerkannte Vorentscheidungen von Kollektivsubjekten in der Gattungsgeschichte zurückgreift, mehr oder weniger in die Richtung auf eine dezisionistische[8] Wert- und Normsetzung hin überschreitet.[9] Ein Beispiel für die Verbindung beider Begründungsstrategien bietet die zeitgenössische Diskursethik, die vom traditionellen Begründungstrilemma her gesehen den Tropus des Zirkelbeweises mit dem Tropus des thetischen (norm»setzenden«) Regreßabbruchs kombiniert. Von einer rationalen Letztbegründung der Moral kann beide Male nicht die Rede sein.

Immerhin können recht wohl Rang- und Bedingungsverhältnisse zwischen Normen formuliert und in eine rational nachvollziehbare Ordnung gebracht werden, auch wenn eine direkte Ableitung der speziellen Normen nicht möglich ist. Dieser Typ von Rationalität ist, wenn man von dem weniger zentralen Typ c) absieht, der einzige, der mit dem Wesen von Moral vereinbar ist. Es empfiehlt sich dann aber, den hohen Anspruch einer rationalen »Letztbegründung« ganz durch den moderaten einer rationalen (Super-) Normen- und Kontextkontrolle zu ersetzen, bei der Kriterien der Konsistenz und Kohärenz leitend sind. Dagegen ist es illusorisch,

8 Der mehrfach kompromittierte Ausdruck *Dezisionismus* wird sonst in dieser Darstellung auf das liberum arbitrium indifferentiae beschränkt und darüber hinaus durch den der *Optionalität* ersetzt.

9 Der notorische Pluralismus auf der Theorieebene wird gleichfalls aufgefangen und gewinnt Gültigkeit durch überwiegende Konsensbildung, analog zum Konsens auf der Primärebene der Moral und insbesondere in jeder Art von paritätischer Argumentationsgemeinschaft. Dabei ist damit zu rechnen, daß die Theorieebene Komplementaritäten zuläßt und – bei interner Abstufung – jedenfalls einem Überkonsens Raum zu geben pflegt. Dissens auf der Ebene der Metatheorie braucht im übrigen für die Normative Ethik keine Folgen zu haben.

Moral darüber hinaus kognitivistisch oder objektivistisch begründen zu wollen. Wer ihre Grundlagen nicht in einer Wollensordnung und ihre Gültigkeit nicht in der Aufstufung konzentrischer konsensueller Horizonte gewährleistet findet und darin bloße Moralpsychologie argwöhnt, verkennt, daß andere Geltungsquellen nicht zur Verfügung stehen. Es gibt bei der Moralkonstitution nur übergreifende Optionen, die sich im Wettbewerb mit anderen durchgesetzt haben, aber keine apriorischen Vernunftnormen. Entgegen einer verbreiteten Meinung ist der Rationalitätsgehalt der Strebensethik, in der Vorzugsordnungen von Zielen, Mitteln und Wegen eine viel ausgedehntere Rolle spielen, größer als derjenige der Moral und Moralphilosophie.

Freilich ist das von der sprachanalytischen Metaethik eingeführte dichotomische Raster, das die Metatheorien in solche des Kognitivismus und Non-Kognitivismus scheidet, zu grob, um die hier entwickelte Position aufzunehmen.Die Alternative ist nicht sachgerecht, weil sie zwischen den Perspektiven von Fordernden und Geforderten sowie zwischen denen von Individuen, Gruppen oder Übergruppen nicht genügend unterscheidet. Die Grundoptionen der moralisch Fordernden sind primär nicht rational, sondern überwiegend emotiv, volitiv und präskriptiv (in dieser Abfolge) und daher zu Recht als non-kognitivistisch charakterisiert. Dagegen kann beim moralisch Geforderten recht wohl von einem intuitiven Verstehen fremder Erwartungshaltungen die Rede sein, das dann zu Akten der Zustimmung und Anerkennung in der Wollensordnung führt. Darin kann man zum wenigsten eine starke kognitive Komponente erblicken. Bei beiden Partnertypen mag sodann ein Logizismus der Verknüpfung, der Normen- und Kontextkontrolle in Kraft treten, der auf rationalem Wege Folgerungen aus den gesetzten – angesonnenen und aufgenommenen – Normen zu ziehen erlaubt. Insofern empfiehlt es sich nicht, bei einem Entweder-Oder stehenzubleiben, vielmehr liegt auch hier eine systematische Integration nahe, bei der die vermeintlich alternierenden Positionen die Bedeutung von Aspekten des Gesamtphänomens annehmen.

Die Problematik der Moralbegründung kann an dem für die Moderne bis zur Gegenwart prototypischen Fall Kants erläutert, und es kann von da aus zu generellen systematischen Folgerungen fortgeschritten werden. Die vorneuzeitliche Metaphysik und Ethik war teleologisch orientiert in dem Sinne, daß sie objektive Finalursachen, ansichseiende Naturzwecke und Wesensziele enthielt, die mit den Wesensformen kongruierten und daher übergeschichtlich waren. Der parallele Aufbau von Teleologie und Ontologie war in der Konversionsthese der Transzendentalien formuliert, die auf die Metaphysik Platons zurückgeht (ens, unum, bonum, verum convertuntur und insbesondere omne ens est bonum). Der Sieg des Nominalismus in der via moderna zerstörte die Ontologie, Teleologie und den Ordogedanken der älteren Metaphysik – ursprünglich, um der unbeschränkten Freiheit eines Willkürgottes Raum zu geben – und führte zu einer Neuakzentuierung des Einzelnen, Singulären, des Pluralismus, der Kontingenz und Geschichte, repräsentativ zu beobachten bei Bacon, Galilei, Descartes, Hobbes und Spinoza, mit Vermittlungsversuchen bei Leibniz und Wolff.[10] Für die Praktische Philosophie ergaben sich daraus mehrere Konsequenzen: 1.) Die Trennung von Sein und Sollen, von Tatsachen und Werten, weil die Ziele nicht mehr ontologisch fundiert, sondern durch Wahlakte zu setzen waren. 2.) Ein geschichtlicher und synchroner Pluralismus von letzten Zielen und Werten, da keine einhelligen Ziele mehr vorgegeben und wiederholbar waren. 3.) Infolgedessen zeichnete sich eine Problematisierung des Naturrechts bereits ab, auch wenn sie erst in der Historischen Rechtsschule voll durchbrach. 4.) Ein Infinitismus des Strebens und der Selbststeigerung sprengte die Finitheit des überkommenen Autarkiegedankens, da begrenzende Wesensziele fortan fehlten (beginnend mit Hobbes, die vorläufig letzten Konsequenzen zieht Nietzsche). 5.) Auch der moderne Freiheitsbegriff ist nachnominalistisch und postteleologisch, zwar geschichtlich situiert, aber formal unbegrenzt (die äußersten Folgerungen werden von

10 Inwieweit sich ein wirkungsgeschichtlicher Zusammenhang zwischen dem spätmittelalterlichen Nominalismus zumal Ockhams und der Entwicklung der Neuzeit tatsächlich nachweisen läßt (kritisch dazu: W. Hübener, Die Nominalismus-Legende, in: Spiegel und Gleichnis, Festschrift f. J. Taubes, 1983, 87-111), ist für die Diagnose der Entwicklung selbst und ihr Resultat in der gegenwärtigen Situation nicht entscheidend.

Schellings Freiheitsschrift an gezogen, am markantesten in der Existenzphilosophie).

Die Philosophie Kants zeigt nun in Bezug auf die via moderna eine eigentümliche Ambivalenz: Als Theoretischer Philosoph ist Kant grundsätzlich Nominalist und Phänomenalist, in seinem metaphysikkritischen Ansatz geradezu Scotist; dem entspricht seine Subjektivierung der Teleologie. Auf der anderen Seite tritt in der *Praktischen* Philosophie Kants an die Stelle einer Naturteleologie eine Vernunftteleologie des Menschen, die auf bestimmte Inhalte und Rangordnungen festgelegt ist (die vom Sittengesetz bestimmte Vernunft und Moralität als ›eigentliches Selbst‹ und die ›Menschheit‹ im Menschen). A. MacIntyre hat überzeugend darauf hingewiesen, daß Kants Ethik eine Residualform der älteren Teleologie darstellt, die nicht mehr zum postnominalistischen und postteleologischen Umfeld der Neuzeit paßt. Kant lehrt eine Wesensform des Menschen mit bestimmten Normen und Prinzipien, die noch im Rahmen der aristotelischen Teleologie von Möglichkeit und Wirklichkeit des Menschen verbleibt. Wie die klassische Tradition erhebt sie übergeschichtliche, fundamentalistische Ansprüche, vermehrt um die unbedingte moralische Sollensforderung nach Art der Theologie. Die Grundtendenzen der Neuzeit erlaubten aber nur eine extrem formalisierte Fassung menschlicher Freiheit und Wertsetzung, die nicht exklusiv-dominant zu präjudizieren und materialiter zu besetzen war. Kants Optionen und Vorschläge können zwar epochale Orientierungskraft haben, aber keine fundamentalistischen Geltungsgarantien bieten. Auch die Berufung auf ein ›Faktum der Vernunft‹ führt nicht über die eigene Epoche hinaus. (Darum ist auch der Gegenvorwurf gegenüber Skeptikern, sie höben sich selbst auf, nicht triftig, denn sie bestreiten nicht die Geltung für die gegenwärtige Epoche, wohl aber darüber hinaus.) Kant hat auf die geschichtliche Multivalenz der Praktischen Vernunft so wenig reflektiert wie auf die der Einbildungskraft, im Unterschied zu seinen Kritikern Hamann und Herder und später den Romantikern. Die Konsequenz der Moderne übergreift noch Kants dritte ›Kritik‹, wo Kant quasi-dogmatisch hierarchisierend die Vernunftmoralität als Letztzweck der Welt ansetzt. Jede gegenwärtige philosophische Moraltheorie ist jedoch gehalten, dem weiteren Horizont Rechnung zu tragen. Es muß prinzipiell mehrere Moralen und mehrere Rangordnungen geben können, und zwar auch noch auf der universalistischen Ebene.[11]

Dabei bleibt es offen, ob Vernunft überhaupt und ob ferner gerade diese Vernunftinhalte maßgeblich sein sollen. Kant argumentiert mit dem apriorischen Status des Egalitätsprinzips, der ihm uneingeschränkte Apodiktizität sichern soll. Kant spricht statt von Apriorität auch von Formalität, zieht Parallelen zum Nichtwiderspruchssatz der Logik und hebt das Kontrafaktische der Supernorm heraus. Doch ist Skepsis gegenüber dem apriorischen Fundamentalismus des Egalitätsprinzips angebracht: Zunächst ist es nur eine relativ-formale, zwar hoch generalisierende, aber doch sehr wohl inhaltliche, materiale Aussage (Schelers Formalismus-Kritik ist darum allzu undifferenziert), die als solche keinen metaphysischen Sonderstatus beanspruchen kann. Die Berufung aufs Kontrafaktische bleibt unspezifisch, da auch Wünsche, Strebensziele, Normen von Gruppenmoralen oder Religionen kontrafaktisch sind, ohne deshalb Apriorität zu genießen. Die Parallele des Nichtwiderspruchssatzes greift nur dann, wenn die konkurrierende proportionale Gerechtigkeit zweifelsfrei ausgeschlossen werden kann. Nun steht aber die Geschichte der Menschengattung überwiegend im Zeichen der Vorherrschaft der proportionalen Gleichheit und Gerechtigkeit, die neben dem Ausnahmefall der arithmetischen als Regelfall figuriert. Nur in unserem Kulturkreis ist es allmählich über im Stoizismus, Christentum, Protestantismus und in der Aufklärung zu beobachtende Etappen zu einer Umkehrung der Gewichtung gekommen, kontrapunktiert durch namhafte Gegeninstanzen von Platon über den Ordogedanken bis zu Nietzsche. Das vornehmlich zugrundeliegende Theologumenon von der Gleichheit aller Menschen vor Gott war im übrigen nur unter der Voraussetzung einer monotheistischen

11 Kant gehört insofern wie die Idealisten und im Unterschied zu den Romantikern und Nachidealisten zu derjenigen Reaktion gegen den nominalistischen Grundzug der Moderne, von der sich heute wiederum eine die Moderne radikalisierende Postmoderne abzugrenzen sucht. (Die Neuzeit ist definierbar als die Geschichte des Nominalismus und seiner Vermeidungsversuche.)

Weltreligion möglich, die nach M. Weber ihrerseits die Realisierung politischer Weltreiche voraussetzte. Gewiß sind Ansätze zur Rechtsgleichheit schon beim Urmenschen nachweisbar, wie dies den pragmatischen Erfordernissen archaischer Tauschgesellschaften entsprach. Insofern liegt die anthropologische Koexistenz beider Formen von Gleichheit in verschiedenen Anteilsverhältnissen von vornherein nahe, und man kann beide nur durch Abstraktion aus komplexen sozialen Zusammenhängen gewinnen. Entscheidend ist aber, welche Form die dominierende ist, und hier muß der Vertreter des apriorischen und apodiktischen Standpunkts erklären, warum die proportionale Gleichheit und Gerechtigkeit samt ihren Herrschaftshierarchien in der Geschichte überwiegt und die Egalitätsidee erst so spät als maßgeblich auftritt. Es geht also, wohlgemerkt, nicht um (unbestrittene) anthropologische Wurzeln, sondern spezieller um die Gewichtung und Bedeutsamkeit beider Prinzipien. Die Unterscheidung von Entdeckungs- und Geltungszusammenhang hilft nicht weiter, denn die Beweislast liegt ja gerade bei der These, daß entgegen der Praxis und Theorie der Geschichte der *Primat* der arithmetischen, egalitären Gleichheit de iure immer schon gegolten habe. Dies bloß zu behaupten, liefe auf eine petitio principii zugunsten der eigenen Epoche hinaus – auch gegenüber künftigen Generationen, deren praktische Entscheidungen wir nicht präjudizieren können. Ebensowenig nützt der Hinweis auf das Erkenntnisapriori, da dieses im Unterschied zum vorgeblichen praktischen Apriori in der *Menschheits*geschichte, von einer möglichen Sprachgebundenheit der kategorialen Ausstattung abgesehen, keinen Anfechtungen durch Alternativen ausgesetzt war und es sich dabei ferner um notwendige Erkenntnisbedingungen handelt, während wir dem Egalitätsprinzip zuwiderhandeln, ja ihm die Anerkennung verweigern können.

Unter den methodischen Voraussetzungen der postteleologischen via moderna ist davon auszugehen, daß die Rede von ›der praktischen Vernunft‹ nur eine systematische Leerstelle bezeichnet, die gar nicht formal genug aufgefaßt werden kann. Sie hat zwar normative Konnotate und wird daher zum Index für die jeweiligen Letztwerte und Ideale (»Vernunftbedürfnisse«) einer Epoche, bleibt aber selbst multivalent disponibel. Moralbegründung bedeutet in dieser Sicht, die epochalen obersten Werte und Normen zu artikulieren und zur ›Vernunft‹ in Beziehung zu setzen, vorausgesetzt, daß man eine rationale Normbegründung überhaupt anstrebt. Dieser Begründungstyp, der epochale Werte metaphysisch zu legitimieren und dadurch geltungstheoretisch zu stärken sucht, geht auf Platon zurück. Kant folgt ihm, wenn er einen enormen metaphysischen Apparat aufbietet, um die Egalität als obersten Wert zu fundamentalisieren. Der Vergleich verrät jedoch bereits die spezifisch neuzeitliche Bedingtheit des egalitären Gleichheitsprinzips, das an die Stelle von Platons proportionaler Gleichheit tritt, ebenso wie der Begründungsmodus von einem weniger strengen zu einem quasi-deterministischen, Apodiktizität verbürgenden Gesetzesbegriff übergeht, der dem Programm der neuzeitlichen Praktischen Philosophie entspricht, sich an die Theoretische Philosophie anzunähern und wie diese strenge Wissenschaft zu werden (Descartes, Spinoza, Hobbes u. a.). Zu dem inhaltlich auf das Egalitätsprinzip hin ausgelegten starken Vernunftbegriff gehört auch ein entsprechend fixierter Freiheitsbegriff, indem Autonomie als Vernunftbestimmtheit im Sinne des Egalitätsprinzips gedeutet wird. Ähnliches trifft für alle übrigen moralphilosophischen Grundbegriffe zu.

Demgegenüber erfordert die Konsequenz der übergreifenden via moderna eine moralphilosophische Argumentation in zwei Ebenen: einer materialen und andererseits einer formalen, metatheoretischen, die die basalen anthropologischen Invarianten aller einzelnen Normensysteme kategorial erfaßt und die man als transzendental betrachten kann. Eine solche mit einigem Recht fundamentalistisch verfahrende Theorienbildung würde Normativität überhaupt unter Absehen von allen bestimmten Normen und ebenso moralisches Sollen[12] oder moralische Intelligenz ohne alle speziellen Inhalte zum Gegenstand haben, sie konzeptuell abklären und gegebenenfalls typologisch aufdifferenzieren. Das gleiche trifft für die moralischen Grundbegriffe des Guten und Bösen zu oder für den Begriff der in der Moderne primär als reine Optionalität (»Willkür«) gegebenen Freiheit, die sich – entsprechend der

12 Dazu gehört der formal gehaltene moralische Imperativ überhaupt: ›Handle soziokonform!‹

nominalistischen Unterscheidung von potentia absoluta und ordinata – zwar stets in bestimmten Ordnungen binden lassen muß, aber immer nur jeweilig und auf Abruf, nicht peremptorisch. Der Egalitätsgesichtspunkt erscheint zwar auf der anthropologischen Ebene, aber nicht als Moralprinzip und Supernorm, sondern als ein Typus des formalen Prinzips der Gerechtigkeit (oder der unqualifizierten Gleichheit).

Zweifellos hat die Aufklärungsphilosophie das Prinzip der Egalität exemplarisch formuliert und seine fast globale Geltung in der Gegenwart visionär und wegweisend antizipiert. Auch ist sein Status heute beim Einzelnen derart, daß er einem apriorischen beinahe gleichkommt. Dennoch beweist der faktische Sieg der Egalität noch nichts für ihre Apriorität. Fundamentalistische oder gar metaphysische Garantien für die transepochale Apodiktizität und Gültigkeit dieses Prinzips können nicht gewährleistet werden. Ein selbstkritischer Universalismus ist indessen in der Lage, die historische Relativierung aufzufangen und ohne Effizienzverlust zu überstehen. Der Egalitarismus wird dadurch nicht etwa zur beschränkten Gruppenmoral unter anderen herabgesetzt, sondern erweist sich als die Moral der Übergruppe einer Menschheitsepoche, die die einzelnen Gruppenmoralen kritisch zu taxieren und zu adjustieren vermag, weil sie als Übermoral beständiger und für geschichtliche Relativierung weniger anfällig ist als jene. Der weitere Kreis der Epochenmoral kann auch ohne fundamentalistische Rückversicherung den engeren der einzelnen Gruppenmoral kontrollieren und kritisch korrigieren: Abgesehen von der Unmöglichkeit, fundamentalistische Prämissen zweifelsfrei sicherzustellen, ist es beispielsweise offenkundig, daß die Weltöffentlichkeit unserer Epoche verbrecherische Regimes wie die Hitlers oder Stalins nahezu einhellig verurteilt. Die geschichtliche Evidenz und Wirksamkeit solcher Kritik läßt sich durch keine metaphysische Konstruktion zusätzlich aufhöhen. Andererseits ist die Übermoral nicht Sache der Moralphilosophen geblieben, sondern zunehmend ins allgemeine Bewußtsein eingegangen und hat darum ebenso sehr lebensweltliche Realität wie die Gruppenmoralen. Sie wird, anders gewendet, von demjenigen faktischen Konsens getragen, der sie praktisch und geltungstheoretisch wirksam werden läßt. Der dadurch mögliche Rekurs auf eine höherstufige konsensuelle Sollensordnung der Epoche[13] sichert auf dem Wege der Eingliederung in einen übergreifenden Bezugsrahmen die in Konfliktsfällen umstrittene Geltung von Gruppenmoralen oder tritt, wo sie regredieren, an deren Stelle, ohne daß fundamentalistische Prämissen in Anspruch genommen werden und ohne daß die Differenz zwischen faktischer und kritischer Geltung mehr als eine graduelle wäre. Hinter eine solche mittlere Lösung zwischen Fundamentalismus und Moralpositivismus (der Gruppe), wie sie in verwandter Form auch in der Rechtsphilosophie vertreten wird – die überpositive ›Natur der Sache‹ anstelle des Naturrechts – scheint weder nach der einen noch nach der anderen Seite ein Weg zurückzuführen. Um so weniger geht es an, auf ein Wertapriori nach Art der Wertethiker zurückzukommen, das – im Bann des kantianischen Fundamentalismus entwickelt – erst recht einen Rückfall in die ältere Teleologie mit sich bringt.

Die nach dem neuzeitlichen Sturz der Teleologie und des Naturrechts auf der metatheoretischen Ebene angezeigte Formalisierung von Grundbegriffen wie Moral, Normativität, Sollen und Verbindlichkeit überhaupt führt zu einer spezifischen Kategorialität der Praktischen Philosophie und Ethik,[14] der anthropologisch bestimmte generelle Grunddispositionen des Menschen von großer Plastizität und Modellierbarkeit zugeordnet sind. Wie alle Kategoriensysteme zeigen auch die Kategorien des praktischen Bereichs die Merkmale kritischer Differenzierung und zugleich der Korrelation, die weiterhin zu Rangordnungen und Hypotaxen

13 Man könnte einwenden, die Aufstufung konzentrischer Erwartungshorizonte sei interkulturell nur um den Preis ineffizienter Formalität möglich oder verlaufe sich ganz in beziehungsloser Indifferenz. Tatsächlich zeichnet sich jedoch in der modernen und gegenwärtigen Welt eine überkulturelle Konvergenz auf eine gemeinsame Epochenmoral ab, die teils durch globale Notlagen und Zwänge, teils durch anthropologische Konstanten, die – von der Urgeschichte herreichend – sich darin artikulieren, teils durch die globale Ausbreitung der westlichen Kultur getragen wird.

14 Zum folgenden Näheres beim Verf., Kategorialität und Praktische Philosophie, in D. Koch/K. Bort (Hgg.), Kategorie und Kategorialität, Festschrift f. K. Hartmann, 1990, 359-380.

führt.[15] Praktische Kategorien unterscheiden sich jedoch von denen der Theoretischen Philosophie dadurch, daß sie nicht lediglich zwischen Sein und Denken vermitteln – mit der Dominanz des Seins (Aristoteles) oder des Denkens (Kant) oder dem Ausgleich beider (Hegel) –, sondern dem kontrafaktischen Überschuß des Wollens und Sollens über das Sein hinaus und der entsprechenden Modifikation des Denkens (z. B. als Planen und Entwerfen) Rechnung tragen. Zwar ist es richtig, daß moralische Normen – und ähnlich Strebensziele – zu einem großen Teil bereits realisiert sind oder waren. Doch ist just das bereits Realisierte für die options- und handlungsleitende Funktion Praktischer Philosophie allenfalls von mittelbarem Interesse. Von zentralem Belang ist dagegen das jeweils noch Ausstehende, nämlich die noch fälligen Entscheidungen und ihre Realisierung, an denen sich die eigentliche Leistungsfähigkeit der Praktischen Philosophie bewähren muß. Wäre es anders, so würde die Praktische Philosophie, wie im Ansatz (nicht in der Durchführung) bei Schleiermacher und Hegel, theoretizistisch depotenziert und in eine quietistisch-deskriptive oder gar passatistische Kulturtheorie, d. h. zuletzt in die Kontemplation der Theoretischen Philosophie oder gar eines praxisfreien intellectus divinus zurückgenommen. Ähnliches gilt für bestimmte hermeneutische oder metaethische Positionen. Demgegenüber ist darauf zu insistieren, daß die praktische Kategorie nicht einfach zwischen Sein und Denken, sondern spezifischer und vorzugsweise zwischen dem erst Möglichen und der praktischen Intention vermittelt. Sie bezieht sich darum insgesamt auf verschiedene modale Felder und nimmt im Unterschied zu den anders ponderierenden theoretischen Kategorien einen eigentümlich gebrochenen modalen Zwischenstatus ein. Sie teilt diese Ambivalenz mit der Region des Technischen und der Kunst, die gleichfalls normativ verfaßt ist, aber sich spezieller auf einzelne Artefakte oder Artefaktensysteme bezieht, nicht jedoch auf das Gesamtgute des menschlichen Lebens und Zusammenlebens. Auch das Gute der Praktischen Philosophie ist aber wie alle anderen Wertbegriffe modal betrachtet zweideutig, weil es sich

15 Wo statt einer Mehrzahl nur ein einzelner Begriff vorliegt, ist nicht von einer Kategorie, sondern von einem Grundbegriff zu sprechen.

ebensosehr wie auf reale auch auf ideale (mögliche) Sachverhalte bezieht.

Weitergehende Fragen nach dem ontologischen Status praktischer Kategorien sollten nicht überschätzt und vor allem nicht einseitig dogmatisch präjudiziert werden, um die Kompetenz und Effektivität Praktischer Philosophie nicht durch voreilige Festlegungen zu blockieren. Für ihre Theorienbildung und vollends ihre praktischen Aufgaben kommt die Praktische Philosophie in der Regel mit einem minimalen ontologischen Selbstverständnis aus. Nicht alle praktischen Kategorien müssen im übrigen einem übergeschichtlichen, transzendentalen Begründungsstatus genügen. So sind einige der für die Praktische Philosophie der Gegenwart zentralen Kategorien in dieser Rolle spezifisch neuzeitlich. Die geschichtliche Bedingtheit und Relativität der Theorienbildung tangiert indessen die Funktionstüchtigkeit Praktischer Philosophie und Ethik nicht. Die jeweiligen Kategoriensätze müssen aber tendenziell vollständig sein und darüber hinaus in einen systematischen Zusammenhang gebracht werden. Die Praktische Philosophie bedarf nämlich überschaubarer und möglichst gut koordinierter Kategoriensysteme, um ihrer Aufgabe der Orientierungs-, Entscheidungs- und Argumentationshilfe voll gerecht zu werden. Zufällige, fragmentarische oder nur exemplarische Kategorienbildungen würden nicht die für praktische Entscheidungen erforderlichen disjunkten Unterscheidungen ermöglichen und vollends keine verläßlichen Rang-, Bedingungs- und Zeitrelationen an die Hand geben. Wo die Merkmale der Vollständigkeit, der Notwendigkeit und der systematischen Kohärenz nicht vorliegen, wird man nur von praktischer Topik, d. h. von einer selektiven, austauschbaren und kontingenten und nur oberflächlich verknüpften Reihung praktischer Gesichtspunkte sprechen können. Dies bedeutet freilich nicht, daß praktische Kategorialität der Ableitung aus Prinzipien bedürfte, was für das Gesamtfeld praktischer Kategorien heute kaum durchführbar wäre. Vollständigkeit und Zusammenhang müssen sich vielmehr aus dem geschichtlichen und kulturellen Kontext ergeben, ohne daß eine apriorische Kontrollinstanz dafür namhaft zu machen wäre.

Was nun im besonderen die Kategorialität des Moralischen angeht, so ist es zunächst in vollständigen Disjunktionen vom Nichtmoralischen (Erlaubten, Zugelassenen) abgegrenzt und ferner in sich nach Gutem und Bösem unterschieden. Im Unterschied zum Guten der Strebensethik ist das moralisch Gute das für den jeweils *Anderen* Gute, dem zufolge wir das für ihn strebensethisch Gute ihm überlassen, verschaffen oder das entsprechende Schlechte von ihm fernhalten. Das moralisch Gute (»Güte«) hat also systematisch gesehen einen überformenden, abkünftigen Charakter gegenüber der elementaren Zweistelligkeit des strebensethisch Guten. Es zerfällt weiterhin in Gebotenes und Verbotenes. Moralisch gut ist es dann, das Gebotene zu tun und das Verbotene zu unterlassen, moralisch böse, das Gebotene nicht zu tun und das Verbotene nicht zu unterlassen. Das Gebotene kann weiter in die Subkategorien der vollkommenen (strengen) und unvollkommenen (weiten) Pflichten zerlegt werden. Grundbegriffe – nicht Kategorien – sind ferner die moralisch richtige Haltung (Ethos, Charakter u. a.), nämlich die Disposition, sich pflichtgemäß zu verhalten, sowie die Verantwortung, die darüber hinaus eine moralische Zuständigkeit bezeichnet, die eine Reihe einzelner Pflichten einschließen oder zur Folge haben kann. Auch Begriffe wie Sollen, Verbindlichkeit, Unbedingtheit (Kategorizität), Normativität und Allgemeingültigkeit (Apodiktizität) sind moralphilosophische Grundbegriffe, die die modale Differenz des moralisch Guten explizieren oder qualifizieren. Hingegen sind Freiheit, Konflikt, Ausnahme und dergleichen zwar praktische, aber keine spezifisch moralischen Grundbegriffe. Alle aufgeführten Kategorien und Grundbegriffe sind im Rahmen der Metatheorie normativ neutral und gewinnen nur im Zusammenhang einer Normativen Ethik normative Bedeutung, ebenso in den Überlegungen, kommunikativen Kontakten und Diskursen der Lebenspraxis, soweit solche generellen Konzepte dort überhaupt Verwendung finden und nicht im jeweiligen speziellen Moral- und Normensystem implizit bleiben. Nicht alle von ihnen sind transhistorisch: Der Begriff der Verantwortung hat erst in neuerer Zeit einen bevorzugten Stellenwert erhalten, und auch die der Haltung, der Pflicht und des Bösen besitzen nicht in allen Kulturen die gesinnungsethischen Konnotate der westlichen Tradition. Dennoch kann man generell behaupten, daß es für Menschen, soweit sie moralische Personen sind, immer und jederzeit Gutes und »Böses«, Gebotenes und Verbotenes sowie Erlaubtes (Indifferentes) gegeben hat.[16] Eine Anthropologie des Moralischen kann auf die zugehörigen Grunddispositionen zurückschließen und demgemäß ein unbedingtes Sollen überhaupt und eine Normbezogenheit überhaupt annehmen, die dem Menschen als Sozialwesen vor aller Ausprägung in geschichtlichen Sozietäten als anthropologische Radikale essentiell zukommen und die auf Grundannahmen der Philosophischen Anthropologie zurückführbar sind (Kap. IV).

In diesen metatheoretischen Zusammenhang gehört auch die anthropologische Erklärung des Richtungssinns von Moral. Erklärungsbedürftig ist der unabgegoltene Überschuß an erbrachter Leistung, der nicht vom Eigeninteresse abgedeckt wird. Es handelt sich genauer um den Charakter der unbedingten Forderung, die unumgänglich und unhintergehbar um ihrer selbst willen zu befolgen ist. Hier erweisen sich die mehr kognitiven Theorien, denen zufolge beim moralischen Handeln ein ursprünglicher, auch dem Individuum dienlicher Nutzeffekt in Vergessenheit geraten sei, als ungenügend und zu kurz gegriffen, da sie manifeste und unaufhebbare Konflikte und Interessengegensätze zwischen Individuum und Sozietät nicht überbrücken. Adäquater ist dagegen die Theorie emotiver Dispositionen, die quasi-automatisch als Instinktersatz wirken und über die Grenzen des Eigeninteresses hinaus handeln heißen. Akte, die primär der Selbsterhaltung und -steigerung dienen, werden dadurch – vom Einzelnen her gesehen zweckentfremdet – erweitert und als solche auf Dauer gestellt, auch wo es nur um die Interessen der Anderen oder der Sozietät zu tun ist. Diese Auffassung, die in verschiedenen Varianten vertreten worden ist (M. Weber, H. Bergson, A. Gehlen, J. Mackie), bringt ein Motivationspotential ins Spiel, das durch Automatisierung rationaler Kalkulation und Verfügbarkeit entzogen bleibt und hinter dem Rücken der Akteure gleichsam blind wirkt. Es ist den ontogenetischen Internalisierungs- und Tabuisierungsprozessen des individuellen Lebensganges auf einer tieferen, anthropologischen Stufe vorgelagert und ergänzt damit die moralische Grund-

16 Auch ein Eremit oder Robinson kann sich nur temporär davon dispensieren, sonst wäre er Tier- oder Wolfsmensch geblieben.

disposition des Menschen nach der Seite der Bereitschaft hin, moralischen Forderungen nicht nur offenzustehen, sondern auch Gehör zu schenken und Folge zu leisten (durch Anerkennung und Zustimmung). Diese Art der Grunddisposition verhält sich zu den speziellen Dispositionen bestimmter geschichtlicher Formen des Ethos als eine Disposition höherer Ordnung, nämlich als eine Disposition *für* solche Dispositionen und als anthropologische Invariante.

Wenn also Moral vom Individuum her gesehen in Bezug auf die unabgedeckte Lebensbilanz wesentlich Überschußmoral und in Bezug auf das Handeln wesentlich Hemmungsmoral ist, dann ist darin ein quasi-teleologischer Mechanismus wirksam, der das Funktionieren der Sozietät und des Zusammenlebens der Menschen gewährleisten soll. Er ist dem Menschen angemessen, weil dieser als instinktreduziertes Wesen des Außenhalts an der Sozietät bedarf und darum in besonderem Maße ein soziales Wesen ist. Dies deutet zuletzt auf eine systemerhaltende und insofern utilitäre Basis der Moral hin, die indessen genauer zu analysieren ist. Das bisher skizzierte formale Modell muß in dreifacher Weise konkretisiert und zugleich modifiziert werden: a) Was für eine bestimmte Sozietät oder eine Menschheitsepoche als dienlich und förderlich gilt, ergibt sich jeweils durch Interpretation und Konvention, und zwar häufig vom Standpunkt bevorzugter Nutznießer aus. Damit kommen Fragen von Macht und Übermacht ins Spiel, wobei der Grenzfall einer ursprünglich sanktionistischen und später internalisierten Moral nicht auszuschließen ist. Die Auffassung davon, was nützlich und tunlich ist und für wen und für welchen Zeitraum, beeinflußt jedenfalls mittelbar die konkreten geschichtlichen Erwartungshorizonte und die daraus sich ergebenden moralischen Forderungen. Doch ist der Faktor perspektivischer Zweckmäßigkeit bei der Moralbildung nur einer unter anderen. b) Die Zeitdimension stellt vor weitere eigentümliche Probleme: Moralen sind Normensysteme auf Grund geronnener Kollektiverfahrungen, deren Verbindlichkeit dahin tendiert, sich zunehmend zu verselbständigen und gegen neue Erfahrungen zu immunisieren. Moralen sind daher Inertialsysteme mit einer konstitutiven Neigung zur Obsoleszenz. Dies wird dadurch begünstigt, daß Moral, um zu funktionieren, durch Tabuisierung und Internalisierung auf Dauer gestellt sein muß und daher nicht wie das Recht kurzfristig korrigiert werden kann. Moralische Standards laufen dann Gefahr, entweder zu früh zu kommen oder zu spät anderen Platz zu machen und dadurch dysfunktional zu werden. c) Hinzu kommt die Notwendigkeit, diejenigen Mittel und Maßnahmen zu bestimmen, durch die das jeweilige mutmaßliche, durch Interpretation gewonnene soziale Gut auch erreicht und realisiert werden kann. Dies führt zu Weltdeutungen religiöser, metaphysischer oder ideologischer Art und damit zu mannigfaltigen Symbolsystemen, die in den konkreten moralischen Forderungen ihren Niederschlag finden. Beispiele dafür gibt es in Fülle (man denke etwa an M. Webers Wirkungsgeschichte der protestantischen Ethik in der Neuzeit). – Kurz: Die Genesis und die Funktionsweise von Moral- und Normensystemen ist komplexer und verwickelter, als eine ab externo und oblique ansetzende rationalistische Erklärung anzuerkennen geneigt ist. Moral hat zwar anthropologisch betrachtet einen utilitären Kern, der aber in der Regel durch Herrschaftsverhältnisse, Ideologien, Obsoleszenzen und Dysfunktionalitäten imprägniert und modifiziert ist. Zugleich wird damit präzisierend die Richtung gewiesen, in der sich moralische Forderungen von anderen Arten des Wollens unterscheiden. Im übrigen zeigt die vorgeschlagene Lösung zwar gewisse Affinitäten zur Systemtheorie, geht aber aus mehreren Gründen nicht in ihr auf: Universalistische Moralen reichen darüber hinaus; es muß ferner offenbleiben, ob mit dem Funktionieren der Gesellschaft nur Erhaltung oder mehr gemeint ist; die interpretierende und symbolisierende Leistung muß hinzukommen; und die moralische Option ist dem Geforderten zwar auferlegt, aber in der Art ihrer Konkretion (Zustimmung oder Ablehnung) freigestellt.

Moral nimmt im Konfinium zwischen dem moralisch Zugelassenen der Strebensethik und dem Recht einen verhältnismäßig schmalen Raum ein, der in der Gegenwart durch die zunehmende Verrechtlichung und Sanktionierung von Moralbereichen, wo die Moral nicht mehr greift, noch weiter eingeschränkt wird. Zwar bleibt die Moral vielfach Grundlage und Korrektiv des Rechts, doch entzieht die prudentielle Sanktionsfurcht der reinen Moralität den Boden, während der Abbau von Rechtsnormen zunächst

Moralität freisetzt. Auf lange Sicht erweist sich freilich das Recht als Stütze der Moral, weshalb rechtliche Liberalisierung zuletzt auch eine Schwächung der Moral nach sich zieht. Vermutlich handelt es sich bei den scheinbar widersprechenden Konjunktionen um Phasen eines kontinuierlichen Destruktions- und Liberalisierungsprozesses, in dem das Recht zunächst als Stütze, dann als Hemmung der Moral wirkt, deren partielle Aufhebung zuerst zur Entfaltung, dann zur Schwächung der Moral führt. Immerhin sind eine bloße Rechtsordnung und ein rein legalistisches Moralsystem auf die Dauer nicht konservierbar, weil durch Internalisierung Moralität allmählich nachwächst. Das Thema ist unerschöpflich.

Neben der Umwandlung in Rechtsverhältnisse gibt es andere Einschränkungen der Moral. So kann die Unbedingtheit der Entscheidungs- oder Handlungssituation auf der Ebene der Reflexion oder des theoretischen Diskurses suspendiert werden, wenn Zweifel an der Gültigkeit der Forderung laut werden und eine Überprüfung ihrer Übereinstimmung mit übergeordneten Normen oder auch bestimmten sachlichen Voraussetzungen nahelegen (Normen- oder Kontextkontrolle). Hier besteht ferner ein gewisser Zusammenhang mit dem geschichtlichen Normenwandel und darüber hinaus mit dem Normenpluralismus, die sich genauer als Wandel oder Antagonismus kollektiver Wollenskonstellationen und Erwartungshaltungen darstellen, denen auf der Seite der Genötigten ein verändertes Sollensbewußtsein entspricht. Dabei lösen neue, aufsteigende moralische Bedürfnisse und Forderungen ältere, vergleichgültigte und schwindende ab oder verbinden sich mit ihnen in verschiedener Ponderierung. Das moralische Sensorium und die Urteilskraft bekunden sich darum auch in der Fähigkeit, empfindlich auf lang- oder mittelfristige Veränderungen des moralischen Panoramas zu reagieren. Die Sensibilisierung des moralischen Sinns und Taktgefühls in lebensgeschichtlichen Lernprozessen besteht ebensosehr wie in der Schärfung der Aufmerksamkeit auf überkommene Nuancen auch im rechtzeitigen Sicheinstellen auf die allmählichen, gelegentlich aber auch unvermittelten Veränderungen fremder Erwartungshorizonte. Da ein Moralvakuum nicht möglich ist, kann Moral in der Regel nur durch andere Moral ersetzt werden. Moral verträgt ferner jeweils nur partielle Änderungen (vergleichbar einem Schiff, das nur auf hoher See, nicht im Dock, umgebaut werden kann). Wir sind als Angehörige einer Generation und als Einzelne immer schon in ein vorgegebenes Ethos »geworfen«, an dem wir nur partikuläre Abwandlungen miterleben oder gar mitgestalten.

Darüber hinaus sind die Strukturen des Moralbewußtseins, wie bereits gezeigt, insofern flexibel und mit fluktuierenden, unscharfen Grenzen zum Selbstverwirklichungsstreben hin ausgestattet, als ins eigne Streben aufgenommene und angeeignete Forderungen ihren Sollenscharakter verlieren – zunächst für einzelne Individuen, in der Häufung aber auch für ganze Gruppen, mit der Konsequenz, daß auch die moralische Intention der Fordernden sich wandelt oder ganz erlischt. An solchen Übergängen der Positivierung – und gegenläufig dazu der Negativierung – moralischer Forderungen zeigt sich, daß Sollens- und Strebensethik nicht mechanisch, sondern nur idealtypisch getrennt werden können.

Systematisch noch prinzipieller ist die moralinterne Selbsteinschränkung der Moral durch Normen der Toleranz und Liberalität, weil hier Sollen gegen Sollen steht. Toleranz ist eine moralisch gebotene, unter dem Gesamtgebot der Hilfeleistung stehende Haltung, die als Reflexionsstufe von Moral moralrestriktiv wirkt. Sie ist deshalb von Bedeutung, weil Moral nur durch Moral gebrochen werden kann, nicht aber von einer externen Instanz her, etwa von einer Strebensethik, die vielmehr für ihre Freiräume selbst moralisch argumentieren, also Anleihen bei der Moralphilosophie machen muß. Die Normen der Toleranz und Liberalität halten moralisch dazu an, auf Gegenseitigkeit weniger Forderungen aneinander zu stellen: Wir sollen nicht zu viel sollen und nicht zu viel sollen machen. Soweit wir nämlich in der Rolle der Fordernden Entsagung üben und andern in geringerem Maße moralische Leistungen ansinnen, erwarten wir unsererseits in der Rolle der Genötigten von ihnen entsprechende Haltungen des Verzichts, und umgekehrt. Es versteht sich, daß das vom moralischen Sollen geräumte Terrain wie bei der Positivierung dem Eigenwollen anheimfällt und damit in die Zuständigkeit der Strebensethik eintritt. Moralische Toleranz bezieht sich gemäß ihren religiösen Präfigurationen (Gewissens- und Glaubensfreiheit) in erster Linie auf die Duldung und Anerkennung abweichender

Moralauffassungen und -praktiken, akzeptiert also einen Moralpluralismus zwischen verschiedenen und verschieden weit reichenden Moralen, wo ein Konsens auf der Primärebene nicht erreichbar ist. Sie kann in zweiter Linie auch bei einem gegebenen Konsens Ausnahmen zulassen, aber nur in Bezug auf den Kreis peripherer Ordnungs- oder Etikettenregeln, nicht auf den Kern der Moral (etwa gegenüber Verbrechen, Unterlassung von Hilfeleistung, Unwahrhaftigkeit oder der Haltung der Intoleranz), während im ersten Fall auch sogenannte Grundwerte der Toleranz unterliegen. Im übrigen ist Toleranz von der Gleichgültigkeit des Indifferentismus ebenso zu unterscheiden wie von halbherziger Permissivität und Laxheit, aber auch vom Verzeihen, das zwar gleichfalls moralisch geboten ist, aber erst post factum in Kraft tritt und keinerlei Toleranz voraussetzt. Auch Toleranz bezieht sich indessen nicht nur auf Gesinnungs- und Meinungsfreiheit, sondern gleichermaßen auf Handlungs- und Wahlfreiheit, ist also von weitreichender praktischer Bedeutung. Dabei zeichnet sich zwischen kritischen Übermoralen nach der Art Kants und der Strebensethik eine Allianz ab in der gemeinsamen Frontstellung gegenüber repressiven Gruppenmoralen, aber auch gegenüber totalisierenden Ansprüchen von Universalmoralen wie der des Utilitarismus. Der Appell an das moralische Toleranzprinzip, der von der Übermoral ausgeht, konkretisiert die korrigierende Kraft des Überkonsenses und ist in seiner Funktion unersetzlich. Er leistet nämlich das real, was ein generell propagierter Kontraktualismus in der Moral oder eine bloß hermeneutische Umdeutung von Moralität in Selbstverwirklichung zu leisten nur vorgeben, aber realiter nicht leisten können: Er entbindet wirklich individuelle Freiheit. Darum ist die weitere Ausgestaltung dieser Reflexionsstufe von Moral in der gegenwärtigen Situation von kaum zu überschätzender Bedeutung. Zur Toleranz gehört die Anerkennung des moralisch Aufgeforderten durch den Fordernden, der die Andersheit des Anderen als solche anerkennt und beläßt, eine Anerkennung also, die diversifizierend und nicht identifizierend wirkt, ganz im Gegensatz zu der primären moralischen Anerkennung, die umgekehrt der Genötigte den Forderungen des Nötigenden entgegenbringt, indem er der Gleichheit oder Überlegenheit des Anderen Achtung, Respekt und Zustimmung zollt.

Insgesamt kann der Bestand moralischer Gebote und Verbote teils durch individuelle Aneignung und Positivierung, teils in Gegensinn dazu durch das innermoralische Toleranzprinzip in seiner Reichweite vermindert werden. Davon reicht das Toleranzprinzip weiter, da es überindividuell ist und durch Abschwächung der Sollensnormen eine Stufe früher ansetzt, bevor die individuelle Assimilation das Sollen unterlaufen kann; außerdem ist bei der Toleranz im Grundsatz Gegenseitigkeit geboten.
Von allen aufgeführten Involutionsformen der Moralsysteme unterscheidet sich die strukturelle Konzentrizität der Moral im ganzen,[17] derzufolge der Grad der Verbindlichkeit vom Nah- zum Fernbereich, von der Gegenwart zur Zukunft, von den Personen zu anderen Lebewesen und von den engen zu den weiten Pflichten hin abnimmt – ein systematisches Korrektiv und Modifikans des Egalitätsprinzips.

17 Vgl. oben S. 50.

11 Zwei Ethiktypen

Wie die Philosophie des Politischen, so ist auch die Ethik in der späteren Neuzeit einer Involution, einem Auszehrungsprozeß unterworfen gewesen, der insbesondere die teleologische Ethik oder Strebensethik aus der Philosophie auszubürgern und den Einzelwissenschaften zu überantworten schien. Die in den sechziger Jahren hierzulande zum Programm erhobene Rehabilitierung der Praktischen Philosophie, die ausdrücklich gegen den Szientismus gerichtet war, aber auch die Rückkehr zur Normativen Ethik nach der metaethischen Abstinenz im englischen Sprachraum haben vor der Strebensethik haltgemacht. Hier lagen ältere, innerphilosophische Blockaden vor, die zuletzt auf Kants restriktives Ethikkonzept zurückgehen. Wenn in diesem Buch versucht wird, die Ethik zur vollgültigen »Großen Ethik« zu komplettieren, dann geht es, historisch gesehen, darum, die Rehabilitierung Praktischer Philosophie auf einer prinzipielleren Ebene weiterzutreiben. Wir sind um eine *Mehrdimensionalität* der Ethik bemüht, die wir für irreduzibel halten. Ebensowenig wie die Moralphilosophie auf die Strebensethik läßt sich die Strebensethik auf die Moralphilosophie zurückführen. Auch wenn die beiden zugehörigen Handlungstypen im praktischen Lebensvollzug nur schwer abgrenzbar oder gar zu isolieren sind, so unterliegen sie doch beide verschiedenen Regeln und haben eigene Schwerpunkte, können also nicht aufeinander abgebildet werden. Sie müssen daher auch eigens und gesondert thematisiert werden, wenn sie nicht in den toten Winkel des jeweils anderen geraten sollen. Das Nebeneinander moralischer und nichtmoralischer Aspekte im menschlichen Handeln bedeutet nicht auch schon Äquivalenz und wechselseitige Substituierbarkeit. So erscheint es beispielsweise nicht als aussichtsreich, moralisches Verhalten nach dem Muster der antiken Ethik auf Selbstverwirklichung hin zu interpretieren. Umgekehrt können Moralsysteme immer nur bestimmte Ausschnitte des Lebens regulieren, und die philosophische Tradition hat dem dadurch Rechnung getragen, daß sie neben den moralisch relevanten ein breites Feld von moralisch indifferenten, neutralen Handlungen ansetzt, die moralisch unbedenklich und daher zugelassen sind, aber gerade deshalb von moralischer Seite unreguliert bleiben. Die affirmative Regulierung dieses Bereichs erfordert daher eine andere Instanz: die Lebensführung des Einzelnen und auf der Theorieebene eine Strebensethik. Erst wenn wir den unverkürzten Bestand praktischer Phänomenfelder als Theoretiker anerkennen und in einer *Integrativen Ethik* zum Thema machen, werden wir in der Lage sein, die Konfliktspunkte, die Bruchstellen und Übergänge, aber auch die Möglichkeiten einer arbeitsteiligen Zuordnung und Rangordnung der Kompetenzen wenigstens konzeptuell klar zu erfassen.

Das Ungewohnte, ja zuweilen Anstößige eines solchen um den Typus der Strebensethik erweiterten Integrativen Ethikkonzepts ist für die gängige, in der kantianischen Tradition stehende Auffassung von Ethik die Zumutung, daß die bloße Lebensbewältigung, ja die alltägliche Lebensführung und Bedürfnisbefriedigung ethisch relevant sein soll, unter Absehen von allen normativen Verbindlichkeiten kategorischer oder apodiktischer Art und selbst von der Orientierung an anderen Handlungssubjekten. Demgegenüber ist mit der unverkürzten Tradition Praktischer Philosophie darauf zu insistieren, daß Ethizität bereits mit einem Minimalbegriff von Ethik gegeben ist, der die Merkmale der Handlung, des Handlungsziels und der dem Handeln zugrundeliegenden Haltung (›Ethos‹) einschließt. Anstelle des Handlungsbegriffs kann auch der allgemeinere des Verhaltens eintreten. ›Ethik‹ liegt dem Wortsinn nach primär immer dann vor, wenn in der Lebensführung sich feste Formen des ›Ethos‹, also Grundhaltungen und Verhaltens- oder Handlungsdispositionen abzeichnen, aus denen heraus die einzelnen Handlungen oder Verhaltensweisen vollzogen werden. Diese Grundhaltungen bilden sich ihrerseits aus durch das wiederholte und beständige Handeln oder Sichverhalten auf konstante Ziele hin, seien sie nun spezieller oder genereller Art wie Selbsterhaltung, Selbstverwirklichung, Identität, Glück und dergleichen. Den durch Einübung zu festem Habitus gewordenen Haltungen sind vielfach bestimmte Handlungsmaximen zugeordnet, Grundorientierungen bei der Ziel- und Mittelwahl, die das Handeln im Einzelnen explizit regulieren. Jedes zielorientierte Handeln und Sichverhalten, das reguliert verläuft und darin auf konstante Haltungen und Orientierungen verweist, erfüllt schon den Minimalbegriff eines Gegenstands von Ethik, ja jede einzelne geregelte Handlungsfolge ist potentiell schon ethisch relevant. Man kann sich das an Hand der Implikationen noch verdeutlichen: Reguliertes Handeln setzt selektive Grundentscheidungen voraus, die Alternativen abwählen, also unter den gegebenen Möglichkeiten eine Vorzugswahl treffen; sie müssen ferner über einen längeren Zeitraum hinweg durchgehalten werden, was nicht nur mit der Abwehr sich aufdrängender Alternativen, sondern oft auch mit Vorleistungen, Verzichten und Opfern verbunden ist, beispielsweise wenn jemand um seiner Gesundheit willen es sich zur Regel macht, Gymnastik zu treiben oder sich an eine strenge Diät zu halten. Die richtige Lebensführung ergibt sich also nicht von selbst, sondern sie muß geleistet werden. Diejenige Theorie, die sie in dieser elementaren Form reflektiert, ist die Strebensethik. Sie allein ist in der Lage, auch Grenzfälle wie die Lebensführung in der Robinson-Situation einzuschließen. Alle über das elementare praktische Feld von Ziel-Handlung-Haltung hinausgehenden Bestimmungen von Ethik haben dagegen bereits einen spezielleren, und das heißt gemessen am Minimalbegriff: restriktiven Charakter. So bringen alle Formen der Moralphilosophie ein Mehr an Regulativen und mit der Außenorientierung ein kategoriales Novum hinzu. Der Minimalbegriff von Ethik ist im übrigen keine theoretische Abstraktion, sondern teils von der vorkantischen, teils von der wert- und existenzphilosophischen Ethik des zwanzigsten Jahrhunderts vorausgesetzt worden und in der Lebenspraxis erprobt gewesen; er entspricht ferner mit der Unterscheidung von Zielen, (richtigen) Handlungen und Haltungen der einflußreichen, von Schleiermacher herreichenden Einteilung der Ethik in Güter-, Pflichten- und Tugendlehre.

Die am Minimalbegriff von Ethik orientierte Strebensethik teilt mit der Moralphilosophie die Funktion, praxisregulierend und klärend zu wirken. Während jedoch die Moralphilosophie an das Verantwortungs- und Pflichtgefühl appelliert und vielfach Weisungen vermittelt, sucht die Strebensethik nicht verbindlich, sondern anratend über Handlungsziele aufzuklären und das entsprechende richtig regulierte Verhalten in Gang zu setzen, zu verbessern und zu optimieren. Sie setzt ein gehemmtes oder unklares

Streben voraus, bei dem das eigentlich Gewollte nicht aktuell gewollt oder nicht gekonnt wird, und trägt durch Aufklärung und Anleitung zu seiner Realisierung und Erfüllung bei. Auf eine handliche Formel gebracht ist ihr Adressat *ein Streben, das gehemmt oder über sich im unklaren ist und das sich zu orientieren sucht und sich orientieren läßt.* Es liegt ihr ob, einen Lernprozeß einzuleiten, zu beschleunigen oder zu verbessern, der insgesamt zum *Lebenkönnen* in seiner weitesten Bedeutung führt. Diese Zielbestimmung unterscheidet sich ganz wesentlich von der der Moralphilosophie, die weder für das eigene Wollen noch für das eigene Können zuständig ist, sondern statt dessen zur kritischen Aufmerksamkeit anhält auf die Forderungen, die die jeweils Anderen an uns stellen. Die philosophische Aufklärung über das, was wir selber wollen und können, ist gewiß nicht weniger achtbar und ehrenwert als die Aufklärung über das, was andere von uns wollen und fordern. Es empfiehlt sich daher vorläufig auch nicht, von einer Rang- und Stufenordnung innerhalb der Ethik auszugehen, denn es gibt beiderseits Argumente Pro und Contra, die sich die Waage halten. Die neutrale Formulierung von der Mehrdimensionalität des Ethischen sucht eben den Eindruck des Hierarchischen zu vermeiden.

Die Philosophie kann es sich nicht leisten, einer Theorie der richtigen Lebensführung den Rang des Ethischen und damit auch des strikt Philosophischen abzusprechen und sie zu exterminieren, nämlich ins Vorfeld der Philosophie zu verweisen. Mit der Tabuisierung der einschlägigen Phänomenbereiche würde die Kompetenz der Philosophie willkürlich eingeschränkt und verkürzt und umgekehrt die Partizipation dieser Bereiche an der kategorialen, klärenden und regulierenden Arbeit der Philosophie unterbunden – mit einem Prestige- und Effizienzverlust auf *beiden* Seiten. Dies gilt nicht nur im Blick auf die Lebenspraxis selber, sondern auch auf die Einzelwissenschaften vom Menschen, die im Horizont der Frage nach dem ›guten Leben‹ operieren und deren beständig anwachsender Wissensbestand auf eine philosophisch-ethische, d. h. aber strebensethische Klärung der Grundbegriffe und Zielvorstellungen hindrängt. Das Vakuum eines partiellen Theoriedefizits ist auch systematisch nicht vertretbar, wenn anders Praktische Philosophie wesentlich im Dienst der Regulierung und Optimierung von Praxis steht, also von Hause aus dem Effizienzkriterium unterliegt und keinen selbstgenügsamen Status hat wie die Theoretische Philosophie. Praktische Philosophie ist nämlich kein Zweig der Theoretischen Philosophie, der zufällig dem Themenbereich der Praxis gewidmet wäre, sondern ist von vornherein auf diese Praxis hin finalisiert und funktionalisiert. Der Zielsetzung Praktischer Philosophie entspricht es vielmehr, daß die Regulationskapazität und der Effizienzgrad im Konfliktsfall vor idealen Standards interner Theorienbildung Vorrang haben müssen. Praktische Philosophie wird dann aber nicht umhin können, *alle* verfügbaren Wirkungsmöglichkeiten und Spielräume der Aufklärung, Anleitung und Regulierung von Praxis voll auszuschöpfen. Dabei genügt bereits die Empfänglichkeit, nicht erst die Bedürftigkeit, von Praxis für theoretische Regulierung und Klärung, um den Beitrag der Praktischen Philosophie, in diesem Falle der Strebensethik, zu rechtfertigen. Die Aufgabe der Ethik kann so wenig wie die medizinische Versorgung und Betreuung partiell suspendiert werden, weil sie bestimmten, meist von außen herangetragenen und zudem obsolet gewordenen Methodenstandards nicht zu genügen scheint.

Der systematische Zugewinn, der sich durch eine zeitgemäße Neuthematisierung der Strebensethik ergibt, liegt aber nicht nur in der formalen Komplettierung und Integration des philosophischen Ethikbegriffs und im konsequenten Ernstnehmen seiner Praxisbezogenheit. Damit verbunden ist auch die uneingeschränkte Restituierung eines *affirmativen Begriffs des Guten*, im Unterschied zur Vorherrschaft eines restriktiv-prohibitiven Guten in der Sollensethik. ›Gut‹ verweist zwar in der Strebens- wie in der Sollensethik (Moralphilosophie) auf eine zweistellige Relation – gut ist etwas immer für jemand, nicht an sich –, doch in der Strebensethik ist das Gute als Handlungsziel gut für den Akteur selbst und synonym mit dem Gewollten und Erstrebten, in der Sollensethik dagegen ist gut das primär für die Anderen Gute und daher synonym mit dem Gesollten. (Im Deutschen entspricht dem der feine sprachliche Unterschied zwischen dem Gut – Plural: die Güter – und dem Guten, das eigentlich gar keinen Plural zuläßt, aber durch adjektivischen Gebrauch wie in der Wendung »ein guter Mensch« im Sinne von »ein gütiger Mensch« erläutert wird.)

Zumal der universalistische Typ der Moralphilosophie hatte sich nun darauf beschränkt, bloße Bedingungen für den Umgang mit dem hier gemeinten affirmativen Guten zu formulieren, es selbst aber der Naturwüchsigkeit menschlichen Handelns oder den Restbeständen der älteren Ethik zu überlassen. Es wird dort m. a. W. lediglich limitiert, aber sonst unendlich unbestimmt gelassen. Der neokantianische Universalismus der Gegenwart hat dies übernommen, wenn er die Bedingungen und Wege kommunikativer Einigung über Lebensziele thematisiert, die Lebensziele selber aber wie alle evaluativen Fragen den jeweiligen praktischen Entscheidungen anheimgibt, ohne sie auch zum Gegenstand philosophischen Diskurses zu machen. Es ist aber methodisch weder nötig noch gerechtfertigt, ziellos auf Wegen zu beharren und die generellen Wertfragen auszuklammern. Dies geht umso weniger an, je mehr die diskursethische Transformation des Universalismus utilitaristische Inhalte in sich aufnimmt und auch anderwärts die traditionelle Glücksthematik, die die Moralphilosophie an die Peripherie abgedrängt hatte, in verschiedenen Pseudomorphosen wiederkehrt (als ›Lebensqualität‹, ›gutes‹ oder ›gelingendes Leben‹ und dergleichen mehr). Wenn wir aber das affirmative Gute explizit zum Thema und Zentrum einer ethischen Theorie machen, können wir nicht umhin, es mit dem konkreten Handeln zu verknüpfen und konstruktive *Anleitungen* zu entwickeln, wie man dieses Gute auch erlangen kann. Es genügt also nicht, wie die Wertethik bei bloßen Zielanalysen oder – wie die Gesinnungsmoral und die Existenzphilosophie – bei bloßen Einstellungen oder gar – wie die Diskursethik – bei bloßen Unbedenklichkeitsattesten stehenzubleiben. Darüber hinaus muß die Ethik auch noch eine *Methodologie* entwerfen, die geeignet ist, in die Handlungsweisen und Haltungslagen einzuüben, die die Erlangung dieses Guten ermöglichen. Ohne Prozesse der Gewöhnung und Einübung sind bestimmte höherstufige Handlungstypen gar nicht realisierbar, die ihrerseits die Verwirklichung von Dauerzielen bedingen. Die Ethik wird also mit dem erweiterten Aufgabenkreis reicher und konkreter zugleich und sie gewinnt den Anschluß an die umgangssprachlich vorherrschende Bedeutung von ›gut‹ und die damit verbundenen lebensweltlichen Problemfelder zurück.
Was die Praktikabilität strebensethischer Theorie betrifft, so ist

davon auszugehen, daß es zielbestimmtes, durch praktische Intelligenz geleitetes und durch Wahl- und Entscheidungsakte hindurchgegangenes Handeln in der Wirklichkeit gibt. Der Rechtfertigung einer Strebensethik liegen dann die folgenden weiteren Voraussetzungen zugrunde: 1.) Daß das Leben nicht *automatisch* gelingt, was, Schopenhauersch gesprochen, die Auffassung eines »ruchlosen« Optimismus wäre. 2.) Daß das Leben auch nicht definitiv *mißlingt* – die Sicht der schwarzen Romantik, womöglich mit einem metaphysischen Hintersinn gekoppelt. 3.) Daß die Lebensführung nicht unveränderlich und nicht der *Verbesserung unfähig* ist – die Perspektive des kontemplativen Quietismus, der die Freiheit zu aktiver Lebensgestaltung zu Unrecht leugnet. 4.) Daß es zwar im Bereich der Praxis keine Garantie für bestimmte Lösungen gibt, daß aber der einzelne Akteur nicht immer wieder von Grund auf neu mit seinem Leben experimentieren kann, sondern dafür auf bereits von anderen gemachte *Erfahrungen* zurückgreifen muß. Solche Lebenserfahrung wird von der Strebensethik konzeptuell reflektiert und ihre Weitergabe und Anwendung exemplarisch vorgeführt.
Die Entwicklung einer modernen, postteleologischen strebensethischen Theorie, die sich als solche von der älteren, aus der Antike herreichenden teleologischen Ethik unterscheidet, ist freilich erst Desiderat und Programm. Da die Ethik ihre Theoriefunktion für die nichtmoralische Lebensführung, nachdem sie lange Zeit dazu geschwiegen oder sich doch nicht direkt geäußert hat, unter veränderten Bedingungen überhaupt erst wieder wahrnehmen muß, ist weithin mit einer tabula rasa zu beginnen und eine terra incognita in Angriff zu nehmen. Darin liegen alle Chancen, aber auch alle Risiken eines relativen Neuanfangs beschlossen. Die praxisleitende Rolle der Strebensethik kann nur dann differenziert herausgearbeitet werden, wenn neben eine anthropologische Metatheorie und generelle Präskripte und Grundregeln eine regional gegliederte Spezielle Ethik tritt, die an die Dimension der Anwendung, Einübung und Beratung heranführt und darum durch eine einschlägige Methodologie ergänzt wird.
Was die *terminologische* Sprachregelung angeht, so wird der Ausdruck ›Teleologische Ethik‹ seiner Mehrdeutigkeit wegen in diesem Buch fortan nicht mehr verwendet: Er suggeriert einmal die

Verwechslung von Handlungszielen mit objektiven, ansichseienden Naturzwecken, von denen wir in der Neuzeit gerade absehen müssen; er wird ferner häufig für den Konsequentialismus einer Verantwortungsethik gegenüber einer Gesinnungsethik gebraucht, die aber durchaus zur Moralphilosophie zu rechnen und für das hier Gemeinte unbrauchbar wäre; und schließlich riskiert er die Festschreibung auf eine explizite Zweckrationalität, die zwar auch, aber nicht ausschließlich intendiert ist. Doch auch vom Terminus ›Individualethik‹ oder ›Monastik‹ (wie Thomas sie in Anlehnung an Aristoteles nennt) wird weitgehend abgesehen: Er kann nämlich mißverständlich auf die individuelle Moralität des Einzelgewissens bezogen werden, die hier natürlich wiederum nicht gemeint ist und die auch durch die im vorigen (Kap. 1) entwickelte externalistische Moralauffassung ausgeschlossen wird, oder aber auf die Partikularisierung des Moralischen in Kleingruppen oder Zweierverhältnissen, was gleichfalls in die Irre führt; überdies legt er die Vorstellung qualitativer Individualisierung nahe, während doch zunächst nur der Einzelne als Handlungs- und Leidenssubjekt gemeint ist, einerlei, ob und inwieweit er sich von anderen unterscheidet. Streng Individuelles kann auch im hier verfolgten Ethikkonzept nur als Grenzfall auftreten; der Regelfall wird vielmehr das Generelle und Typische sein, das auch theoriefähig ist. Es bleibt allerdings in der Regel auf einem Generalisierungsniveau, das niedriger ist als das der Moralen und das, gemessen an der Homogeneität der Moral, das Bild eines alternativenreichen Pluralismus darbietet. – Wenn wir die Ausdrücke Teleologische Ethik, Monastik oder Individualethik für den gesuchten Ethiktyp verwerfen, dann bietet sich als vorläufig brauchbarster Terminus der einer *Strebensethik* an, der dem einer Sollensethik korrespondiert und kontrastiert und der hier wie eben so auch weiterhin gebraucht wird. ›Streben‹ deckt ein so breites Bedeutungsspektrum ab, daß damit nicht nur typisches und – im Grenzfall – individuelles Verhalten Einzelner, sondern auch das Verhalten von Gruppen und Kollektiven bezeichnet werden kann, die strategisch, taktisch oder wie auch immer gemeinsame Lebensziele verfolgen und durchsetzen, womit ein anderer, eher zweckrationaler Aspekt des Handelns angesprochen ist als der moralische oder diskursethische vorgängiger Verständigung oder auch der spezifisch politische, der in der Regel oberhalb des Gruppenhandelns liegt. Entspricht also die Ethik autonomen Strebens und Wollens derjenigen des Sollens in Gestalt der Moralphilosophie, so könnte man sie inhaltlich, von den Gegenständen des Strebens her gesehen, auch als *Güter-* oder *Wertethik* bezeichnen. Freilich gibt es kaum überwindbare Schwierigkeiten, den hier gemeinten Gebrauch von ›Gut‹ und ›Gütern‹ in der Ethik zu erneuern, und zwar deshalb, weil die Bedeutung sich heute weitgehend aufs Ökonomische verengt hat, gegenläufig zum Wertbegriff, der umgekehrt von einer ökonomischen Grundbedeutung seit dem neunzehnten Jahrhundert zu allgemeiner philosophischer Geltung aufgestiegen ist und in der ersten Hälfte unseres Jahrhunderts sogar eine Hochkonjunktur gehabt hat. Noch prekärer wäre es indessen, auf den Wertbegriff zurückzugreifen, weil die von der Materialen Wertethik damit verbundenen ontologischen und apriorischen Ansprüche grundsätzlich verfehlt sind und die Erbschaft dieser Hypothek daher belastend wirken müßte. Was den Titelvorschlag einer prudentiellen oder *Klugheitsethik* angeht, so kommt dabei der Unterschied zur Moral treffend heraus, andererseits ist die Klugheit in der Tradition bekanntlich nur eine Tugend unter anderen und sie könnte gerade heute zu einem falschen Intellektualismus in der Ethik verführen, wie er auch die Moralphilosophie bedroht. *Konsiliatorisch* endlich verfährt der hier verfolgte Ethiktyp gewiß, doch fehlt dabei wieder die Trennschärfe gegenüber der Moralphilosophie, die zwar überwiegend anweisend, gelegentlich aber auch beratend wirksam werden kann, beispielsweise wenn sie mögliche Entscheidungssituationen analysiert, Wenn-Dann-Relationen konstatiert oder Vorschläge für die Erfüllung weiter Pflichten unterbreitet. Nach allem empfiehlt es sich daher, vorläufig beim Terminus der ›Strebensethik‹ zu bleiben. Eine weitergehende Klärung wird sich aus der folgenden Sachdiskussion ergeben (Kap. III).

Ein umrißhafter Vergleich der beiden Ethiktypen zeigt die Entsprechungen, aber auch die Gegensätze und Unterschiede und gibt so der Strebensethik schärferes Profil: Bezieht sich die Moralphilosophie auf die Moral als den Gesamtbestand der moralischen Verhaltensregeln, so die Strebensethik auf die nichtmoralische richtige Lebensführung im ganzen. Auf beiden Seiten gibt es des näheren richtige Maximen sowie richtige Grundhaltungen und die zugehörigen richtigen Handlungstypen. Den moralischen ›Tugenden‹ und ›Pflichten‹ korrespondieren also die dispositionellen Könnensweisen und die ›Lebenskunstgriffe‹ der Strebensethik. Andererseits gibt es im Bereich der Handlungsziele keine genaue Entsprechung: Wenn man von speziellen Ausprägungen der Moral in der Verantwortungsethik oder im Utilitarismus absieht und sich an die dominierende gesinnungsethische Moralauffassung hält, liegt die Zielformation moralischen Handelns in der Befolgung der Moralnormen selbst, während in der nichtmoralischen Lebensführung Streben, Haltung und Handlung auf davon verschiedene Ziele der Güter- und Welthabe ausgerichtet sind. Die Differenz von Haben und Nichthaben ist darum für die Strebensethik fundamental, sehr im Unterschied zur Moralphilosophie, deren Vertreter sie denn auch – der Struktur der Strebensethik entwöhnt – für moralisch bedenklich, ja unethisch zu halten pflegen. Die Zielformationen sind demgemäß auch semantisch und kategorial heterogener Art (Gutes-Böses, Güter-Übel).

Beide Ethiktypen verfahren aufklärend, die Strebensethik über das eigentliche Wollen und das zugehörige Können im weitesten Sinne des Lebenkönnens, die Moralphilosophie über das (gültige) Sollen, das vom Wollen der Anderen ausgeht. Appelliert die Moralphilosophie dabei an das moralische Gewissen als die Instanz, die Forderungen der Sozietät internalisiert hat, so wendet sich die Strebensethik an die Stimme des tieferen Wollens und eigentlichen Strebens.

Der Standort der Strebensethik ist gegenüber dem der Moralphilosophie durch einen Perspektivenwechsel, ja geradezu durch eine Perspektivenumkehrung geprägt: von der Selbstlosigkeit zur Selbstsorge, von der Fremd- zur Selbstorientierung, vom Interesse der Sozietät zur Interessenlage des Individuums. Der Einzelne wird in der Strebensethik nicht als der zu disziplinierende potentielle Amoralist gesehen, sondern primär als bedürftiges, aber der Entfaltung und Lebensführung mächtiges Wesen. Indem sie dazu anhält, auf sich selbst zu achten und sich selber ernst zu nehmen, ist sie eine Ethik der ersten Person. Aus der Gegenläufigkeit beider Perspektiven wird erkennbar, daß die Kongruenz von Eigeninteresse und sozialen Normen ein Ideal bleibt, das immer nur partiell und temporär realisierbar ist. Demgemäß differiert das Panorama der Haltungen und Dispositionen: Neben die moralischen Grundtugenden der Gerechtigkeit, Solidarität, Rücksichtnahme, Hilfsbereitschaft oder Aufrichtigkeit treten in der Strebensethik selbstaffirmative Haltungen wie Eigenkompetenz, Selbstmächtigkeit, Klugheit und Habenkönnen von Gütern, die freilich wie der unqualifizierte Freiheitsbegriff erst wieder einer Aufwertung bedürfen. Im Spannungsfeld beider Ethiktypen gewinnen manche Haltungen mitunter einen doppelten Stellenwert und enthüllen eine eigentümliche Zweiseitigkeit, so etwa der Mut oder die Tapferkeit, die sowohl als Selbstüberwindung im Dienst der Sozietät wie auch als Selbstbeherrschung zum Zweck der Selbsterhaltung, der individuellen Zieloptimierung oder des Sichdurchsetzens verstanden werden können.

Der nichtmoralischen Lebensführung fehlen die Merkmale der moralischen Unbedingtheit (Kategorizität) und Allgemeingültigkeit (Apodiktizität). An die Stelle unbedingter Verbindlichkeit tritt die *Hypothetizität*, insofern aus der vorgegebenen Zielorientierung des Eigenwollens die erforderlichen Handlungsschritte abgeleitet werden. An die Stelle der ausnahmslosen Gültigkeit für jedes Mitglied der Gruppe oder der Gattung tritt die *Problematizität*, d. h. eine nur mögliche Geltung im alternativenreichen Pluralismus von Lösungstypen, die nach einzelnen Adressaten und Adressatengruppen variieren. Die Angebote haben nicht den Status von Weisungen wie bei der Moralphilosophie, sondern nur den Charakter von Ratschlägen, Vorschlägen und Empfehlungen; sie müssen auch dann, wenn sie richtig sind, nicht übernommen, sondern können verworfen werden. (Allein im Grenzfall, daß nur ein einziges Ziel oder Mittel zur Verfügung steht, kann kontingenterweise Alternativenlosigkeit eintreten, wie umgekehrt die weiten Pflichten oder Billigkeitserwägungen der Moral Entscheidungsspielräume offenlassen.) Insgesamt kann die Strebensethik flexibler, elastischer und situationsbezogener operieren, weil sie nicht wie die Moral auf strenge Einhelligkeit angewiesen ist. Dies bedeutet nicht, daß die Strebensethik individualisierend auf das schlechthin Singuläre und daher nicht Theoriefähige gerichtet wäre. Sie verfolgt vielmehr eine generische, typologische Allgemeinheit, die zwischen der Uniformität universaler oder geschichtlich begrenzter Kollektive einerseits und der Singularität des geradezu Einmaligen andererseits mitteninne steht. Eine solche Typologie ist wesentlich pluralistisch und verläuft quer durch die »für jedermann« geltenden universalen oder geschichtlich dimensionierten Normensysteme. Sie kann sich im zweiten Fall sowohl unterhalb wie auch oberhalb der Gruppenmoralen bewegen, kann diese also teils spezifizieren, teils übergreifen; sie kann aber auch dort, wo diese regredieren, an ihre Stelle treten.

Nach allem ist der Normbegriff der Moral, der aus der Jurisprudenz stammt und die Merkmale des apodiktisch Gültigen und des kategorisch Geforderten an sich trägt, von der Strebensethik fernzuhalten. Sie verfährt aber auch nicht deskriptiv wie die Wissenschaften, sondern evaluativ im Blick auf Güter und Übel, Tunliches und Untunliches, richtiges und falsches Wählen, Vorziehen, Nachsetzen, Abwählen und Sichverhalten, gemessen an den Zielen oder Gesamtzielen; und sie verfährt darüber hinaus präskriptiv durch An- und Abraten, Empfehlen oder Warnen. Hier hat der weniger strenge Regelbegriff einen legitimen Ort.

In beiden Ethiktypen ist ein nicht-paritätisches, asymmetrisches Verhältnis zwischen dem Ethiker und dem Akteur gegeben, mit einem Erfahrungs- und Autoritätsgefälle und einem Prius und Überhang an theoretischer Reflexion. Die Strebensethik nimmt dabei jedoch wiederum eine mittlere Position zwischen den Weisungen der Moralphilosophie und dem paritätischen Sichmiteinanderberaten und Beschließen politischer oder sozialer Partner ein. Dies entspricht dem Umstand, daß das methodische Modell der neuzeitlichen Moralphilosophie außer der Theologie vor allem die Jurisprudenz, das der Strebensethik dagegen von Anfang an die Medizin gewesen ist. Das Recht steht im Dienst der Sozietät und ist dem Einzelnen eher übergeordnet, die Medizin dagegen ist primär am Wohl des Einzelnen orientiert; sie bietet ferner anstelle strikt nomologischer typologische Regelmäßigkeiten statistischer Art und von verschiedener Reichweite, die sich auf dem Wege induktiver Erfahrung ergeben und so auch kontrolliert und berichtigt werden können.

Wenn der Einzelne ein moralisches Normensystem immer schon vorfindet und auferlegt bekommt, die Ziele seiner individuellen Lebensführung aber prinzipiell selber setzen oder sich doch zu eigen machen kann, dann reicht diese Zweiseitigkeit bis in die anthropologische Grundstruktur hinein. Der strebensethische Aspekt darf nicht als Zerfallsform einer fundamentaleren sozialethischen Anlage des Menschen interpretiert werden (Gehlen). Eine Fundamentalanthropologie muß vielmehr die offenere Struktur der Strebensethik in sich aufnehmen und demgemäß formalisiert werden, andernfalls ist sie nicht fundamental genug.

Im vorangegangenen Kapitel über Moral und Moralphilosophie war zu zeigen, daß der Hegemonie- oder gar Monopolanspruch der Moralphilosophie durch eine bestimmte historische Situation in der Aufklärung begründet war, insofern die Moralphilosophie damals als Nachfolgedisziplin einerseits der Moraltheologie, andererseits der Ersten Philosophie deren Kompetenzen und Dignitätsansprüche übernahm. Die inzwischen eingetretene und weiterhin zunehmende Schwächung der metaphysischen Voraussetzungen (des platonisierenden Zwei-Welten-Modells und der naturrechtlich begründeten Einhelligkeit einer Vernunftnorm) hat der überkommenen Moralmetaphysik jedoch den übermächtigen Primat entzogen und Alternativmöglichkeiten wieder stärker hervortreten lassen, deren Aufwertung zu einem Pluralismus auf dem Feld der Ethik zurückführt, etwa zu einer Mehrheit von Rationalitätstypen neben der regulativen Idee einer universalen Vernunft, andererseits zu einer erweiterten Bedeutung der Begriffe Person, Autonomie, Freiheit und Wille, die nicht mehr ausschließlich auf eine reine Vernunftmoral festgelegt werden können, sondern auf eine formale Anthropologie hin umfassender ausgelegt werden müssen. Ferner ist das originäre Kompensationsbedürfnis, das den Übergang von der theologischen Ethik zur säkularen Profanethik begleitet hat, inzwischen offenbar durch langfristige Gewöhnungs- und Anpassungsprozesse abgearbeitet worden und mehr und mehr erloschen. Dies äußert sich in der zunehmenden Verrechtlichung der Moralsphäre in der Gegenwart oder im Ruf nach ihrer Substitution durch eine Solidaritäts- und Sympathieethik. Beides leistet mittelbar der Restitution einer Strebensethik Vorschub: im ersten Fall durch ein System prudentieller Sanktionsfurcht, im zweiten durch den Rückzug auf die Spontaneität des Eigenwollens. Zwar ist die Moralphilosophie heute durch wissenschaftli-

che, technische und soziale Wandlungen vor ganz neue Aufgaben gestellt, aber der um sich greifende Pluralismus der modernen Welt hat die Einhelligkeit und Fraglosigkeit einer geschichtlich situierten Sittlichkeit und eines gelebten Gruppenethos mehr und mehr geschwächt und zur Inanspruchnahme eines zeitgemäßen Toleranzprinzips genötigt, damit jedoch auch die Anwendung und Konkretisierung universaler Supernormen erschwert, die auf gruppenmoralische Substrate angewiesen sind. Dieser Befund hat Konsequenzen für die interne Struktur der philosophischen Ethik, denn er bedeutet, daß der Einzelne heute nicht mehr, wie vielleicht in geschlossenen archaischen Gesellschaften, durch die Gruppenmoral der Sozietät von Entscheidungszwängen weitgehend entlastet wird, sondern daß er unter einem kontinuierlich anwachsenden Orientierungsdefizit und Entscheidungsdruck steht. Der Regulations- und Beratungsbedarf der individuellen Lebensführung ist also größer geworden, und zwar derart, daß sich die Zuständigkeit dafür von der Moralphilosophie weg auf die komplexere Ebene einer typisierenden und individualisierenden Strebensethik verlagert hat. Die philosophische Ethik ist gehalten, sich dieser veränderten Sachlage zu stellen. Die Problematik der individuellen Lebensführung läßt sich jedenfalls heute, und nicht erst in der Zukunft, weder inhaltlich noch dem Verpflichtungscharakter nach auf eine universale oder Gruppen-Moral abbilden und daran festmachen. Die Schwächung der überkommenen kulturellen und ethnischen Gruppenmoralen, die der Neoaristotelismus offenbar gar nicht bemerkt hat, bewirkt vielmehr, daß die Trennungslinie in der Ethik heute nicht zwischen der Gruppen- und der Gattungsmoral, sondern zwischen der Moralphilosophie tout court und der Strebensethik verläuft, deren Feld von der Gruppenmoral in keiner Weise mehr abgedeckt wird. Es bedarf dieser Instanz, um die aufgetretenen Freiräume regulativ neu zu besetzen, da mit ihrer spontanen Selbstregulierung nicht zu rechnen ist.
Das zweite wesentliche Resultat der vorangegangenen Erörterungen zur Moral und Moralphilosophie war die Aufklärung des soziomorphen, externalistischen Charakters von Moral und die damit erreichte Freistellung des Selbstverhältnisses für die Strebensethik. Von dem Sonderfall abgesehen, daß das Selbstverhältnis des Einzelnen in eine soziale Relation einbezogen wird, sind

moralische Kategorien dem Selbstverhältnis unangemessen. Begriffe wie Selbstbindung, Selbstverantwortung oder Pflichten gegenüber sich selbst beruhen daher auf einem Irrtum oder sind bestenfalls metaphorisch aufzufassen, wenn sie sich nicht sogar dem Verdacht aussetzen, daß damit internalisierte moralische Forderungen anderer strategisch aufgewertet werden sollen, indem sie sich kaschiert in die individuelle Lebensführung einmischen, sie indirekt regulieren und unvermerkt in heteronome Abhängigkeit bringen. Nicht einschlägig ist der vermeintliche Gegeneinwand, daß der Einzelne nur über die Spiegelung an der Sozietät zum Selbstbewußtsein komme (Hegel, Mead u. a.), also in jedem Falle außenorientiert sei, denn der damit gemeinte Sachverhalt liegt unterhalb der Ebene Praktischer Philosophie und vor der Unterscheidung von Sollens- und Strebensethik, kann deren Grenzziehung also nicht präjudizieren. Wenn aber das Selbstverhältnis des Einzelnen mit seinen spezifischen Problemfällen (Konflikte, Selbstzwänge, Hemmungen, Inkontinenzen, Reue, Selbsthader, Finalisierungs-, Rangierungs- und Entscheidungsaporien, Selbstentfremdung u. a.) nicht in die Kompetenz der Moralphilosophie, sondern der Strebensethik fällt, ergeben sich daraus weitere Konsequenzen für die zugehörige Lebensführung und das nichtmoralische Weltverhältnis im ganzen, also zu Dingen, Ereignissen und Personen in nicht primär moralischen Bezügen, insbesondere für ein Sozialverhalten, das nicht schon moralisch qualifiziert ist.

Die Obsoleszenz moralphilosophischer Überprätentionen und der damit verbundene Dignitätsverlust führen, ins Positive gewendet, zu einer Rehabilitierung und Aufwertung der Strebensethik, deren Äquidignität durch weitere Überlegungen systematischer Art gesichert werden kann:

1.) Ein relativer Primat der Strebensethik liegt darin, daß sie über die evaluativen Gesichtspunkte und Kriterien verfügt und darum die Inhalte und die Wertmaterie liefert, ohne die die Normen der Gruppen- oder Gattungsmoral nicht greifen und funktionieren können. So kann es beispielsweise keine Gerechtigkeit geben, wo es keine Güter zu verteilen oder zu schützen gibt. Dann aber muß vorgängig geklärt werden, was generell und im Einzelfall Güter und Werte sind, welche Rangordnung sie bilden und für wen.

Insofern steht die Strebensethik zur Moralphilosophie in einem Bedingungs- und Fundierungsverhältnis: Sie trifft Vorentscheidungen für die daran anschließenden moralphilosophischen Entscheidungen. Dies gilt in gesteigertem Maße für die Bewältigung von drängenden Notlagen und Existenzkrisen, die die Möglichkeit des Moralischen selbst mitbedingen. Im Blick auf die übrigen Disziplinen Praktischer Philosophie läßt sich das noch weiter ausführen: Politik und Recht setzen die Gesellschaft und die Moral und diese wiederum das Eigenstreben des Einzelnen voraus. Dieses ist also Basis und zugleich Modell für die komplexeren Verhältnisse aller übrigen Disziplinen. Insofern erweist sich die Strebensethik als die elementare Ethikformation, die als solche im Ensemble der Fächer Praktischer Philosophie nicht fehlen kann. Dieser Aufbau Praktischer Philosophie ist durch die Vorherrschaft der Moralphilosophie lange verstellt worden.

2.) Die Strebensethik war im vorigen als Prototyp einer Minimalethik vorgeführt worden, die auch noch Grenzfälle wie beispielsweise die Robinson-Situation integrieren kann. Zu ihr gehört aber auch das einfachste, prototypische Beratungsverhältnis in der dualen Form von Akteur und Berater, sei es im Alltag oder auf der Reflexionsstufe der Ethik. Demgegenüber ist das entsprechende Verhältnis in der Moral mindestens dreistellig, da hier zum Genötigten und Beratenden eine dritte, fordernde Instanz hinzutreten muß, auf die hin gehandelt werden soll, sei es der jeweils Andere oder die Sozietät im ganzen. Diese dreistellige Relation erweitert sich noch zur Vier- bis Vielstelligkeit, wenn bei Geltungsfragen die neutrale Urteils- und Schiedsinstanz hinzukommt, sei es der einzelne Beobachter oder die Stufenfolge konsensueller Erwartungshorizonte von Gruppen oder Übergruppen. Da eigentliche Geltungsfragen und ihre Schlichtung in der Strebensethik keinen Ort haben, fällt ihr auch am ehesten die Chance zu, als Nahethik erster Ordnung ohne weiteren legitimierenden Regreß zu raschen, unkomplizierten und kontrollierbaren Entscheidungen zu gelangen.

3.) Die Moralphilosophie umschreibt nur unhintergehbare Basisbedingungen des Handelns, die es kritisch limitieren. Das affirmative Gute und alle höherstufigen Handlungsziele können nur durch eine andere Perspektive, nämlich die der Strebensethik, in den Blick gebracht werden. Rahmenbedingungen und basale Limitierungen des Handelns sind also nicht eo ipso, wie dies die Relikte einer einst übermächtigen dualistischen metaphysischen Tradition nahelegen, Selbstzwecke und Letztziele. Man kann vom konsequent vertretenen Standort einer Strebensethik sehr wohl auch umgekehrt gewichten: Unabdingbare Grundformen des Handelns, wie sie in den Moralen vorliegen, umreißen zwar eine Ethikformation vordringlicher Art, die aber gerade deshalb nicht auch schon am höchsten zu stellen ist. Sie kann und muß vielmehr auf anspruchsvollere und differenziertere Formen des Ethischen hin überschritten werden. Pragmatische Vordringlichkeit sagt also noch nichts über den absoluten Rang und Vorrang aus. In dieser Sicht konkretisiert und komplettiert die Strebensethik nicht nur die verschiedenen Niveaus der Moral – so wie die Gruppenmoral die Gattungsmoral spezifiziert –, sondern sie optimiert sie auch. Um so weniger ist ihre Perspektive im Gesamtrahmen einer Integrativen, mehrdimensionalen Ethik entbehrlich.

4.) Der angestammte Bereich des moralisch Indifferenten verweist, wie gezeigt, auf eine Kompetenzlücke, die als solche der Funktionsbestimmung Praktischer Philosophie, Praxis so umfassend wie möglich zu regulieren, zuwiderläuft. In der Tat finden die meisten Lebensfragen des Einzelnen bei der Moralphilosophie keine Antwort, ja nicht einmal Gehör, es sei denn akzidentiellerweise. Über die Belange individueller Lebensbewältigung und Lebensführung pflegt im Zeichen der Hegemonie der Moralphilosophie nur in Konzessivsätzen gehandelt zu werden – eine Verzerrung der systematischen Gewichtungen, die vermutlich aus dem Überhang residualer teleologischer und metaphysischer Ganzheiten in der Moral zu erklären ist. Hier wird aber auch ein Stück einer Dialektik der Aufklärung greifbar, nämlich die Fixierung eines erstarrenden philosophischen Dogmatismus, der einer kritischen Selbsteinschränkung und -relativierung bedürfte. Dann würden auch die Themen und Begriffe der Ethik und des individuellen Glücks einander nicht antagonistisch gegenüberstehen, sondern partiell – in der Strebensethik – zur Deckung gelangen (abweichend von der Moral, wo mit Kant die synthetische und nicht die analytische Relation festzuhalten ist). Die Strebensethik ist als systematische Instanz auch deshalb notwendig, um den

Brems- und Hemmungseffekt der Moral auszubalancieren. Moral und Moralphilosophie gehen nämlich stillschweigend von der Annahme einer automatischen Selbstregulierung des Lebens aus, wobei sie Antriebsüberschüsse unterstellen, die lediglich zu beschneiden und zu reduzieren seien. Doch wo diese Überschüsse fehlen, droht das Risiko, daß die Minimalleistungen des Lebens durch zusätzliche moralische Hemmungen unterbunden werden. Die Strebensethik muß dem entgegenwirken.

5.) Die Komplementarität, aber auch das Kooperationsverhältnis zwischen beiden Ethiktypen wird exemplarisch verdeutlicht an dem Schnittpunkt, der durch die Thematik der Menschenrechte und der Menschenwürde bezeichnet ist. Die Menschenrechte setzen in beiden Hauptformen – sowohl als liberale wie als soziale – strebensethische Phänomenfelder voraus, die von Moral und Recht bevorzugt geschützt werden, ohne in sich selber primär moralisch qualifiziert zu sein. Diese Felder sind entgegen einem verbreiteten liberalistischen Fehlschluß (vom Dürfen auf das Können), aber in Übereinstimmung mit der Erfahrung, daß das Gelingen des Lebens nichttrivial ist, dem Wildwuchs zu entziehen und planmäßig zu regulieren und zu optimieren, wozu auch eine theoretische Ausarbeitung seitens der Strebensethik gehört. Es ist dies die notwendige affirmative Kehrseite ihrer Ausgrenzung und Freistellung, die ihrer immanenten Problematik zusätzlich gerecht wird. Wenn die Menschenrechte den Einzelnen zu seiner eigenen Lebensführung freisetzen, dann sind damit Beratungspotentiale angesprochen, die für die Ausfüllung des geschaffenen rechtsgeschützten offenen Raumes zu aktivieren sind. Argumentativ läßt sich die spezielle Kompetenz einer konsiliatorischen Strebensethik aus den sozialen Menschenrechten ableiten, die ohnehin eine tätige Hilfeleistung moralisch fordern und darum um so mehr den Ratschlag als die schwächere, aber generellere und auch die liberalen Rechte einschließende Form der Lebenshilfe nahelegen. Die Strebensethik stellt sich dann als die Reflexionsstufe solcher Beratungsleistungen dar. Andererseits kann man die Menschenrechte als Erweiterung des moralisch *Zugelassenen* vom Tundürfen auf das Haben- und Seindürfen (J. Hohmann) auffassen und sie an dessen Regulationsbedarf generell teilhaben lassen. Im einzelnen ließe sich die Zuständigkeit und Effektivität der Strebensethik an

Hand bestimmter Menschenrechte wirkungsvoll erläutern (z. B. am Eigentumsrecht im Verhältnis zur Güterethik, an der Freiheit von Folter oder der Verfügung über das eigene Leben, je im Blick auf Minima der Lebensqualität). – Der für die Menschenrechtsdiskussion leitende Begriff der Menschenwürde steht in der Tradition einer profanen Anthropologie, die den Menschen vor anderen Lebewesen zunächst durch ein kognitives, in der Neuzeit durch ein volitives Proprium auszeichnet, nämlich die Wahl- und Entscheidungsfreiheit über die eigene Lebensführung und Weltgestaltung. Diese ganz formal gehaltene und daher vormoralische Selbstbestimmungskompetenz, die als anthropologisches Radikal allen inhaltlichen Bestimmungen vorhergeht und damit dem postnominalistischen Pluralismus korrespondiert, reicht als Nachfolgebegriff der älteren Teleologie bis in die Philosophische Anthropologie und Existenzphilosophie des zwanzigsten Jahrhunderts hinein. Im Vergleich mit ihr erweist sich die früher angesprochene anthropologische Basis der Moral jetzt als eine höherstufige anthropologische Struktur, die die hier gemeinte elementare der Strebensethik überformt und in einer bestimmten Richtung diszipliniert. Insgesamt deutet die aktuelle Diskussion um Menschenwürde und -rechte komplementär und ex negativo auf einen weiteren Themenkreis hin, der in sich der praktisch-philosophischen Analyse und Verarbeitung bedarf, weil er jenseits von Moral und Unmoral eigene Probleme aufwirft. Dabei ergeben sich über die argumentative Begründung der Strebensethik hinaus Aufschlüsse darüber, wie weit der Kreis essentieller Humana jeweils reicht, wie er in sich geordnet und hierarchisch gegliedert ist oder in welche Richtung das praktische Interesse weist, wenn man von den Minimalforderungen der Menschenrechte auf weitergehende Optimierungsformen hin extrapoliert. Ferner eröffnen sich über die Koordination von Moralphilosophie und Strebensethik hinaus Verbindungen auch zu anderen Disziplinen Praktischer Philosophie wie der Politiktheorie oder der Rechtsphilosophie.

6.) Wenn die philosophische Ethik seit etlichen Jahren ihre praxisregulierenden Funktionen mehr und mehr wieder in voller Breite wahrzunehmen beginnt, so hat dabei gewiß das Bedürfnis nach begrifflicher Klärung in den Humanwissenschaften wie auch in der breiteren Öffentlichkeit und gegenüber einer – ihrerseits von Bedürfnissen evozierten – Hochflut aufschießender paraphilosophischer Literatur zu den Themen Glück, Lebensqualität, Lebenskunst, Lebenssinn, Selbstverwirklichung und dergleichen eine stimulierende Rolle gespielt. Es geht hier um die Abklärung und Verdeutlichung von expliziten, aber unbefragten Grundbegriffen sowie von latenten Zielvorstellungen, die womöglich noch nicht einmal thematisiert sind. Beide können mehrere Fächer und Disziplinen übergreifen, bleiben aber auch im ersten Fall meist verschwommen, weil sie ohne weitere Begründung und Analyse nur axiomatisch verwendet werden. Doch selbst bei bloßen Arbeitsbegriffen muß nach dem Grad ihrer Äquivalenz und nach ihren Koordinationsmöglichkeiten gefragt werden, wobei die begriffsgeschichtlichen Konnotate der Tradition explizit zu machen sind. Über die philosophieinternen Erfordernisse hinaus stellt sich die Strebensethik damit für die Humanwissenschaften und die Alltagspraxis (samt ihren spezifischen Kommunikations- und Beratungsformen) als eine reflexive und integrierende Instanz dar, deren kontinuierliche Ausgestaltung nicht weniger Desiderat ist als die entsprechende Arbeit der Moral- oder Rechtsphilosophie an der Konzeptualisierung neuartiger Problemtypen. –

Die Auflistung von Argumenten, die sich fortsetzen ließe, belegt, daß die Mehrdimensionalität des Ethischen aus systematischen Gründen unverzichtbar ist. Die Ethik muß notwendigerweise in mehreren Registern operieren, um den Perspektiven des Sollens und des Wollens gleichermaßen gerecht zu werden. Für eine zeitgemäße Integrative Ethik bedeutet dies in concreto, zwischen beiden Ethiktypen eine grundsätzliche Symmetrie herzustellen und das überkommene Ungleichgewicht zugunsten der Moralphilosophie durch ein paritätisches Verhältnis zu ersetzen. Der Problemanfall hüben und drüben rechtfertigt jedenfalls nicht die Asymmetrie des Interesses und des Aufwands, die die neuere philosophische Ethik im Unterschied zu den Lebensproblemen vorzugsweise den Moralproblemen entgegengebracht hat.

Daß Ethik gleichbedeutend mit Moralphilosophie sei, war bisher im Bewußtsein der philosophischen Zunft wie der breiteren Öffentlichkeit fast ein Gemeinplatz; die Strebensethik (irreführend oft als teleologische bezeichnet) spielte daneben meist nur die Rolle einer historischen Reminiszenz ohne systematische Relevanz, soweit sie nicht in eine der heute gängigen Formen von Einheitsethik inkorporiert und dabei bis zur Unkenntlichkeit entstellt wurde. Die Argumente und Motive, die zum Alleingeltungsanspruch der Moralphilosophie geführt haben, sind im folgenden einer zusammenhängenden Metakritik unterzogen; daran schließt sich eine kritische Analyse der wichtigsten Varianten zeitgenössischer Einheitsethik an. Dadurch soll das Konzept einer Integrativen Ethik und ihre Position einer Mehrdimensionalität des Ethischen gegenüber herkömmlichen und gegenwärtigen eindimensionalen Auffassungen verteidigt und gesichert werden.

1. Die *methodischen* Standards Praktischer Philosophie sind in der Neuzeit zunehmend so hoch angesetzt worden, daß ihnen die flexibleren Strukturen der Strebens- und Klugheitsethik nicht mehr zu genügen schienen. Die Konzepte der Phronesis und prudentia, der Topik und rhetorischen Plausibilität, die Vico noch gegen die Methodik der neuzeitlichen Naturwissenschaft zu verteidigen suchte, fallen daher seit Kant aus der Architektonik Praktischer Philosophie heraus. Die Komplexheit strebensethischer Zielvorstellungen erfüllt insbesondere nicht die Standards einer Gesetzeswissenschaft. Sie erreichen keine universale Regelmäßigkeit von strikt nomologischer, deterministischer Art, sondern nur eine generell-typologische, stochastisch-probabilistische Regelmäßigkeit von statistischer Geltung. Sie erlauben daher auch keine zureichende Theorienbildung – eine Auffassung, die vom zeitgenössischen Neokantianismus in scholastischer Manier unkritisch reproduziert wird. Der Monopolanspruch der Sollensethik verbindet sich mit dieser methodischen Limitierung zu einem massiven Dogma von der Alleingeltung der Moralphilosophie. Indessen ist das zugrundeliegende, auf Allaussagen festgelegte Wissenschaftsverständnis im Zeichen der heutigen Vorherrschaft stochastisch-probabilistischer Methoden in der Wissenschaft (auch auf der Makroebene, nicht nur der Mikroebene der Physik) als Grenzfall erkennbar und in seinem normativen Anspruch nicht mehr zeitgemäß. Wenn die Strebensethik nur generell und typologisch operiert, so entspricht dies genau der Verfahrensweise der meisten heute etablierten Wissenschaften. Der Strebensethik kann darum auch kein der Sollensethik entnomme-

ner Begründungsmodus übergestülpt werden, nämlich eine Fundierung in für jedermann verbindlichen prinzipiellen Sätzen.[1]

II. Kants Kritik an der Ungreifbarkeit und Unverfügbarkeit strebensethischer Zielvorstellungen sowie an der Unkalkulierbarkeit ihrer Nebeneffekte steht im größeren Zusammenhang der postteleologischen Destruktion des überschwenglichen und in sich antinomischen[2] älteren, auf ein Maximum und Optimum fixierten Glücksbegriffs sowie der durch sie freigesetzten infiniten Geschichtlichkeit des Glücksstrebens, dem endgültige Erfüllung konstitutionell versagt bleibt. Daran knüpft sich die grundsätzliche kritische Anfrage, ob eine *postteleologische Strebensethik* bei ihrer anarchischen Dezentrierung überhaupt möglich sei, die die Wertethik gerade noch habe auffangen können, ehe sie im Dezisionismus der Existenzphilosophie vollends zutage getreten sei. Doch kann dies jedenfalls kein Argument zugunsten der Moralphilosophie sein, die mit ihrem starken, substantialistischen Vernunftbegriff von eben jener Teleologie noch überschwenglichen Gebrauch gemacht hat und daher jetzt in Abwehrkämpfe mit den Theorien einer pluralistischen Postmoderne verstrickt ist. Auf der anderen Seite ist die Theoriefähigkeit menschlichen Strebens und Handelns wiederum dadurch indiziert, daß die Humanwissenschaften diesen Bereich zum wenigsten teilweise thematisieren und bearbeiten. Auch für die Strebensethik zeichnet sich eine mittlere Lösung auf dem Wege einer phänomengerechten Neuakzentuierung ab: a) ›Glück‹ und ›Unglück‹ bilden eine vollständige Disjunktion, die gerade das faktische, durchschnittliche und minimale Glücksphänomen erfaßt, während Lebensganzes oder Hochstimmung nur als Grenzfälle im Kontinuum aller Möglichkeiten erscheinen. Generell ist jedoch uneingeschränkte Graduierung und Partialisierung angezeigt, und zwar sektoriell wie temporär. Die Entscheidung über das Lebensglück im ganzen erfolgt dann nicht nach Maßgabe eines imaginären Optimums, sondern nach (relativen) Prävalenzkriterien, die Operabilität ver-

1 Immerhin vermag auch die Strebensethik hoch generalisierte Präskripte und Generalregeln zu formulieren, die zu denen der Moralphilosophie ein angemessenes Äquivalent bieten (vgl. Kap. III).

2 R. Spaemann, Glück und Wohlwollen, 1989, 85 ff. (Vgl. meine Rezension in: ›Information Philosophie‹ 1990/2, 44 ff.)

bürgen. Ferner können dadurch unvermeidliche Komplementaritäten aufgefangen werden, die nicht mehr den Begriff des Glücks selbst belasten, sondern der Ebene konkreter Entscheidungen zuzuweisen sind. b) Vorrangig ist die Vermeidung und Behebung von ›Unglück‹, weil es vordringlich anzugehen, leichter diagnostizierbar und kausal besser operabel ist. Primärziel ist dabei, bestimmte Minimalwerte der Lebensqualität nicht zu unterschreiten, und erst dann ihre Durchschnittlichkeit, zuletzt die weitere Optimierung. c) Entgegen dem Ausgang vom Lebensganzen ist jeweils in der Gegenwart anzusetzen und demgemäß gegenüber einem opaken und belastenden Futurismus und Passatismus eine präsentische Ethik zu befolgen. Dies liegt in der Konsequenz einer immanenten Strukturierung des Lebensganges selbst. Erst danach empfiehlt es sich, von der Gegenwart aus konzentrisch weiter auszugreifen, in der Planung und Vorsorge einerseits, der Erinnerungspflege und -deutung andererseits. Die dabei anzuwendende Zeitethik erlaubt es, Zwischenbilanzen zu formulieren oder gar eine Endbilanz als Regulativ der Lebensführung zu antizipieren. Das Lebensganze kommt nur ausnahmsweise durch Reflexion in den Blick, wie denn auch ›das Glück‹ ein Reflexionsbegriff bleibt. d) Die Auflösung eindeutiger teleologischer Strukturen gibt der praktischen Intelligenz um so mehr zu tun auf, und demgemäß dem sie beratenden Ethiktyp. Typisieren lassen sich Strebensziele, die an die Stelle von objektiven Zwecken treten, allemal, ohne ins Chaotische und Nur-Individuelle oder Instantane auseinanderzufallen. Außer den Humanwissenschaften belegt dies das gelebte Leben des Alltags selber. Die Chancen und Aufgaben der Strebensethik sind daher im ganzen eher gewachsen. Die Handlungs- und Entscheidungsfreiräume sind erweitert worden und bedürfen darum eines Mehr an Aufklärung und Beratung, ohne doch einer horizontlosen Dynamik zu verfallen.

III. Noch enger als mit dem Anspruch auf Apodiktizität scheint der Ethikbegriff mit der *Unbedingtheit*, ja Absolutheit von Forderungen (Kategorizität) verknüpft zu sein, derart, daß eine nicht unbedingt sollensbestimmte und insofern relativistische Ethik geradezu als contradictio in adjecto empfunden wird. Diese Einschätzung ist gewiß primär motiviert durch das Bedürfnis, auch in einer säkularisierten Welt unbedingt, d. h. quasi-religiös sollen zu dürfen, noch gesteigert durch die Deteleologisierung und die dadurch eingetretene Überforderung der Freiheit in der Neuzeit. Eine zeitgemäße Redimensionierung muß die überzogenen Prätentionen auf bestimmte soziale und interpersonale Bezüge als den angestammten Wirkungsbereich der Sollensethik reduzieren. Traditionsgeschichtlich gesehen bedeutet dies die Austreibung der letzten theologischen Elemente aus der Profanethik, die sich endgültig autark auf sich selbst zu stellen und dann auch das Monopol der Sollensethik aufzugeben und sich als Integrative Ethik zu konstituieren hat. Systematisch betrachtet bedeutet es auf der Theorieebene zunächst die Besinnung auf die übergreifende lebensregulierende Aufgabe der Praktischen Philosophie und Ethik, sodann aber die paritätische und symmetrische Behandlung von Sollen und Wollen. Die Vorstellung ist zu verabschieden, daß das Sollen in irgendeinem prinzipiellen, nicht-pragmatischen Sinn fundamentaler sei als das Wollen. Der Nimbus und das Faszinosum des Unbedingten kann gemindert werden durch die Überlegung, daß Sollen selbst nur die Umkehrung eines fremden Wollens und darum selbst auf Wollen zurückführbar ist. Nicht jedes Wollen muß aber durch Umkehrverhältnisse hindurch vermittelt sein, um als legitimer Gegenstand der Ethik gelten zu können. Der Rehabilitierung des Wollens gegenüber der Alleinherrschaft des Sollens und der Äquidignität von Wollen und Sollen kann jedoch auf der Theorieebene nur durch die Erweiterung der Ethik zu einer Integrativen Ethik Rechnung getragen werden.[3]

IV. Kant hat nicht nur die methodische Inferiorität der Strebensethik moniert, sondern – noch gravierender – ihr den Status *Praktischer Philosophie und Ethik* ganz abgesprochen und sie der Theoretischen Philosophie und den Naturwissenschaften als deren anwendungsbezogenes Korollar zugeschlagen. Die beiden

3 Eine ursprüngliche soziale Dimensionierung von ›Ethik‹, für die etwa die terminologische Vertauschbarkeit von ›Ethik‹ und ›Sittenlehre‹ sprechen könnte, besteht nicht. Ethik ist schon voraristotelisch die »Lehre von den Charakterlagen« und an sich ohne jeden sozialen Bezug. Aber auch wo er in der Ausgestaltung hinzutritt, kommt es in der älteren Ethik, die durchweg Strebensethik bleibt, nirgends zu kategorischen Forderungen.

Einleitungen zur ›Kritik der Urteilskraft‹ und danach die ›Metaphysik der Sitten‹ reservieren die überkommenen Titel allein für die Moralmetaphysik und exterritorialisieren damit fast die gesamte Praktische Philosophie der Tradition (allgemeine Glückseligkeitslehre, Diätetik und Asketik, Lebensklugheit im Umgang mit andern, Haus- und Staatswirtschaft u. a.), die sie überdies als selbständige Disziplinen entmachten und den Wissenschaften unterstellen. Von der Textbasis her gesehen wird hier der eigentliche Wendepunkt der neueren Ethikgeschichte greifbar. Von hier an datiert der Monopolanspruch einer bestimmten, universalistischen Art von Moralphilosophie und zugleich eine Verkürzung des Begriffs von Philosophie, die damit angestammte Kompetenzen preisgibt. Wenn Kant recht hat, ist mit dieser Ausbürgerung der Strebensethik die Existenzgrundlage entzogen und sie wird entweder dem Szientismus oder – im Gegenzug dazu – dem Dezisionismus überantwortet oder sie fällt bestenfalls dem Schicksal der Popularphilosophie anheim.

Kants Neuordnung der philosophischen Disziplinen fordert jedoch aus der Retrospektive zu metakritischer Distanzierung heraus: 1.) Kant versucht, die in der Umgangssprache gegebene Semantik von ›Praxis‹ und ›praktisch‹ restriktiv zu korrigieren. Doch kann es Praktische Philosophie nur mit der Praxis sans phrase und nicht lediglich mit der moralischen oder gar bloß der universalisierbaren Praxis zu tun haben. 2.) Wie die teleologische Urteilskraft die vom Verstand gesetzten Naturphänomene überformt, so muß die praktische Zweckrationalität des Menschen noch einmal als Superstruktur die Naturteleologie überhöhen. Wir setzen in unserem Zweckhandeln die Zweckmäßigkeit der Natur immer schon voraus und benutzen sie. Kant hat dieses Überformungsverhältnis nicht thematisiert, obgleich die Teleologie auf ein virtuelles Handlungs- und Zielpotential verweist wie in anderer Weise auf die Moralität. Es müßte aber innerhalb der Teleologie auf Praxis hin spezifiziert werden. Dann würde die Ebene der praktischen Intelligenz (Klugheit) Spezifica und Propria von eigener Qualität aufweisen, die weder aus dem Verstand noch eigentlich aus der (reflektierenden) Urteilskraft abgeleitet oder auf sie zurückgeführt werden können. 3.) In der Tat läßt sich die mit der Klugheit, der Kompetenz zielbewußten Handelns, stets verbundene Lebenserfahrung nicht auf szientifische oder technische Regeln reduzieren, denn ihre Lernprozesse verlaufen anders als die bloß kognitiven theoretischen Wissens. Praktische Rationalität ist daher von der des technischen Herstellens seit Aristoteles unterschieden gewesen, und zwar schon die zweckrationale, nicht erst die kommunikative. Demgegenüber ist die »Technisierung« der Praxis, die Kant in der dritten ›Kritik‹ vornimmt – und ähnlich in der ›Anthropologie in pragmatischer Hinsicht‹ – ein Rückfall hinter die Einsicht der Sokratik, daß das Weltverhältnis des handelnden Menschen immer durch das Verhältnis zu sich selbst hindurch gebrochen ist. Der Innenaspekt des Handelns ist demgemäß bei Kant ganz unter den objektivierenden Außenaspekt subsumiert. Die technisch-instrumentelle Perspektive führt ferner zu dem weiteren Defizit, daß die praktische Finalisierung, d. h. die Dimension der Zielsetzung, -klärung und -erprobung nicht gebührend gewürdigt wird. 4.) Die von Kant vernachlässigte Perspektive ist inzwischen eindrucksvoll von der Existenzphilosophie thematisiert worden, wenn sie die Existenzerhellung der Weltorientierung durch die Wissenschaften gegenüberstellt (Jaspers). Dabei ergeben sich völlig veränderte Oppositionen, indem Moralität und nichtmoralische Lebensführung zusammen zum außermenschlichen Seienden kontrastieren. Das kantische Programm einer Auflösung nichtmoralischer und nichtuniversalistischer Praktischer Philosophie in die Wissenschaften ist damit geradeswegs dementiert. 5.) Im einzelnen gehören zur Strebensethik wie zur Moral die Perspektive der ersten Person, die Momente des subjektiven Betroffenseins, der persönlichen Entscheidung, der Unersetzlichkeit und Unübertragbarkeit des Individuums, etwa in Grenzsituationen; ferner auch Konstellationen des Selbstverhältnisses wie Selbstentfremdung, Selbstbefreundung oder Selbstüberwindung, die alle nicht voll objektivierbar oder gar szientifisch-technisch reduzierbar sind. Die Resultate der Wissenschaft und Technologie können zwar in die individuelle Lebensführung hineingenommen werden, aber nur so weit, wie sie deren Perspektive, Kapazität und Bedarfslage angepaßt werden. Eine unvermittelte Regulierung des Lebens durch die Wissenschaften, ohne daß wir uns dazu stellungnehmend verhalten, gibt es nicht. Die Disjunktion von Moralphilosophie und Wissenschaft ist also nicht vollständig, weil sie die

Momente der Subjektivität, der Lebenstotalität und der spezifischen Ziel- und Regelbestimmtheit auf Seiten der nichtmoralischen Praxis mißachtet. Dies gilt für die Entscheidungsdimension des einzelnen Akteurs, die von keiner Wissenschaft eingeholt werden kann, aber auch für die Präskriptivität der Praktischen Philosophie, die uns nicht nur sagt, wie wir sollen sollen, sondern auch, wie wir wollen sollen, indem sie uns im Unterschied zu den instrumentellen Wissenschaften anratend Ziele vorgibt. Die Abdrängung der nichtmetaphysischen Praktischen Philosophie und Ethik in die Wissenschaften beruht auf einer Verkennung dieses ihres spezifischen Charakters. 6.) Kants Disjunktion zwischen Wissenschaft (mit Theoretischer Philosophie) und universalistischer Moralphilosophie erweist sich noch in anderen Punkten als unvollständig: Die Gruppenmoralen und das positive Recht, die weder rein deskriptiv noch auf intelligible Freiheit hin verstanden werden können, sind darin nicht unterzubringen und bleiben systematisch ortlos – ein unbefriedigendes Resultat. 7.) Kants Systematik der philosophischen Disziplinen steht und fällt mit seiner Moralmetaphysik, d. h. der Vernunftapriorität des Egalitätsprinzips, die heute wenn nicht als falsch erkannt, so doch stark umstritten ist und selbst von kontemporären Neokantianern nicht konserviert wird. Insbesondere ist es zweifelhaft, ob Notwendigkeit und Freiheit wirklich auf Gegenstandsbereiche und gleichsam Seinsregionen verteilt und nicht nur funktionell unterschieden werden müssen. Nur im ersten Fall können die Differenzen zwischen Physik und nichtmoralischer Praxis in perspektivischer Verkürzung aus dem Blick geraten, während im zweiten Moralphilosophie und Strebensethik eng zusammenrücken. In der Tat haben sich die Perspektiven inzwischen weitgehend entzerrt. Ohne die metaphysischen Voraussetzungen besteht jedenfalls keinerlei Anlaß, an Kants Unterbestimmung und Entrechtung der Strebensethik und ähnlich strukturierter Disziplinen Praktischer Philosophie festzuhalten. Der durch Kant verursachte partielle Kompetenzverlust der Praktischen Philosophie und andererseits die philosophische Unregulierbarkeit von Praxis sans phrase ist nur dann zu überwinden, wenn der Sündenfall der Monopolisierung von Moralphilosophie entschlossen rückgängig gemacht wird.

v. Im vorigen[4] war darauf hinzuweisen, daß das auf Lebensqualität ausgerichtete Handeln – und entsprechend die es anleitende Strebensethik – höherstufige Ziele verfolgt und damit *optimierend* wirkt, nachdem vorab die fundamentalen moralischen Verbindlichkeiten erfüllt sind. Dies kann jedoch nicht in den Einwand verkehrt werden, dieser Handlungsbereich zeige die Züge einer gegebenenfalls entbehrlichen oder mindestens aufschiebbaren Luxusexistenz, die neben den zentralen Moralfragen auch systematisch sekundären Ranges, ja als quantité négligeable erscheinen müsse, nicht ohne einen Anflug moralischer Zwielichtigkeit. Die Strebensethik ist zwar einerseits für Optimierungsfunktionen zuständig, andererseits aber auch und in erster Linie für Notlagen und elementare Überlebens-, Sinn- und Existenzkrisen, deren Bewältigung ihrerseits die Möglichkeit des Moralischen mitbedingt. Darüber hinaus obliegen ihr sogar Fragen der richtigen und rechtzeitigen Art des Sterbens. Die schiefe Vorstellung vom (hedonistisch verstandenen) Eudämonismus als einem lediglich positiven, in der Tat *nur* optimierenden, geht bis zu den Anfängen der Moralphilosophie in der Aufklärung zurück. Unterdessen hat sich aber die Blickrichtung auf einen fundamentalen *negativen* Eudämonismus der Vermeidung von Schmerz, Sinnverlust und Tod (oder den Vorzug des Todes vor einem schlechten Leben) verlagert und erweitert, der gegenüber der Moral mit einem ganz anderen humanen und existenziellen Gewicht auftritt. Des näheren müssen beim *Lebenkönnen* der Strebensethik mindestens vier Hauptbedeutungen unterschieden werden, von denen nur die letzte optimierend ist. Die drei übrigen Falltypen beziehen sich elementarer auf das Überlebenkönnen, und zwar sowohl physisch wie psychisch (nämlich mit den Problemen von Todeswunsch und Suizid), ferner auf das Sicheinrichtenkönnen in Mangelzuständen und drittens auf die Herstellung und Behauptung einer durchschnittlichen Lebensqualität, jenseits deren erst die eigentliche Optimierung beginnt. Von einer Beliebigkeit oder gar Entbehrlichkeit der Strebensethik kann also nicht die Rede sein, ebensowenig von einer unqualifizierten Sekundarität und Posteriorität

4 Nr. 3.) oben S. 90f.

gegenüber der Moral. Der Zusammenhang mit der im vorigen[5] angesprochenen affirmativen, auf den Betroffenen als den Akteur bezogenen Kehrseite der Menschenrechts- und -würdethematik kommt dabei zum Tragen und bringt die Gleichwertigkeit der Strebensethik zu besonderer Evidenz. Man kann sogar ein doppeltes Bedingungsverhältnis unterscheiden, bei dem die Lösung fundamentaler Existenzprobleme noch vor der davon abhängigen Erfüllung moralischer Pflichten rangiert und erst auf der dritten Stufe weitere und endlich optimierende Leistungen der Lebensführung ihren Ort haben. Über die Äquidignität der Strebensethik hinaus ergeben sich demgemäß kasuistische Fragen nach dem Primat des einen oder andern Ethiktyps, die nicht vorschnell generalisierend zugunsten der Moral entschieden werden können.

VI. Radikaler setzt das *Redundanzargument* an, das die Strebensethik als Disziplin Praktischer Philosophie in ihrer Zweckmäßigkeit und Effizienz in Frage stellt. Der Einwand, der von moralphilosophischer Seite häufig zu vernehmen ist, bestreitet die Regulationsbedürftigkeit des nichtmoralischen Handlungsfeldes mit der Begründung, es unterliege gleichsam einem Automatismus der Selbstregulierung. Er geht von modernen autonomistischen und insbesondere liberalistischen Vorurteilen aus, denen zufolge der Mensch die Fähigkeit besitzt, nicht nur seine eigenen Ziele sich selbst zu setzen, sondern sie auch aus eigener Kraft zu verfolgen und zu realisieren. (Die Parallele zur angenommenen Selbstregulierung des ökonomischen Bereichs – man denke an A. Smiths »unsichtbare Hand« – drängt sich auf.) Während die Moralphilosophie prinzipielle Limits des Glücksstrebens formulieren kann, erscheint die Aufklärung und Beratung bezüglich des moralisch zugelassenen privaten Bereichs selber als tautologisch und redundant, ja als störend. Dieser Bereich kann dann zwar noch Thema einer deskriptiven Anthropologie oder Wissenschaft sein, aber nicht mehr der Praktischen Philosophie und Ethik. Es versteht sich, daß diese Defunktionalisierung der Strebensethik die Monopolisierung der Moralphilosophie begünstigt.[6]

5 Nr. 5.) oben S. 92f.

6 Ein weiteres Motiv könnte darin liegen, die eigene Lebensführung der Offenlegung zu entziehen und womöglich gemäß dem Prinzip der

Indessen trifft schon die Annahme einer ungebrochenen Spontaneität menschlichen *Strebens*, wie sie noch Kant unterstellte, nur sehr bedingt zu, wie bereits M. Scheler im Blick auf Menschen von übergroßer (natürlicher oder anerzogener) Selbstlosigkeit oder Antriebsschwäche richtiggestellt hat; die Hemmungsmechanismen der Tiefenpsychologie haben damit vollends aufgeräumt. Die Motivation, aber auch die Handlungskompetenz sowie die Wahl- und Entscheidungsfreiheit ist also gar nicht immer voll gegeben und erweist sich in vielen Fällen als liberale Fiktion. Noch mehr und erst recht verfehlt ist die Vorstellung von einem Automatismus des *Gelingens* im menschlichen Handeln, die durch jedermanns eigenen Lebensgang auf Schritt und Tritt empirisch falsifiziert wird. Menschliches Leben muß nun einmal bewußt geführt und geleistet werden, und zwar ohne Garantie des Erfolgs, vielmehr mit dem beständigen Risiko des Scheiterns, bis hin zum Aussetzen aller Lebensvollzüge. Dies hat in die Reflexion und weiterhin zu Theorieformen der Praxis getrieben, die gelingendes Leben vorbereiten und ermöglichen, regulieren und stabilisieren sollen. Der größere Teil der Ethikgeschichte, der die Regulationsbedürftigkeit dieses Bereichs voraussetzt, liefert demgemäß ein theorieimmanentes Gegenargument. Es wird für die Gegenwart ergänzt durch die zeitgenössische Konjunktur einschlägiger Beratungs- und Therapieformen in verschiedenen Wissenschaftszweigen. Wer dem Mythos von der Selbstregulierung des Lebens anhängt, dem gebricht es entweder an Lebenserfahrung oder er desavouiert sein eigenes Leben aus einer ideologischen Verblendung heraus. Eine unvoreingenommene, auf allseitige Praxisregulierung bedachte Ethik wird sich daran nicht orientieren können, sondern ihre Funktion in dreifacher Hinsicht wahrnehmen: a) in der prinzipiellen Motivierung und Aktivierung intentionaler Potentiale wider die Selbst-, Welt- und Glücksvergessenheit, b) in der materialen Zielklärung und Hinführung zu den jeweils richtigen und besseren Lebenszielen, c) in der Anleitung zur Wahl und Einübung der für die Zielrealisierung geeigneten Wege und Mittel.
Eine asymmetrische Gewichtung von Moralphilosophie und Stre-

doppelten Moral durch entgegengesetzte moralische Theorien zu kompensieren.

bensethik läßt sich also auch durch Erwägungen über die vermeintliche Irrelevanz der Strebensethik nicht stützen. Man könnte eher umgekehrt und mit größerem Recht behaupten, daß sich für uns nach einem bekannten Diktum das Moralische immer von selbst versteht, weil es uns von Geburt an eingeprägt worden ist, während die Sozietät kein Interesse daran hat, uns für die Durchsetzung unserer Lebensbelange, soweit wir Individuen sind, besonders auszurüsten. In die gleiche Richtung weist der Umstand, daß der Aufgabenkreis der Moralphilosophie insofern enger gezogen ist, als es in der Gesinnungsmoral weniger auf Handlungserfolg und Gelingen ankommt denn in der Strebensethik. Andererseits könnte die Moralphilosophie von einer Vergleichgültigung der Strebensethik nicht unberührt bleiben, weil mit der supponierten Selbstregulierung des Lebens auch das moralische Gebot zur Hilfeleistung und Förderung anderer weitgehend gegenstandslos und damit die Moral partiell aufgehoben wäre.

VII. Scheinbar noch radikaler als die gegen die Strebensethik ins Feld geführte Redundanzthese ist diejenige Position, die die traditionellen Zieltypen des Handelns wie Glück, Leidfreiheit, Lust oder Selbstverwirklichung selbst zu *vergleichgültigen* und teils durch Alternativen zu ersetzen, teils durch einen programmatischen Indifferentismus und Passivismus bereits in der Fragestellung als verfehlt darzutun versucht. Was zunächst die vorgeschlagenen Substitute angeht, so handelt es sich entweder um Reobjektivierungen der Zielformation, die den seit dem siebzehnten Jahrhundert vorherrschenden hedonistischen Glücksbegriff korrigieren sollen, oder aber um Formalisierungsversuche, die der neuzeitlichen Deteleologisierung Rechnung tragen. Es wird sich zeigen (Kap. III), daß derartige Erweiterungen und Neuakzentuierungen der Zielbestimmung systematisch gerechtfertigt sind, daß sie aber den Rahmen einer Strebensethik nicht sprengen, sondern nur intern auf eine integrative Strebensethik hin differenzieren. Eine solche integrierte Güter- *und* Glücksethik kann mehrgleisig verfahren und gewinnt damit an Praktikabilität und Operabilität. Erweist sich demnach der erste Teileinwand in Wahrheit als progressive Weiterentwicklung des Gesamtansatzes, so steht es mit den indifferentistischen und passivistischen Reduktionismen etwas anders, weil hier Handlungs- und selbst Hal-

tungs- oder Strebensregulative nicht mehr zu greifen scheinen. Dennoch bleibt auch hier ein Restbestand von Realisierungs- und Ausführungsproblemen übrig, die sich auf das Eintreten in den Zustand der Indifferenz und auf seine Erhaltung beziehen. Zum andern haben schon antike Experimente (Pyrrhonismus) deutlich gemacht, daß die Haltung des praktischen Nihilismus nicht uneingeschränkt lebbar ist. Die vollständige Apathie bleibt ein Ideal, das doch nur partiell realisierbar ist; der Rest bedarf der Lebensführung. Die *Relevanz* des zweiten Ethiktyps kann also auch von solchen Grenzfällen her nicht wesentlich in Frage gestellt werden (extrem Pathologisches ausgenommen). Für das hier verfolgte Konkurrenzverhältnis zwischen beiden Ethiktypen ist es schließlich ausschlaggebend, daß die Vergleichgültigung die Moralphilosophie in gleichem Maße mitbetrifft, denn der praktische Nihilist ist in der Regel folgerichtig und a fortiori auch Amoralist. –
Andere Einwände gegen die Möglichkeit und Effizienz einer Strebensethik (Szientismus, Moralismus, Kritik der Subjektivität) werden in den folgenden Kapiteln (III/IV) einer metakritischen Analyse unterzogen. Dagegen ist im vorliegenden Zusammenhang, wo es um die argumentative Sicherung der Dualität zweier Ethiktypen im Rahmen einer Integrativen, nichtmonopolistischen Ethik geht, eine detailliertere Auseinandersetzung mit den verschiedenen Versionen einer *Einheitsethik* angezeigt, wie sie heute häufig und mehr oder weniger unkritisch vertreten wird.

VIII. *Kritik einheitsethischer Konzepte.* Die Einheitsethik unterscheidet sich von den reinen Typen der Strebensethik und der Moralphilosophie, wie sie im Lauf der Ethikgeschichte nacheinander mit Monopolansprüchen hervorgetreten sind. Dies gilt unabhängig davon, daß die moderne Sollensethik sich bei einer tieferen Analyse selbst als Mischtypus darstellt (vgl. Kap. I). Sie war dies ihrem Selbstverständnis nach nicht, sondern grenzte sich explizit vom Strebenstypus der älteren Ethik ab, während sich die Einheitsethik ausdrücklich um eine Verbindung beider Typen und damit der Sache nach um eine Synthese zweiten Grades bemüht. Sie unterscheidet sich jedoch ebenso von der Konzeption einer Integrativen Ethik, wie sie hier propagiert wird, weil sie sich weigert, zwischen Strebensethik und Moralphilosophie zu differenzieren und beide in ihrer Eigenart zu respektieren, um sie erst

dann in ein kooperatives oder auch konkurrierendes Verhältnis zu setzen. Die Unterscheidung von Moral und Lebensführung, wie sie die Integrative Ethik theoretisch-konzeptuell und vielfach auch für die Praxis vorsieht, wird in der Einheitsethik durch die Koinzidenz, ja tendenziell die Identität beider Perspektiven ersetzt: Gutes Leben sei immer schon ein gemeinsames; daher könne es eine nichtmoralische Lebensführung als Selbstzweck nicht geben, denn unser ganzes Streben und Treiben sei mit Verantwortung und womöglich Sympathie für andere durchsetzt. Umgekehrt sei mit der Moralität immer schon die eigentliche Selbstwahl und Selbsterfüllung des Menschen gewährleistet, die durch zusätzliche Güter und Werte nur unwesentlich modifiziert werde. Es versteht sich, daß Moralphilosophie und Strebensethik unter solchen Voraussetzungen nicht mehr als selbständige Teildisziplinen der Ethik in Erscheinung treten können, da sie von einander wesentlich untrennbar sind und einander daher gegebenenfalls zureichend repräsentieren und vertreten können.
Der Einheitsethik liegen weltanschauliche Bedürfnisse und daraus abgeleitete Theoriepostulate zugrunde, die phänomenal nicht abgedeckt und argumentativ nicht tragfähig sind. Dabei lassen sich mehrere Hauptmotive unterscheiden: a) Die Erfahrung der Abschwächung des moralischen Sollensimpulses und seiner Akzeptanzbereitschaft in der Gegenwart sowie seiner partiellen Ersetzung durch Rechtsverhältnisse einerseits und eine Sympathie- oder gar Strebensethik andererseits. b) Die Furcht vor einer isolierten Strebens- und Selbstethik, die in die Nähe eines hemmungslosen Egoismus und (mißverstandenen) Willens zur Macht gerückt wird, und das daraus erwachsende Schutzbedürfnis. Die beiden Motive führen zusammengenommen zur Suche nach einer Form von Ethik, die im Geist der Solidarität und Sympathie, des Wohlwollens und Wohlgefallens alle gemeinsamen Lebensprobleme mit einem Male zu lösen verspricht. Sie würde eine den Konflikten nicht ausweichende Integrative Ethik überbieten und überflüssig machen, indem sie die Integrate durch Legierung und Amalgamierung harmonisierte und so gut wie ununterscheidbar machte. c) Das anhaltende Bedürfnis nach einem Ethikkonzept, das durchgehend im Zeichen absoluter Verbindlichkeiten steht und daher auch Glücksfragen und Fragen der Lebensführung

kategorisch und apodiktisch zu behandeln erlaubt. Darin wirkt der Legitimationszwang des bisher herrschenden Ethikparadigmas nach, wie denn die Einheitsethik insgesamt als Übergangserscheinung zu betrachten ist. d) Die methodologisch eingekleidete Kritik, daß nur eine einheitliche Ethik widerspruchsfrei funktionsfähig und als Regulationsinstanz hinreichend effizient sein könne. e) Der prinzipiellere Angriff auf die Differenz von Sein und Sollen, der den Bereich der Praxis vollends entdifferenziert und nivelliert und damit indirekt, obwohl im Vorfeld operierend, dazu führt, daß auch die Differenz von Sollen und Wollen – beide sind gleichermaßen vom Sein unterschieden – eingezogen wird.

Versucht man, die verschiedenen Varianten der Einheitsethik typologisch zu ordnen, so ergibt sich folgendes, von den eindeutigen zu den komplexeren und mehrdeutigen Typen fortschreitendes Gesamtbild:

1.) Die am weitesten gehende und gravierendste Position ist zweifellos die eben (e) angesprochene, weil sie die modale Gebrochenheit des praktischen Feldes in Abrede stellt und statt dessen zu – linguistisch indizierten – »institutionellen Tatsachen« (Wittgenstein, Austin, Searle u. a. gegen Hume) oder zur ähnlich gesehenen Struktur vormetaphysischer Gruppenmoralen (Hegel, Heidegger, »Neoaristoteliker«) zurückzugehen sucht. Es ist aufschlußreich, daß transzendental argumentierende Einheitsethiker dazu neigen, auch die Dichotomie von Sein und Sollen zu unterlaufen (z. B. Spaemann, Rentsch), wobei sich das Nebenmotiv einer Reteleologisierung abzeichnet.

2.) Der Kollektivismus in seiner harten Version leugnet die Möglichkeit individueller Lebensführung, indem er das Einzelsubjekt systemisch unterwandert und Subjektivität resorbierend in Intersubjektivität zurücknimmt. Dem entspricht die anthropologische Aussage, der Mensch sei essentiell Sozialwesen und darum als Individuum nur ein Akzidenz der Sozietät. Der Ort des guten und gelingenden Lebens ist dann per definitionem die Gruppe, die Gesellschaft oder der Staat. Regulationsinstanzen der Lebensführung sind demgemäß weniger eine Einheits- oder gar eine Strebens*ethik* als andere Disziplinen der Praktischen Philosophie wie die Gesellschafts- oder Staatsphilosophie, die die traditionelle Ethik in sich aufheben. Versuche, die Sozialnatur des Menschen zu

relativieren und zu limitieren, erscheinen in dieser Sicht als solipsistisch-monologistisch aufgemachte Theorieirrtümer und Abstraktionen der neuzeitlichen Philosophie der Subjektivität oder einer degenerierten Reflexionskultur (Gehlen, auch Hegel und Mead und ihre Nachfolger. Die transzendentalanthropologische Variante dieser Version führt die drohende Selbstaufhebung durch performative Widersprüche ins Feld.).
3.) Eine weiche Form des Kollektivismus liegt hingegen überall dort vor, wo angenommen wird, daß wir zwar als Individuen handeln können, dies aber nur gemeinsam tun sollten, und daß eben das sowohl in unserem eigenen Interesse wie in dem der Sozietät liege. Hier wird immerhin von der Politischen und Sozial-Philosophie zur Ethik übergegangen, aber in charakteristischer Weise bei der Einheitsethik Halt gemacht, ohne auf verschiedene Ethiktypen hin zu spezifizieren. Diese Art von Einheitsethik ist prototypisch und besitzt eine große Bandbreite, die vom älteren Sozialeudämonismus über den Utilitarismus, Sozialismus und Marxismus bis zum Totalitarismus und andererseits bis zur Demokratie und zu Formen staatenloser Anarchie reichen kann.
4.) Das Gegenstück zur kollektivistisch akzentuierten Einheitsethik bietet die individualisierende, die die Moralität ganz auf die Option des Einzelnen stellt und damit zur partiellen Lebenserfüllung positiviert (vgl. Kap. 1 S. 25ff.). Das moralische Sollen wird hier ins Eigenwollen zurückgeholt, weshalb sich auch hier – nur aus entgegengesetzten Gründen – eine Zweiheit von Ethiktypen zu erübrigen scheint, soweit sich diese Version nicht überhaupt explizit als Strebensethik zu erkennen gibt. Neben dem angelsächsischen Neonaturalismus (Foot, Warnock, danach z. B. R. Bittner, U. Wolf) gehören zu dieser Version auch kontraktualistische Ethikkonzepte wie die Diskursethik oder die Ethik des späten Foucault.
5.) Die vollkommenste Form von Einheitsethik scheint in solchen Ethiken vorzuliegen, die einen harmonischen Ausgleich intendieren zwischen Wollen und Sollen, Eigeninteresse und Interesse der Sozietät sowie zwischen eudämonistischen und deontologischen Momenten. Man kombiniert dabei gern die motivierende Kraft des Eigeninteresses mit dem Verpflichtungs- und Sanktionscharakter sozialer Verhältnisse und sucht beides durch die ›gemein-

same Vernunft‹ sowie durch die Begriffe der Selbstverantwortung und der Pflichten gegen sich selbst zu vermitteln (Tugendhat); oder man findet »Glück« und Moral im »Wohlwollen« einer Sympathieethik versöhnt, die das Selbstverhältnis wie das Verhältnis zu anderen konfliktfrei übergreift (Spaemann). Zu demselben Typus gehört auch die Materiale Wertethik, die den Umgang mit der Welt der Güter und Werte insgesamt unter moralisch interpretierte Wahlakte stellt und eine notwendige Relation zwischen Moralität und Eudämonie postuliert.

Die kritische Analyse der Einheitskonzeptionen wird sich vom Blick auf die Phänomene und von den Kriterien der argumentativen Überzeugungskraft und Theoriekonsistenz leiten lassen, aber auch ideologiekritisch verfahren müssen:

Zu 1.) Zugrunde liegen in historischer Perspektive archaische Modelle einer ganzheitlichen, geschlossenen Gesellschaft, die in unserer Weltepoche nach mehreren Aufklärungsschüben und der Technisierung der Lebenswelt in komplexere, hochdifferenzierte Verhältnisse übergegangen und dadurch irreversibel überholt sind. Die veränderte Situation erfordert neue Zuordnungen und Vermittlungsformen, zumal die postteleologische Moderne mit ihren Oppositionen und Antagonismen die Modaldifferenz des praktischen und technischen Bereichs zu verschärftem Bewußtsein gebracht hat. Der Philosophie steht es am wenigsten zu, bei obsoleten Simplifikationen zu verharren und sich von der Auflage kritischer Analyse und Differenzierung zu dispensieren, und dies umso mehr, als dadurch ihre praxisleitende Kompetenz an Präzision verlöre und stumpf würde. Systematisch gesehen setzt der konservative Quietismus freilich die Zuständigkeit der Praktischen Philosophie und Ethik selbst aufs Spiel und substituiert sie stillschweigend durch eine ethikindifferente kontemplative Kulturtheorie, der anstelle präskriptiver allenfalls hermeneutische, metatheoretische und konfirmierende Aufgaben verbleiben. Doch liegt der eigentliche systematische Irrtum in der Verkennung der Natur »institutioneller Tatsachen«, nämlich des in der Erwartungshaltung der jeweils Anderen bereits explizit gegebenen Sollenscharakters der angeblich impliziten Normen, die von der philosophischen Theorie zu konzeptualisieren und gegebenenfalls meta-optional zu modifizieren sind. Entsprechendes trifft für die noch unrealisierten Zielintentionen der Strebensethik zu. Daß sie gleichwohl heterogener Art sind und daher eine Zweiheit von praxisregulierenden Instanzen nötig machen, ergibt sich besser an Hand einer Überprüfung der weniger simplifizierten folgenden Typen.

Zu 2.) Der anthropologisch oder sozialpsychologisch und linguistisch argumentierende Kollektivismus unterschätzt zunächst die Spontaneität des Selbstverhältnisses und -verständnisses, die zum wenigsten generell schon vor dem Welt- und Sozialverhältnis in Anspruch genommen werden muß und es sogar bedingt, wenn nicht eine vitiöse Zirkularität unterstellt werden soll (vgl. Kap. IV S. 217). Doch auch bei der wesentlich sozial bestimmten inhaltlichen Ausgestaltung des Selbstverständnisses, das durch die Spiegelung am Andern geprägt wird – man versteht sich selbst, indem man sich mit den Augen der andern sieht –, bleibt es offen, inwieweit eine nur passive Imitation und nicht vielmehr eine aktive Selbstsymbolisierung und produktive Selbstauslegung anzunehmen ist (Wandschneider, Waldenfels). Ausschlaggebend ist indessen, daß das anthropologische Substrat die Ebene praktischer Entscheidungen und Entscheidungszwänge nicht erreicht und in keiner Weise präjudizieren und determinieren kann. Daß der Mensch transzendental und kategorial betrachtet ein Sozialwesen ist, hebt die Freiräume, die Alternativität und Konfliktbeladenheit seines Handelns erfahrungsgemäß nicht auf. Wir können in sehr verschiedener Weise mit der und auch gegen die Gesellschaft handeln und müssen uns auch im ersten Fall immer wieder zwischen verschiedenen sozialen Modellen entscheiden. Die Formulierung transzendentaler und anthropologischer Voraussetzungen und Bedingungen genügt also nicht, um die praktische Sphäre inhaltlich zu regulieren – ein anthropologistischer Fehlschluß und Kategorienfehler, der als Denkfigur sich zunehmend ausbreitet und die Autonomie zumal der Ethik gefährdet. Die soziale wie jede Art systemischer Vermitteltheit schlägt auf das praktische Verhalten des Individuums nicht letztbestimmend durch und vermag darum auch kein Präjudiz für die Einheit oder Mehrheit der dafür erforderlichen Regulationsinstanzen zu liefern. Wenn es vollends zutrifft, daß die subjekttheoretische Perspektive als die anthropologisch elementarere die der Intersubjektivität und Moral übergreift (S. 93), ist damit schon auf der anthropologischen Basis eine Differenz angelegt, die die Differenzierung auch auf der Ebene der Praktischen Philosophie zusätzlich stützt. Wer demgegenüber die Undifferenziertheit Praktischer Philosophie unter Durchstreichung zumal der Strebensethik anthropologisch abzusichern vorgibt (Gehlen), drängt in Wahrheit zurück zur Geschlossenheit archaischer Gesellschaften, die aber heute und in absehbarer Zukunft immer weniger zeitgemäß ist. Es handelt sich hier um normative Theorien nachgeahmter Substantialität, die voraussichtlich der fortschreitenden Reflexionskultur so wenig standhalten werden wie die reale spätarchaische Gesellschaft der sophistischen und philosophischen Aufklärung, die zur Etablierung der philosophischen Ethik als Regulationsinstanz gerade des Einzelnen geführt hat.

Zu 3.) Die nicht anthropologisch argumentierenden Richtungen des Kollektivismus fingieren gleichwohl die Koinzidenz von privatem und öffentlichem Interesse. Sie nehmen damit jedoch eine ganze Reihe von Verkürzungen und darüber hinaus prinzipielle Mißverständnisse in Kauf. Zunächst ist es trivial, daß die Lebensführung des Einzelnen weltbezogen und dabei vorzugsweise auf die Sozialwelt ausgerichtet ist. Doch sind solche interpersonalen Verhältnisse nicht eo ipso moralischer Natur, sie können ebensogut moralisch indifferent, nämlich sympathetisch oder strategisch akzentuiert sein. Auch reicht die Perspektive des Eigeninteresses und -strebens über den Kreis der Individualethik hinaus ins Gesellschaftliche und Politische hinein (vgl. Kap. VIII). So kommt es beispielsweise heute in Fragen des Umweltschutzes zu gemeinsamen Bemühungen, bei denen der Einzelne mit anderen Einzelnen kooperiert. Derartige Interaktionsformen sind primär Sache der Klugheit und der besseren Durchsetzung vereinigter Interessenlagen und nicht etwa Sache der Moral, die wie das Recht erst sekundär hinzutreten mag. Dies wird immer dann der Fall sein, wenn die spontane Gemeinsamkeit zu inneren oder äußeren Konflikten führt, wenn nämlich die Verteilung der gemeinsamen Lasten und Vorteile Probleme aufwirft oder die Rechte Dritter in Mitleidenschaft gezogen werden. Genau an diesem Punkt treten aber die Interessenperspektiven des Einzelnen und der Gruppe – oder der Gruppe und der Übergruppe – signifikant und unvermeidlich auseinander und zerstören die postulierte Kongruenz. Lassen sich solche Konflikte noch moralisch regulieren, so ist dies bei dem weiten Feld des moralisch Erlaubten und Zugelassenen und selbst bei freiwilligen, supererogatorischen Leistungen gar nicht mehr der Fall. Es handelt sich um Selbstverhältnisse sowie um soziale und nichtsoziale Weltverhältnisse, die nur künstlich und gewaltsam mit den moralischen Qualitäten des Kategorischen und Apodiktischen zusammenzubringen sind. Es sind dies vornehmlich Nächst- und Intimzonen, die diesseits der Grenzen moralischer Verpflichtung und Verantwortung liegen, sowie Lebensziele, die quer durch die geschlossenen Gruppen hindurchgehen und sich unter- oder oberhalb von deren Allgemeinheit allenfalls zu kontingenten Serien typologischer Art zusammenfassen lassen. (Internalisierte Normen verraten sich dagegen durch gruppenspezifische Merkmale und entfallen darum in der Regel bei einem Gruppenwechsel.) Wo sie in ihrer Autonomie nicht respektiert werden, droht die totalitäre Überfremdung des Individuums wie im Programm des Utilitarismus oder in den Experimenten des nationalen und internationalen Sozialismus. Tatsächlich erweist sich die kollektivistische Einheitsethik als ein versteckter Monopolismus zugunsten des Kollektivs, bei dem die Interessenerfüllung des Individuums weitgehend Postulat oder Fiktion bleibt. Die Richtungsdifferenz zwischen Sollen und Wollen, der Unterschied zwischen erstbestimmendem und reaktivem Wollen, die Zweideutigkeit und Gegenläufigkeit im Begriff des Guten und insgesamt der Gegensatz und potentielle Konflikt zwischen Individuum und Sozietät, dem Selbst und anderen Selbstheiten, Autonomie und Heteronomie werden hier im dunkeln gehalten und nicht explizit gemacht. Es bleibt unklar, daß moralische Leistungen vom Eigeninteresse wesentlich unabgedeckt sind und daß es andererseits Lebensbereiche gibt, die sich der moralischen Qualifikation prinzipiell entziehen. Der Kollektivismus und Moralismus vollzieht einen subsumptiven Fehlschluß, der den Schein der Einheitsethik hervorbringt, indem er Moral vorschnell als Glück ausgibt, ohne daß die Gewähr für dessen spezifische Realisierung gegeben wäre. Der Hinweis darauf, daß moralisches Verhalten zuweilen einen intrinsischen Wert annehmen kann (moralisches Selbstbewußtsein, Entlastung von Entscheidungsdruck; Demut,

Gehorsam und Dienst als Lebensform u. a.), belegt nur die Möglichkeit der strebensethischen Positivierung, der jedoch das Gegenstück der Negativierung kontrastiert und die das prinzipielle Komplementär- und Exklusionsverhältnis nicht aufhebt. Die gewünschte Interessenkongruenz und Versöhnung der Perspektiven bleibt entweder fiktiv oder kontingent. Nach genauerer Analyse erweist sich darum diese Form der Einheitsethik in der Bilanz als latent reduktionistisch bis repressiv.
Zu 4.) Einem entgegengesetzten Reduktionismus des Moralischen und demgemäß einem mehr oder weniger expliziten Monopolismus des ›guten Lebens‹ verfällt diejenige Form der Einheitsethik, die Moral am Eigenwollen festzumachen sucht und in diesem Zusammenhang um eine pragmatische Utilisierung der Moral bemüht ist. Es war bereits zu zeigen,[7] daß die hier gemeinten Richtungen in verschiedener Weise eine Querlage zu den moralischen Phänomenen einnehmen und den Begriff des Moralischen zwangsläufig verfehlen. Sowohl der Neonaturalismus wie der Kontraktualismus erliegen einem subsumptiven Fehlschluß eudämonistischer Art, der von der Moral gerade nur diejenigen Momente übrigbehält, die sich mit einer strebensethischen Grundorientierung vereinbaren lassen, während er alle übrigen stillschweigend eliminiert. Würden sich solche eklektischen Rekonstruktionen der Moralphilosophie durchsetzen, so wären Moral und Moralität philosophisch ortlos geworden. Die moralische Grundsituation des Genötigtseins läßt sich jedoch weder durch die Isolierung des Anerkennungsaktes unterlaufen – so die Naturalisten – noch in die bloße Ausführung gemeinsam gefaßter Beschlüsse abdrängen – so die Kontraktualisten. Sie verlöre dann in beiden Fällen ihre kategorische Unbedingtheit, im ersten Fall auch ihre Apodiktizität samt der Validierung, während im zweiten asymmetrische Verhältnisse (gegenüber Föten, Säuglingen, geistig Behinderten, Komatösen, künftigen Generationen oder Tieren) nicht mehr unterzubringen wären. Der letzte Einwand läßt eine Utilisierung der Moral prinzipiell fraglich erscheinen, desgleichen ihr Charakter als Inertialsystem und der Umstand, daß die mögliche Reziprozität von Schützen und Geschütztwerden durch den

7 Kap. 1 S. 25 ff. und S. 33 ff.

meist weiterreichenden Eigennutz sowie das Parasitentum gesprengt wird. Die Rollen des Beurteilers, des Betroffenen und des Handelnden sind dabei sehr wohl zu unterscheiden, weil sich im Rollentausch und Perspektivenwechsel auch ein Interessenwandel vollzieht, der erst in die moralische Grundsituation hinein- oder aus ihr hinausführt. Die ethische Theorie hat diese Perspektiven- und Richtungsdifferenz nicht zu konfundieren, sondern gerade festzuhalten (abgesehen von den noch weitergehenden Fällen konfligierender Geltungsansprüche bei inhaltlich divergierenden Forderungen). Moralisches Verhalten kann auch nicht auf dem Wege der Furcht vor der spezifischen Sanktion des gesellschaftlichen Achtungsverlustes auf einen Klugheitskalkül zurückgeführt werden, weil die Absicht, einen Achtungsverlust zu vermeiden, bereits eine moralische Einstellung zum Ausdruck bringt, die sich, gemessen an der vollen Selbst- und Erstbestimmung, mit einer zweiten Wahl begnügt, das vermeintliche prudentielle Verhalten also Moralität schon voraussetzt. (Noch weitergehende Grade der Internalisierung, die an keine Sanktionsfurcht mehr gebunden sind, sind dadurch nicht ausgeschlossen.)

Die in entgegengesetzter Weise einseitige Ponderierung der Typen 3.) und 4.) macht immerhin deutlich, daß die angestrebte Synthese kaum realisierbar ist, da sie unter der Hand nach der einen oder anderen Seite hin entgleitet. Dies deutet auf eine fundamentale Unvereinbarkeit der beiden Perspektiven hin, die zwar eine komplettierende Integrative Ethik, aber keine Einheitsethik zuläßt. Das wird durch den Verlauf der westlichen Ethikgeschichte bestätigt, die die sukzessive monopolistische Vorherrschaft zuerst der Strebens- und dann der Sollensethik aufweist, ohne daß der jeweilige Gegentypus ernsthaft berücksichtigt worden wäre. Er ließ sich also verdrängen, was bei einer einheitlichen Strukturierung der ganzen Ethik schwerlich möglich gewesen wäre. Das gesuchte wechselseitige Repräsentations- und Implikationsverhältnis war demnach, von gewissen unbewältigten Rudimenten und eingemischten Elementen abgesehen, de facto und ex eventu niemals gegeben. Das läßt auf eine kategoriale Differenz systematischer Art schließen, die auch fernerhin unaufhebbar ist.

Zu 5.) Die Inkongruenz beider Ansätze – des strebensethischen und des moralphilosophischen – und die Undurchführbarkeit des einheitsethischen Programms wird vollends offenkundig an solchen Ethikentwürfen, die die jeweilige Gegenposition nicht subsumptiv vereinnahmen und damit verfremdend neutralisieren, sondern die beide additiv zu einem mixtum compositum zu verbinden suchen. Dies führt zu einer Inkonsistenz der Theorienbildung, die sich in Widersprüchen, Ambivalenzen und Zweideutigkeiten äußert und darum für eine kritische Analyse allenthalben Angriffsflächen bietet.

So stand schon der Titel der Materialen Wertethik programmatisch für eine Synthese der (neu)kantianischen Sollensethik mit der Güterethik der aristotelisch-thomistischen Tradition. Wenn jedoch den Werten ein ideales Sollen und Verbindlichkeit vindiziert wird (dazu kritisch o. S. 25) und die Vorzugswahl durchweg die Moralprädikate des Guten und *Bösen* zugesprochen erhält, so wird damit eine ihrer Substanz nach strebensethisch angelegte Ethikkonzeption künstlich deontologisch aufgemacht. Mit Ausnahme der eigentlich sittlichen, auf einen sozialen Kontext beziehbaren Werte widerspricht eine solche Überqualifikation nicht nur der Tradition, sondern auch dem Sprachgebrauch und Selbstverständnis des Alltags. In nichtsozialen und nichtmoralischen Zusammenhängen sind allein die ethischen Wertprädikate des Guten und Schlechten und bei der Vorzugswahl die des Richtigen und Falschen am Platze. Trotz einer Tendenz zur Individualisierung hat die Wertethik offensichtlich der herrschenden Moralphilosophie die zur Güter- und Wertewelt originär gehörenden Charaktere der Präferenzsouveränität und der freien Option, der typischen oder individuellen Handlungsregel sowie des Konsiliatorischen zum Opfer gebracht. Insgesamt führt hier der Versuch, Moral und nichtmoralische Lebensführung durchgehend ineinanderzuarbeiten, zu einer Überfremdung auf beiden Seiten: Die Güter- und Strebensethik wird einer unangemessenen Kategorizität unterworfen, umgekehrt die Moralsphäre durch Individualisierung ihrer Apodiktizität beraubt und mit Aufgaben belastet, die ihr heterogen sind.

E. Tugendhats zeitgenössischer und in seiner Weise exemplarischer Versuch, eudämonistische und deontologische Positionen zu vermitteln und für die prudentielle Einbettung der Moral in den übergreifenden Kontext der Frage nach dem guten Leben zu plädieren, intendiert gleichfalls zu vielerlei und Unvereinbares. Der Vorschlag kombiniert die Fehler der Einheitstypen 3.) und 4.), indem er einerseits durch die strebensethisch-prudentielle Begründung den kategorischen Forderungscharakter der Moral aushöhlt und Moralität faktisch aufhebt, andererseits aber das Selbstverhältnis durch den unglücklichen, auf eine ineffiziente Zirkularität verweisenden (vgl. o. S. 16f.) Begriff der Pflichten gegen sich selbst überlastet und moralisch überinterpretiert. Tugendhat faßt die Selbstverpflichtung rationalistisch als Nötigung zur Begründung und Rechenschaftsablage über die eigene Lebensführung auf, die zu einer gemeinsamen Vernunft und damit zu einer Letztbegründung führe. Der strebensethische Ansatz wird also auf dem Wege der Universalisierung ins Moralische zurückgebogen. Indessen ist für die nichtmoralische Lebensführung die Rechenschaft vor sich selber – nicht etwa vor anderen – für die Zwecke der Erfolgs- und Fehlerkontrolle und der Optimierung zwar ratsam, aber weder moralisch geboten (!) noch dem Kriterium der Universalisierbarkeit zu unterstellen. Hier wird der Typenvielfalt und der Optionalität des strebensethischen Bereichs offensichtlich ein moralphilosophisches Begründungskonzept übergestülpt. Tugendhat überschätzt dabei die Versöhnungskraft einer Vernunftnatur des Menschen, die bei ihm zwischen Aristoteles, Kant und dem Utilitarismus oszilliert. Daß sie jedoch postteleologisch nicht mehr inhaltlich, sondern nur formalisiert und multivalent funktional aufzufassen ist und daß von einer umstandslosen Selbstidentifizierung des Einzelnen mit einer Allgemeinheit in Gestalt von Konsensen oder Majoritäten nicht die Rede sein kann, ist im vorigen[8] ebenso deutlich geworden wie der Widersinn einer Selbstverpflichtung und die Unmöglichkeit einer rationalen Letztbegründung.[9] Es ist darum an dem phänomenalen Befund festzuhalten, daß die kategoriale Differenz und die potentielle Konfliktsituation zwischen sozialen Minimalbedingungen des guten Lebens und dessen autonomer Realisierung sich trotz mancher Berührungspunkte und Überschneidungen nicht generell nivellieren und entschärfen lassen. Dies zwingt aber in der

8 Kap. 1 S. 61f. und S. 44, vgl. 15.

9 Kap. 1 S. 16f. und S. 55f. Zur Beurteilung Tugendhats vgl. auch meine Rezension i. d. Allg. Zeitschr. f. Philosophie 11, 1986, 32ff.

Konsequenz zum Verzicht auf einheitsethische Ambitionen und zur Anerkennung der Notwendigkeit zweier selbständiger, einander ergänzender Ethiktypen.[10]

Erweisen sich rationalistische Einheitskonzepte als inkonsistent, so ist eine genuine Ambivalenz und Zweideutigkeit das Signum einer vermeintlich unifizierenden Sympathieethik. Die Ethik der Sympathie und Solidarität erfreut sich heute einer Konjunktur, da sie die abnehmende Motivationskraft des Moralischen in der Form affektiver Motive aufzufangen scheint, die sich auf der Grenzlinie zwischen moralischer Nötigung und eigenem Streben bewegen und sich daher dazu anbieten, den Hiat zwischen Sollen und Eigenwollen zu überbrücken. Analysiert man jedoch das Verhältnis genauer, dann ergeben sich zum wenigsten vier verschiedene Konstellationen: a) Wir sollen wohlwollend sein und sind es auch schon aus eigenem Antrieb. Dann liegt der Sonderfall einer Positivierung moralischer Forderungen vor, der für die Ethik relativ geringe Ansatzmöglichkeiten bietet (vgl. o. S. 45) und so wenig wie andere Weisen, Moral zu positivieren, verallgemeinert werden kann. b) Sympathetisches Empfinden und Verhalten wird für jedermann verbindlich gefordert. In diesem Fall unterscheidet sich die Sympathieethik von der generellen Sollensethik nur durch ihre Spezifikation, kann aber die Versöhnung mit dem Eigenwollen ebensowenig – und noch weniger – leisten wie jene. c) Sympathie und Wohlwollen sind moralisch nicht gefordert, aber als verdienstliche, supererogatorische Leistungen willkommen. In diesem Fall liegt streng genommen kein moralischer, sondern ein Sachverhalt der individuellen Lebensführung vor, der in die Zuständigkeit der Strebensethik fällt. Eine solche naturwüchsige Sympathie ist natürlich überdies zu sporadisch und okkasionell gegeben und daher zu unzuverlässig und unvermeidlich auch parteilich – die Antipathie folgt ihr wie ein Schatten –, als daß sich die Regelung sozialer Verhältnisse darauf aufbauen ließe.

10 Funktionsanalytisch betrachtet ist die Moralphilosophie streng genommen nur dort gefragt und bedeutungsvoll, wo Konflikte zwischen den eigenen und den fremden Interessen auftreten, während die Strebensethik für alle Aporien in der Realisierung des Eigeninteresses zuständig ist. Ein Repräsentations- oder Substitutionsverhältnis, wie es die Einheitsethik stets voraussetzt, ist damit aber ausgeschlossen.

d) Wohlwollen wird transzendental aufgefaßt, nämlich als Ermöglichungsbedingung für das Selbstverhältnis wie für das Verhältnis zu andern und zur Welt (Spaemann). In diesem Fall haben wir es mit einer anthropologischen Aussage zu tun, die noch *vor* einer Normativen Praktischen Philosophie und Ethik und deren Differenzierung in verschiedene Ethiktypen liegt. Sie kann daher auch nicht die praktischen Konflikte harmonistisch entschärfen und die zugehörigen Entscheidungen einheitsethisch präjudizieren, ohne daß man Mehrdeutigkeiten und eine versteckte Metaphorik in Kauf nimmt, die sich beim Übergang vom Individuum zur Sozietät und vom Einen zum Anderen einstellen. Dies gilt für die Moralisierung des Selbstverhältnisses ebenso wie umgekehrt für die gleichmäßige Zuwendung allen anderen gegenüber. Für die Antinomie der Perspektiven besagt die transzendentale These als solche zu wenig; sie würde zuviel behaupten und in ihrer Tragweite überfordert, wenn man sie auf die Ebene realer Praxis selber übertragen wollte. – Zieht man Bilanz, so ergibt sich, daß auch die Sympathieethik zur Vereinheitlichung der Ethik keinen Beitrag leisten kann, da sie entweder der Sollensethik (b) oder der Strebensethik (c) zuzuschlagen ist oder den Übergang zwischen beiden exemplifiziert (a) oder gar nur als eine deskriptive anthropologische Metatheorie auftritt, die weiterer Interpretation bedürftig ist (d). Daraus folgt weiterhin das systematische Resultat, daß die Sympathieethik neben der Moralphilosophie und der Strebensethik nicht den Status eines selbständigen Ethiktyps beanspruchen kann, da sie sich ohne Verlust unter die eine oder die andere subsumieren läßt. Damit ist zugleich klar, daß die Sympathieethik keine Chance hat, umgekehrt die beiden anderen Ethiktypen in sich aufzunehmen und zu ersetzen: Die moralische Nötigung bezieht sich weder ausschließlich auf sympathetisches Verhalten noch nimmt sie auf Sympathie Rücksicht, und es gibt viele Weisen des Strebens, die nicht vom Wohlwollen für andere bestimmt sind.

Die Mehrdimensionalität der Ethik erweist sich demnach als unverzichtbar. Die beiden Perspektiven der Moral und des guten Lebens verhalten sich komplementär zueinander und können einander darum auch nicht gegenseitig aufheben und ersetzen – die Quadratur des Zirkels oder die Zirkulatur des Quadrats in ethicis! –, sie können aber auch nicht beide in einem künstlichen und widerspruchsvollen mixtum compositum harmonistisch zusammengedacht werden. Das Verhältnis von Glück und Moral ist grundsätzlich – kantisch gesprochen – ein synthetisches und kein analytisches.[11] Eine vollständige Integrative Ethik muß daher, wenn sie sich nur an die Phänomene halten will, zweigleisig operieren und Moralphilosophie und Strebensethik als zwei heterogene und autonome Zweige der Ethik in einem teils konkurrierenden, teils kooperativen Nebeneinander belassen. Die Versuche, Moral und nichtmoralische Lebensführung spekulativ auszugleichen und ineinanderzuarbeiten, führen auf dem Wege subsumptiver Fehlschlüsse – den moralistischen oder eudämonistischen – zu versteckten Monopolbildungen, die die expliziten Monopole der westlichen Ethiktradition in abgeschwächter Form reproduzieren und die entweder die eine oder die andere Seite verkürzen und in den toten Winkel geraten lassen. Die Praktische Philosophie kann sich solche inkonsistenten und zudem gefährlich unklaren Theorien nicht leisten. Sie ist vielmehr gerade gehalten, so genau wie möglich zu analysieren und die Unterschiede scharf herauszupräparieren, um die fälligen praktischen Entscheidungen vorzubereiten. Das Gegenargument, die Ethik müsse, um orientieren zu können, einheitlich sein und dürfe nicht in eine Mehrzahl von Regulationsinstanzen zerfallen, überzeugt nicht, da es auch gegen die Pluralität von Disziplinen Praktischer Philosophie zu wenden wäre, während wir uns doch als potentielle Akteure in unseren Entscheidungen dadurch gefördert finden, daß die verschiedenen Rollen, die wir als moralische Subjekte, Glieder der Gesellschaft oder des Staates oder als Rechtspersonen zu spielen haben, zunächst einmal von den zuständigen Disziplinen unterschieden und durchdacht worden sind. Wir können sie dann in unserem praktischen Verhalten besser zueinander in Beziehung setzen und koordinieren. Ein ähnliches Verhältnis liegt in der Differenz, ja dem Antagonismus der beiden Rollen vor, die wir als moralisch Geforderte und autonom Strebende zu übernehmen haben. (Dabei ist in Anschlag zu bringen, daß die Moralphilosophie der

11 Das Spezificum der Moral ist genauer nicht dies, daß Moral ohne Glücksbezug bleibt, sondern daß sie das *fremde* Glück betrifft.

Rechtsphilosophie in etlichen Punkten nähersteht als der Strebensethik.) Demgegenüber behebt die prätendierte Einheitsethik nicht etwa die Einseitigkeit der beiden Teildisziplinen, sondern verdoppelt und potenziert sie, indem sie sie verdeckt zur Geltung bringt oder zweideutig und täuschend zwischen beiden Disziplinen hin und herpendelt. Sie verhindert klare Entscheidungen eher, indem sie die Fronten und Gegensätze planmäßig verschleift und verwischt und durch solche Konfusionen den Handelnden desorientiert, anstatt ihn über die Positionen aufzuklären, *zwischen* denen entschieden werden muß. Die Einheitsethik stellt sich bei dieser Sachlage als eine Nicht- und Anti-Ethik dar.

Der Einheitsethik liegen zwei verschiedene Konzepte falscher Anthropologie zugrunde: zum einen die illusionäre, naive der monopolisierenden Selbst- und Strebensethiker, zum andern die doktrinäre, eher repressive und manipulative der monopolisierenden Moralphilosophen, die das Glück des Individuums durch moralische Stilisierung normiert, uniformiert oder nach Maßgabe eines Bildes vom *wahren* Menschen geradezu dekretiert. Eine solche Unterwanderung durch heteronome Strukturen, die der Selbstbestimmung und Präferenzsouveränität des Menschen in der postteleologischen Moderne entgegenstehen, führt dazu, daß Glück entweder nur fingiert und vorgetäuscht oder durch moralische Substrukturen ausgezehrt oder aber durch Restriktionen reduziert wird. Beide anthropologischen Konzepte setzen insgeheim voraus, daß eine Regression zur Teleologie möglich sei, womit verkannt wird, daß die Entteleologisierung der Neuzeit irreversibel und die Auseinanderfällung der Ethik in zwei Typen ihre notwendige Konsequenz ist. Alle einheitsethischen Entwürfe springen daher aus dem Kontext der Moderne heraus und siedeln sich in einem utopischen Nirgendwo an.[12]

12 Aus diesem Grunde bietet beispielsweise die Ethik des Thomismus kein brauchbares Modell mehr. Hinzu kommt, daß eine solche theologisch fundierte Ethik zur Ausgangslage einer heutigen Einheitsethik in verschiedener Weise schief liegt (vgl. oben S. 10 zur moralischen Neutralität göttlicher Gebote). – Bei neueren Gewährsmännern der Einheitsethik wie Schleiermacher und Hegel treten mehr oder weniger metaphysisch deduzierte Versöhnungspostulate an die Stelle genauerer Phänomenanalysen. Sie bringen die Ethik sogar weitgehend um ihre

Gegenüber allen reduktionistischen oder harmonistischen Formen der Konfliktverschleierung und Lösungskupierung und den darin jetzt und wohl auch künftig wirksamen wunschhaften Motiven ist auf der Anerkennung der Irreduzibilität der dualen Struktur der Ethik zu insistieren. Die Disjunktion zwischen Strebensethik und Moralphilosophie ist vollständig, da die Sympathieethik nicht als selbständiger Zweig der Ethik in Betracht kommt und weitere ernstzunehmende Kandidaten sich nicht ausmachen lassen. Die Ethik ist darum notwendig bizentrisch angelegt: Sie gleicht weder einem Kreis mit einem einzigen Mittelpunkt noch auch einem polyzentrischen Gebilde, sondern eher einer Ellipse mit zwei Brennpunkten. Gerade auf der Theorieebene kann realistischerweise nur eine Integrative Ethik in der wohldefinierten Bedeutung angestrebt werden, daß sie beide Teildisziplinen in relativer Autonomie und Eigenständigkeit erhält und eben dadurch ihre Kooperation erst möglich und sinnvoll macht. Das so verstandene Programm einer Integrativen Ethik bedeutet heute für die ethische Theorienbildung primär die Reetablierung und zeitgemäße Erneuerung des Typus der Strebens-, Selbst- und Glücksethik, aber nicht ohne und auch nicht gegen die Moralphilosophie, sondern als deren notwendiges Komplement und Pendant.

Dieses systematische Resultat ist geeignet, im Ablauf der okzidentalen Ethikgeschichte einer dritten Entwicklungsstufe den Weg zu bereiten: nach der von der Antike bis zum achtzehnten Jahrhundert reichenden Vorherrschaft der Strebensethik mit ihrer strebensethischen Umdeutung des Sollens, und nach der Hegemonie der Sollensethik vom Zeitalter der Aufklärung bis zur Schwelle der Gegenwart, dem Konzept einer pluralistischen, dual gegliederten Ethik, die anstelle schiefer Inklusions- und Suppressionsverhältnisse sowie mehr oder weniger problematischer und einseitiger Synthesen die unhintergehbare Doppelheit von sollens- und strebensethischer Betrachtungsweise als allein praktikabel zugrunde legt. Ob und inwieweit dieser letzte, dritte Schritt der Abfolge theoriendynamisch als ein echter Paradigmenwechsel oder ledig-

präskriptiven Funktionen und lassen sie daher als redundant erscheinen (vgl. S. 65 und S. 110 Nr. 1.).

lich als eine Kombination zweier bislang getrennter Paradigmen zu interpretieren sei, kann offen bleiben und dem rückschauenden Urteil der Zukunft überlassen werden. Dagegen steht zu erwarten, daß die Sache der Integrativen Ethik, je mehr und dauerhafter sie sich durchsetzt, den Titel selbst als tautologisch wird erscheinen lassen. Anstelle von Integrativer Ethik könnte dann wieder einfacher von Ethik die Rede sein, wobei die Mehrzahl der Teildisziplinen ebenso selbstverständlich mitverstanden sein würde wie heute beim Titel der Praktischen Philosophie. –

Was die *Koordination* und *Kooperation* der beiden Ethiktypen angeht, so ist zunächst davon auszugehen, daß beide einander auf der Theorieebene komplementär ergänzen, also die Leerräume des jeweils anderen Typs kompetent abdecken. Daraus ergibt sich eine wechselseitige Problemstimulierung und Schärfung des Selbstverständnisses im Blick auf die jeweilige Partialität und Ergänzungsbedürftigkeit und auf ein wechselseitiges Bedingungsverhältnis (z. B. entwickelt die Moralphilosophie Rahmenbedingungen für die Lebensführung, die Strebensethik gibt der Moral die Wertmaterie und Güterbasis an die Hand). In der Konsequenz stellt sich von beiden Seiten her die Aufgabe, das moralische Sozialverhältnis mit dem strebensethischen Selbst- und Weltverhältnis durch sorgfältig differenzierende Analysen der Entsprechungen, Prioritäten und Übergänge in eine für das konkrete Handeln praktikable Beziehung zu setzen. Die moralische Kategorie des (Un)Erlaubten bezeichnet dafür eine erste Demarkationslinie, die zum wenigsten begrifflich eine trennscharfe Abgrenzung gestattet, aber im einzelnen immer wieder konkretisiert werden muß. Es kann dabei zu einer Kasuistik und in Konfliktsfällen zu einem Diskurs zwischen den Anwälten der Lebensführung und der Moral kommen, die wie Advokaten in einem Rechtsstreit in Argumentationen Pro und Contra, in Plädoyers und Apologesen ihren Standpunkt vertreten und Geltungsansprüche vortragen. Die praktische Entscheidung liegt zunächst beim Betroffenen selbst und seinen beiden widerstreitenden Gewissensformen (dem moralischen und dem strebensethischen Gewissen), in letzter Instanz aber bei der Sozietät in ihrer konzentrischen Aufstufung nach einander übergreifenden Beurteilungshorizonten. Die Argumentationsgemeinschaft der Theoretiker der Ethik wird darauf um so leichter Einfluß nehmen können, je mehr sie in sich zu einem Konsens gelangt. Wo Konsense oder Majoritäten nicht erreicht werden, gibt es auf der Theorieebene zwischen Moralphilosophen und Strebensethikern keine übergeordnete neutrale Schiedsinstanz mehr. Indessen ist daran zu erinnern, daß ein Plädoyer für Freiräume der Lebensführung zuletzt immer nur mit moralischen Mitteln zu führen ist, da Moral streng genommen nur durch Moral gebrochen werden kann. Umstrittene Zuständigkeiten der Strebensethik müssen der Moralphilosophie durch deren Selbsteinschränkung abgetrotzt werden, etwa durch die moralische Aufforderung zur Anerkennung der eigenen Unzuständigkeit oder durch den Appell an das moralische Toleranzprinzip. Insofern kann die Selbsteinschränkung der Moral allerdings moralextern initiiert und mitmotiviert sein.[13] Die Asymmetrie ist darin begründet, daß das Moment der Selbsteinschränkung von Hause aus in die Moral eingelassen ist (oder doch sein sollte), nicht aber auch umgekehrt in die nichtmoralische Lebensführung. Soweit sich der Strebende und Agierende einschränkt, ist das moralisch gesehen kontingent; er kann prinzipiell in seinen Ansprüchen auch maß-los sein. Die Schlußfolgerung, die Thematisierung einer Strebensethik und überhaupt das Konzept einer dual angelegten Integrativen Ethik seien moralisch bedenklich, ja gefährlich, wäre jedoch aus mehreren Gründen unüberlegt: Verkannt wäre damit die komplementäre Rollenverteilung innerhalb der Integrativen Ethik, bei der einer Übermoralisierung oder Vergleichgültigung der Lebensführung durch die Strebensethik und umgekehrt einem möglichen Mißbrauch der Strebensethik durch die Moralphilosophie vorgebeugt wird, und

13 Wie die Moralphilosophie besitzt auch die Strebensethik eine geschichtsphilosophische Dimension, bezogen auf die fortschreitende Emanzipation des Individuums von überrestriktiven Formen der Moral, von einer unglaubwürdigen Metaphysik, von der Übermacht des Kollektivs und von obrigkeitsstaatlichen Ansprüchen. Dies führt zum Projekt eines langfristigen Liberalisierungsprozesses, der die Erweiterung der Freiräume und Zuständigkeiten der Strebensethik selber einschließt. Der Auffassung ist schwer zu widersprechen, daß ein aufgeklärter progressiver Individualismus die fortschrittlichste Position Praktischer Philosophie sei, die es heute gibt und in absehbarer Zukunft geben kann.

zwar ganz ebensogut wie durch irgendeine monopolisierte Moralphilosophie. Innerhalb der Integrativen Ethik ist die Funktion der Moralphilosophie ja gerade durch die Begrenzung der Ansprüche der Strebensethik definiert. Ein möglicher Mißbrauch ist im übrigen weder bei den Wissenschaften – man denke an die Medizin – noch gar bei der Moral selber auszuschließen, die bei isolierten Klein- oder Großgruppen durchaus ins Totalitäre, ja Terroristische und Kriminelle ausarten kann, ohne daß man deshalb Wissenschaft oder Moral insgesamt würde abschaffen wollen. Auch höbe ein Moralpurismus mit der Basis unseres Lebenkönnens sich selbst auf. Eine Instanz, die unser Lebenkönnen fördert und ermöglicht, kann also nicht von vornherein antimoralisch sein, denn sie bedingt die Möglichkeit von Moral in verschiedener Weise mit.

Der praktische Vorrang der Moral vor der nichtmoralischen Lebensführung trifft nur generell und als Faustregel zu, insbesondere dort, wo es um anerkannte Verbrechen oder – neuerdings zunehmend – um Verletzungen der Humanität oder der Verantwortung für aktuelle Probleme der menschlichen Gattung geht. Dagegen können Fragen der Existenzerhaltung (z. B. Mundraub) vor moralischen Ordnungsregeln oder gar der Etikette rangieren, nicht jedoch vor zentralen moralischen Forderungen wie dem Schutz fremden Lebens. Grundsätzlich können Notlagen Moral brechen (›Not kennt kein Gebot‹), allerdings nicht unbegrenzt und nicht auf Kosten derer, die sich in einer gleichartigen Notlage befinden; ein Grenzfall liegt in Akten der Notwehr vor. Ebenso können Sympathieverhältnisse geringere moralische Obliegenheiten ausstechen, dem Wunsch und Einverständnis des Betroffenen entsprechend auch noch größere, sofern es sich dabei nicht bereits explizit um moralinterne Konflikte zwischen der Forderung der Hilfeleistung und der Erhaltungspflicht handelt (z. B. bei der Sterbehilfe oder der Beihilfe zum Suizid). Endlich können gegebenenfalls Lebensbilanzfragen, insbesondere in Verbindung mit einer akuten Suizidgefährdung, moralische Pflichten geringeren Ranges suspendieren, wobei die Einmaligkeit und Begrenztheit von Lebenschancen und die Unzumutbarkeit von Lebensrisiken zu berücksichtigen sind. Eine moralisch bedenklichere Generalisierung dieser Einschätzung liegt vor, wenn Schlechtweggekommene leichter als Erfolgreiche dazu neigen, die Grenzen der Moral zu überschreiten, um sich durch einen selbsterwirkten Ausgleich gegenüber dem Schicksal schadlos zu halten (Einstellung des corriger la fortune). Derartige Fragen, wie sie hier exempli gratia angeführt sind, gehören in die Spezielle Ethik und zwar in denjenigen Teil, der die Korrelationsmodi zwischen den beiden Ethiktypen behandelt. Hier kam es darauf an zu zeigen, daß der Vorrang der Moral auch unter pragmatischen Gesichtspunkten nicht absolut ist. (Für eine nichtpragmatische, intrinsische Rangierung vgl. Kap. IV.) Nicht die Kategorie des (Un)Erlaubten, wohl aber ihre Anwendungen erweisen sich im Einzelfall als vom Kontext her relativierbar oder, genauer formuliert, als mehrstufig.

Noch komplexer sind die Grauzonen der Übergänge und doppelten Zuständigkeiten, wo eindeutige Kriterien dafür fehlen, welcher Ethiktypus primär oder gar mit Vorrang als Regulationsinstanz gefragt ist. In solchen Fällen sind die beiden Ethiktypen in der Tat nur idealtypisch und auf der Theorieebene wohl unterscheidbar. Die Funktion einer Integrativen Ethik bestimmt sich hier in der Markierung solcher Grauzonen und in der Aufmerksamkeit auf Zeitpunkt und Art ihrer Vereindeutigung.

III Grundlegung einer posttelelogischen Strebensethik (Güter-, Glücks-, Klugheits-, Selbstethik)

Ein Strebendes, das gehemmt oder über sich im unklaren ist und das sich zu orientieren sucht und sich orientieren läßt.

Eine zeitgemäße Erneuerung der Strebensethik kann keine Wiederholung der älteren Ethik in ihrer voraufklärerischen Form bedeuten, die das Sollen absorbiert oder philosophisch noch gar nicht aus sich entlassen hat. Demgegenüber kann die Strebensethik heute nur eine Teilposition der Ethik repräsentieren, die sich wesentlich und per definitionem von der Moralphilosophie abgrenzt. Wichtiger ist die weitergehende Überlegung, daß die ältere Ethik auch inhaltlich nicht wiederholbar ist, weil sie in den Sturz der älteren Ontologie und Teleologie hineingezogen worden ist. Eine Strebensethik muß heute postteleologisch angelegt sein und schließt eine Reprise der kanonischen Ethik mit ihren einhelligen und übergeschichtlichen Naturzwecken und Wesenszielen aus. Wir können daher nicht einfach zu Platon, Aristoteles, Thomas, Epikur oder den Stoikern und ihren modernen Nachfolgern zurückkehren. Die Praktische Philosophie muß vielmehr die Konsequenzen ziehen, die sich aus der zunehmenden Entplatonisierung und Historisierung der neuzeitlichen Ersten Philosophie und Ontologie ergeben. Da sich dadurch die Voraussetzungen für eine moderne oder gar postmoderne Praktische Philosophie und Ethik radikal verändert haben, bedarf es geradezu eines *dritten Ethiktyps* nach der älteren, teleologischen und kanonischen Strebensethik und der modernen Sollensethik. Damit ist die Schwierigkeit, aber auch die Chance der philosophischen Aufgabe bezeichnet. Bereits die moderne Sollensethik läßt sich als Versuch interpretieren, die ältere Teleologie durch schrittweise Formalisierung abzustreifen: durch den Rückgang zu generellen Regeln wie dem Egalitätsprinzip bei Kant, dann durch die Ausscheidung aller speziellen Normen in der Diskursethik, schließlich durch historische Selbstrelativierung bei Habermas oder gar durch eine Situationsethik bei den Existenzphilosophen und ihren Nachfolgern. Die Strebensethik wird sich unter den Bedingungen der (Post)Moderne in entsprechender und spezifischer Weise reetablieren müssen und können – darin besteht zwischen den beiden Teildisziplinen der Ethik wiederum Symmetrie –, doch wird die Anpassung, die bei der Moralphilosophie etappenweise vor sich ging, bei der Strebensethik voraussichtlich rascher vonstatten gehen.

Die Grundtendenz der Moderne, die eine mögliche Postmoderne nur radikalisieren kann, zeigt den wachsenden Einbruch der Differenz, Andersheit, Nichtidentität, Negativität, Einzelheit und Pluralität in die traditionellen metaphysischen Einheits- und Identitätsstrukturen, die Aufwertung von Werden, Bewegung, Zeit und Geschichte gegenüber dem äternisierten Sein qua Präsenz und Persistenz sowie die Ablösung des Substanzbegriffs durch diejenigen der Relation und Funktion und demgemäß gnoseologisch gesehen des absoluten Standorts durch die Relativität und Perspektivität einer Vielheit von Standorten.[1] Für die Praktische Philosophie und Ethik folgt daraus die Sprengung des *Autarkie- und Eudämoniebegriffs* der älteren Ethik und seine dynamisch-geschichtliche Modifikation.

Der ursprünglich auf bestimmte Wesensziele fixierte Autarkiegedanke stellt sich jetzt als bloßer Spezial- und Grenzfall einer allgemeineren Ethik virtuell unbegrenzter Selbststeigerung dar – ein Inklusionsverhältnis, in dem die Autarkie des näheren nur ein unselbständiges, relatives Moment oder eine Phase eines zeitlich und graduell infiniten Strebensprozesses ausmacht. Autarkie und Maß können, ihrer ontologischen Fundierung und teleologischen Dignität beraubt, nur noch funktionelle Bedeutung haben. Die Vorstellung vom eudämonischen Lebensziel als einem starren, inflexiblen Optimum und Perfektissimum wird durch einen prinzipiellen Infinitismus ersetzt, der für unabsehbare Möglichkeiten Raum bietet. Der Niedergang der älteren Strebensethik in der

1 Vgl. dazu vom Verf., Das neue Platonbild (in Vorbereitung), sowie vorläufig ›La nuova immagine di Platone‹, Neapel 1986, Kap. IV.

Neuzeit beruhte teilweise auf der monolithischen Geschlossenheit ihrer Zielvorstellung, die kaum Zwischenlösungen zuließ und daher wenig operabel war. Diese muß daher in einer postteleologischen Epoche reformuliert, aufgebrochen, funktionalisiert und differenziert werden, und zwar graduell, sektoriell, temporär und hermeneutisch. Eine moderne Strebensethik muß insbesondere die Dimension der Lebenszeit und -geschichte in ihre Kategorienlehre aufnehmen.

Lebensziele müssen postteleologisch vom Handlungssubjekt selber gesetzt werden, und zwar immer wieder neu und wiederholt. Es besteht geradezu ein *Finalisierungs*zwang, da ohne vorgängige Zielsetzung kein Sichverhalten oder gar Handeln möglich ist. Die Norm-, Zweck- und Zielprobleme der Lebensführung wie der Moral verlagern sich in der Neuzeit vom Erkennen auf das Wollen, das individuelle oder gemeinsame, das eigene oder fremde, von denen das letztere uns gegebenenfalls als Sollen gegenübertritt. Der philosophischen Ethik geht es in beiden Fällen um die Eruierung des jeweils eigentlichen Wollens und Sollens, was heute zusätzlich erschwert wird durch die Einbeziehung des Unbewußten und der damit verbundenen inneren Hemmung. Der naive Vernunft- und Freiheitsbegriff der älteren Ethik erscheint dadurch noch einmal kritisch hinterfragt und problematisierend relativiert. Der Gestaltung des Selbstverhältnisses, aber auch der ethischen Beratung fallen dadurch neue Aufgaben und Chancen zu. Die Strebensethik muß darum im Blick auf die Dimension des Unbewußten neu definiert werden, etwa in der Art, wie Meditation und Einübung gezielt zur Überwindung innerer Widerstände eingesetzt werden, und sie muß sich darin von der Psychotherapie abgrenzen. Zur Aufgabe der Strebensethik, das eigentliche Wollen und damit die wirklichen oder bevorzugten Ziele finden zu helfen, tritt die weitere, unter einer Vielzahl möglicher Mittel und Wege diejenigen anzuraten, die uns diese Ziele am besten erreichen und realisieren lassen.

Gemessen an der älteren Ethik bieten sich die Freiheitsspielräume des Einzelnen trotz geschichtlicher Situierung ungeheuer gesteigert dar, bis hin zur Substitution des Eudämoniebegriffs durch den *Freiheitsbegriff* einerseits und zur Ambivalenz und Problematisierung von Freiheit andererseits, insofern der Einzelne der Vielzahl der Wahlmöglichkeiten konstitutionell nicht mehr gewachsen ist. Der Entscheidungsdruck, unter den sich der Einzelne in der modernen Welt gestellt findet, demonstriert dies ebenso wie der Umschlag in kurzschließenden Dezisionismus. Dieser strebensethische Freiheitsbegriff der Moderne ist kein gebundener mehr im Sinne der Entscheidung für oder gegen ein bestimmtes vorgegebenes Selbstsein wie in der älteren Ethik oder im kategorischen Sollen der Moral. Es handelt sich vielmehr um eine tendenziell absolute Freiheit, die als »Willkürfreiheit« (Kant) dem virtuellen Infinitismus des Strebens zugeordnet ist. Die Seins- und Zweckordnung ist hier in formale Möglichkeitshorizonte der Freiheit zurückgenommen und von da her instabil und variabel gemacht. Der Strebensethik fällt darum einmal die Aufgabe zu, Freiheitsspielräume zu erschließen, zu erproben und auszumessen, und zum andern, sie auszufüllen und zu bewältigen helfen.

Mit der neuzeitlichen Destruktion einer objektiven Teleologie ansichseiender Naturzwecke fällt auch die Annahme einer einzigen und einheitlichen *Güter- und Wertordnung* nebst der zugehörigen Hierarchie von Lebenszielen. Der Freiheit des Menschen korrespondiert vielmehr eine Mannigfaltigkeit möglicher Lebensziele, Güterhierarchien und Wertordnungen. Die einsträngige, exklusiv-dominante Hierarchisierung der älteren Ethik ist daher durch eine offene Typologie von möglichen Ordnungen zu ersetzen und die Einhelligkeit der Lebenskunstlehre, je konkreter sie wird, desto mehr in eine Pluralität von Lebenskunstformen und -lehren zu spezifizieren. Zur Pluralität und Variabilität treten hinzu die Austauschbarkeit und verschiedenartige Kombinierbarkeit der Hierarchien und Vorzugsordnungen. Die Strebensethik muß sich daher der Herausarbeitung der wichtigeren Präferenz- und Ordnungstypen widmen, die jeweils verschiedene inhaltliche Schwerpunkte bieten, ferner den Haupttypen des Schwerpunktwechsels und der Übergänge innerhalb eines einzigen Lebensganges und schließlich sogar typischen Konstellationen der Parität und Simultaneität *mehrerer* Lebensziele innerhalb eines Lebens, mit einer Mehrgipfligkeit des Zielgefüges ohne erkennbare Prioritäten, aber mit Regeln zyklischer Variation und Wiederholung. Zur Vertauschbarkeit der Ziele tritt hinzu die weitergehende Umkehrbarkeit der Relation zwischen Zielen und Mitteln. Ziele und Mittel können dies ferner jeweils in verschiedener Hinsicht sein, was zu einer Funktionalisierung des jeweiligen Aufbaus hinführt. Darüber hinaus können die Handlungssysteme, die die Ziele ermöglichen sollen, komplexer werden: An die Stelle unilinearer Bedingungsreihen treten verzweigte Strategeme, die eine Mehrzahl von Alternativen umfassen. Es kommt dann zur Ausbildung von weitgefächerten Vorzugsordnungen auch im Bereich der Mittel und Wege, ihrer Planung und Realisierung in variablen Handlungssequenzen, sowie von Fehler- und Lösungsbäumen sowohl für das individuelle Handeln wie auf der Ebene längerfristiger Gemeinschaftsprojekte. Dabei gibt es neben abgeschlossenen Handlungssequenzen auch verschiedene Formen eines offenen, experimentierenden Handlungstyps, und es gibt sich verselbständigende Handlungssequenzen im Sinne einer Heterogonie der Zwecke. – Diese Mannigfaltigkeit, Komplexheit und Wandelbarkeit von Praxis zieht eine Erweiterung des Planungshorizonts und Freiheitsgrades der *Praktischen Intelligenz* nach sich, mit einer gesteigerten Finalisierungs- und Wahlkompetenz bezüglich der Lebensziele und -wege, aber auch einer erweiterten Ordnungskompetenz hinsichtlich der Sukzession und Kooperation von Zielordnungen und Handlungssystemen und ihrer Bedingungsreihen. – Für die praxisleitende *Theorie* in Gestalt der Strebensethik bedeutet dies eine zunehmende *Formalisierung* und *Funktionalisierung* der Betrachtungsweise, denn es müssen jetzt allenthalben Pluralitäten von Typen auf gemeinsame Elemente hin kategorial analysiert werden, um nach Bedarf umstrukturiert und neu kombiniert werden zu können. Die ethische Theorie muß von sehr generellen Grundbegriffen und einer überschaubaren Zahl von Mustern und Modellen ausgehen, um die Praxis regulierend in den Griff zu bekommen. Sie muß dafür relativ hoch generalisieren, höher als die ältere Ethik es für nötig und möglich hielt. Im übrigen versteht es sich, daß die Orientierungsleistung der Ethik unter solchen quasi-anarchischen Bedingungen, die die Praktische Intelligenz des einzelnen Akteurs oft überfordern, viel mehr gefragt und dringlicher geworden ist. Ratschläge betreffend Vorzugskriterien, Alternativvorschläge, Parallelfälle und Lösungsmodelle haben postteleologisch einen höheren Stellenwert für die Praxis als in der vorfixierten Propädeutik oder explizierenden

Nachkonstruktion der älteren Ethik. Die Aufgabe der Strebensethik ist daher mit der Entteleologisierung nicht hinfällig geworden, sondern im Gegenteil rapide angewachsen und multipliziert worden.

Mit der Variabilität und Veränderlichkeit der Ziel- und Handlungssysteme verbindet sich eine Aufwertung und zugleich eine Problematisierung der *Lebenserfahrung*: Die Kontingenz und Vielschichtigkeit der praktischen Systeme gibt dem innovatorischen Moment der Erfahrung weiten Raum, die Akzeleration des Geschichtsprozesses entwertet ihre bleibende Gültigkeit wieder. Die Lösung liegt darin, daß epochale Erfahrungen heute schneller weitergegeben werden müssen, d. h. rechtzeitig, noch ehe sie veralten. Die strebensethische Theorie muß auch darin mit relativen Einheiten und principia media operieren. Wie das Typische zwischen dem Generellen und dem Singulären, so gilt es auch das relativ Konstante zwischen dem vermeintlich Überzeitlichen und dem Ephemeren und Punktuellen aufzusuchen. –

Das *Gute* der Strebensethik verweist wie das der Moralphilosophie auf eine zweistellige Relation – gut ist etwas immer für jemand, also nicht an sich –, aber in der Strebensethik ist das Gute gut für den Akteur selbst und synonym mit dem Gewollten und Erstrebten, in der Sollensethik dagegen ist gut das jeweils für die Andern Gute und daher synonym mit dem Gesollten.[2] Das strebensethisch Gute ist ein affirmatives, nichtrestriktives Gutes, das nicht wie das moralisch Gute durch die Negation originären Eigenstrebens und die Selbstüberwindung zugunsten anderer hindurchgegangen ist (»das Gute, dieser Satz steht fest, ist stets das Böse, das man läßt«). Das Strebens-Gute ist in zweifachem Sinne affirmativ: Es geht primär jeder Restriktion – gegebenenfalls als deren Bedingung und Grundlage – vorher, und es kann durch doppelte Negation affirmativ werden, wenn es nämlich als Zugelassenes oder Toleriertes der moralischen Restriktion und Limitie-

2 Im Deutschen entspricht dem der Unterschied zwischen dem *Gut* – Plural: die Güter, Gegensatz: das Schlechte oder das Übel – und dem *Guten*, das eigentlich gar keinen Plural zuläßt, aber durch adjektivischen Gebrauch wie in der Wendung ›ein guter Mensch‹ im Sinne von ›ein gütiger, gutwilliger, anständiger Mensch‹ und durch den Gegensatz des Bösen erläutert wird.

rung entzogen oder abgerungen wird. Im übrigen ist der Einwand G. E. Moores und anderer, die Herleitung des Guten von einem Streben oder Wollen unterliege einem Schluß-, Definitions- oder Kategorienfehler, bereits zurückgewiesen worden.[3] Richtig ist, daß nicht jedes Erstrebte gut ist, aber das wirklich Gute ist immer ein Erstrebtes. Der Sachverhalt klärt sich durch die Einsicht in die hierarchische Stufenordnung des Strebens und Wollens auf, in der das partikuläre, periphere und vorläufige Streben durch das jeweils übergeordnete korrigiert wird, ohne daß es möglich und nötig würde, aus der immanenten Organisation der Strebensordnung selbst herauszutreten. Die Unterscheidung von eigentlichen und uneigentlichen Interessen, von objektiven und nur subjektiven Bedürfnissen und Ratschläge wie ›Bevorzuge richtig!‹ (Brentano) oder ›Tue möglichst viel als Selbstzweck!‹ (Grant) weisen in diese Richtung.

Die Strebensethik ist in der Neuzeit überwiegend als eudämonistische oder Glücks-Ethik aufgefaßt worden. Glück war dabei in der Regel hedonistisch als Wohlgefühl oder spezieller als Hochstimmung und emphatisches Spitzenerlebnis verstanden, doch spielten daneben andere Bedeutungsfelder wie das des günstigen Geschicks (bona fortuna, Eutychie, mit einer entsprechenden Glücksbereitschaft) oder – neuerdings wieder zunehmend – das objektivierende des guten, erfüllten, gelingenden Lebens (bene vivere, eu zän) oder der Lebensqualität eine konkurrierende Rolle.

Das Glücksthema und damit die Frage des strebensethisch Guten ist nach der Ära der Aufklärung lange an den Rand der systematischen Diskussion gedrängt gewesen. Über die historische Vergegenwärtigung hinaus bedarf es daher heute vorzugsweise einer systematischen Einholung. An ihrem Anfang steht die metatheoretische Aufgabe, die verwirrende Mehrdeutigkeit der Zielvorstellungen aufzulösen und auf dem Wege einer detaillierten Klärung der Grundbegriffe eine Aufstrukturierung des gesamten Phänomenbereichs vorzubereiten.

Die systematische Diskussion kann sich infolgedessen nicht in der Analyse der Bedingungen und Wege erschöpfen, etwa in Strate-

3 Vgl. oben S. 23f.

gien kommunikativer Einigung über Lebensziele, während solche Lebensziele selber praktischen Entscheidungen anheimgegeben, aber nicht zum Gegenstand theoretischen Diskurses gemacht werden. Tatsächlich sind die generellen Strukturen von Lebenszielen nicht weniger theoriefähig als die generellen Strukturen von Kommunikation. Es ist daher methodisch nicht gerechtfertigt, ziellos auf Wegen zu beharren und die Sachfragen auszuklammern.

Auf der anderen Seite genügt es nicht, Glück mit der Tradition der Neuzeit bloß als Gefühlszustand zu begreifen und damit die Zielfrage der Kompetenz einer Einzelwissenschaft, nämlich der Psychologie zu überlassen. Dadurch wäre nicht nur einer Unterbestimmung des Phänomenkreises Vorschub geleistet – wie noch mehr bei einer Reduktion von ›Glück‹ auf das Glückhaben –, sondern auch die Hedonismuskritik des neuzeitlichen Intentionsobjektivismus außer acht gelassen, die mittlerweile sogar bei der Psychologie Gehör gefunden hat. Der Intentionsobjektivismus wendet sich zwar gegen jede Art von Reflexionsverhalten in der Verfolgung praktischer Ziele und läuft darum auf einen generellen Güter- oder Wertobjektivismus im Verein mit einer Dereflexion und einer Entsubjektivierung der Zielsphäre hinaus, doch empfiehlt es sich, das Problem zunächst am Hedonismus als der exponiertesten Position exemplarisch durchzuspielen und dafür eine differenzierte Lösung zu erarbeiten.[4]

Der philosophisch-ethische *Hedonismus* setzt positive Gefühlsqualitäten (Wohlgefühle, Formen der Begleit- oder Reflexionslust) als das einzige oder doch das höchste Gut und demgemäß als das eigentliche Strebens- und Handlungsziel an, und entsprechend negative Gefühle als einzige oder größte Übel und daher Antiziele. Der ethische Hedonismus unterscheidet sich vom deskriptiven psychologischen durch seinen präskriptiven Charakter, dem zufolge er Gefühlsqualitäten als Letztziele empfiehlt und ferner spezielle Verhaltensweisen als Mittel zur Erreichung dieser Ziele anrät. Der Intentionsobjektivismus, vertreten durch die englische Moralphilosophie des achtzehnten und die Wertethik des zwan-

4 Zum folgenden vgl. insbesondere vom Verf., Zum Problem einer hedonistischen Ethik, Allg. Zeitschr. f. Philosophie 9, 1984, 11-30.

zigsten Jahrhunderts, argumentiert dagegen kritisch, daß normalerweise nur gegenständliche Güter erstrebt werden, nicht aber die durch sie veranlaßten (Wohl)Gefühle. Während Objekte – oder der Sachverhalt ihrer Aneignung bzw. ihres Besitzes – stets unmittelbar intendiert werden können, ist dies bei den (Wohl)Gefühlen allenfalls indirekt in der intentio obliqua möglich, d. h. in einem zusätzlichen Akt der Reflexion, der an frühere Erfahrungen einer Äquivalenz-Relation zwischen objektiven Gütern (oder Werten) und der zugehörigen Gefühlsqualität anknüpft. Dies reflektierende Erinnern an vergangene Gefühlserlebnisse kann aber in der Regel nur in abstracto erfolgen und daher auch nur schwach motivierend wirken. Eine hedonistische Ethik, die die Zielbestimmung des Handelns wesentlich in Gefühlsqualitäten setzt, läßt sich darauf nicht aufbauen. Im Normalfall steht es sogar so, daß die Gefühlsqualität sich erst im Vollzug oder gar erst im Resultat der Inbesitznahme objektiver Güter als Begleit- oder Epiphänomen – nach einer Formulierung M. Schelers: »auf dem Rücken des Aktes« – einstellt. Die Reflexion auf solche bevorstehenden Begleit- oder Folgegefühle erscheint demgegenüber als ein Ausnahmefall, der – gemessen an der natürlichen, gegenstandsbezogenen Spontaneität des Intendierens und Handelns – eine Überdetermination mit sich führt und daher gewissermaßen unnatürlich wirkt. Dem entspricht die Erfahrung, daß ein derartiges Voraus-Reflektieren die Aneignung von Gütern (oder Werten), ja sogar das sich in ihrem Gefolge spontan einstellende Glücksgefühl selbst stören und hemmen kann: Es ist dies das von H. Sidgwick und N. Hartmann formulierte Grundparadox des Hedonismus, daß das Wohlgefühl umso schwächer ausfällt, je angelegentlicher es beabsichtigt war. Die Paradoxie erklärt sich dadurch, daß die Reflexion die notwendige Hingabe an den erstrebten *Gegenstand*, also die Selbstvergessenheit der intentio recta, irritiert, ablenkt und durchkreuzt und in der Konsequenz auch zu einer Minderung des Begleit- und Folgegefühls selbst führt. Da demnach »Glück«, Wohlgefühl, Lust dem Intendierenden und Handelnden nur umwegig, mittelbar und akzidentiellerweise zufallen können, sind sie konstitutionell ungeeignet, die Funktion von Teil- oder gar Letztzielen des Handelns zu übernehmen. Dies bedeutet aber, daß der Hedonismus mit dem Anspruch, auf der Basis von Gefühlsqualitäten eine selbständige Zielformation und einen eigenen Ethiktyp zu entwickeln, von irrtümlichen Voraussetzungen ausgeht und in sich widersinnig ist.[5]

Eine Rehabilitierung hedonistischer Ethik ist jedoch möglich im Ausgang von einem *präsentischen* Hedonismus, der weder bei erst erstrebten Gefühlszuständen noch bei den Begleitgefühlen des Erstrebens ansetzt (wie der Neohedonismus), sondern bei den aktuellen Lust- oder Unlustzuständen selber. Geht es ihm im ersten Fall um die Erhaltung gegenwärtiger Wohlgefühle, so im zweiten um die Beseitigung oder Minderung gegenwärtiger Unlustgefühle. Gegenüber einem solchen präsentischen Hedonismus greift die Kritik des Intentionsobjektivismus nicht, da hier nicht ein künftiges Ziel antizipierend imaginiert, sondern lediglich ein bereits vorhandenes Gefühl zu erhalten gesucht oder weggewünscht wird. Auf dem Boden des präsentischen Hedonismus wiederum hat ein *negativer*, auf Schmerzfreiheit ausgerichteter Hedonismus vor dem positiven den methodischen Vorsprung, daß seine Zielbestimmung besser eingrenzbar und in höherem Grade operabel ist: Es ist in der Regel leichter, einen Schmerz ursächlich dingfest zu machen und auszuschalten als ein Wohlgefühl oder eine Hochstimmung zuverlässig und andauernd zu erhalten.

Über diese Asymmetrie hinaus besitzt der negative Hedonismus die Tendenz, den präsentischen Hedonismus auf eine nicht mehr gegenwartsbezogene Zukunft hin zu überschreiten und damit den Intentionsobjektivismus noch weiter einzuschränken. Zunächst treiben prinzipielle Versagungs- und Vermissungserlebnisse sowie die Erfahrung von Mangel-, Entzugs-, Hemmungs- oder Frustrationszuständen, die das Selbstverständnis und den Lebensplan im ganzen betreffen, in die Reflexion auf das fehlende »Glück« insgesamt und als solches. Hier ist bereits eine Basis erreicht, auf

5 Um dieser Kritik zu entgehen, ist der Neohedonismus (Sigwart, Schlick u. a.) in einen psychologischen Hedonismus der lustbestimmten Handlungsmotivierung – anstelle des Handlungsziels – zurückgefallen, wobei die Zielebene und damit die Dimension des Ethischen dem Objektivismus überlassen wird. Was am Neohedonismus ethisch ist, ist nicht eigentlich hedonistisch, und was daran hedonistisch ist, ist nicht wirklich ethisch.

der eine negativ-hedonistische Ethik Schmerzfreiheit als ein *Letztziel* formulieren kann. Sodann mag sich die wiederholte Erfahrung solcher Krisensituationen in Akten der *Prävention* und *Prophylaxe* niederschlagen: Weitere Wiederholungen sollen durch vorbeugende Maßnahmen vermieden werden, für die eine negativhedonistische Ethik Warnungen und Empfehlungen bereitstellt. Obwohl die dabei verwandten Mittel gegenständlichen Charakter tragen und daher zum Objektivismus der Intention hinüberzulenken scheinen, bleibt die eigentliche Intention doch auf einen – wenngleich abstrakten und nicht in voller Konkretion präsenten – Zustand der Schmerzfreiheit gerichtet. Der Zielhorizont ist darum hier, trotz des weitergespannten Zukunftsbezugs, immer noch überwiegend (negativ-)hedonisch und nicht schon gegenständlich besetzt. Endlich können sich prinzipielle Leiderfahrungen in *kompensatorischen* Akten äußern, die auch abstrakte Wohlgefühle in die Intention einbeziehen. Sie können ausnahmsweise intendiert werden und damit den vorherrschenden Intentionsobjektivismus durchbrechen, weil sie in der Retrospektion oder Antizipation als Gegengewichte zu widerfahrenen oder bevorstehenden prinzipiellen Leiden bewußt gesucht und reflektierend in den Blick genommen werden, um die Lebensbilanz positiv zu halten. Es handelt sich also um Ansätze zu einem abgeleiteten positiven Hedonismus im Rahmen und im Dienst eines primären negativen. Er findet Anhalt an der notorischen strukturellen Äquivalenz-Relation zwischen Glücksgütern (beatitudo objectiva) und Glücksgefühlen (beatitudo formalis): Der Zuwachs und Genuß von Gütern wird erfahrungsgemäß – epiphänomenal und fast proportional – von Wohlgefühlen begleitet. Ausgleichsbestrebungen auf Grund schon vorliegender oder mutmaßlich noch bevorstehender Leiderfahrungen halten nun dazu an, in der intentio obliqua bewußt auf diese abstrakten Wohlgefühle zu reflektieren und sich nicht nur gegenständlich von der intentio recta leiten zu lassen. Die Intentionsschwäche des positiven Hedonismus wird hier von der Intensität der Leiderfahrung her – vornehmlich der prinzipiellen, seltener der partiellen – überwunden und die Intentionsrichtung gleichsam von der intentio recta auf die intentio obliqua umgebogen. Damit scheint sich eine äußerste Möglichkeit des Hedonismus abzuzeichnen, wo der wesentlich negative Hedonismus doch noch ins Positive umschlägt: In diesem vermittelten, nur bedingungsweise eintretenden positiven Hedonismus transzendiert der konstitutionell negative sich selbst.

Es ist jedoch nicht erlaubt, den so verstandenen negativen Hedonismus maximalistisch zu interpretieren, derart, daß theoretisch jedes unerfüllte Bedürfnis, ja jeder Wunsch als Schmerzempfindung ausgelegt werden kann und Schmerzfreiheit demgemäß nur durch uneingeschränkte Bedürfnis- und Wunschbefriedigung zu gewährleisten wäre. In eine so weit gefaßte Definition ließe sich der positive Hedonismus unschwer integrieren, würde aber den methodischen Vorsprung des negativen zunichte machen und erneut der Kritik des Intentionsobjektivismus verfallen, abgesehen von der Undurchführbarkeit und den Belastungen des dann unumgänglichen hedonischen Kalkulationssystems. Festzuhalten ist daher an einem minimalistischen, basalen negativen Hedonismus, der ein »hedonisches Minimum« elementarer Schmerz- und Bedürfnisfreiheit zu verfolgen anhält und dafür geeignete Ratschläge, Mittel und Maßnahmen situationsbezogener oder präventiver Art zur Verfügung stellt. Schmerzfreiheit hat in diesem Bereich den Rang eines Selbstzwecks und daher eines Letztziels, braucht also nicht auf andere Ziele wie Rationalität oder Vernünftigkeit hin instrumentalisiert zu werden, die sich vielmehr ihrerseits zur Schmerzfreiheit instrumentell verhalten können. Diesen Primat bezieht und begründet die Ethik der Gefühlslagen aus der Erfahrung, daß wir uns beispielsweise in extremen Leidenssituationen der Evidenz des Gefühls beugen und unser Selbst weitgehend damit identifizieren.[6] Von der Äquivalenzbeziehung zwischen beatitudo objectiva und beatitudo formalis her gesehen bedeutet dies, daß wir im durch Schmerz gehemmten Selbstvollzug die subjektive Seite der Relation akzentuieren und die objektive gleichsam darin aufgehen und verschwinden lassen. Der elementaren Gefühlslage kommt hier eine Unmittelbarkeit der Evidenz zu, die für die gegenständlichen Korrelate keine vergleichbare Aufmerksamkeit und Eindringlichkeit der Motivation mehr

6 Es ließe sich an Hand historischer Beispiele nachweisen, daß jenseits individualethischer Zielsetzungen auch sozialethische und politische Normen in vielen Fällen aus der Evidenz geschichtlicher Leidenserfahrungen ihre Anerkennung und fortdauernde Geltung geschöpft haben.

übrig läßt. Ein derart begründeter basaler negativer Hedonismus zerfällt in präsentische, auf die Beseitigung aktueller Schmerz- und Leidenszustände bezogene, und in der Vorbeugung künftiger Schmerzempfindungen gewidmete ethische Verhaltensweisen. Im ersten Falle trägt die Zielvorstellung konkrete, vom gegenwärtigen Schmerzerlebnis geprägte Züge, im zweiten Fall wird sie zunehmend abstrakter und unanschaulicher bis hin zum bloß Rational-Begrifflichen, ohne jedoch geradeswegs der Objektivierung zu unterliegen (etwa in Gestalt der Mittel, die sie herbeiführen sollen, oder des dann ungehinderten Selbstvollzugs). Ein solcher primär negativer Hedonismus kann, wie gezeigt, zusätzlich positive hedonische Zielbestimmungen nach sich ziehen, die als Gegenstück und Kompensativum zu erfahrenen oder bevorstehenden Leiden bewußt erstrebt und handelnd herbeigeführt werden.

Besitzt ein solcher basaler Hedonismus ein angestammtes ethisches Recht, so ist es doch andererseits deutlich, daß er eben als basaler nur ein *partieller* Hedonismus sein kann. Sieht man vom Grenzfall präsentischer Orientierungen ab und beschränkt sich auf den Regelfall, daß die (Anti)Ziele nicht schon vorgegeben sind, sondern erst künftig erreicht oder vermieden werden sollen, so ist alles über den Bereich elementarer Schmerzfreiheit hinausreichende Streben, Planen und Handeln nicht mehr primär von hedonischen Zielsetzungen geleitet, sondern von gegenständlichen im Sinne des Intentionsobjektivismus. Der in der Subjektivität begründete Ansatz der Ethik ist dann nicht mehr tragfähig, sondern muß auf eine objektive Güterlehre und damit auf einen anderen, nicht-hedonistischen Ethiktypus hin überschritten werden. Die objektive Güterwelt tritt hier in der Intention so in den Vordergrund, daß das subjektive Korrelat für die Motivation kaum mehr in Betracht kommt. (An die Stelle der Glücksgüter und werthaften Dinge können weiterhin auch propositional formulierte Sachverhalte treten, die aber ihrerseits auch der Reifizierung fähig sind.)

Allerdings enthält auch eine solche weitergespannte Güterethik auf Grund des Äquivalenz- und Repräsentationsverhältnisses zwischen Güter- und Gefühlswerten stets eine hedonische *Komponente*, die sich in Gestalt von Begleit-, Reflexions- und Folgegefühlen der Welt- und Selbsthabe äußert. Sie können jedoch im

Unterschied zum basalen negativen Hedonismus nicht mehr als solche intendiert werden, weil die intentio obliqua hier ganz hinter der gegenständlich bestimmten intentio recta zurücktritt. Dies bedeutet jedoch, daß die Definition des Hedonismus, wonach Gefühlslagen den Status von (Letzt)Zielen einnehmen, hier nicht mehr erfüllt ist. Man kann dann nur noch von einer indirekten, funktionellen Bedeutung hedonischer Gesichtspunkte im Dienst einer umfassenden Güterethik sprechen, insofern nämlich, als den Gefühlslagen auf Grund der Äquivalenz-Relation eine gewisse repräsentative, indikatorische und sogar kriterielle Funktion zufällt: Das Gelingen oder Verfehlen von Welt- und Selbsthabe wird durch die zugehörigen Begleit- und Folgegefühle jeweils signalisiert, die damit zwar nicht als Handlungsziele, wohl aber als Handlungskorrektive Geltung gewinnen. Dies trifft allerdings für positive Gefühle ebenso zu wie für negative (die Begleitlust indiziert den gelingenden Selbstvollzug ebenso wie der Schmerz als eine Art von Warnungssignal den gehemmten). Eine begrenzte ethische Tragweite dieses Verhältnisses liegt dann darin, daß die Ethik die Gefühlslagen zwar nicht als *Ziel*dimension empfiehlt (wie im partiellen Hedonismus), wohl aber sie als *Kriterien* zu beachten anrät und zugleich Verfahren bereitstellt, die geeignet sind, sich in die Aufmerksamkeit auf solche Kriterien und den Umgang mit ihnen rechtzeitig einzuüben. Streng genommen tritt die indikatorische, kriterielle Kontrollfunktion der Gefühlslagen zwar nur präsentisch, in der jeweiligen aktuellen Gegenwart in Kraft, doch liegt es in der Konsequenz der Zukunftsvorsorge und langfristigen Lebensplanung, daß die sich im Einzelfall ergebenden Bestätigungen und Korrekturen mit größeren Zeiträumen und zuletzt dem Lebensganzen vermittelt werden. Daraus folgt beispielsweise, daß künftige Gefühlslagen zwar nicht »hedonistisch« *intendiert* werden, daß sie aber in Wenn-Dann-Relationen funktionalisiert und als solche in den Zukunftskalkül miteinbezogen werden können (»Wenn Sie Schmerzen bekommen, suchen Sie sofort die nächste Klinik auf!«). Insofern haben solche funktionellen hedonischen Momente sowohl als präsentische wie als zukünftige eine handlungsleitende und haltungsbildende Funktion von ethischer Relevanz. Sie können sogar auf Grund ihres repräsentativen Charakters jeweils als Inbegriff des gelungenen oder verfehlten Lebens erfahren werden. Dennoch unterscheidet sich ein funktionalisierter »Hedonismus« vom eigentlichen dadurch grundlegend, daß er keine eigene Zielformation zu bilden vermag. Beide akzentuieren das Äquivalenzverhältnis zwischen Güterwelt und Gefühlslage entgegengesetzt und bewerten ferner die positive und die negative Gefühlslage als gleichgewichtig oder – so der negative Hedonismus – als verschiedenen Ranges.[7]

Insgesamt läßt sich das Resultat konstatieren, daß die hedonischen Momente, die im Bereich der Ethik aufweisbar sind, bei genauerer Betrachtung keine innere Einheit zeigen. Sie verteilen sich auf zwei verschiedene Gruppen, denen zwei verschiedene Ethiktypen entsprechen. Der sogenannte Hedonismus fällt daher in einen eigentlichen, negativen Hedonismus (mit gewissen positiven Ingredienzien) und einen uneigentlichen, nur funktionellen »Hedonismus« auseinander. Beide können einander zwar teilweise – etwa im Bereich des Kompensatorischen – überschneiden, aber nicht wirklich zur Deckung kommen. Auf der anderen Seite ist es deutlich, daß keiner von beiden einen selbständigen, vollgültigen Ethiktyp abgibt, sondern jeweils auf die Ergänzung des anderen angewiesen bleibt. Der Vordringlichkeit des negativen steht die größere Spannweite und vermutlich die höhere Qualität des funktionellen und repräsentativen gegenüber, ohne daß man die Ziele des einen auf die des anderen reduzieren könnte. Weder der basale noch der

7 Im Hinblick auf die Zeitdimension gilt im übrigen für *beide*, daß die einzelne Lust- oder Schmerzerfahrung das richtige Weltverhältnis – oder das größte Maß an Schmerzfreiheit – nicht in letzter Instanz indizieren oder kontraindizieren kann, sondern auf das Ganze des jeweiligen Lebensganges zurückbezogen werden muß. Darin liegt das begrenzte Recht eines Güter- oder Gefühls*kalküls*. Der ethische Berater muß im übrigen stets um einige Grade »objektiver« verfahren als der Akteur selbst, damit die hermeneutischen Probleme in Grenzen gehalten werden. Trotz des überwiegend umwegigen, objektivistisch distanzierten Aufbaus der Strebensethik bieten sich jedoch dem Berater wie dem Akteur alternierend zwei gegenläufige Strategien an: Entweder es zunächst mit dem Subjektiven direkt zu versuchen und dann nach Bedarf ins Objektive auszuweichen, oder umgekehrt mit dem äußersten Kreis des Objektivierbaren zu beginnen und dann nach Möglichkeit durch sukzessive »Subjektivierung« der Maßnahmen die Differenz abzukürzen.

funktionelle »Hedonismus« können für sich genommen eine ganze, selbstgenügsame Ethik bilden, sondern nur als partielle Formationen in eine übergreifende Integrative Ethik eingehen. Damit ist die hier leitende Frage, ob der Hedonismus als autonome ethische Position oder wenigstens als partielle, mit anderen Ethiktypen kooperierende Ethikformation oder lediglich als methodische Perspektive für phänomenologische Einzelanalysen einzuordnen sei, von denen anders orientierte Ethiktypen okkasionellen Gebrauch machen können, im Sinne der mittleren Lösung beantwortet. Eine rein hedonistische Ethik hat sich als nicht vertretbar herausgestellt; der Hedonismus kann vielmehr nicht isoliert, sondern immer nur als partielles Moment eines umfassenderen Ethikkonzepts eine Rolle spielen. Andererseits wäre es unrealistisch, ohne Rücksicht auf elementare, vordringliche Gefühlslagen eine reine Güter- oder Wertethik durchsetzen zu wollen.

Ein partieller, in ein übergreifendes Ethikkonzept zu integrierender Hedonismus kann freilich auch nur bedingt – unter dem Gesichtspunkt der Vordringlichkeit – dem Grundsatz genügen, Gefühlsqualitäten seien das höchste (oder gar das einzige) Gut oder Übel. Insofern ist der Anspruch des klassischen Hedonismus in seiner strikten, ausschließlichen Bedeutung nicht haltbar und muß zurückgewiesen werden. Er kann jedoch insofern verteidigt werden, als Gefühlsqualitäten ein irreduzibles und erstrangiges Moment in der Organisation des Gesamtguten ausmachen und unter bestimmten Voraussetzungen auch die Priorität vor anderen Momenten eingeräumt erhalten müssen. Diese Modifizierung und Relativierung im Begriff des Hedonismus selbst ist notwendig, nachdem sich ein maximalistisches hedonistisches Ethikkonzept als undurchführbar, ein basales negativistisches aber als nicht ausreichend für den Aufbau einer Ethik erwiesen hat.[8] –

Die Struktur der Strebensethik wird dem intentionalen Vorrang der

8 Im sozialen und politischen Bereich vermag sich der hedonistische Ansatz noch weniger direkt zu artikulieren und muß weitergehend in eine »utilitäre« und zuletzt moralisch und rechtlich regulierte Güterordnung übersetzt und dadurch objektiviert werden. – Die heute in der Nachfolge von Nietzsche, Adorno und Foucault betriebene Ästhetisierung der Ethik deckt auch die hedonistische Komponente der Strebensethik nur unvollständig ab – es gibt unästhetische Lust, Schmerz und

Güterwelt, der nur durch präsentische oder basale negative Gefühlswerte eingeschränkt wird, Rechnung tragen müssen. Indessen ist das welthaft Gute doch immer nur gut für uns selbst und die Art und Weise unseres Selbstseins. Die Relation zwischen der Güterwelt und uns selbst ist darum in konzentrischen Kreisen auf das Zentrum Selbst durchstrukturiert. Darauf deuten überkommene Bestimmungen des Glücks als *Willens-* oder *Wunsch*gemäßheit oder als *Bedürfnis*befriedigung. »Selbsttranszendenz« auf die Welt hin ist dann, wenn sie absolut genommen wird, hyperbolisch. Niemand würde wohl einen totalen Identitätsverlust mit der Selbstentfremdung des eigenen Selbst zugunsten eines glänzenden Scheins von Welthabe und Sinn in der Welt in Kauf nehmen. Man braucht nur das Experimentum crucis eines solchen gesteigerten Teufelspaktes in Gedanken durchzuspielen, um die Vorstellung einer absolut genommenen Selbsttranszendenz und schlechthinnigen Entselbstung ad absurdum zu führen, und dies auch höheren Werten gegenüber, denen wir in Dienst, Gehorsam und Opfer immer noch als wir selbst gegenübertreten. Die praktische Aufklärung über Handlungs- und Lebensziele kann dann aber nicht ohne die Reflexion auf das Selbst auskommen, und zwar sowohl auf der Ebene des Akteurs wie auf der des Theoretikers der Ethik. Es genügt also nicht, die beatitudo objectiva – um die spätscholastische (suarezianische) Unterscheidung aufzunehmen – vor der beatitudo formalis (den Gefühlsqualitäten) auszuzeichnen, vielmehr muß innerhalb der beatitudo objectiva noch einmal zwischen den Weltgütern und dem Selbst als dem prototypischen Gut unterschieden und das Verhältnis beider genauer analysiert werden.

Hier stellt sich erneut die Frage nach der Tragweite des Intentionsobjektivismus, der auch im Falle der praktischen Selbstreflexion eher die Dereflexion und Selbstvergessenheit der intentio recta

Leiden gehen nicht im Unästhetischen oder Häßlichen auf – und reicht andererseits über das Hedonische hinaus (objektive Gestaltqualitäten, Harmonieideal u. ä.). Im übrigen werden die von der Romantik inaugurierten Versuche, die Lebensführung insgesamt am Modell der Produktionsästhetik zu orientieren, von vornherein begrenzt durch die Differenz von Möglichem und Wirklichem, Schein und Sein und konkreter von der wesentlichen Nichtkorrigierbarkeit und Unabschließbarkeit des gelebten Lebens.

empfiehlt, mit der Chance, gerade durch die Selbsttranszendenz und Selbstaufgabe hindurch sich selbst zu gewinnen. Die Unmittelbarkeit und Spontaneität der Zielfindung und -realisierung sei eher durch das Vonsichselbstabsehen und die Ausklammerung der durch Überdeterminierung blockierenden intentio obliqua zu erreichen. Diese prinzipiellere Version des Intentionsobjektivismus, die von der angewandten Mystik (amor purus-Bewegung: Geulincx, Fénelon u.a.) über die Wertethik (Intentionsverbot bezüglich des Intentionswerts zugunsten des intendierten Werts) bis zu zeitgenössischen Formen der Dereflexionstherapie reicht (Frankl, Bateson, Watzlawick, mit paradoxalen Umwegstrategien auch innerhalb des objektiven Güterbereichs), setzt jedoch immerhin die Möglichkeit der Selbstreflexion voraus. In der Tat kennen wir die Erfahrung eines Betätigungs- und Funktionsdranges sowie die Wahrnehmung des entsprechenden Vollzugs und insbesondere seiner Hemmung, die in die Reflexion treibt (Reflexion hier nicht verstanden als actus designatus wie beim Vollzug, sondern allgemeiner als »Rückbeugung« der Aufmerksamkeit von der Welt auf das Selbst). Gerade die Differenzen zwischen dem Selbst und dem Anderen des Selbst führen zum Selbst-Bewußtsein. Weiterhin ist das Selbst, wie noch zu zeigen sein wird, als ein *Können* stets direkt intendierbar und reflektierbar, und dies als Ziel wie als Resultat von Selbstverwirklichungsprozessen. Schließlich gehören alle Erfahrungen und Phänomene des Selbstverhältnisses – der Selbstentzweiung und -entfremdung wie der Selbstbefreundung – in diesen Zusammenhang, wobei die hier gemeinte Selbstreflexion sowohl solche Verhältnisse reflektiert wie auch die Heterogeneität oder Homogeneität des Selbst und des Anderen vom Selbst. Mit Selbst und Selbstsein ist demnach auch auf der Bewußtseinsebene des potentiellen Akteurs zu rechnen. Zum wertenden und praktisch relevanten Selbstverhältnis gehören dann die Weisen der Selbstbestätigung, des Selbstwertgefühls, Selbstwertstrebens, der Selbstachtung, Selbstliebe, Selbstsorge, Selbstbekümmerung, der Selbsterhaltung und andere mehr. Dabei kann es offen bleiben, inwieweit das Selbst nur sektoriell oder als Ganzes und als solches in den Blick kommt. Im zweiten Fall würde damit verknüpft sein die Reflexion auf das Verhältnis des Selbst zum Anderen vom Selbst im ganzen und als solches. In der Tat mag sich das Andere zunächst als ein einzelnes Glücksgut oder seine Privation darstellen, auf das Ganze des gelungenen Lebensvollzugs hin gesehen ist es aber der gesamte Lebenskreis, die spezifische Umwelt und endlich – im weitesten Horizont – die Welt im ganzen und als solche. – Entscheidend für die ethische Gewichtung der Selbstreflexion und -vergewisserung ist jedoch, daß der Intentionsobjektivismus die intentio obliqua nicht prinzipiell destruieren, sondern nur modifizieren und reorganisieren kann. Zwar mag die überschreitende Selbstvergessenheit und Hingabe in der konkreten einzelnen Situation sehr wohl die Bedingung für die Aneignung von Welt und die Verwirklichung des Selbst sein, doch muß zwischen der transeunten Intention im Einzelfall und der reflexen Intention im generellen unterschieden werden, die sich auf die Gesamtsituation bezieht und für ein erfülltes Leben richtungweisend ist. Daher wird ein vorübergehendes Vonsichselbstabsehen entweder spontan eintreten oder aber als diätetische Maßnahme und therapeutischer Kunstgriff zu empfehlen sein – eine künstliche Direktheit gleichsam, mit dem Ausblenden und Abschatten des Selbstverhältnisses –, aber beide Male durchaus im Dienst eines generellen Selbstverwirklichungsstrebens, über das denn auch zwischen Akteur und ethischem Berater wie zwischen Patient und Therapeut vorweg Einigkeit besteht. Dies bedeutet aber: Die Weltintention wird zuletzt von der Selbstintention übergriffen. Genau besehen haben sich nicht die Letztziele, sondern nur die Strategien geändert und eine größere Variabilität erhalten. Die intentionale Struktur ist allerdings komplizierter geworden: Faktische und übergreifende Handlungsziele sind voneinander abzuheben, die intentio recta ist gegebenenfalls auf dem Wege der Dereflexion und Objektivierung eigens einzuüben und zu pflegen, wogegen die intentio obliqua komplementär dazu in verschiedenem Maße zurücktritt, aber in höherstufiger Form zum wenigsten implizit immer erhalten bleibt. Es handelt sich um ein variables Gefüge von Objektivierungs- und Reflexionsgraden, zu dessen vollständigem Zielhorizont auch das zunächst oder teilweise Ausgeblendete gehört. Das Welt- wie das Selbstverhältnis können daher verschiedene Grade der Explizitheit und Bewußtheit annehmen: In der punktuellen Kontaktnahme wird das Selbst eher zurücktreten, im Vor- und Rückblick, in der Bilanz der Gesamtsi-

tuation, in Hemmungs- und Konfliktsfällen wird es stärker in den Vordergrund rücken, bis hin zur Frage nach dem Selbst und seinem Weltverhältnis im ganzen und als solchem.
Die Funktion der Selbstreflexion liegt in ihrer praktischen Orientierungsleistung bei der Gestaltung des Weltverhältnisses, nämlich in der Maßstäblichkeit des Selbst für die Selektionsprozesse, die zum angemessensten Weltverhältnis hinführen, wobei Defizit wie Überforderung gleichermaßen zu meiden sind. Darin besteht in concreto die handlungsleitende Rolle, die das Selbst als Zentrum gegenüber der Welt spielt, daß das Selbst normativ für den Umgang mit der Welt ist, weil die eigenen Möglichkeiten in der Regel enger gezogen sind als die Möglichkeiten von Welt, die *daraufhin* selegiert werden müssen. Die Reflexion auf das Selbst ist um so notwendiger, je reicher sich das Angebot von Weltmöglichkeiten darstellt. Insofern wird die Strebensethik Selbst-Reflexion zu empfehlen haben, spezifiziert nach Lebensphasen, Lebensbereichen und Situationen, und umgekehrt vor übergroßer Selbstvergessenheit und Entselbstung warnen. Sie wird die Reflexionsleistung aufgeklärter Lebensführung stimulieren und dazu anleiten, die Maßstäblichkeit des Selbst im Weltbezug planmäßig und gezielt zu ermitteln, um eben diesen Bezug kontrollieren, korrigieren und verbessern zu können, wie sehr auch immer auf dem Umweg über die Selbsterfahrung in und an der Welt.
Was das Selbst sei, wird allerdings primär hermeneutisch in der Begegnung mit der Welt gewonnen, in der das Selbst immer schon ist und auf die es sich bezieht. Dabei sind es, wie gezeigt, vor allem die Differenzen, die Nichtübereinstimmungen mit der Welt, die das Selbst enthüllen. Insbesondere gilt dies für den Bezug zur Sozialwelt, und zwar sowohl formal wie inhaltlich. Zumal die Rollenfunktion gehört wesentlich zum Selbst. Andererseits ist die Welt vom Selbst her auf Bedeutsamkeiten hin entworfen, so daß sich im ganzen ein dialektisches Verhältnis wechselseitiger Bestimmungen zwischen Selbst und Welt ergibt. Trotz der indirekten Selbstdarstellung und Selbstfindung des Selbst im Medium der Welt verläuft die Referenzrichtung zuletzt zentripetal auf das Selbst hin. Das Weltverhältnis ist Einheit im Unterschied: Ein ausgeprägtes Selbst ist immer in Welt, ein weltloses Selbst gibt es nicht (wobei Welt nicht nur eine in Widerstandserlebnissen erfah-

rene Außenwelt, sondern auch eine Phantasiewelt sein kann). Eine Kritik an gängigen Begriffen von Selbst und Selbstverwirklichung müßte gerade an ihrer vermeintlichen Weltlosigkeit ansetzen. Andererseits besteht ein Unterschied: Selbst ist wesentlich Nichtwelt, Welt per definitionem Nichtselbst – trotz unscharf gleitender Übergänge im Bereich der Leiblichkeit, der Angehörigen, der Produkte, mit denen das Selbst in konzentrischen Kreisen in die Welt hinüberzugreifen scheint. Nur auf Grund dieses Unterschiedes kann es auch eine *Relation* zwischen beiden geben.

Die Zuordnung von Selbst und Welt setzt voraus, daß das Selbst nicht dasselbe wie das Ich ist. Das Ich als Bewußtseinsprinzip und die ungelösten Probleme seiner Selbsterfassung können in diesem praktischen Zusammenhang außer Betracht bleiben.[9] Selbst ist dagegen das Ensemble meiner Möglichkeiten, der engere Kreis des mir Zugehörigen, mit dem ich der Welt gegenübertrete. Man könnte es daher mit einem altüberkommenen Terminus »das Eigene« nennen. Selbst-Bewußtsein und Selbst-Reflexion sind jedenfalls im Unterschied zur Ich-Reflexion vergleichsweise unproblematisch.

Selbst und Selbstsein in praktischer Bedeutung – ob erstrebt, realisiert oder akzeptiert – sind primär gegeben im je eigenen *Selbstverständnis*. Wie es auch um eine ansichseiende Menschennatur bestellt sein mag, sie begegnet hier immer schon als eine interpretierte und gewichtete. Von Selbst und Selbstverwirklichung kann daher in praktischem Zusammenhang nur so die Rede sein, daß man von der traditionellen teleologisch-ontologischen Dimension absieht. Eine objektive Teleologie könnte hier nur durch empirische Verallgemeinerung des durchschnittlichen Selbstverständnisses substituiert werden. Dagegen ist ein teleologisches Sichselbstverstehen als Gegebenheit anzuerkennen, zu dem außer kognitiven auch affektive und volitive Momente gehören.

Die Abgrenzung des Selbst von den Gefühlslagen ist darum schwieriger als von den Weltgütern. Das Selbst gehört zwar wie diese zur beatitudo objectiva, ist aber in anderer Perspektive »subjektiv« wie jene. Darum können Lust- und Schmerzerfahrungen im Rück- und Vorblick in umgesetzter, objektivierter Form

9 Vgl. dagegen Kap. IV S. 216ff.

das Selbstverständnis und seinen Erwartungshorizont unmittelbar mitkonstituieren, nämlich in Vorstellungen der Selbstverwirklichung und Selbstminderung, etwa wenn Krankheit in der Erinnerung nicht als Schmerzzustand, sondern als Hinfälligkeit erscheint. Umgekehrt sind Lust und Schmerz nach Selektion und Gewichtung vom Selbstverständnis abhängig; ferner beeinflußt die Selbstreflexion Lust und Schmerz dadurch, daß sie ein Überschußgefühl hinzubringt, einen Resonanz- und Verstärkungseffekt hervorruft, der beide mehrt und steigert. Schließlich könnte ein nichtbasaler Hedonismus theoretisch nur durch den Regreß auf ein lusttranszendentes Prinzip in Gestalt des Selbst gerechtfertigt und begründet werden, das nicht mehr hinterfragt zu werden brauchte, aus dem man aber die Forderung nach Lust und Schmerzfreiheit ableiten könnte etwa derart, daß beide die Entfaltung oder Schwächung des Selbst kriteriell indizieren. Das Selbst und die Gefühlslagen können also für einander in verschiedener Weise zum Korrektiv und Hermeneuticum werden. Dies setzt jedoch voraus, daß beide nicht von vornherein kongruieren. Auch wenn man Lust und Schmerz selbst als *eine* Art von Selbstverwirklichung oder -minderung auffaßt und umgekehrt das Selbstverständnis immer lust- oder schmerzbestimmt ist, bleibt es doch bei einer prinzipiellen Disproportion des Verhältnisses, die eine Zweigleisigkeit der Betrachtungsweise erforderlich macht.

Insgesamt können wir das Resultat verbuchen, daß dem Selbst und Selbstsein innerhalb des Weltverhältnisses ein doppelter Begründungsvorsprung zukommt: gegenüber den nichtbasalen Gefühlslagen in der Letztbegründung der Zielsetzung; gegenüber der Selbsttranszendenz zum Welthaften hin aber kraft der Normativität des Selbst, die zur Selbstreflexion anhält. Insoweit erweist sich das Selbst beide Male als unhintergehbar. Man könnte die Grundrelation gegenüber dem Hedonismus dahin akzentuieren, sie sei ein *Welt*verhältnis, gegenüber dem Objektivismus aber dahin, sie sei ein Welt*verhältnis*. Wir sind indessen in der Lage, noch genauer zu differenzieren: Im Rahmen des Weltverhältnisses hat das Selbst einen *normativen* Vorrang, die Welt aber einen *intentionalen* und *hermeneutischen* sowie einen der *Operabilität*, die Gefühlswerte schließlich einen überwiegend *kriteriellen* Vorrang.

Die von einer Metakritik des neuzeitlichen Intentionsobjektivismus geleitete Untersuchung hat damit auf synthetischem Wege zu einer genaueren Bestimmung des *strebensethisch Guten* geführt. Der Begriff des qualifizierten Lebens – des guten und erfüllten wie seines negativen Pendants – ist in verschiedener Weise ein *Bezugs- und Verhältnisbegriff*, sei es vom Lebensvollzug inmitten der Welt oder von der Qualifikation her gesehen, die zum wenigsten eine zweistellige Relation voraussetzt. Die im qualifizierten Leben angesprochene Relation ist aber eben die im vorigen aufgewiesene Grundrelation zwischen dem Selbst und der Welt als dem Anderen vom Selbst, die gleichfalls evaluativ und praktisch qualifiziert ist und von entsprechenden Gefühls- und Stimmungslagen begleitet und modifiziert wird. Es liegt also des näheren ein dreistelliges Verhältnis vor, bestehend aus den Bestimmungsfaktoren der Selbstverwirklichung oder ihrer Hemmung, der Güterwelt, an der sie sich aktualisiert, und der je zugehörigen Gefühlslage. Das gute und erfüllte Leben ist demgemäß im ganzen wie im einzelnen ein *Weltverhältnis* der (generischen) Identität, Entsprechung, Übereinstimmung, Gemäßheit, Angemessenheit, des Gleichgewichts, Sinnes und dergleichen, das Gegenstück des schlechten und verfehlten Lebens aber ein Weltverhältnis der Nichtidentität, des Ungleichgewichts, der Ungemäßheit, des Widersinns und der Absurdität. Die spezifische postteleologische Modernität der Neubestimmung des strebensethisch Guten liegt in der Vollständigkeit der Disjunktion, die das überfliegende Ideal einer höchsten und lebenslangen Eudämonie, welches das geglückte Leben inoperabel machen und das durchschnittliche und faktisch erfahrbare Gelingen und Mißlingen gar nicht erfassen würde, verabschiedet hat. Wir haben es vielmehr in unserem Leben zu jeder Zeit mit Gelingen oder Mißlingen und oft mit beidem zugleich zu tun, und je nach den (arbiträren) Summierungen und Totalisierungen ergibt sich ein Gesamtbild *überwiegenden* Gelingens oder Mißlingens des Lebens im ganzen, das überdies hermeneutischer Relativierung unterliegt. Modern ist ferner, daß das gute Leben nicht nur durch die Grundrelation bedingt, sondern geradeswegs mit ihr identifiziert wird, und daß die Negativformen für die Theorie und die Praxis einen methodischen Vorrang haben (vergleichbar dem der Krankheit vor der Gesundheit in der Medizin), dem eine Verschiebung im Aufbau der Grundrelation zugunsten autonomer Gefühlswerte entspricht. Schließlich wird durch die Erweiterung des Anwendungsfeldes in einer Typenvielfalt von Güter- und Zielordnungen ein Grad fundamentalethischer Formalisierung erreicht, der der älteren teleologischen Ethik in dieser Explizitheit fremd war.[10]

Die bisher entwickelte Analyse des Welt- und Selbstverhältnisses kann einerseits einer deskriptiven Philosophischen Anthropologie als einer Metatheorie der Ethik zugewiesen werden, enthält aber andererseits in den Zielbestimmungen des (un)stimmigen, (un)angemessenen Weltverhältnisses die für eine Präskriptive Ethik leitende modale Differenz.[11] Es handelt sich um formale Ziele und Antiziele, die in der Regel nur in der Reflexion in den Blick kommen. Man kann im gelungenen Leben im ganzen das *Gesamtgut* (summum bonum) der Tradition wiederfinden, jedoch postteleologisch relativiert und zu bloßer Kategorialität entleert, also nicht auf bestimmte inhaltliche Erfüllungen und Größen festlegbar, vielmehr so, daß es in beliebigen Summierungen, Bilanzen und Totalisierungen projektiert und realisiert wird. In anderen Disziplinen Praktischer Philosophie entspräche dem etwa der Begriff des Gemeinwohls. In der Tradition der Strebensethik hängt das Gesamtgut wesentlich von der Bestimmung des *Grundgutes* ab, auf das alle einzelnen Güter beziehbar sein müssen und das eine formale, fundamentalethische Betrachtungsweise erst möglich macht. Hier sind vor allem drei Spezifikationen des affirmativen Guten zu berücksichtigen und zu einander in Beziehung zu setzen: die Zielbestimmungen der Selbstverwirklichung (Aristoteles u. a.), der Selbsterhaltung (Stoa, Spinoza, Gehlen u. a.) und der Selbststeigerung (repräsentativ: Nietzsche). Eine moderne Strebensethik muß den Begriff des Guten so weit definieren, daß alle Grundgüter der Tradition darin zur Geltung kommen, muß also als integrative Fundamentalethik auftreten und zugleich das Verhältnis zwischen den verschiedenen Grundgütern neu zu formulieren suchen. Darin liegt nicht nur ein Wiederauf-

10 Man könnte darin also das Modell der aristotelischen Ethik nur mit starken Einschränkungen und Modifikationen wiedererkennen. Weitere Abweichungen ergeben sich bei der speziellen Kategorisierung im folgenden.

11 Vgl. oben S. 65 f.

greifen älterer fundamentalethischer Ansätze, sondern deren noch weitergehende Formalisierung. Zunächst leuchtet es ein, daß die teleologisch aufgefaßte Selbstverwirklichung und Autarkie post-teleologisch nur als Spezial- und Grenzfall einer virtuell unbegrenzten Selbststeigerung eingeordnet werden kann. Genauer betrachtet ist jedoch mit einem Kontinuum von Graden der Erhaltung, der Veränderung, Erweiterung und Steigerung zu rechnen, das für die Aspekte der Selbsterhaltung und der (relativen) Autarkie in einer kategorial formalisierten und variablen Form Raum bietet. Zwischen abschließbaren und offenen Zielformen ist also auch fernerhin zu unterscheiden. Andererseits fehlen oft die Kriterien, um zwischen Steigerung und bloßer Veränderung zu differenzieren. Steigerung ist überdies wie Fortschritt ein hermeneutischer, standortgebundener Begriff. Umgekehrt können Selbstverwirklichungsprozesse bereits als Steigerungsformen aufgefaßt werden. Ist demnach die Grenze zwischen den Momenten der Verwirklichung und der Steigerung nicht immer klar zu ziehen, so eröffnen sich nach der Seite der Erhaltung hin eher Unterscheidungs- und sogar Konfliktsmöglichkeiten: Die Qualifikation des Lebens kann über die Qualifikation von Tod und Nichtsein entscheiden und damit die Bewertung des bloßen Amlebenseins, der reinen Daseinsfristung präjudizieren und das Moment der Selbsterhaltung relativieren. In Grenzphänomenen wie dem erlösenden Tod (Euthanasie) und der Suizidalität, die anthropologisch in der Exzentrizität (Plessner) des Menschen wurzelt, aber doch nur ein generelles biologisches Prinzip zuspitzt, kann der Mensch von einem bestimmten Schwellenwert an, der oberhalb der medizinischen Überlebensgrenze liegt, auf die Verkürzung von Lebensmöglichkeiten reagieren, indem er den Selbsterhaltungstrieb suspendiert. Hier wird deutlich, daß Leben und Qualität des Lebens im Verhältnis wechselseitiger Bedingung stehen: Nicht nur setzt das gelungene Leben Dasein überhaupt voraus, sondern ebenso die Entscheidung für das Überleben und Existieren ein gewisses Maß an Lebensqualität. Daraus folgt weiter, daß Selbsterhaltungsakte, wo sie nicht reflektorisch eintreten oder – ausnahmsweise – moralischen Verbindlichkeiten in Bezug auf sich selbst folgen, in einem eudämonischen Erwartungshorizont stehen. Zur Relativierung der Selbsterhaltung gehört ferner a fortiori und unvermeidlich die weitere Konsequenz, daß man für die Erlangung einer bestimmten Lebensqualität das Risiko des Todes auf sich nehmen kann, also das Prinzip der Selbsterhaltung zwar nicht schon suspendiert, wohl aber aufs Spiel setzt. Der kritische Schwellenwert der Lebensqualität, an dem die Suizidbereitschaft und ihre Analoga akut werden, sei Minimum der (positiven) Lebensqualität oder kurz eudämonisches *Minimum* genannt. Es ist definierbar als dasjenige Maß an Lebensqualität, das für ein auf längere Sicht lebenswertes Leben mindestens notwendig ist.[12] An ihm können gemäß der Grundrelation zwischen Selbst und Welt drei Aspekte unterschieden werden, die einander gegenseitig bedingen, ohne einander ersetzen zu können: eine minimale Selbstrealisierung – eine minimal angehobene Gefühls- und Stimmungslage – eine minimale Weltbefreundung in Gestalt eines Kreises ausgewählter Lebensgüter. Schlüsselphänomene wie das eudämonische Minimum sind geeignet zu zeigen, daß die Selbsterhaltung nicht, wie in der Neuzeit zunehmend, reduktionistisch verkürzt und dann als Grundgut isoliert werden kann. Die Enttcleologisierung und Entfinitisierung bedeutet eben nicht, daß das Ensemble der Motive eingezogen und auf die schiere Existenzbehauptung zurückgeführt wird. Anthropologisch wie ethisch ist darum das Motiv der Erhaltung nicht fundamentalistisch, sondern typologisch, ja aspekthaft zu deuten und mit anderen Motiven zu vermitteln. Der auf ihm aufbauende instrumentalistische Ansatz der Anthropo-Biologie (Gehlen) oder der Systemtheorie ist in perspektivischer Täuschung einer Abstraktion und einem Kategorienfehler erlegen. Vergleichbares trifft für die Existenzialphilosophie zu.[13] Insgesamt erweist sich darum das Ensemble der Grundgüter weniger als Typologie denn als variables Gefüge, das ebenso verschieden akzentuierbar ist wie das Weltverhältnis im ganzen. Formalziele wie Erhaltung, Verwirklichung oder Steigerung, die das Grundverhältnis des guten Lebens spezifizieren, lassen sich

12 Von ihm muß das existenzielle Minimum unterschieden werden, das kurzfristig in Grenz- und Krisensituationen mit extremen Belastungsgraden unterschritten wird und dem beispielsweise, wie dem eudämonischen Minimum der Bilanz-Suizid, so der »Kurzschluß«-Suizid zuzuordnen ist.

13 Vgl. unten S. 197ff.

ihrerseits weiter differenzieren nach quantitativen und relationalen Gesichtspunkten, die in sich graduierbar sind. In Frage kommen hier vor allem die Kategorien der Extension, der Intensität, der Protension (in der Zeit), der Zentralität, der Exponentialität und der Kompatibilität oder Kooperation. Sie präzisieren die (Un)Angemessenheit des Weltverhältnisses und machen sie kalkulabel und operabel. Keine dieser Kategorien kann in der Lebensführung ganz fehlen, doch ist es in der Regel möglich, daß sie in ihren Anteilen variieren und einander partiell vertreten und ersetzen. Sie sind im übrigen prinzipiell wertambivalent, liefern also für sich genommen noch keine Vorzugskriterien des Handelns, sondern bedürfen einer übergreifenden Regulierung, die Sache der Präskriptiven Ethik ist.

Neuere Versuche, den Ansatz einer »Glücksethik« dadurch in Frage zu stellen, ja zu vergleichgültigen, daß man ihn auf vermeintliche Alternativziele hin überschreitet, treiben in Wahrheit die moderne Formalisierung nur weiter, indem sie zusätzliche Aspekte integrieren oder, anders gewendet, den Gesamtansatz intern differenzieren. Dabei können dem neuzeitlichen Intentionsobjektivismus folgende Objektivierungstendenzen des (hedonistisch aufgefaßten) »Glücks« durch die vorgelegte Analyse des Weltverhältnisses bereits als grundsätzlich abgeklärt gelten: Allen Versionen der Güter-, Wert- oder Leistungsethik, die an die Stelle einer Ethik der Gefühlslagen (Glück, Lust, Leidfreiheit) treten soll, ist damit ebenso Rechnung getragen wie Alternativvorschlägen nach Art der Sinnerfüllung oder anderer Nachfolgebegriffe des »Glücks« wie des guten oder gelingenden Lebens oder der formalen Grundgüter wie Selbsterhaltung und -steigerung und dergleichen. Zugleich ist der Einseitigkeit, die solchen alternierenden Zielbegriffen ihrerseits anhaftet, metakritisch der Boden entzogen. – Einen Schritt weiter getrieben ist die postteleologische Formalisierung indessen dort, wo der moderne Zentralbegriff der *Freiheit* die Rolle des Grundguts übernimmt und die Ethik nicht mehr als teleologisch vorbelastete und heteronom wirkende Eudämonistik, sondern geradezu als Eleutherologie, als Freiheitslehre aufzutreten sich anschickt. Gemeint ist damit natürlich nicht die anthropologische Grundverfaßtheit des Menschen als eines entscheidungsfähigen Wesens, die ihn vor anderem Lebendigen auszeichnet (»Würde«) und die als solche unveräußerlich ist, wohl aber die erwerb- und herstellbare konkrete Freiheit, die – auf der Basis der anthropologischen Grundausstattung – Handlungsziel und damit Gegenstand einer Präskriptiven Ethik sein kann. Freiheit ist jedoch kein uneingeschränktes Gut und kann mit dem Wahl- und Entscheidungszwang, den sie mit sich bringt, auch belastend wirken und als Übel oder doch als Indifferentes erfahren werden. Lediglich die ihrer selbst mächtige, strukturierte und als solche qualifizierte Freiheit könnte ohne Vorbehalte als Gut angesprochen werden. Aber auch sie wäre zweifellos nicht Grundgut in dem präzisen Sinne, daß alle Formen des gelingenden Lebens, wie etwa das glückhafte Widerfahren, auf sie zurückgeführt werden könnten. Dem ersten dieser beiden Einwände tragen die weitergehenden Zielbestimmungen der Selbststilisierung und Formgebung des eigenen Lebens Rechnung (Nietzsche, danach Foucault im Spätwerk, Reimann u. a.). ›Form‹ und ›Stil‹ treten hier in der Tat als Korrektive der postteleologischen Freiheit der Moderne auf und suchen sie durch Reduktion von Komplexität, durch Selektion und Prioritätssetzung unter den Wahlmöglichkeiten zu bewältigen und von ihr zu entlasten. Form und Stil qua Selbstregulierung nehmen damit den Charakter einer Freiheit zweiter Ordnung an, die uneingeschränkt als gut qualifiziert werden kann. Foucault hat darüber hinaus und gegenläufig dazu in der beständigen Transformation der Form eine zweite Korrektur vorgeschlagen,[14] die als Antidot der Obsoleszenz und Erstarrung der Selbstformierung entgegenwirken und auf dem Wege einer Dialektik des Stils zu einer Freiheit dritter Ordnung führen soll. Sie ist als Souveränität gegenüber dem eigenen Stil der Ambivalenz vollends entzogen und scheint darum den Anforderungen an ein Grundgut voll zu genügen. Doch bleibt auch gegenüber diesem mehrfach rektifizierten und in sich abgestuften Freiheitsbegriff der an zweiter Stelle erhobene Einwand bestehen, daß dadurch nicht alle Glücksphänomene abgedeckt sind. Damit hängt es zusammen, daß der Freiheitsbegriff nur insoweit als Äquivalent des erfüllten Lebens gelten kann, als er nach allen seinen Aspekten

14 Vgl. das Foucault-Buch von W. Schmid, Auf der Suche nach einer neuen Lebenskunst, Frankfurt 1991.

entfaltet und nicht auf eine scheinbar unproblematische Selbstwahl reduziert wird. Diese setzt nämlich die Handlungsfreiheit voraus, die Mangelzustände und Defizite überwindet und damit auch die Wahlfreiheit ermöglicht und erweitert, indem sie Spielräume und Möglichkeitshorizonte für optimale Weisen der Selektion und Selbstformierung allererst erschließt. Sie müssen alsdann in Anspruch genommen und experimentierend ausgemessen werden, damit danach, in weiteren Schritten und Freiheitsakten, das gewonnene Feld strukturierend oder hermeneutisch verschieden besetzt werden kann. Eine fundamentalere Weltaneignung und ein primäres Lebenkönnen geht also der Reflexionsstufe der Selbstwahl voraus und muß darum auch in der Zielebene artikuliert werden. Das Weltverhältnis kann, anders gewendet, nicht auf die Problematik des ›Zuviel‹ beschränkt werden – womöglich mit einer Regression zu einem vorneuzeitlichen Finitismus (Foucault) –, sondern muß genereller und vorgängig die Fragen des ›Zuwenig‹ einschließen. Dann zeichnet sich ein Aufbau von Freiheitsstufen und -ebenen ab, in dem auf die Freiheit von Zwängen und Defiziten die über Alternativen verfügende Wahlfreiheit bis hin zu einer relativen Autarkie des Beisichselbstseins (der Seinsfreiheit) folgt, die weiterhin in autonomer Zielsetzung kreativ ausgestaltet und variiert wird. Am Ende steht eine Souveränität der Lebensführung, die das Wissen um mehrere Alternativen mit klaren Prioritäten und der Aussicht auf die Kreation noch besserer Alternativen verbindet. Man kann darin zwar nicht das Grundgut, wohl aber ein vorrangiges *Primärgut* und die vergleichsweise höchste Form des erfüllten Lebens beschlossen finden, die freilich im folgenden systematisch noch genauer zu verorten sein wird. Grundsätzlich trifft jedoch für den Zielbegriff der Freiheit das gleiche zu wie für die Zielbegriffe der Selbstverwirklichung, Selbsterfüllung und dergleichen: Eine abstrakte Isolierung vom Weltverhältnis ist nicht möglich, und wie Selbstzueignung immer nur über Weltzueignung sich vollzieht, so ist die Freiheit von und zu sich selbst stets schon eingebettet in die Freiheit in, von und zu der Welt; und Selbstwahl impliziert immer auch Weltwahl.[15]

15 Entsprechendes gilt für die im Text unter der Kategorie der Kompatibilität mitgemeinte Übereinstimmung mit sich selbst, die in der Nachfolge der stoischen Zielformel in der Neuzeit gelegentlich das gute

Die bisher entwickelte generelle Bestimmung der Zielformation scheint nur dann gesprengt zu werden, wenn Nichtziele des Indifferentismus und Passivismus (Apathie, Indolenz, Lethargie, Fatalismus, Lebensekel, Entscheidungs- und Handlungsschwäche u. a.) oder gar »Antiziele« des scheiternden Lebens ins Spiel kommen, die nicht mehr als Güter, sondern als Übel anzusprechen sind (tragisches Lebensgefühl, Angezogensein vom eigenen Scheitern, zwanghafte Selbstschädigung). Soweit darin nicht bereits ein mißlungenes Weltverhältnis – der Zusammenhang mit der Suizidalität drängt sich auf – oder gar Pathologisches diagnostizierbar wird, lassen sich solche Zielbildungen häufig in funktioneller, vorläufiger Bedeutung zu affirmativen Fernzielen in Beziehung setzen und erhalten so in größerem Rahmen einen anderen Stellenwert. Darüber hinaus muß die Zielbestimmung wirklich so formal gefaßt werden, daß sie auch für abnorme, der allgemeinen Regel nicht konforme, individuelle Zielsetzungen Unterkunft bietet, wie denn die Strebensethik im Unterschied zur Moral es konstitutionell mit einer Typenvielfalt zu tun hat, bei der selbst die Grenze zwischen Gütern und Übeln in concreto nicht allgemeinverbindlich zu ziehen ist. Insbesondere gilt es anzuerkennen, daß es keinen speziellen Zielbegriff und kein Grund- oder Primärgut gibt, dem nicht gegebenenfalls – als Korrektiv, Kompensativum oder Substitut – seine Antithese zur Seite treten oder damit alternieren könnte: Wo es Selbststilisierung gibt, kann es auch bewußte Stillosigkeit geben, und so auch den Verzicht auf Verwirklichung, Erhaltung, Steigerung oder ›Glück‹, ohne daß man deshalb zu Hilfsbegriffen eines defizienten oder höherstufigen Modus zu greifen brauchte, um die Allgemeingültigkeit des kategorialen Rahmens zu wahren. Die Erweiterung, die die neuzeitliche Entteleologisierung mit sich bringt, muß in ihrer Radikalität ernst genommen und darum bis hart an den Grenzfall der Vergleichgültigung herangeführt werden. Dann wird sich allerdings zeigen, daß gewisse Grenzwerte nicht unterschritten werden können und daß auch in solchen Fällen, wo von Gütern nicht mehr

Leben zu repräsentieren scheint, aber dafür nicht zureicht. – Zu Selbst und Welt gehört ferner stets das dritte Bestimmungsstück der Gefühlslage, die demnach weder durch diese noch durch andere Zielbegriffe wie Freiheit ersetzt werden kann.

sinnvoll die Rede sein kann, doch noch das formale Moment des Strebens aufweisbar ist, das für eine Strebensethik verschiedene Ansatzpunkte bietet (Warnung vor dem verfehlten Welt- und Selbstverhältnis, Aufklärung über das eigentliche und bessere Welt- und Selbstverhältnis, Regulative und Strategien der Realisierung und Anwendung). Darin bewährt sich noch einmal der entschiedene terminologische Vorzug der ›Strebensethik‹ vor der ›Güterethik‹, ebenso darin, daß das Selbstverhältnis problemlos einbezogen werden kann und daß ein Pendant zur ›Sollensethik‹ gegeben ist. Da jedoch auch der Begriff des Strebens noch zu eng erscheinen mag (elitäre Konnotate, umgekehrt die Unvertretbarkeit der Eigenperspektive nicht explizit gemacht wie bei der ›Selbstethik‹, u. a.), empfiehlt es sich, immer dann, wenn Mißdeutigkeiten ausgeschlossen und das gesamte Phänomenfeld unverkürzt vergegenwärtigt werden soll, versuchsweise den mehrgliedrigen Ausdruck ›Strebens / Selbst / Glücks / Güter / Klugheitsethik‹ zu gebrauchen, dessen Teilbegriffe einander wechselseitig berichtigen und erläutern. Die künftige Diskussion, der nicht vorgegriffen werden kann, wird darüber entscheiden, welcher Terminus oder welche Kombination sich durchsetzt. Einstweilen sei, wo vereinfacht und abkürzend gesprochen wird, weiterhin von Strebensethik die Rede. –

Das strebensethisch Gute ist einerseits als qualifiziertes Weltverhältnis näher bestimmt, andererseits läßt es sich in seine Kategorien oder Modale zerlegen und gleichsam durch seine »Fälle« »durchdeklinieren«, von denen es selbst im übrigen nicht ablösbar ist.[16] Es handelt sich, anders gewendet, um eine Bedeutungsunterscheidung des Guten nach verschiedenen Weltstellungen und Begegnungsweisen von Welt, die man als ebenso viele formale, generalisierte Strebensziele (und entsprechende Antiziele) von modaler Ambivalenz verstehen kann, die zwischen der allgemeinsten Bestimmung des Guten und den einzelnen Gütern vermitteln. Die Kategorisierung steht quer zur Analyse des Weltverhältnisses, woraus folgt, daß dessen Bestimmungsstücke (Selbst-Welt-Gefühlsqualitäten) keinen kategorialen Status haben. Der katego-

16 Zum folgenden vgl. Verf., Prolegomena zu einer Kategorienlehre des richtigen Lebens, Philos. Jahrbuch 83, 1976, 71-97.

riale Aufbau zeigt eine ähnliche dichotomische Anlage wie die Moralkategorien:

GUTES

Unverfügbares (glücklicher Zufall u. dgl.) – (Verfügbares) – temporale Integration (Rück- und Vorblick: Konspekt; Bilanz)

Können – Vollzug

Das *Unverfügbare* umschreibt den Gesamtbereich dessen, was wir nicht selbst unmittelbar handelnd erwirken können, was unserem Einfluß und Zugriff sich entzieht, den Bereich des uns positiv oder negativ (im Guten und Schlimmen) Vorgegebenen, das uns als Erleidenden zustößt und widerfährt, vom Faktum unserer Existenz bis zum trivialen Glückhaben und Gelingen oder Mißlingen in den kleinsten Handreichungen des Alltags. Auch diese Form qualifizierten Lebens beruht auf einem Verhältnis zwischen Selbst und Welt und den zugehörigen Gefühls- und Stimmungslagen.

Das *Können* korrespondiert dem Verfügbaren, dem Disponiblen der Güterwelt, das gekonnt wird, in den Verhältnissen der Güterhabe, des Lebenssinns und -plans, der Weltbefreundung, Geborgenheit, aber auch in allen Könnensweisen praktischer und technischer Art, schließlich in allen Formen des Mächtigseins und der Freiheit mit der Elementarstufe der Handlungsfreiheit und den Reflexionsstufen der Wahl- und Entscheidungsfreiheit,[17] der Steigerungsfähigkeit (Können zum Können, Könnendwerdenkönnen als Exponentialform des Könnens) und der Kompatibilität, Konsistenz, ja der Koordination und Kooperation einzelner Könnensweisen (»gekonntes Können«). Dieses Können ist zwar graduierbar, aber kategorial gesehen wesentlich ein starkes Können, das in der Regel und überwiegend problemlos auf Abruf aktualisiert und wiederholbar in Vollzüge überführt werden kann,[18] während das bis zu bloßen Denkmöglichkeiten zurückreichende schwache

17 Bis hin zur Freiheit des Selbsttodes, der als *möglicher* das Leben erträglicher erscheinen läßt (vgl. G. Batailles Konzept der Souveränität).

18 Dieser Könnensbegriff nimmt zwischen dem aristotelischen und dem megarischen eine vermittelnde Position ein.

Können mit Unverfügbarem behaftet und daher kategorial anders einzuordnen ist. (Die Kategorien haben als solche idealtypischen Charakter, gehen aber im Lebensvollzug Verbindungen ein und zeigen Übergänge.)
Der *Vollzug* ist definiert als Aktualisierung des Könnens durch seine bewußte Ingebrauchnahme. Da der Vollzug hier Strebensziel ist, sind damit in erster Linie selbstzweckhafte Letztvollzüge gemeint. Zwischen Können und Vollzug besteht ein Repräsentationsverhältnis: Jedes Können bedarf von Zeit zu Zeit der Bewährung durch Vollzüge, sonst wird sein Glückswert verbraucht. Vollzüge ruhen daher auf Könnensweisen auf, erhalten sie aber auch. Ein einzelner Vollzug kann uns der Verfügbarkeit über längere Zeiträume hin vergewissern, ja stellvertretend stehen für die ganze Gattung eines Güterbereichs. In ihm steckt insbesondere das Bewußtsein künftigen Könnens und Vermögens.
Die Dimension der erlebten Zeit führt im (kombinierten) Rück- und Vorblick zu Gestalten *temporaler Integration* des Lebens, die nach Art einer Reflexionsstruktur das Widerfahren, Können und Vollziehen überformt, hermeneutisch abwandelt und damit qualitativ verändert und modalisiert. Die Kategorie qualifizierter Temporalität variiert zwischen dem temporalen *Konspekt*, einer Zwischenbilanz innerhalb des Lebensganges, und der temporalen *Bilanz* am oder gegen Ende des Lebens.[19] Eine solche lebensgeschichtliche Bilanzierung bezieht sich auf die Abschätzung unseres Lebens in seiner zeitlichen Erstreckung nach dem Grad seines Gelingens oder Mißlingens insgesamt. Im menschlichen Leben besitzt die Gegenwart einen Zeithof nach vor- und rückwärts; Vergangenes und Künftiges werden fokussierend in sie hereingespiegelt und konzentrisch totalisiert und bilanziert. Die Lebensqualität ist daher immer schon eine temporal gebrochene und reflexiv-integrale, die die reproduzierte Vergangenheit und die antizipierte Zukunft mit der Gegenwart vermittelt, und zwar in

19 Auch die Kategorie des Könnens besitzt gewisse konspektiv-temporale Momente; die Abgrenzung der Bilanzkategorie ergibt sich durch deren Integrationscharakter (diachron und synchron, auch bezüglich der übrigen Kategorien, Mannigfaltigkeit von Inhalten gegenüber der spezialisierten Kontinuität des Könnens) und die damit verbundene stärkere hermeneutische Modifikation.

Horizonten von verschiedener Weite und mit verschiedenen Explikations- und Bewußtseinsgraden. Die nachträglich ausschöpfende Reflexion und die antizipierende Phantasie vereinigen sich zu einer überwiegend gegenwartsbestimmten Perspektivität, der Ur-Hermeneutik des je eigenen Lebens, die in Auswahl, Gewichtung, Deutung, Wertung und Beleuchtung Lebenskurven entwerfend konstruiert und Abläufe eines gelingenden und verfehlten Lebens konspektiv und bilanzierend aufbaut, die sich mit dem faktisch gelebten Lebensgang keineswegs zu decken brauchen und selbst in immerwährender, der Veränderung des Standorts und der Distanz entsprechender Wandlung begriffen sind. Dieser hermeneutische Übergriff gehört zur Standortsgebundenheit und Eigenperspektive des Praktisch-Geschichtlichen und kann nur innerhalb der Selbstinterpretation modifiziert, aber nicht grundsätzlich berichtigt und objektiviert werden. Konspekte und Bilanzen, die nicht dergestalt ihren Sitz im Lebensgang haben, sind auch nicht glücksfähig. Subkategorien dieser Kategorie sind der *rechte Zeitpunkt* (der objektive Kairos) und die *Rechtzeitigkeit* (das richtige Sichdazuverhalten), sowohl okkasionell-punktuell für das jeweilige Handeln wie auch relational für die richtige *Konstanz* oder *Varianz* der Inhalte, für die richtige Graduierung in *Zu-* oder *Abnahme* und schließlich in der *Temporichtigkeit*, endlich das eudämonische *Minimum*, das bereits zu definieren war als derjenige Grenzwert eines angemessenen Weltverhältnisses, das für ein auf *längere Sicht* gelingendes Leben notwendig ist.
Die Kategorien weisen sich als solche nicht nur durch das Merkmal der *Differenzierung*, sondern auch das der *Korrelation* aus: Sie bilden einen kontinuierlichen Bedingungszusammenhang (schicksalhaft Zugefallenes wird zum Gekonnten, dann zum Vollzogenen, zuletzt in der Rückschau rekapituliert; oder anders gewendet: Welt erschließt sich, wird dadurch verfügbar, auf Grund dessen in Gebrauch genommen, schließlich in allen Erscheinungsweisen resümiert und bilanziert); dem entspricht eine konzentrische Horizontverengung bis zum Vollzug (mit der Temporalität wird dann die Ebene einer überformenden Reflexionsstruktur bezogen). Korrelativ wirkt ferner die Komplementarität zwischen Unverfügbarem und Verfügbarem, zwischen Können und Vollzug, Überformtem und reflektiv Überformendem. Die Rangie-

rung und Gewichtung der Kategorien kann jedoch nicht mehr linear entwickelt werden: Während die Kategorie des Unverfügbaren die fundierende ist, ist die des Könnens (und korrelativ dazu: des Gekonntwerdens, des Möglichen, Disponiblen) die eigentlich zentrale, von der auch die des Konspekts als die umfassendste primär abhängig ist (von der des Unverfügbaren nur mittelbar, von der des Vollzugs nur exzeptionellerweise). Die Kategorie des Könnens markiert daher den Kernbereich des Gesamtgutes der Strebensethik; die meisten übrigen Kategorien sind ihr dem Gewicht nach etwa im Sinne einer analogia attributionis zugeordnet. Die gleichen Relationen gelten im übrigen für die jeweiligen Negativformen, wenn und soweit die Strebensziele generell nicht erreicht werden und anstelle des Guten das Übel überwiegt. Auf der anderen Seite gehen in die integrierende und totalisierende temporale Perspektive alle übrigen kategorialen Bestände ein; erst hier wird über Art und Grad des Gelingens oder Mißlingens des Lebens endgültig entschieden. Insofern fällt der Bilanzkategorie doch die unüberbietbare Abschluß- und Zielfunktion innerhalb der kategorialen Abfolge des individuellen Guten zu. Im übrigen setzt die praktische Konspekt- und Bilanzkategorie anthropologisch die erlebte Einheit des gelebten Lebensganzen im Selbstbewußtsein voraus, ein Fundament jedweder Planung und Praxis, das theoretisch weiter explizierbar ist.

Die Einteilung, die sich auf dem Boden einer phänomenologisch fundierten Kategorialanalyse im Grenzbereich zwischen Philosophischer Anthropologie und Ethik bewegt, erhebt Anspruch auf Vollständigkeit. Sie verfolgt im übrigen eine doppelte Frontstellung: Sie grenzt sich einmal kritisch ab von modernen Verkürzungen des gelungenen Lebens, die es simplifizierend entweder auf das »Glücken« des Unverfügbaren oder auf ein psychologisch-hedonistisch verstandenes »Glück« reduzieren (das weder eine kategoriale Valenz besitzt noch für sich genommen modalisierbar ist). Zum andern bezieht sie kritische Distanz gegenüber der älteren teleologischen Ethik: Sie faßt das Unverfügbare nicht wie diese als bloße Bedingung des gelingenden Lebens, sondern als eines seiner Modale auf, thematisiert die Temporalität als sein übergreifendes Modal und kehrt insbesondere die ältere Rangordnung der Akt-Potenz-Relation im Zeichen des modernen postteleologischen Freiheitsbegriffs um, indem sie das Mögliche und das Können – und nicht den Vollzug – als Zentralkategorie präsentiert. (Auch der Autarkiebegriff figuriert im neuzeitlichen postteleologischen Können nur noch als restriktiver Grenzfall, der sowohl im einzelnen unterschritten wie prinzipiell – und virtuell ins Unendliche – überschritten wird, eine Dynamik, der die Subkategorie des »Könnens zum Können« Rechnung trägt.) Insbesondere besitzt hier die Freiheit und Optionalität ihren kategorialen Ort, verstanden als postteleologische Radikalisierung älterer, teleologisch gebundener Präfigurationen.[20]

Die Allgemeingültigkeit und Unentbehrlichkeit der Kategorien liegt wie bei denen der Moral am Tage: Wir sind stets mit irgendwelchen, wenn schon minimalen, (Nicht)Vollzügen befaßt, durch irgendein (Nicht)Können bestimmt, und wir nehmen bei jeder Geste oder Handreichung Unverfügbares in Anspruch oder entbehren es; ein gewisser Horizont erlebter Zeit, ob re- oder protentionaler, reproduktiver oder antizipativer Art begleitet uns stets wie ein Schatten. Der kategoriale Zielsatz der Lebensführung ist daher von allgemeiner philosophisch-anthropologischer Tragweite und könnte in theoretischer Absicht in weitere anthropologische Zusammenhänge gerückt werden. Wie bei den Moralkategorien muß allerdings auch hier ein transhistorisches anthropologisches, ja partiell biologisches Substrat unterschieden werden von seiner epochalen Bedeutsamkeit und Gewichtung, die die Rangierung innerhalb des Gesamtguten wesentlich beeinflußt. Die Chancen einer anthropologischen Transzendentalität im Rahmen einer Metatheorie der Ethik werden im folgenden zusammenhängend diskutiert (Kap. IV). Für die Zwecke Praktischer Philosophie und Ethik interessiert jedenfalls nur die pragmatische Hinsicht der Anthropologie, d. h. ihre options- und handlungsleitende Leistung. Sie besteht im Falle des kategorialen Zielsatzes darin, daß er

20 In den zuletzt genannten Punkten unterscheidet sich die nichtmoralische Lebensführung auch von der Moral: Das Unverfügbare spielt wenigstens für die Gesinnungsmoral keine Rolle, eine Moralbilanz des Lebens sollte nicht Ziel um seiner selbst willen sein (Kant), und die Freiheit ist vergleichsweise restriktiv aufgefaßt sowie nicht Ziel, sondern Bedingung des moralischen Handelns.

trotz seiner Formalität Irrtümer, Verwechslungen, falsche Zuordnungen und Gewichtungen bei der Zielwahl und der Erstellung von Vorzugsordnungen ausschalten oder doch vermindern kann (entsprechend der Vermeidung von Kategorienfehlern in der Theoretischen Philosophie). Dies bedeutet nicht – so wenig wie beim Kategoriensatz der Moral –, daß man als Handelnder oder Berater notwendig bis zum Zielsatz zurückreflektieren müsse, wohl aber, daß man dies in bestimmten aporetischen Entscheidungssituationen, die zu prinzipiellen Klärungen herausfordern, tun kann. Darüber hinaus vermag seine Vergegenwärtigung gegebenenfalls affirmativ zur Wahrnehmung und Ausnutzung richtiger Zuordnungen anzuleiten (beispielsweise mit der Antizipation der Lebensendbilanz als Regulativ der gesamten Lebensführung). Solche Orientierungsleistungen können in einer speziellen Entscheidungs- und Handlungstopik im einzelnen ausgefaltet werden. Im übrigen ist selbst die Kategorie des Unverfügbaren nicht nur ex negativo, sondern auch direkt praxisrelevant: durch Ausgrenzung des *wesentlich* Unverfügbaren für eine realistische Planung, durch die ethische Leistung des richtigen Sichdazuverhaltens (Gelassenheit, »Können des Ungekonnten«; (Un)Glücksbereitschaft), endlich und vorzugsweise durch die Bemühung, dem *vorläufig* Unverfügbaren direkt oder mittelbar Verfügbares abzuringen.

Die Zentralstellung und der relative Primat der Kategorie des Könnens, der Mächtigkeit und (starken) Möglichkeit im Aufbau des guten Lebens verdient eine systematische Erläuterung und Begründung. Daß in Umkehrung der teleologischen Ethiktradition nicht den Letzt- und Endvollzügen, sondern der zweitletzten Aktualisierungsstufe disponiblen Könnens der Primat zukommt, entspricht generell dem postteleologischen Vorrang der Möglichkeit vor der Wirklichkeit, läßt sich aber auch argumentativ einsichtig machen: a) Während die verschiedenen Vollzugsformen in der Regel nur sukzessiv, d. h. jeweils nur isoliert, partikulär und fragmentarisch realisiert werden können, sind die Könnensweisen simultan präsent und überwiegen daher zum wenigsten der Extension nach bei weitem. b) Die Vollzugsformen gewinnen ihre Bedeutung erst im Kontext des erreichten Gesamtkönnens und gehen zuletzt erschließend, erhaltend und konfirmierend darin ein. c) Auch in der Perspektive des Gesamtlebens haben durative Könnensweisen und Disponibilitäten vermöge ihrer Langfristigkeit und Kontinuität einen höheren Bilanzwert als punktuelle Letztvollzüge. d) Systematisch gesehen ist das Gesamtkönnen das redimensionierte, aber durch die Exponentialform erweiterte Analogon zum traditionellen Autarkiebegriff. – Umschreibt demnach von den Vollzügen her gesehen die Könnenskategorie die Kernzone des Guten der Strebensethik, so gilt Ähnliches gegenüber dem glückhaften Widerfahren: Es gibt kein Glücken oder Mißglücken an sich, sondern nur in Relation zum erreichten Gesamtkönnen und zum Verwirklichtsein im ganzen. Demgemäß werden auch die einzelnen Widerfahrnisse im Können verarbeitet und aufgehoben, wobei sich das instantane Gelingen (oder Mißlingen) oft erst allmählich in der Retrospektive als Gelungen*sein* erschließen mag. Ferner geht anhaltendes oder wiederholtes glückhaftes Widerfahren wesentlich in Disponibilität über und transformiert sich zunehmend in die selbstmächtige Verfügungsgewalt des Handelns. – Darum ist schließlich auch noch die Kategorie temporaler Integration in entscheidendem Umfang getragen von den längerfristigen Grunddisponibilitäten und den Weisen stetigen und dauerhaften Könnens, die bilanzrelevanter sind als punktuelle Spitzenintensitäten glückhaften Widerfahrens oder selbstmächtigen Vollziehens, weil sie weite Zeiträume positiv und allseitig abdecken und zugleich die Gipfelpunkte in das Gesamtniveau integrieren. Insbesondere ist die *jeweilige* Lebensbilanz vom Horizont des *jeweils* bestehenden Gesamtkönnens maßgeblich geprägt. Dem entspricht es, daß die Erhaltung oder Erweiterung solchen Könnens für die auf die Zukunft gerichteten Planungs- und Handlungsstrategien ein letztes Ziel, für das alltägliche Handeln aber ein Kriterium und Regulativ der Lebensführung abgibt, welches dasjenige der Lebensbilanz konkretisiert.

Geht man darum insgesamt davon aus, daß das Können zwar nicht Grundgut, wohl aber *Primärgut* des erfüllten Lebens ist, so ließe sich die Strebensethik im Unterschied zur Sollensethik zugespitzt geradezu als Ethik des Könnens und Könnenwollens definieren. Der Könnensbegriff ist weniger belastet als derjenige der Freiheit, umfassender als der der Wahlfreiheit und empfiehlt sich andererseits durch den affirmativen Weltbezug und die individualethische

Präzisierung und Konkretheit (Freiheit hat dagegen auch politische und moralische Konnotate). Nimmt man die Reflexionsstufen des Könnens hinzu, dann läßt sich die Aufstrukturierung der Freiheit[21] ohne Rest in die Terminologie der Könnenskategorie übersetzen, wobei die Ambivalenz auch des Könnens durch die Subkategorien des (Aus)Wählenkönnens, der Veränderungs- und Steigerungsfähigkeit (Exponentialität) und des Koordinations- und Integrationsvermögens aufgefangen und in *gekonntes* Können umgewandelt wird.

Der Primat des Könnens unter den Modalen des Weltverhältnisses hat Konsequenzen für die Zentrierung des *Selbst*, das im qualifizierten Leben immer schon im Kommerzium mit der Welt steht. Das eigentliche Selbst hat den Charakter eines (relativ) Zuständlich-Dauerhaften, dem das ›Ich bin‹, nicht das ›Ich tue, erlebe, habe getan‹ entspricht. Als Selbst*sein* kann es nicht in den einzelnen Vollzügen und Erleidnissen aufgehen, es trägt und ermöglicht sie vielmehr. Es ist primär und prototypisch das volle Können aller Vollzüge insgesamt, in das im Resultat auch alle Widerfahrnisse eingegangen sind. Zum bewährten, jederzeit disponiblen und aktualisierbaren Können treten ferner weitere, noch nicht ausreichend bewährte und beglaubigte, nur indizierte Könnensweisen (Dispositionen). Das Selbst als Ganzes ist daher definierbar als die Summe aller Disponibilitäten und Dispositionen. Beide Male handelt es sich um existenziale Möglichkeitsbegriffe, soweit sie ins Selbstverständnis eintreten und dadurch auch praktische Relevanz gewinnen. In der Tat ist zumindest das starke Können als ein generelles meist auch reflektiert und intendiert, weil sich hier zwischen Selbst und Welt, Können und Gekonntem ein Hiat auftut, der im konkreten Vollzug jeweils objektivistisch aufgehoben und verdeckt wird. Gemäß der modalen Differenz praktischer Kategorien ist das Strebensziel des könnenden Selbst entweder schon faktisch als ein voll disponibles oder noch dispositionell, als Ensemble von Dispositionen auf mögliche Disponibilitäten hin. Prototypisch kommen dem vom Können her verstandenen Selbst auch die quantitativen und relationalen Spezifikationen des qualifizierten Welt- und Selbstverhältnisses zu: Die *Zentralität* betrifft

21 Oben S. 155.

die Schwerpunktsbildung unter den Möglichkeiten des Selbst, konkretisiert in der Gesamtrichtung des Selbstverständnisses und in den Grundentscheidungen der Lebenswahl. Sie kann monozentrisch oder polyzentrisch angelegt sein, beide wieder in sich variabel. Die *Extension* umfaßt den übrigen Bestand des könnenden Selbst, schreitet das Gesamtvolumen der Könnensweisen ab, die aus dem dispositionellen Selbst selegiert und als disponible angestrebt oder akzeptiert werden, ohne jedoch eine Grundrichtung des Selbstverständnisses anzugeben. Die Grenzen oszillieren zum Zentralen wie zum Abgewählten hin. *Koordination* bezieht sich auf formale Ganzheit, wie Extension auf materiale. Bei ihr sind verschiedene Integrationsgrade zu unterscheiden: zuerst Widerspruchsfreiheit, Verträglichkeit, Erfüllung von Koexistenz- und Konsistenzbedingungen, dann Einheitlichkeit durch Bildung eines Systems von Prioritäten und Präferenzen, schließlich fortschreitende Funktionalisierung in Korrelation, Kooperation, Interdependenzen, zum Beispiel bei Zwecken, die sich zugleich in Mittel umformulieren lassen und umgekehrt, oder bei Zwecken und Mitteln, die dies jeweils in mehrfacher Hinsicht sind. *Intensität* bezieht sich auf Gradunterschiede in den einzelnen Könnensbereichen, während sich die *Protension* auf die erwartete oder erinnerte Dauer des jeweiligen Könnens bezieht und *Exponentialität* auf seine antizipierte Steigerung und Erweiterung. Alle diese Spielräume des Könnens verhalten sich teils interdependent, teils komplementär zueinander. So wird Zentralität durch Intensität gestärkt oder geschwächt, und die Koordination wird um so schwieriger, je extensiver der Umkreis abgesteckt werden soll. Gemeinsam ist ihnen allen, daß sie Weisen des Selbstseins als Können sind, bezogen auf das Gekonntwerden von Welt.

Die im vorigen herausgearbeitete Zentralkategorie des Könnens leistet mehr als eine abstrakte Formalisierung, sondern führt als Komplementärbegriff von Handeln und Sichverhalten unmittelbar in die ethische Handlungstheorie hinein. Das Können ist die ratio essendi des Handelns und umgekehrt das Handeln die ratio cognoscendi et confirmandi des Könnens. Handlungsvollzüge weisen daher stets auf vorgegebenes Können zurück, oft aber auch auf die Zielformation künftigen Könnens voraus. Soweit Handeln lediglich gegebenes Können aktualisiert, ist es an den starken, durch Abrufbarkeit und Wiederholbarkeit des Handelns ausgezeichneten Möglichkeitsbegriff gebunden. Handeln muß jedoch auf den schwächeren Begriff zurückgreifen, wenn es – wie sehr auch immer aus vorgegebenem Können heraus – *neues* Können zu erzeugen unternimmt. Ein Können zum Können oder, anders formuliert, ein Könnendwerdenkönnen würde daher stets an Disponibilität verlieren, aber an Risiken zunehmen und sich damit vom vollgültigen Können entfernen. Indessen trifft dies dann nicht zu, wenn die Erfahrung wiederholten Gelingens hinzukommt und das Erfolghaben gleichsam selbst habituell wird. Man ist dann gewohnt, das Disponible leicht erzeugen zu können, d. h. man »kann« das Neue fast, und dieses Können zum Können nähert sich damit selbst dem Disponiblen an. Hiermit ist allerdings die äußerste Grenze erreicht, bis zu der der starke Möglichkeitsbegriff erweitert werden kann: Es handelt sich um die Kombination eines gesicherten Grundkönnens mit der Erfahrung eines souveränen Könnendwerdenkönnens, etwa im Erlebnis anhaltend sich bewährender Kreativität, kontinuierlich sich erweiternden und vertiefenden Vermögens oder des beständig sich einstellenden und steigernden Erfolghabens. Vermutlich liegt gerade in dieser Verbindung die höchste Glücksform beschlossen. Wagnis und Risiko werden hier dem Anschein nach mitgesetzt, aber im Effekt und endlich bereits in der Antizipation in ein annähernd vollgültiges Können umgewandelt und zurückgenommen.

Von dieser Spezialform des starken Könnensbegriffs abgesehen, die auch noch die exponentielle Selbststeigerung einbezieht, ist es klar, daß riskantes, nicht garantiert gelingendes Handeln überwiegend instrumentell auf die Schaffung starken Könnens hin ausgerichtet ist. Die Zielebene alles derartigen Handelns ist der Bereich aller starken Könnensweisen, die jeweils erreichbare Summe aller autarken Disponibilitäten. Die Bedingungsfolge der Handlungsschritte stellt sich dann dar als fortschreitende Umwandlung von (schwachen) Dispositionen in (starke) Disponibilitäten. (Dabei sind die Situationen des Gesamtverlaufs meist nicht durch Einzelhandlungen, sondern durch Handlungssysteme charakterisiert, womit nicht nur Wiederholungen eines bestimmten Handlungstyps, sondern Funktionszusammenhänge verschiedener Handlungstypen gemeint sind.) Die damit vorgenommene Gewichtung wendet sich sowohl gegen einen Quietismus, der alles beim bloß Potentiellen beläßt, ohne zum Disponiblen vorzustoßen, wie gegen einen leeren Aktionismus, der Handeln ziellos um des Handelns willen betreibt. Es muß gehandelt werden – und dazu rät eine handlungsorientierte Ethik protreptisch an –, um auch nur erst zum wahrhaft Möglichen zu kommen, während die vermeintlichen Möglichkeiten des Quietismus in Wahrheit nicht realisierbar und daher illusorisch sind. Es ist richtig, daß die vollgültigen, wiederholbaren Könnensweisen ihrerseits der Beglaubigung durch aktuelles Handeln bedürfen, aber es war in heutiger Sicht ein von der theoretischen Modalontologie verursachter Irrtum der aristotelischen Ethik-Tradition, die Zielebene in den Letztvollzügen und nicht in der zweitletzten Aktualisierungsstufe der obersten Könnensweisen anzusetzen, wodurch bereits der überkommene Autarkiebegriff desavouiert wurde.[22] –

Der Übergang zu den speziellen Planungs- und Handlungsstrategien, zur Ziel- und Mittelwahl und den damit verbundenen Vorzugsordnungen ergibt sich aus einer Analyse der *Praktischen Intelligenz*, die selbst eine ausgezeichnete Könnensweise darstellt. Die Praktische Intelligenz repräsentiert den rationalen Aspekt der Lebensführung, auf den sich die Haltungen und Handlungstypen in gewissem Ausmaß abbilden lassen und der auch die Ansatzpunkte für (rationale) Beratung und damit für die Praktische Philosophie und Ethik bietet. Die neutrale Bezeichnung ›Praktische Intelligenz‹ grenzt gegenüber teleologischen Vorgestalten der Tradition (Phronesis, prudentia, Klugheit u. ä.) ab, um die Erweiterung und Formalisierung der Aufgabe zu markieren. Wenn Intelligenz überhaupt das Erfassen des Wesentlichen in seinem inneren und äußeren Zusammenhang ermöglicht, dann Praktische Intelligenz das Erfassen des Wesentlichen im Zusammenhang des Lebensganzen, mit den zugehörigen Prioritäten, Rangordnungen und Gewichtungen, wogegen der Mangel an Praktischer Intelligenz sich in der Mißachtung des Zusammenhangs äußert, des jeweiligen oder des gesamten und übergreifenden. Praktische Intelligenz ist erfahrungsbezogen, aber nicht nur erfahrungsab-

22 Vgl. Verf., Aktualität und Obsoleszenz der aristotelischen Ethik, Prima Philosophia Band 1, Heft 3, 1988, 284ff.

hängig, da sie auch reine Überlegungen in Reflexionsakten und Schlußfolgerungen kennt. Praktische Intelligenz ist wie Rationalität in sich mehrschichtig angelegt und zeigt einen Aufbau in verschiedenen Reflexions- und Totalisierungsstufen. Daraus folgt die Möglichkeit der Selbsteinschränkung und Selbstkorrektur bis hin zum qualitativen Umschlag ins Gegenteil, und zwar in doppelter Richtung: entweder vom Spezielleren auf das Generelle und Ganze hin, oder umgekehrt gegen das entfremdende und belastende Ganze zurück zum einzelnen Handlungsvollzug und zur Erfahrung (oder von der Zukunft zur Gegenwart). So können unter übergreifenden Gesichtspunkten scheinbare Torheiten gerade als intelligent, umgekehrt scheinbare oder unzeitige Klugheiten als töricht erscheinen. Die meisten Antinomien und Amphibolien der Praktischen Intelligenz lassen sich auf diesem Wege gleichsam typentheoretisch auflösen. Die moderne Praktische Intelligenz ist mitbeteiligt an der Setzung der Ziele und der Vorzugswahl oder Abwahl von Zielen, Mitteln und Verhaltensstrategien. (Eine Entscheidung zwischen Letztzielen kommt allerdings nur insoweit in Betracht, als das Streben nicht eindeutig und die Letztziele selbst kontrovers sind.) Die stark formalisierte Grundstruktur der modernen Praktischen Intelligenz läßt ihre Aufstrukturierung nach verschiedenen Kompetenzen als ratsam erscheinen, von denen einige in der älteren Ethik noch gar nicht thematisiert gewesen sind. Zu unterscheiden wären demnach etwa: 1.) Die *Finalisierungskompetenz*, kraft deren Ziele nicht nur rezeptiv erkannt, sondern gesucht, gesetzt, variiert oder reflektiert werden. 2.) Die *Wahlkompetenz* zwischen einer Mehrheit von Zielen wie von Mitteln. 3.) Die (Zu)*Ordnungskompetenz*, die die Wahlkompetenz weiterführt und präzisiert, indem sie nicht nur wählt oder abwählt wie jene, sondern unter dem Ausgewählten kontinuierliche Rang- und Zielordnungen herstellt: a) ordinale Rangfolgen von Zielen, b) Vertauschung von Zielen und Mitteln, c) pluralistische Handlungsstrategien, d. h. Mehrfachalternativen mit Angabe der Reihen- und Rangfolge, d) weitere Funktionalisierungen nach dem Sparsamkeitsprinzip und dem Folgenkalkül. 4.) Eine *Topisierungskompetenz* als Spezialfall der Ordnungskompetenz, die praktisch relevante Erfahrungen, Regeln oder Maximen in individuell aufgebauten Topiken, Tabulaturen und

Repertorien, d. h. organisierten Orientierungsfeldern in praktischer Absicht, speichert und damit Regelpanoramen mit Taktika und Strategemen sowie Informationsübersichten auf Abruf bereitstellt. 5.) Eine *Improvisationskompetenz*, die neu auftretende Probleme mit unkonventionellen Mitteln zu lösen versucht, und 6.) die davon verschiedene, weil mehr gebundene *Anwendungskompetenz* qua Urteilskraft. Alle diese originär produktiven Kompetenzen lassen sich unter dem Gesamttitel einer *Stochastik*, der Generalkompetenz des richtigen »Zielens und Treffens« zusammenfassen. Davon verschieden sind die weniger erfindenden als wiederfindenden, reproduktiven Kompetenzen der Praktischen Intelligenz: 7.) die *Aporetik* als diagnostische Kompetenz zur Identifizierung der jeweils vorliegenden typischen praktischen Probleme, der »Aporien«, und 8.) die ihr korrespondierende *heuristische Kompetenz*, die die zugehörigen praktischen Problemlösungen in topischer Form bereithält, wobei die Auflistung der Probleme durch die Aporetik den Leitfaden für die Auffindung und Dingfestmachung der Lösungen bietet. Die Aporetik formuliert also die Probleme vor, die Heuristik gibt aus dem topischen Vorrat die Lösungen an die Hand. Beide sind nicht identisch, da *ein* Problem mehrere Lösungen haben und umgekehrt *eine* Lösung mehrere Probleme abdecken kann, also keine Eins-zu-Eins-Entsprechung besteht. Aporetik und Heuristik machen von Topiken – und damit von der Topisierungskompetenz (4.) – Gebrauch, die frühere Erfahrungen und Überlegungen in Gestalt eines Vorrats an Maximen, Vorzugsordnungen, Kriterien und Argumenten organisieren. Man kann die Stochastik und die Heuristik noch einmal unter dem Titel einer »Poristik« zusammenfassen und der »Aporetik« gegenüberstellen. Die Funktionen Praktischer Intelligenz lassen sich dann im Blick auf die verschiedenen Phasen des praktischen Problemlösungsverhaltens folgendermaßen schematisieren: Der in der *Aporetik* artikulierten praktischen Problemexposition korreliert eine (euporetische) *Poristik*. Sie zerfällt ihrerseits in eine *Stochastik* als die generelle Kompetenz eines praktischen Problemlösungsverhaltens, das mit mehr oder weniger großer Variabilität Zielordnungen, Handlungsstrategien (im großen) und -taktiken (im kleinen) ad hoc spontan erfindend und improvisierend zu entwerfen vermag; und eine *materiale* praktische *Heuristik*, die sich an bestimmte Problemlösungen des bisherigen Erfahrungsbestandes anlehnt. Es liegt in der Konsequenz der Aporetik wie der Heuristik, daß sie sich beide zunehmend zu einer *Topik*, einem praktischen Fächer- und Regelwerk auf Abruf organisieren. Dabei besteht zuletzt auch noch eine Interdependenz und ein wechselseitiger Funktionszusammenhang zwischen Topik und Stochastik: Nicht nur gehen die Resultate der Stochastik als bewährte oder falsifizierte in die Topik ein, sondern auch die Stochastik baut mittelbar immer schon auf dem topisierten Erfahrungsvorrat auf und hebt sich innovatorisch davon ab. Im übrigen ist in der Neuzeit die Stochastik als der Inbegriff der produktiven Kompetenzen naturgemäß stärker akzentuiert als in der älteren teleologischen Ethik (Finalisierung, Zuordnung, Improvisation). Damit hängt es zusammen, daß die Stochastik als prinzipiell uneingeschränkte und in ihrer Produktivität unvorhersehbare Technik des Selberfindens und Erfindens stets um einige Grade formaler ist als die materiale Heuristik und Aporetik.

Jedermann macht von allen diesen Kompetenzen der Praktischen Intelligenz Gebrauch. Es ist Sache der philosophischen Ethik, die verschiedenen Kompetenzen und Funktionen der Praktischen Intelligenz zu reflektieren, ins Bewußtsein zu heben und dadurch zunächst einmal methodisch zu optimieren. Diese Aufgabe der Verbesserung und Optimierung bleibt der Ethik auch dann, wenn sie sich selbst materialer Ratschläge enthält und sich auf methodologische, konzeptuelle oder linguistische Klärungen metaethischer Art oder auf die Grundlagenforschung der Praxis beschränkt. Es besteht jedoch kein Anlaß, der philosophischen Ethik nicht auch materiale konsiliatorische Kompetenzen zuzubilligen. Sie kann zunächst Handlungsziele, -pläne, -verläufe und -kriterien einer vergleichenden kritischen Analyse unterziehen und dadurch Präferenzen beeinflussen. Sie kann ferner eigene Alternativen ins Spiel bringen, wozu bereits die präzisere Ausarbeitung gebräuchlicher Modelle zu rechnen wäre. Sie kann sich endlich selbst als – konsiliatorisch-praktisch intendierte – systematische Reflexionsstufe der Aporetik, Poristik und Topisierung etablieren und dementsprechende planungs- und handlungssteuernde, -regulierende und -stabilisierende und innovatorisch-innervierende

Funktionen wahrnehmen. Die Ratschläge, Sentenzen, wertungsbestimmten Analysen, Paradigmen und Imperative der Tradition Praktischer Philosophie bieten dafür reichliche Belege und zugleich einen unverächtlichen Fundus aufzuarbeitenden Materials. Die Praktische Philosophie und insbesondere die Strebensethik hebt damit lediglich auf ein höheres methodisches und begriffliches Niveau, was in typischen konsiliatorischen Situationen vorphilosophischer Art immer schon geleistet und vollzogen war. Damit zeichnet sich ein kontinuierlicher komplettierender Zusammenhang und ein kooperatives Verhältnis von der Selbstberatung des Einzelnen über die externe Anratung der alltäglichen konsiliatorischen Situation bis zu deren methodischer Reflexion in der philosophischen Ethik ab. Diese Reflexion trägt naturgemäß Züge einer theoretischen Ausarbeitung und Systematisierung, bleibt aber doch in letzter Absicht auf die Anleitung von Praxis bezogen, ist also in Übereinstimmung mit der gesamten Tradition Praktischer Philosophie nicht nur Philosophie von und über Praxis, sondern auch *für* die Praxis.

Es ist daher sinnvoll, die verschiedenen funktionalen Aspekte Praktischer Intelligenz – aporetische, heuristische und stochastische sowie gegebenenfalls topologische Leistungen – auf der Ebene der philosophischen Strebensethik als deren Teildisziplinen Aporetik, Heuristik, Stochastik und Topologie zu thematisieren. Es handelt sich dann um theoretische Wissensformen und nicht mehr um naturwüchsige Kompetenzen der Praktischen Intelligenz. Das Schwergewicht fällt dabei eindeutig auf die Heuristik und Stochastik, der die Aporetik und die Topologie zugeordnet sind. Ihre Aufgabe ist es zunächst, a) die Planungs- und Handlungsfähigkeit des Einzelnen durch Einübung in exemplarische Zielordnungen, Strategeme und Taktika zu schulen, zur Selbstfindung anzuleiten und dadurch in ihrer stochastischen Valenz zu stärken (*Stochastik*); b) die eigene Erfahrung des Akteurs zu organisieren helfen, um sie für ein effizientes Handeln optimal nutzbar zu machen, darüber hinaus aber auch die Kontingenz seiner Lebensführung zu durchbrechen und durch Erfahrungen Anderer oder durch weiterführende Überlegungen zu erweitern und zu ergänzen (*materiale Heuristik*). Im zweiten Fall geht es um die Anhebung der heuristischen Kompetenz des Akteurs oder darum, ihre Defizite zu kompensieren. Es handelt sich dabei um α) die Überwindung von Handlungsaporien durch die Vermittlung bewährter Alternativmodelle, β) Entscheidungshilfe durch die Formulierung geeigneter Kriterien, γ) die Optimierung von Zielformationen und Handlungsstrategien durch das Angebot von Vorzugsalternativen.

Sind die philosophisch-ethische Heuristik und Stochastik das Organon des erfolgreichen, sicheren und souveränen Handelns, des effizienten Bewirken- und Sichetwasverschaffenkönnens und endlich überhaupt der Fähigkeit, zum Handlungsvollzug zu gelangen (›Inshandelnhineinkommen‹), so exponiert die ethische *Aporetik* die zugehörigen praktischen Problemstellungen durch Analyse der Typen des gehemmten oder scheiternden und erfolglosen Handelns. Sie leistet damit einen Beitrag zur Diagnose und mittelbar zur »Therapie« fehlender oder ineffizienter Praxis, muß also gegebenenfalls in der Beratungssituation explizit entfaltet werden. Solche typischen Krisenfälle, die ein Beratungsverhältnis als wünschenswert erscheinen lassen, sind etwa die folgenden: 1) Die *Initial-* oder *Basisaporie* des ersten und als solchen grundlegenden Schrittes in der Handlungsreihe (oder des einzigen Schrittes selbst), wodurch die Handlungsfreiheit prinzipiell betroffen ist. 2) Die fehlende *Schlüssigkeit* einer Folge von Handlungsschritten, die einander der Reihe nach bedingen, wenn in der Planung oder der Ausführung ein Glied ausfällt und dadurch die Sequenz abreißt, ohne daß sich weitere Alternativen abzeichnen (der Fall schwacher, scheinbarer oder durchkreuzter Möglichkeiten). 3) *Finalisierungsaporien*, wenn (Teil-)Ziele oder übergreifende Sinnzusammenhänge ausbleiben. 4) Aporien des *Risikokalküls*, etwa in der Unübersichtlichkeit der Handlungsfolgen[23] oder der Relation von Aufwand und Ertrag. 5) Mangel an *Prioritätsregeln*

23 Wo Risikofaktoren nicht völlig auszuschließen sind, sondern in der Bedeutung der Widerspruchsfreiheit denkmöglich bleiben, kann dies eine handlungshemmende Hamlet-Situation zur Folge haben. Dabei verhalten sich der starke (quasi-megarische) und der ganz schwache (Leibnizsche) Möglichkeitsbegriff gegenläufig: Der erste setzt fast alle Bedingungen als erfüllt voraus, beim zweiten genügt bereits eine einzige denkbare Gegenmöglichkeit, um die Handlungsfähigkeit zu blockieren.

und Präferenzkriterien, aber auch an Kriterien der chronologischen Rangfolge, jeweils zwischen mehreren Alternativen, mit der Konsequenz praktischer Unentscheidbarkeit. (Solche Falltypen können auch kombiniert auftreten.) Aufgabe der *heuristisch* beratenden Strebensethik ist es dann, Schwierigkeiten und Hemmungen beim Planen und Handeln durch konstruktive Anleitung zu beheben, nämlich durch Vermittlung weiterreichender Erfahrungen Handeln überhaupt in Gang zu bringen, Handlungssequenzen schlüssig zu machen, Ziele, Zusammenhänge und Sinnpotentiale sichtbar werden zu lassen, auf die hin gehandelt werden kann, Prioritätskriterien anzugeben sowie Nebenfolgen oder die Relation zwischen Aufwand und Ertrag kritisch zu beleuchten.
Die ethische *Topologie* endlich stellt sich als Strukturtheorie der ethischen Heuristik und Aporetik dar. Sie bezieht sich als Reflexionsstufe auf den mehr oder weniger geordneten und präsenten Erfahrungsvorrat, über den der einzelne Akteur und – in ausgedehnterem Grade – das konsiliatorische Umfeld immer schon verfügt, und sucht ihn weiter zu komplettieren und durch methodische Maßnahmen handlicher und abrufbereiter zu gestalten. Sie knüpft damit an die assoziativen und mnemotechnischen Regelmäßigkeiten an, die sich bereits beim Einzelnen selbst aufweisen lassen (Verwandtschaft, Spezifikation, Rangierung nach Tragweite, Dringlichkeit, Einfachheit u. a.). In der Tat verfügen wir mit der Topisierungskompetenz immer auch schon über individuell selegierte Topiken, die mehr oder weniger ausgebildet, elaboriert und internalisiert sind. Eine Topik zu haben, gehört bereits zur Lebensführung. Von diesen ganz persönlichen Topiken der Alltagspraxis sind zu unterscheiden die Lesetopiken der Moralisten und darüber hinaus die Topiken (halb)professioneller Ratgeber, die für die verschiedenen Typen potentieller Akteure mehrere topische Register parat haben müssen, nicht nur auf Abruf in einer Handlungssituation wie beim Akteur selber, sondern stärker virtualisiert und jeder Maximenbildung noch vorhergehend. Erst recht gilt dies dann für die theoretische Topologie der Praktischen Philosophie und Ethik, die entweder als *deskripitve* Ethik alle möglichen (auch einander ausschließenden) topischen Bestände archiviert und analysiert oder aber als *präskriptive* Ethik Modelltopiken entwirft für immer wiederkehrende oder besonders aktu-

elle und brisante Situationstypen.[24] Die ethische Theorie kann also als Topologie auftreten, indem sie Topiken analysiert oder bereitstellt, oder gar als Meta-Topologie, indem sie auf der Ebene einer Metatheorie der Ethik Grundbegriffe und Regeln der Topisierung definiert.

Die Strebensethik stellt sich in dieser Perspektive primär als Theorie der Praktischen Intelligenz dar, die jetzt noch einmal in ihrer Alltagsfunktion aufzusuchen ist. Sie bezieht sich in der Lebenspraxis auf zwei generelle Grundstrukturen, die die Bedeutung der Finalisierungs- und der Ordnungskompetenz illustrieren, aber miteinander nicht verwechselt werden dürfen: A. *Vorzugsordnungen*, insbesondere von Zielen, aber auch von Mitteln; B. *Bedingungsfolgen* nach Art der Mittel-Zweck-Relation, die handelnd zu durchlaufen sind, um Ziele zu realisieren. Diesen Bedingungsfolgen passen sich in der Regel die praktischen Planungs- und Handlungsentwürfe an, gegebenenfalls mit der Zerlegung in weitere Teilschritte oder der Ergänzung durch sekundäre Handlungssysteme, um sie übersichtlicher oder operabler zu machen. Die praktischen Handlungssequenzen gehören entweder einem abgeschlossenen (bis zur Zielrealisierung) oder einem offenen Typus mit tentativen Reduktionsformen an (Modelle explorativ experimentierenden oder – noch weiter verkürzt – präparativen oder präventiven Handelns). Sowohl die Erstellung von Vorzugsordnungen wie die Analyse der Bedingungsfolgen und die Gliederung der Handlungssequenzen ist Sache der (Zu)Ordnungskompetenz (nach vorangegangener Finalisierung). Aber auch wenn Alternativschritte – möglichst wieder nach Ordinalzahlen rangiert – in Reserve gehalten und damit Strategeme aufgebaut werden, ist die Ordnungskompetenz angesprochen. Das gleiche gilt für die kritische Sichtung eines Überangebots möglicher Lösungen durch die Unterscheidung von Regel- und Ausnahmefällen oder durch die Rangierung im Rahmen von Strategien.

Für die moderne Praktische Intelligenz steht die Vorzugsordnung im Zeichen des Finalisierungszwangs und des Pluralismus zunächst paritätischer Ziele. Andererseits sind auch die Bedingungsfolgen durch die Vielfalt und den raschen Wechsel der Ziele

24 Zur theorieinternen Topisierung der Speziellen Ethik vgl. Kap. v a. E.

und ihrer Voraussetzungen komplexer und schwieriger geworden. Die einfache Linearität von Taktika ist häufig durch verzweigte Strategeme ersetzt. In der Folge kommt es zu multiplen und multidimensionalen Ordnungssystemen, mit einem entsprechenden Kriterien- und Argumentationsapparat, wofür wiederum in erhöhtem Maße die (Zu)Ordnungskompetenz Praktischer Intelligenz gefordert ist.
Zur Refinalisierung, d. h. zur Umorientierung und Korrektur der Zielordnung, kann es auf verschiedene Weise kommen:[25] a) zur absteigenden Refinalisierung durch Ersatzziele, wenn die ursprünglichen nicht erreicht werden, oder b) zur aufsteigenden Refinalisierung, wenn die erreichten Ziele vergleichgültigt oder instrumentalisiert werden, wobei sich die neuen Ziele beispielsweise durch die Anhebung von Mitteln zu Zwecken oder durch eine Heterogonie der Zwecke einstellen können. Von der Zielordnung hängen jeweils die Kriterien und Begründungen für die Strategeme ab, andererseits untersteht auch die Zielwahl bestimmten Kriterien und Begründungen, nämlich nach Maßgabe der Letztziele oder des Gesamtguten als des eigentlich Erstrebten. Das jeweilige Gesamtgute bietet in der Regel das letzte Kriterium für alle Überlegungen und Planungen der Praktischen Intelligenz, die ja als das Vermögen zu definieren war, den Gesamtzusammenhang des Lebens zu erfassen und abzuschätzen. Der Imperativ ›Bevorzuge richtig!‹ ist in diesen Kontext zu stellen und als Aufforderung zu verstehen, auf das relativ Beste im Blick auf das jeweilige Gesamtleben und die zugehörigen individuellen Letztziele zu achten. Insofern gibt es jeweils eine relativ richtige Vorzugsordnung, die die Praktische Intelligenz zur rechten Zeit richtig erkennen kann. Auch darin tritt die moderne funktionelle Betrachtungsweise an die Stelle der älteren Wesenszwecke.
Auch unter modernen Voraussetzungen genügen die nichtmoralische Lebensführung und die Strebensethik im ganzen einem höheren rationalen Standard als die Moral und Moralphilosophie. Auch wenn die letzten Zielsetzungen notwendig emotiv und volitiv bestimmt bleiben, lassen sich doch die Bedingungsfolgen und Mittel-Zweck-Relationen, aber auch die Vorzugsordnungen bis

25 Vgl. N. Hinske, Lebenserfahrung und Philosophie, 1986, 78ff.

zu einem gewissen Grade rationalisieren, während die Moral nur unter verantwortungsethischen Gesichtspunkten Vergleichbares aufzuweisen hat. Die Moral ist wesentlich emotivistisch aufzufassen, mit einer unaufhebbaren Querlage zu ursprünglichen oder sekundären rationalen Begründungen, auch wenn die Normen- und Kontextkontrolle im einzelnen Ansätze zu rationaler Argumentation bieten mag. Dabei ist davon auszugehen, daß konsensuelle Allgemeinheit und apodiktische Allgemeingültigkeit keineswegs Rationalität verbürgen, sondern in Bezug auf Rationalität neutral und gar nicht abschätzbar sind. Demgegenüber ist die Lebensführung des Einzelnen viel leichter und unmittelbarer rationalisierbar und in ihrem Rationalitätsgehalt kontrollierbar und korrigierbar. Es empfiehlt sich daher für die Strebensethik die Annahme eines relativen Kognitivismus und Logizismus in Bezug auf die Lebensführung wie für die Moralphilosophie eines relativen Nonkognitivismus und Nichtlogizismus bezüglich der Moral.

Die mit der Praktischen Intelligenz verbundenen Erkenntnisprobleme sind um den Begriff der *Lebenserfahrung* zentriert, der freilich darüber hinaus auch die emotiven und volitiven Aspekte des Sichverhaltens betrifft. Die von der Strebensethik thematisierte vorwissenschaftliche Lebenserfahrung unterscheidet sich von der wissenschaftlichen (empirischen, empiristischen, hermeneutischen) dadurch, daß ihr Subjekt primär der Handelnde oder Erleidende selber ist – und nicht ein externer Beobachter und Theoretiker – und daß sie – im Unterschied zur regional partialisierten Empirie auch der Humanwissenschaften – zuletzt die Lebensführung im ganzen betrifft. Sie steht demgemäß von vornherein in einem praktischen und evaluativen Kontext. Im Vergleich mit der durch Zweite oder Dritte vermittelten Lebenserfahrung stellt sich die authentische eigene Erfahrung als prototypisch dar. Sie erweist sich als ein zweiseitiger, komplexer Sachverhalt: Sie ist primär ein Differenzgeschehen, doch mit nachfolgenden Identitäten, insofern als die Grunderfahrung immer die Erfahrung des Anderen, Unerwarteten und Neuen ist, zu der erst nachträglich die Erfahrung seiner Wiederholung, Dauer und Bestätigung hinzutritt. Die grundlegende innovatorische, »falsifizierende« Erfahrung ist übrigens nicht schon pejorativ als Enttäuschung aufzufassen, sondern lediglich als Überraschung durch das Unerwartete (die angenehm oder unangenehm sein kann). Es gibt im übrigen überraschende Erfahrungen, die gar nicht andersartigen Erwartungen zuwiderlaufen, sondern als Emergenzerfahrungen gleichsam aus der Null-Lage heraus auftreten. Das Erfahrungsgeschehen, bei dem Erfahrungen gemacht und erworben werden, hat zum Resultat den Zustand des Erfahrenseins und Erfahrunghabens. Allerdings ist dieser Zustand nie rein konservierbar: Erfahrungen *mit* der gemachten Erfahrung schließen sich an und modifizieren sie in weiteren Erfahrungssequenzen nach der Seite der Bestätigung oder neuer Veränderung. Grundsätzlich gilt, daß ein gewisses Gleichgewicht zwischen Differenz und Identität, Innovation und Iterierung die Bedingung der Möglichkeit von Erfahrung ist. Wo dagegen »Erfahrung« in einem permanenten Differenzgeschehen zum transitorischen Differential wird, ist sie noch gar nicht wirklich Erfahrung, und umgekehrt: Wo sie in eine totalisierende Identität eingeht und darin aufgeht, ist sie keine Erfahrung mehr. Beide Male, bei der Punktualisierung wie bei der Totalisierung, liegt eine Denaturierung des Erfahrungsbegriffs und des alltäglichen Sprachgebrauchs vor, die speziell die Praktische Philosophie zu vermeiden hat. Insbesondere ist die Mediatisierung von Erfahrung als »Propädeutik« in einer teleologischen Metaphysik (bis zu Hegel) und nach philosophisch unverbindlichen theologischen Modellen postteleologisch obsolet geworden. Natürlich bleibt die Erfahrung des Einzelnen stets in bestimmte soziokulturelle Zusammenhänge eingebettet, doch stellt sie sich innerhalb dieser als mannigfaltig und kontingent dar und unterliegt ferner einer Veränderung des Kontextes selbst, mit einer zusätzlichen Akzeleration des Geschichtsprozesses in der Gegenwart.

Aus der Sicht der Strebensethik betrifft die Lebenserfahrung die Dimension der Mittel und Wege wie die der Ziele – und um so mehr, als sie keine objektiven Zwecke mehr sind –, und zwar sowohl als selbsterwirkte wie als zugefallene und akzeptierte oder – bei den Antizielen – widerfahrene und erlittene.[26] Die Lebenserfahrung kann dabei jeweils die folgende typologische Aufstufung

26 N. Hinske unterscheidet daher (a.a.O.) 41 ff. prohairetische, pragmati-

annehmen: a) die in der intentio recta erfolgende Grund- und Primärerfahrung, b) die Erfahrungsreflexion, die Erfahrungen verarbeitet, verallgemeinert, erweitert und daraus Konsequenzen zieht, c) die Mit-Erfahrung, wie etwa in den Begleiterfahrungen der Endlichkeit, des Fortschritts, der Lebensentscheidung, die als Implikate an bestimmten mehr gegenständlichen Erfahrungsinhalten auftreten können, d) Erfahrungssequenzen, bei denen mit schon gewonnenen Erfahrungen weitere Erfahrungen gemacht werden, indem ihre Resultate im ferneren Lebensgang durch Anwendung oder veränderte Kontextualisierung Modifikationen erleiden, wozu beispielsweise auch die Folgenerfahrung gehört. Zu diesem Typus zählt auch das Sichaufdrängen authentischer Erfahrung gegenüber vorschnellen Verallgemeinerungen und Theorienbildungen, wie sie beim zweiten Typus (b) auftreten können. – Auf der anderen Seite ist auch die Lebenserfahrung auf das Induktionsverfahren angewiesen, also auf die Ausdehnung gemachter Erfahrungen ins Unbekannte durch Erweiterungsschlüsse. Solche Verallgemeinerungen erfolgen unter der Voraussetzung der Ähnlichkeit und Wiederholbarkeit, und in der Tat sind nur so Prognosen möglich, mit denen die praktische Planung steht und fällt. Fast alle Lebensregeln sind induzierte Regeln, und ohne Induktion gäbe es keine praxisleitende Lebenserfahrung. Es handelt sich bei der Lebenserfahrung selbstverständlich um unvollständige Induktion, bei der die Erfahrungswerte zunächst regressiv zu einem allgemeinen Satz erweitert werden, der danach an weiteren Erfahrungen progressiv der Kontrolle ausgesetzt wird. Falls er sich nicht bewährt, wird der Satz entweder eliminiert oder mit eingeschränkter Geltung einer Rangordnung komparativ-statistischer Aussagen eingefügt (»mehr so als so«). Unabhängig davon kommt es in den meisten Fällen zu einem Resultat, das zwischen der Bewährung und der Falsifikation des generellen Satzes liegt und diesen auf dem Wege dynamischer Induktion – einer Spezifikation der progressiven – inhaltlich modifiziert. Die progressive, dynamische und eliminative Induktion sind wiederum Spezialformen des vierten Grundtyps von Erfahrung (d),

sche und tychetische Lebenserfahrung (zwischen den letzten beiden könnte man die des Experimentierens ansetzen).

bei dem die Erfahrung durch weitere Erfahrungen in Erfahrungssequenzen bestätigt, modifiziert oder verungültigt wird. Im übrigen verläuft die Induktion in der Regel mehrstufig: Es gibt primäre, sekundäre und fernere Verallgemeinerungen, die die angenommene Geltung zunehmend erweitern. Derartige Erweiterungsschlüsse sind auch im praktischen Syllogismos vorausgesetzt, dessen Obersätze durch lebensweltliche Induktion gewonnen sind. Lebenserfahrung ist demgemäß planungs- und handlungsleitend sowie haltungsbildend schon beim einzelnen Akteur, der den induktiven Erweiterungsschluß vom bisher Erfahrenen auf künftiges Gelingen, Scheitern und Erleiden vollzieht. Faktisch ist die eigene Erfahrung aber fast stets mit der Anderer kombiniert, sei sie durch expliziten Ratschlag oder bloße Beobachtung überkommen. Beidemale wird erweitert: von der Vergangenheit in die Gegenwart bzw. von beiden in die Zukunft oder von einer Person auf eine andere bzw. von einer Gruppe auf bestimmte Einzelne. Obwohl der Induktionsschluß ungesichert und methodisch anfechtbar ist, funktioniert er erfahrungsgemäß im Alltag wie in der Wissenschaft, wobei die geringeren Ansprüche der lebensweltlichen Praxis ihm eher entgegenkommen als die der Wissenschaft. Insgesamt spielt die Lebenserfahrung für die Strebensethik eine größere und offenkundigere Rolle als für die Moral und Moralphilosophie. Alles was wir wollen und was wir können, erfahren wir im Grunde nur in und durch die Auseinandersetzung mit der Welt. Ziele, Maximen und Regeln ergeben sich direkt oder mittelbar aus der Erfahrung und können im Rahmen der Lebensführung auch nur durch Erfahrung korrigiert werden. Dies schließt nicht aus, daß wir auch in der Moral in lebensgeschichtlichen Lernprozessen immer deutlichere und differenziertere Erfahrungen darüber machen, was die anderen Glieder der Sozialwelt uns ansinnen, welchen Veränderungen dieses Sollen unterliegt und wie wir ihm entsprechen können, eingeschlossen die zu verantwortenden Folgen und Nebenfolgen. Dennoch ist die Ebene der moralischen Normen selber in der Regel unserem Einfluß entzogen, im Gegensatz zur Zieldimension der nichtmoralischen Lebensführung, die wir auf Grund unserer eigenen Erfahrungen autonom bestimmen. Auf der anderen Seite verbergen sich in den Moralen geschichtliche Kollektiverfahrungen, die sich in moralischen Idealen und Forderungen niedergeschlagen haben. Für den einzelnen Akteur ist dieser geschichtliche Hintergrund freilich nicht unmittelbar maßgebend und meist auch nicht nachvollziehbar. Die Umsetzung von Lebenserfahrung ist in der Moral eben um ein Vielfaches vermittelter als im Bereich der Strebensethik. Sie kann darum auch nicht kurzfristig, sondern nur auf lange Sicht korrigiert werden. Der Rückgang von der Geltung zur Erfahrungsbasis ist langwierig und oft durch Blockaden verstellt. Dies bedeutet, daß die Strebensethik erfahrungsnäher und erfahrungsfreundlicher ist als die Moral und Moralphilosophie (auch abgesehen von deren Ansprüchen auf apriorische Geltungen).

Angesichts einer Vielzahl von Erfahrungstypen und -inhalten muß in der Praxis selegiert und rangiert werden. Dafür bieten sich Evidenz- und Gewißheitsgrade als Kriterien an. So steht neben der auf das isolierte Phänomen bezogenen stigmatischen Wertungsevidenz die komparative Vorzugsevidenz und drittens die Evidenz der Richtigkeit der Vorzugsevidenz. Im übrigen haben auch andere Geltungskriterien wie die Kohärenz oder Effizienz ihre eigene Evidenz. Für Zielsetzungen und Vorzugsordnungen aller Art ist der Evidenzgrad von grundlegender und oft ausschlaggebender Bedeutung. Dies hat Konsequenzen für die gesamte Lebensführung sowie für die Praktische Philosophie und Ethik. Pointiert ausgedrückt: Die Ethik klärt Evidenzen hinführend und explizierend auf und sie intendiert anratend Effizienzen mit den ihnen zugehörigen spezifischen Evidenzen. Dabei ist es wesentlich, an den Primärevidenzen der Erfahrung gegenüber späteren Zugedanken festzuhalten, die von ihnen entfremden und sie zuletzt wegreflektieren. Die Evidenz ist am größten in Grenzsituationen und Lebenskrisen, aber auch in Hochstimmungen und Spitzenerlebnissen; beiden stehen gegenüber Nullwerte an Evidenz oder die Evidenzgleichheit, die keine Vorzugswahl und Rangierung erlauben und zu einer dezisionistischen Entscheidung nötigen. Der Evidenzbegriff darf im übrigen im Praktischen nicht mit dem Wahrheitsbegriff verbunden werden, wenn man nicht in die teleologische Gleichsetzung des Guten mit dem Wahren zurückfallen (und dann das Schlechte als »unwahr« ausschalten!) oder neueren vagen Wahrheitsbegriffen (»Erschlossenheit«) folgen will.[27] ›Wahr‹ können in der Strebensethik nur Aussagen über Rang- und Zuordnungen und insbesondere über objektive Bedingungszusammenhänge sein, zumal dann, wenn in der Überlegung und Beratung argumentiert und die Richtigkeit und Geltung von Ratschlägen, Entscheidungen und Maximen für bestimmte Personen oder Personengruppen problematisiert wird. Sonst bleiben Wahrheitsprädikate hier eher im Hintergrund, während solche der Richtigkeit oder Angemessenheit für die Bedürfnisse der Praxis durchaus genügen. Darin drückt sich aus, daß die Praktische Intelligenz und in der Folge auch die Praktische Philosophie und Ethik auf einer emotiven, volitiven und optionalen Grundlage aufruht. Die Vermittlung individueller Evidenzen mit dem höheren typologischen Allgemeinheitsgrad von Ratschlägen, die bereits eine durch Induktion erweiterte Erfahrung enthalten, kann allerdings zu Spannungen und Inkongruenzen führen. Dies gilt nicht erst für den Grenzfall der qualitativen Individualität, sondern bereits für die numerische Individuität, die unvertretbare Selbstheit und Einzelheit des Individuums, die durch die Übereinstimmung mit anderen nicht aufgehoben wird. (So müssen zwar alle Menschen sterben, aber *mein* Tod ist für mich singulär und unvertretbar und darum in gewissem Sinne unvergleichbar.) Darin gründet auch der Anspruch auf die Präferenzsouveränität in der Bewertung eigener Erfahrungen, die gegen die Überfremdung durch die Auslegung und Einordnung seitens Anderer und Dritter verteidigt werden. Insbesondere liegt es nahe, die eigenen Primärerfahrungen gegen die Versuche festzuhalten, sie einem fremden Typus zu subsumieren und dadurch erst gleichsam zu legitimieren. Diskurse über die Gültigkeit und Reichweite von Vorschlägen werden sich an den originären Erfahrungen und ihren Evidenzen zu orientierten haben, wobei der Betroffene seine Erfahrungsperspektive von den Verallgemeinerungen anderer Erfahrungen abzugrenzen und umgekehrt der Berater seine Vorschläge als auch für den Betroffenen zutreffend und relevant darzutun hat, mit der Auflage, daß dieser sie kraft seiner Präferenzsouveränität sich zu

27 Wer den Zusammenhang für notwendig hält, sollte lieber den Evidenzbegriff fallen lassen und statt von Evidenzgrad von Erlebnisstärke und anstelle von Primärevidenzen von Grunderlebnissen sprechen, die in Grenzerlebnissen gipfeln können.

eigen macht, ohne im Falle der Ablehnung weitere Rechenschaft schuldig zu sein.

Das darüber noch hinausreichende streng Individuelle ist für die praktische und ethische Beratung ein singulärer Sonderfall, der nur annäherungsweise im Schnittpunkt mehrerer genereller Perspektiven oder divinatorisch-intuitiv bewältigt werden kann. Immerhin ist solche Individualität von der Ethik nicht schon von vornherein auszuschließen. Das unter verifikationistischen Vorzeichen stehende Privatsprachenargument, wonach niemand einer privaten Regel folgen kann, derart, daß sie ohne den Rekurs auf den Außenhalt der Sozietät und ihrer gemeinsamen Sprache *als* Regel verstanden und durchgehalten wird, läßt sich mehrfach unterlaufen: Es gibt keine Regel und keinen Satz, die nicht in der Anwendung durch hermeneutische Individualisierung zur Privatsprache würden. Die externe Kontrolle ist ferner allenfalls auf der Ebene der Mitteilung, Beratung oder Theorienbildung bedeutsam, für den Akteur selber ist ein solcher Explizitheitsgrad aber schon zu hoch angesetzt, zumal wenn es sich um vorsprachliche Regelbildung handelt. Schließlich ist die Fixierung durch den Außenhalt der Sozietät für die auf Einhelligkeit angewiesene Moral sinnvoll, nicht aber für die individuelle Lebensführung, die von hermeneutischen Umdeutungen sogar profitieren kann und bei der – wie in der Robinson-Situation – die nichtsoziale Umwelt eine vergleichbare Kontrolle leistet, abgesehen davon, daß die Außenkontrolle zuletzt doch einer Gegenkontrolle durch das einzelne Subjekt bedarf (Ayer, Birnbacher u. a.).[28] Privatregeln sind also ebenso wie individuelle Erfahrungen möglich, auch wenn sie theoretisch nicht abgesichert werden können. –

Die Rolle der Lebenserfahrung hat deutlich gemacht, daß die Praktische Intelligenz zur Lebensführung nicht ausreicht, sondern durch eingeübte Grund- und Dauerhaltungen ergänzt werden muß, um greifen zu können. Die Grundhaltungen tragen die auf Dauer gestellten Handlungssysteme, die für die Realisierung der Ziel- und Güterdimension erforderlich sind. Dabei sind generelle

28 Die Abschwächung des Arguments in der Auslegung von Kripke und Stegmüller, es leugne nur die Verstehensbedingungen bei Anderen, macht es für den einzelnen Akteur vollends irrelevant, der ja gar nicht kommunizieren muß.

Haltungen, die am ehesten der traditionellen Aretalogie entsprechen, zu unterscheiden von anonymen Könnensweisen und Geschicklichkeiten, die spezifischen Handlungsfolgen zugehören, und ferner von emotiven Haltungslagen, die sich im Lebensvollzug spontan herstellen und die vorzugsweise die Zielorientierungen und Erfahrungswerte auch der Praktischen Intelligenz bestimmen. Die Praktische Intelligenz erweist sich hier nur als Sachwalter, Agent und Geschäftsführer jener elementaren Bestrebungen und Grundhaltungen, die weitgehend ohne ihr Zutun zustandegekommen sind. Die Einübung in die Haltungen ergibt sich durch Wiederholungen des entsprechenden Handlungs- oder Widerfahrenstyps, die zur Habitualisierung von Handlungsdispositionen und Weisen des Regelverhaltens führt. Auch die Strebens*ethik* ist zu Recht nach den »Grundhaltungen« benannt – und nicht als Praxeologie oder Axiologie –, weil diese als Könnensweisen Vorrang haben und sich mit einiger Sicherheit erreichen oder verändern lassen, während die einzelnen Handlungen und die Realisierung der Ziele nicht nur bei uns stehen. Gemäß dem Minimalbegriff von Ethik[29] bezieht sich die Strebensethik auf die nichtmoralische richtige Lebensführung im ganzen in Gestalt der richtigen Grundhaltungen und der zugehörigen richtigen Handlungstypen. Vollständiger ist die richtige Lebensführung definierbar als die richtige Wahl der Ziele, Mittel und Wege sowie der entsprechenden Grundhaltungen. Dabei ist die überkommene Dreiteilung der Ethik insofern zu modifizieren, als sich die Ziele (Güter) von den Könnensweisen und Vollzügen oft nur aspekthaft unterscheiden lassen und auch die Instrumentalisierung von Haltung und Handlung einen (relativen) Selbstzweckcharakter nicht notwendig ausschließt.

Die Fähigkeit zur richtigen und effizienten Lebensführung im ganzen, die das Ensemble aller Könnensweisen umfaßt und damit die Praktische Intelligenz übergreift, ist das Lebenkönnen und Sichverstehen auf das Leben in der Bedeutung einer Daseins- und Lebenstechnik, die auch das richtige Sterbenkönnen (ars moriendi) einschließt. Der neuerdings wieder aufgegriffene Titel einer ›Lebenskunst‹ ist dagegen für eine moderne und künftige

29 oben S. 76f.

Strebensethik ungeeignet, weil er teleologische Prämissen und ästhetische Konnotate mit sich führt, die wie die (aus der neuzeitlichen epikureisierenden Variante der ars vitae herrührende) Bedeutung einer sublimen, ja elitären Luxusexistenz die Funktionsmöglichkeiten einer Strebensethik einschneidend verengen und blockieren. (Solche Formen von ›Lebenskunst‹ können nur als Spezifikationen einer Strebensethik auftreten.) Zur Daseins- und Lebenstechnik gehören außer einer Reihe eingeübter Grundhaltungen, Fertigkeiten und Geschicklichkeiten sowie ausgebildeter Kompetenzen, darunter eine gut geschulte Improvisationsgabe, ein Vorrat an Maximen und Lebensregeln, Vorzugsordnungen mit ihren Kriterien, Plan- und Handlungsstrukturen mit Strategemen und Taktika (»Lebens-Kunstgriffen«), eine Topik von Modellfällen und der Informationsgehalt früherer praktischer Erfahrungen. Das Sichaufslebenverstehen schließt nicht nur Grundentscheidungen der Lebensführung und -erhaltung ein, sondern bezieht sich auf den Umgang mit Weltdingen, anderen Personen und sich selbst bis ins Detail, wobei nicht nur das ›Daß‹, sondern auch die Art und Weise eine gewichtige Rolle spielt. So kommt im sozialen Verkehr viel darauf an, Zwischentöne und Nuancen zu beherrschen, Erwartungshaltungen Anderer rechtzeitig zu erraten und ihnen zu entsprechen oder sich ihnen in angemessener Form zu entziehen, ferner die Grenze zwischen moralisch Relevantem und moralisch Indifferentem zu erkennen. Das Lebenkönnen vermag dabei gelegentlich hohe Grade der Perfektion und Verfeinerung zu erreichen, um doch gleich danach oder anderwärts auf elementarste Stufen zurückzufallen oder in aporetisches Nichtkönnen umzuschlagen, das auf fremden Rat oder tätige Hilfe angewiesen ist. Was das Verhältnis zu sich selbst angeht, so belegen die neuerdings für die Ethik wiederentdeckten (Foucault nach Rabbow und Hadot) Selbsttechniken und -praktiken zunächst, welch hoher Anteil des faktisch gelebten Lebens der nichtmoralischen Lebensführung und damit der Strebensethik zufällt. Sie zeigen zugleich, in welchen Bahnen die Lernprozesse des Lebenkönnens – kurz das Lebenlernen – sich vollziehen und in welcher Richtung sie von der Ethik weiterentwickelt und optimiert werden können. Dabei korrespondiert den kognitiven Lernprozessen der Praktischen Intelligenz die Einübung in emotive Grundhaltungen und ferner die fortschreitende Strategematisierung von Selbsterfahrungen zu Planungsstrukturen und Verhaltenssequenzen. Zu dem von der Ethik geförderten Können des Selbst- und Weltverhältnisses gehört auch die Fähigkeit, sich gleichsam in mehreren Registern und Reflexionsebenen zu bewegen und im Bedarfsfall auf die nächsthöhere Ziel- oder Strategieebene überzuspringen. Eine solche Versatilität, die Problemüberhänge in Rückräumen auffängt, zu pflegen, ist kein Vorrecht metaphysischer Ethiktypen, sondern gehört gerade auch zu einer naturalistischen Ethik, wie sie hier vorzugsweise befürwortet wird.[30]

Die Strebensethik muß wie die Moralphilosophie neben der Allgemeinen eine Spezielle Ethik entwickeln, die zu bestimmten Themen- und Problemkreisen oder Lebenssituationen Stellung nimmt und dafür spezifische Regulative an die Hand gibt (Kap. v). Zumal eine postteleologische Strebensethik unterscheidet sich jedoch von der Moralphilosophie dadurch, daß sie sich darüber hinaus einer Vielzahl paritätischer Vorzugsordnungen und Handlungssysteme gegenübersieht, die zuweilen den prinzipiellen Charakter von Lebensformen und -ordnungen annehmen mögen. Diese nach Typen spezifizierten Entwürfe der Lebensführung können sich sowohl innerhalb der Themenfelder Spezieller Ethik bewegen wie auch sie selegierend und kombinierend übergreifen. Systematisch gesehen gehören sie zwar zur Speziellen Ethik, liegen aber in einer anderen Ebene als die themenbezogene Anordnung der Speziellen Moralphilosophie und die ihr entsprechende der Strebensethik.[31]

Die Strebensethik ist gehalten, sich auf die konkrete Typenvielfalt einzulassen, um den Kontakt mit der Lebens- und Beratungspraxis enger zu gestalten als es die themenspezifische Betrachtungsweise erlaubt. Solche komplexen Falltypen, die man auch Opera-

30 Diese Grundorientierung schließt lediglich überkommene metaphysische Prämissen von der Ethik aus, um zu einer zeitgemäßen Formalität der Theorienbildung zu kommen. Sie hält sich jedoch eben kraft dieser Formalität offen auch für bestimmte metaphysische (mystische, spirituelle u. dgl.) Inhalte und Ausgestaltungen des Ethischen und entsprechende Lebensformen, die als spezielle Typen in einer Strebensethik Aufnahme finden können.

31 In der Moralphilosophie ist die Pluralität von Gruppenmoralen formal vergleichbar, aber strukturell ganz anderer Art.

tionstypen nennen könnte, verbinden bestimmte Ziel- und Vorzugsordnungen mit den entsprechenden Entscheidungskriterien und Argumenten sowie mit bestimmten Maximen, Planungs-, Handlungs- und Situationsstrukturen, zu denen Bedingungsfolgen, Zweck-Mittel-Relationen, Strategeme und Taktika gehören. Sie bilden zwischen der Uniformität von geschlossenen Kollektiven und der Singularität des Individuellen eine große Mannigfaltigkeit aus, vermitteln durch ihre konkrete »Materialisierung« aber auch zwischen der Abstraktheit thematischer Gesichtspunkte einerseits und der Opakheit und Kontingenz des Einzelfalles andererseits. Zu jedem Typus gehören spezifische principia media und eine eigene Weise der Lebensführung. Lebenstechnik ist daher heute nicht mehr ein univoker, sondern nur noch ein analogischer Begriff. Auch die Ethik kann daher heute nicht mehr den Anspruch auf eine einhellige, streng bestimmte und abschließende Theorie der Lebensführung erheben. Es kann allenfalls ein jeweiliges Ensemble typologisch verschiedener Lebenstechniken auf Zeit und Abruf geben. Es hat daher wenig Sinn, einen bestimmten Typus und ein bestimmtes Lebensideal als für die Lebensführung verbindlich auszugeben. Die philosophische Ethik ist vielmehr gehalten, einen Pluralismus von Lebenstechniken als unhintergehbar anzuerkennen und ihm auch in ihrer Theoriebildung und Beratungspraxis durch eine Mannigfaltigkeit von »Technologien« der Lebensführung (»Lebenskunstlehren«) Rechnung zu tragen. Die Ethik wird sich mit repräsentativen und aktuellen Lebenstypen exemplarisch befassen und auf der Ebene der Anwendung die Wahl des richtigen Typs oder die Kombination von verschiedenen Typen anraten und ferner ihre interne Klärung, Regulierung und Optimierung betreiben. Auf der Metaebene wird sie jedoch hinter die einzelnen Typen zurückgehen und sie auf ihre thematischen, formalen und kategorialen Gemeinsamkeiten hin analysieren müssen. Dies führt in der Metatheorie zur Klärung begrifflicher und kategorialer Invarianten, die die variablen Strukturen der Präskriptiven Ethik erschließen und präziser bestimmen helfen sollen, innerhalb der Präskriptiven Ethik hingegen zu komplementären Neugliederungen der Elemente und übergreifenden Gesichtspunkte. Auch die im vorigen entwickelten generellen Klärungen und Konzeptualisierungen gehören in einen solchen metatheoretischen Zusammenhang hinein.[32]

Im Rahmen dieser Grundlegung der Strebensethik kann die Präskriptive Ethik nur als Allgemeine Ethik zur Sprache kommen. Es handelt sich um die Formulierung genereller Regeln und Direktiven, die den Gesamtbereich der Strebensethik abdecken und damit dem epochalen Egalitätsprinzip – und seiner Modifikation durch das Prinzip der Konzentrizität – in der Moralphilosophie entsprechen. Es gibt in der Tat Generalregeln der Strebensethik, die für die Lebensführung eine analoge Funktion haben wie die Supernormen der Moral und die darum auch für die Spezielle Ethik eine orientierende – kriterielle oder limitierende – Rolle spielen können. Sie sind zu unterscheiden von den eingangs analysierten Formalzielen und deren Spezifikationen (Intensität, Extension usw.), die als solche für die konkrete Zielwahl und -realisierung nur eine generell klärende, aber keine präskriptive Bedeutung haben und keine Direktiven dafür hergeben, wie wir uns verhalten sollen. Es handelt sich bei ihnen vielmehr um Kategorien praktischer Bereiche und Dimensionen, die selbst erst optionaler und präskriptiver Regulierung bedürfen, um so mehr, als sie sich zueinander auch ausschließend oder bereits in sich wertambivalent verhalten können. Auf der anderen Seite scheint die konstitutionelle Hypothetizität und Problematizität von Regulativen der nichtmoralischen Lebensführung, die sie von der Kategorizität und Apodiktizität der Moral abhebt, nur zu einer Typologie, nicht aber zu Generalregeln und Allsätzen zu führen, die alle einzelnen Themenbereiche, Situationstypen und Lebensordnungen übersteigen. Auch allgemeinere Lebensregeln wie ›Werde der Du bist!‹, ›Sei eine Person!‹, ›Bevorzuge richtig!‹ oder ›Tue möglichst viel um seiner selbst willen!‹ bleiben zuletzt an typische Grundsituationen und damit an Wenn-Dann-Relationen gebunden; sie können ferner mehr oder weniger suspendiert und temporär mißachtet werden. Die ältere Ethik war demgegenüber von einem formalen Gesichtspunkt ausgegangen, indem sie als selbstverständlich unterstellte, daß das Leben unter einem einheitlichen

32 Ausführlicher dazu Kap. VII.

Plan stehen und in sich konsistent und konsequent sein müsse,[33] ein Gedanke, der in neueren Vorstellungen von der Form oder vom Stil des Lebens noch nachwirkt. Die jüngere Moderne neigt statt dessen zunehmend zu einem Polyzentrismus, ja einem dissoluten, pluralistischen Antistil des Lebens, bis hin zur Entgrenzung und Aufhebung der Identität. Die Einheitlichkeit des Lebensplans und die hierarchische Ordnung der Ziele ist also nicht mehr als oberste Lebensregel aufzufassen. Der Lebensentwurf kann vielmehr ebenso multipel und diffus wie auch streng unifizierend sein und er kann drittens – in einem höherstufigen Pluralismus – Einheitlichkeit und Vielfalt, Monismus und Pluralismus miteinander kombinieren, und zwar sowohl sukzessiv wie simultan, mit jeweils verschiedenen und wechselnden Anteilen. Dies führt wiederum auf eine Typologie, in der der Fall sich transformierender Einheiten (Foucault) dem unifizierenden Typus zuzuweisen ist. Dabei ist es in der Interessenperspektive der Praktischen Philosophie und Strebensethik von sekundärem Belang, inwieweit die traditionell privilegierten Einheits- und Identitätsstrukturen mit ihrer ontologischen Rückendeckung auch ihren Selbstzweckcharakter verloren haben und nurmehr pragmatisch auf Vielheiten hin funktionalisiert sind. Man kann auch nicht mehr die Mittellagen zwischen den Extremen als Regulative auszeichnen, weil sie nur *einen* möglichen Typus unter anderen ausmachen und ihrerseits einen Pluralismus zweiter Ordnung repräsentieren. Wohl aber gibt es beiderseits gewisse *minimale Grenzwerte*, die nicht unterschritten werden können, ohne den Lebensvollzug unmittelbar oder auf lange Sicht aufzuheben, und die darum in jedem Falle beachtet werden müssen.[34] So ist es zwar durchaus möglich, dissolut und zusammenhanglos zu leben, aber doch nur soweit, als dadurch nicht bestimmte minimale Konsistenzbedingungen verletzt werden. Umgekehrt gibt es Minima an differenzierter Selbst-

33 Vgl. z.B. Arist. Eth. Eud. A 1214b 6ff.

34 Sie können jeweils auch als Maximalwerte des zugehörigen Gegenbegriffs interpretiert werden. So sind (Sub)Minima an Einheit zugleich (Trans)Maxima an Fülle, die subjektiv den Eindruck der Überforderung oder Übersättigung hervorrufen. Minima und Maxima in der Sache werden subjektiv stets als Maximalwerte der Belastbarkeit und Tolerierbarkeit erfahren.

heit und Weltfülle, die – wie das eudämonische Minimum – Grenzwerte markieren, jenseits deren ein Leben auf längere Sicht nicht lebbar ist. Solche Minimalwerte bestehen nicht nur in Bezug auf Einheit, Identität, Integration, Konsistenz einer- und Pluralität, Differenz, Fülle, Diffusion andererseits, sondern auch zwischen Polaritäten wie Hierarchie und Parität, Gegenwart und Zukunft, Sicherheit und Risiko, Selbstbezug und Selbsttranszendenz oder für die Austauschbarkeit der Modale und Kategorien des Welt- und Selbstverhältnisses (Intensität, Protension, Konsistenz usw.) untereinander: Sie bilden ein flexibles, variables und dynamisches Gefüge, das ganz verschieden akzentuiert werden kann, dessen Glieder aber doch an gewisse Minimalwerte und Toleranzgrenzen gebunden bleiben, die irreduzibel sind. Obwohl diese Grenzwerte zunächst nur kategorial erfaßt werden können, läßt sich daraus doch eine formale, transregionale und -typische Meta- und Superregel der Lebensführung ableiten, die im Unterschied zu den hypothetischen und problematischen Wenn-Dann-Bestimmungen einen vergleichsweise absoluten Charakter hat, der von ferne an die Kategorizität und Apodiktizität der Moral erinnert. Ihre Absolutheit beruht auf der Unverfügbarkeit der anthropologischen Struktur, und in der Tat wird hier der Umgang mit dem Unverfügbaren ins Prinzipielle gewendet, indem er sich auf das Selbstverständnis des Selbst unmittelbar bezieht, wie es sich aus der individuellen und kollektiven Lebenserfahrung ergeben hat. Mit Imperativen wie ›Nicht weniger und nicht mehr als möglich!‹ oder ›Beachte die Limits!‹ warnt die Ethik davor, das Unrealisierbare zu erhoffen, zu versuchen oder planend damit zu rechnen oder es andererseits zu verdrängen. Eine solche Generalregel funktioniert wie der negative Eudämonismus nur negativ, indem sie zur Grenzvermeidung anhält, affirmativ hingegen nur insofern, als sie alles Nichtlimitierte für die Lebensführung freigibt. Die Empfehlung einer Wertsynthese, einer richtigen Mittellage und überhaupt eines Optimums liegt dagegen – und darin unterscheidet sie sich von der älteren Ethik wesentlich – ganz außerhalb ihrer Reichweite.[35] Die Perspektive der Minima hat

35 An die Stelle optimaler Mittellagen tritt der gesamte Zwischenbereich des Nichtlimitierten zwischen den beiderseitigen Subminima (bzw. -maxima).

ferner keine versteckte teleologische, sondern nur eine pragmatische und funktionale Bedeutung für die Regulierung der Lebenspraxis. Im übrigen wird die von der Allgemeinen Ethik formulierte Generalregel in der Speziellen Ethik vielfach zur Geltung kommen. Sie besitzt auch Gültigkeit für weitere Regeln, die gegebenenfalls in die Zuständigkeit der Allgemeinen Präskriptiven Ethik fallen. –

Die systematische Einholung der Tradition der Strebensethik in eine zeitgenössische ›Dritte Ethik‹ wäre unvollständig, wenn sie nicht diejenigen ethischen Positionen der ersten Jahrhunderthälfte, die zwischen der älteren, vorkantischen und der künftigen Form der Strebensethik vermitteln, teils als Zeugen und Wegbereiter, teils als Kontrollinstanzen, teils kritisch-progressiv berücksichtigte: die Materiale Wertethik und die Existenzphilosophie.

Die *Wertethik* stellt sich programmatisch als Erneuerung der vorkantischen Güterethik auf apriorisch-phänomenologischer Basis dar und restituiert gegenüber der monolithischen Prinzipienethik des herrschenden Neukantianismus die Fülle einzelner »Werte«, ihre Rangordnung und die ihnen gewidmeten Vorzugsakte bis hin zur Individualisierung. Doch geht die Angleichung an den Kantianismus immer noch zu weit (Prätention der Einheitsethik, fundamentalistische Ansprüche bis hin zu einem ontologischen Wertplatonismus,[36] obschon die Transformation der Güter- in eine apriorische Wertethik und die damit intendierte Allgemeingültigkeit durch die Individualisierung wieder verspielt werden). Andererseits bleibt die Wertethik in der Retrospektive befangen und verfällt einer Regression und einem Salto mortale rückwärts in die aristotelisch-thomistische Tradition, ohne den pluralistischen und historischen Grundtendenzen einer postteleologischen Moderne gerecht zu werden. Bei dieser Option für eine kanonische Ethik wird eine Typenmannigfaltigkeit von Ziel- und Handlungssystemen nicht ins Auge gefaßt, sondern an der Fiktion einer einheitlichen und unilinearen Hierarchie festgehalten; die erst auf Grund einer Typenvielfalt mögliche generelle Konzeptualisierung und Formalisierung unterbleibt denn auch, eingeschlossen eine methodologische und metaethische linguistische Refle-

36 Dazu kritisch oben S. 25 und S. 83.

xion. Mit dem Mangel an einer Typologie operativer Ordnungen hängt die Nichtthematisierung einer Planungs- und Handlungstheorie zusammen, die die Wertethik erst an die eigentliche Praxis heranführen und operabel machen würde, desgleichen die Absage an eine konkrete konsiliatorische Funktion der Ethik. Die Wertethik beschränkt sich statt dessen weitgehend auf die Grundlagenforschung, wobei es fraglich bleibt, ob die Ontologie der Werte – von ihrer philosophischen Triftigkeit einmal abgesehen – nicht eher in die Zuständigkeit der Ersten Philosophie als die der Praktischen Philosophie und Ethik fallen müßte.

Die *Existenzphilosophie* ist zwar ihrem Selbstverständnis nach keine Ethik und überhaupt keine spezielle philosophische Disziplin, enthält aber an zentraler Stelle ethische Implikationen. Sie sind vermutlich nur deshalb nicht explizit gemacht worden, weil die dabei vorzugsweise anzusprechende strebensethische Thematik dem vorherrschenden moralphilosophischen Paradigma durch eine Subreption und Pseudomorphose entzogen werden sollte. So hat etwa Heidegger die im Zeichen des moralphilosophischen Monopols herrenlos gewordene Konkursmasse der älteren Ethik – Affekten- und Tugendlehre, Selbsterhaltung mit Sorge, Temporalität und Thanatologie, Synteresistheorie des Gewissens – übernehmen und gleichsam pseudonym im Rahmen seiner Fundamentalontologie neu aufbereiten und metaphysizieren können. Das gleiche trifft zu für die Aretalogie anderer Vertreter der Existenzphilosophie (Selbstsein, Authentizität, Eigentlichkeit, Wahrhaftigkeit, Mut, Entschlossenheit u. ä.) oder für die Disjunktion zwischen eu- und dysdämonischer Qualifikation des Lebens, mit einer charakteristischen Akzentuierung der letzteren. Der primären Orientierung an der Strebensethik entspricht es, daß alle Versuche, aus dem individualistischen Ansatz der Existenzphilosophie eine Moral mit den Merkmalen der Kategorizität und Apodiktizität abzuleiten (z. B. bei Jaspers oder Sartre und in ihrer Nachfolge im Neonaturalismus der Moraltheorie), zwangsläufig gescheitert sind und teils auf Mißverständnissen (Fiktion einer Selbstverpflichtung), teils auf mangelnder Klarheit über den konsensuellen Charakter der Moral beruhen. (Dies bedeutet nicht, daß es keine Situationen moralischer Entscheidung und Schuld von existenzieller Tragweite gibt, wohl aber, daß damit nur Reaktionen auf externe moralische Forderungen gemeint sein können, die nicht vom Betroffenen selber ausgehen.) Wer andererseits den originären Ansatz der Existenzphilosophie auf eine Philosophie des Sozialen und Politischen hin überschreitet (Sartre, Jaspers je im Spätwerk), überspringt die zunächstliegende Aufgabe, das strebensethische Potential der Existenzphilosophie für die systematische Etablierung und Ausgestaltung einer zeitgemäßen Strebensethik auszuwerten und explizit einzusetzen.

Tatsächlich hat die Existenzphilosophie im Unterschied zur Wertethik der Grundsituation des Menschen in der postteleologischen Moderne in hohem Maße Rechnung getragen und dabei vielfach bahnbrechend und innovatorisch gewirkt: 1.) Sie hat einen entteleologisierten und prinzipiell unbegrenzten Freiheitsbegriff formuliert und auch andere Grundbegriffe der Tradition in eine Dimension der Formalisierung zurückgenommen, der modalontologisch der Vorrang der Möglichkeit vor der Wirklichkeit korrespondiert. 2.) Sie hat den überkommenen Dualismus von Denken und Leben überwunden und den Menschen in der Einheit und Ganzheit seines Existierens konzentriert. 3.) Die Geschichtlichkeit wird rückhaltlos anerkannt, und gleichwohl werden die jeweiligen Entscheidungen und Geltungen in ihrer Unbedingtheit ernst genommen. Das Welt- und Selbstverhältnis erscheint dadurch individualisiert sowie geschichtlich und hermeneutisch gebrochen. Die Endlichkeit des Daseins gewinnt eine neue Radikalität. 4.) Der Einzelne wird in der Unvertretbarkeit, Einmaligkeit und Irreduzibilität seiner Lebenssituation in neuer Weise ernst genommen. Ausnahme- und Grenzsituationen werden nicht nivelliert, sondern erhalten eine Schlüsselfunktion für Sinn und Bedeutung des Gesamtlebens zugewiesen. In der Tat haben solche Grenzerfahrungen (Endlichkeit, Leiden, Bedrohung, Krise oder Scheitern einer Lebensform, Konflikt, Schuld und Reue, Nähe des – zu erleidenden oder gesuchten – Todes) einen erschließenden, indikatorischen Effekt, weil sie in die Zone führen, wo die Minimalwerte und Limits der eigenen Belastbarkeit auf dem Spiel stehen und das Welt- und Selbstverhältnis in ein Unverhältnis umzuschlagen beginnt. Der Mensch gerät damit in Widerspruch zu seinem Selbstverständnis und in einen Bereich zwischen Leben und Tod hinein, der noch keine endgültige Vernichtung mit sich bringt, wohl aber eine prinzipielle Privation. Die Grenzerfahrungen markieren die Antiziele und indizieren dadurch indirekt die affirmativen Lebensziele. Darin liegt ihre doppelte Bedeutung für eine Strebensethik. Ihnen kommt darum nicht nur in anthropologischer, sondern auch in praktischer Hinsicht eine ausgezeichnete Schlüsselstellung zu, weil sie das Gesamtfeld dessen, was wir wollen und erstreben, schlaglichtartig erhellen und dadurch Anhaltspunkte dafür bieten, Rangordnungen und Prioritäten zu setzen. Die Strebensethik wird sich darum den Krisen- und Grenzerfahrungen mit besonderer Aufmerksamkeit zuwenden, um daraus Kriterien für die Lebensführung zu gewinnen und andererseits ein Gegengewicht gegenüber den Hegemonieansprüchen der Moralphilosophie zu erheben.

Diesen Errungenschaften der Existenzphilosophie steht jedoch eine Reihe von Defiziten gegenüber, die ihre Qualifikation für eine funktionsfähige Ethik in Frage stellen: a) Zwischen dem Selbstsein der Existenz und der Rationalität wird ein neuer Dualismus aufgerissen. Nicht nur die wissenschaftliche, sondern auch die Zweck-Rationalität reicht an die Kernzone des Humanen nicht heran. Sie kann höchstens klärend, aber nicht handlungsanleitend wirken (Jaspers). Die Brücke zur Praktischen Intelligenz und zur Praktischen Philosophie und Ethik ist damit abgebrochen. Was davon bleibt, ist die Restposition einer künstlich isolierten und zum Dezisionismus neigenden Gesinnungsethik. b) Dies zieht einen weiteren Dualismus zwischen Innerem und Äußerem, Haltung und Handlung, Gesinnung und Erfolg nach sich, der das Feld konkreter Praxis noch einmal verkürzt, indem er das Welt- und Erfolgshandeln stoizisierend oder theologisierend vergleichgültigt. Die Grenzsituationen sind durch Handeln nicht beeinflußbar oder gar aufzuheben, sondern müssen in der richtigen Haltung angenommen werden. Es bleibt daher bei einer abstrakten, unterbestimmten Ethik der Grundentscheidungen, mit geflissentlicher Abschirmung gegenüber allen konkreten Vorzugsordnungen, Handlungsstrategien und Entscheidungskriterien. Die Ebene der konkreten, handlungsleitenden Ethik wird dadurch gar nicht erreicht. Nach der Grundentscheidung für die Eigentlichkeit (beim späten Heidegger vollends durch die Gelassenheit ersetzt) fällt alles einzelne entweder dem Dezisionismus oder einem »glühenden Passivismus« (Gehlen über Jaspers) und Quietismus anheim. Tatsächlich sind jedoch die Formalstrukturen von Freiheit und Entscheidung zu materialisieren und inhaltlich auszufüllen, um auf Praxis – und auf Praktische Philosophie – beziehbar zu werden. In der Konsequenz liegt eine Typologisierung möglicher Entscheidungsinhalte mit Vorzugsordnungen und Präferenzkriterien, an die sich Handlungs- und Beratungsstrukturen anschließen. Dabei sind die Grenzsituationen so weit zu fassen, daß sie die Situationen der Bedrohung und des Konflikts mit offenem Ausgang und daher einer möglichen Bewältigung einschließen. Damit ist für die Entwicklung von Überwindungsstrategien in Planung und Handlung Raum gegeben, die gegenüber einer bloßen Haltungsethik den Vollbegriff von Ethik restituiert, ohne daß die existenzielle Tiefendimension verloren ginge. Isolierte Abstraktionen und Formalismen würden als Momente in einen ursprünglich gegebenen und so wiederhergestellten praktischen Funktionszusammenhang hineingenommen. c) Dem Dezisionismus entspricht es weiterhin, daß die angenommene Kommunikation formalistisch entleert, paritätisch stilisiert und der konsiliatorischen Elemente beraubt wird (Jaspers). Die Fiktion der Parität und das Beratungsverbot stehen unter dem Vorurteil, daß asymmetrische Verhältnisse autonomiefeindlich seien; die konsiliatorische oder anweisende Grundintention der Praktischen Philosophie und Ethik ist damit jedoch preisgegeben. Die Anratung wird geradezu als unexistenziell und bloß pragmatisch dem – dualistisch abgekoppelten – »vitalen« Dasein und »Gehäuse« zugewiesen. Indessen sind diese Ebenen gar nicht klar von einander zu unterscheiden oder gar zu trennen: Aporien im Güterbereich können sich zu Grenzsituationen verschärfen, indem sie von einer gewissen Größenordnung an in das Selbst- und Weltverhältnis, die Freiheit und die Existenz bestimmend hineinwirken. Die Grenzsituationen sind also von den Realisierungsproblemen des gelingenden oder mißlingenden Lebens nicht isolierbar. So kann das verfehlte Gelingen und Scheitern im Vitalen oder Ästhetischen von einem bestimmten Pegel an ins Existenzielle umschlagen und umgekehrt das Existenzielle sich in solchen Erfahrungen darstellen. Der intendierte Dualismus bleibt auch hier abstrakt. Im übrigen stellen sich, soweit sich Kommunika-

tion in Sachargumenten konkretisiert, Beratungsverhältnisse von selbst ein. d) Reduktionistisch ist ferner, daß die Negativerfahrungen der Grenzsituationen festgeschrieben werden. Dies führt zu einem Negativismus des Welt- und Menschenbildes, der affirmative Zielbestimmungen nicht ins Gesichtsfeld treten läßt oder als äußerlich denunziert. Dies geht so weit, daß in der Nachfolge säkularisierter religiöser Traditionen (Kierkegaard) oder eines dionysischen Lebensgefühls (Nietzsche) sich die überkommenen und alltäglichen Relationen zwischen Eigentlichkeit und Uneigentlichkeit einer- und gutem und mißlingendem Leben andererseits ins Gegenteil verkehren: Im Aushalten der Grenzsituationen kommt der Mensch in seine höchste Möglichkeit. Dem entspricht ein selektiver Haltungskanon und eine Art von »Hemiplegie der Tugend«. Indessen läßt sich eine solche Fixierung auf die Antiziele der alltäglichen Lebensführung in der Praxis schwerlich durchsetzen. Sie bedarf zum wenigsten der Ergänzung durch das Gegenstück der Erfüllungssituationen und Hochstimmungen des gelingenden Lebens.
Eine künftige Strebensethik wird die Ansätze der Existenzphilosophie als ein Moment in sich aufnehmen und integrieren, das für sich genommen abstrakt, unselbständig und nicht praktikabel ist. Dies wird einerseits zu einer Rekonkretisierung und -komplettierung der Ethik, andererseits zu ihrer Anreicherung um eine Tiefendimension führen, die ihrerseits den Stand der Strebensethik – etwa gegenüber den Monopolansprüchen des Szientismus – zu heben und zu stützen geeignet ist. *Was historisch Existenzphilosophie war, muß heute in Strebensethik aufgehoben und zurückgenommen werden.*
Dies läßt sich beispielhaft an dem zwar komplex gelagerten, aber ergiebigen Sonderfall Heideggers illustrieren. Da die existenzialontologischen Analysen von ›Sein und Zeit‹ allenthalben vom Themenkreis der älteren teleologischen Ethik zehren, ist eine moderne Strebensethik umso mehr befugt, den Prozeß der Auswertung umzukehren und ihrerseits Heideggers Resultate in den Bezugsrahmen einer Praktischen Philosophie und Ethik zurückzuholen. Sie wird dabei allerdings auch die Angemessenheit der phänomenologischen Beschreibung zu überprüfen und von externen Fragestellungen theoretischer Art zu befreien

haben.[37] 1.) Heidegger beschreibt das vorlaufende Aufsichnehmen des schicksalhaft bevorstehenden Todes; das Erhoffen und Ersehnen des erlösenden Todes oder gar seine aktive Herbeiführung im Suizid bleiben außer Betracht. Doch ist die Aufhebung der eigenen Geworfenheit im Suizid voller systematischer Konsequenzen. Die Jemeinigkeit des Todes gewinnt eine andere, aktive Bedeutung – mein Tod nicht nur für mich, sondern als Selbsttod auch durch mich –, eingeschlossen den Zeitpunkt, der dann nicht mehr unbestimmt, sondern selbstgewählt ist. 2.) Die Erfahrung der Endlichkeit, das Sein zum Tode, ist offensichtlich selbst ambivalent, wobei zuletzt die *Qualifikation* des Lebens über Leben *und* Tod entscheidet.[38] Existenz ist aber immer schon evaluativ und praktisch qualifiziert. Die Lebensqualität bestimmt dann über das Sterbenmüssen oder -wollen nach Maßgabe des Lebenkönnens, -dürfens oder -müssens. 3.) Heidegger zieht aus der Übernahme der Endlichkeit zutreffende Folgerungen für das Ausschöpfen des gegenwärtigen Augenblicks (vgl. Kap. v), doch verläuft die Hauptlinie seines Gedankenganges so, daß die Temporalität dysdämonisch auf den Tod vorausweist. Wenn jedoch der Tod kein Letztes ist, sondern unter der Botmäßigkeit einer zunächst minimalen Lebensqualität steht, dann ist es unvermeidlich, daß das Minimum immer schon in kompensatorischer Vorsorge in der Richtung auf Maximierung und Optimierung hin überschritten wird und daß sich dabei eine eigene, gegenüber dem Sein zum Tode nicht mehr uneigentliche, sondern gleichgewichtige, ja vorrangige Zielstrebigkeit des Lebensganges entfaltet. Sie führt zu einer Konkretion der temporalen Struktur zurück, an der gemessen Heideggers Begriff der Zeitlichkeit abstrakt und unterbestimmt wirkt. Grundbegriffe wie ›Situation‹, ›Augenblick‹, ›Gegenwart‹, ›Wiederholung‹ gewinnen dann eine andere, konkretere Bedeutung, andere

37 Vgl. Philos. Jahrbuch 83, 1976, 75 ff., 91 ff.

38 Beim Bevorstand des Todes und der Erfahrung der Endlichkeit ist nicht nur zu unterscheiden zwischen Todesfurcht und Todessehnsucht, sondern auch dem definitiven Ende des Lebens und dem kontinuierlichen privativen Absterben von Lebensmöglichkeiten im Lebensgang selber, eingeschlossen den partiellen Selbst- und Weltverlust, den wir durch das Involviertsein in den Tod Anderer erleiden und mit dem jeweils »ein Stück« von uns selber mitstirbt. Vgl. Kap. v S. 304.

wie der der (Lebensend)Bilanz treten neu hinzu. Insbesondere erweist sich die Temporalität – und ebenso ihr Pendant: die Zeitüberhobenheit – in Bezug auf das gelingende und verfehlte Leben als ambivalent, kann also nicht dem einen oder anderen zugeordnet werden. 4.) Der Grundaffekt der Angst ist darum ferner nicht primär auf Daseinserhaltung gerichtet, sondern als Lebensangst auf die Lebensqualität im Welt- und Selbstverhältnis und ihre Privationsformen. Diese Lebens- und Weltangst ist also nicht, wie Heidegger meint, freischwebend und grundlos, sondern ein Privationsphänomen, ein prinzipiell erfahrenes und daher unbestimmt gehaltenes Entzugserlebnis, das ein drohendes Mißglücken des Lebens im ganzen signalisiert. Wiederholtes Eintreten von (einzelnem) Befürchtetem kann zur generellen Störung des Weltverhältnisses und damit zum Überschreiten der Angstschwelle und endlich – beim Verlust des Minimums – zum definitiven Mißglücktsein des Lebens in der Verzweiflung führen. Die existenzielle Erfahrung des ›Nichts‹ ist auf solche Privationsgrade zu beziehen und demgemäß zu differenzieren.[39] 5.) Die postteleologisch indizierte Problematisierung der Wahlfreiheit durch das Mißverhältnis zwischen der Endlichkeit und einem Überangebot nur teilweise realisierbarer Möglichkeiten darf nicht abstrakt isoliert gesehen werden. Sie findet ihr Korrektiv und Remedium in den Vorzugsordnungen, die die Praktische Intelligenz eben unter dem Entscheidungszwang der Endlichkeit erstellt. Abwählenmüssen wird also zum wenigsten partiell durch Vorziehenkönnen kompensiert, wobei neben das konstitutionell unaufhebbare Schuldgewissen der Endlichkeit eine zweite konkrete, praktisch relevante Art von Gewissen und Reue tritt.[40] 6.) Die Zentralperspektive des guten Lebens gewährleistet demnach auch ohne den Rückhalt der ontologischen Fragestellung einen einheitlichen Strukturzusammenhang. Auch das existenzielle *Seins*verständnis des Menschen, von dem Heideggers Existenzialontologie methodisch ausgeht, setzt einen solchen praktischen Zusammenhang voraus (Erfüllungs- und Privationserlebnisse an Gütern und Übeln erschließend für Inderweltsein und Gestimmtheit; Steige-

39 Näheres Phil. Jahrbuch a.a.O. 80.
40 Vgl. Kap. IV S. 227f.

rung oder Minderung des eigenen Seins als Gegenstand der Sorge; erlittener oder gesuchter Tod als Grenzen des qualitativ bestimmten Daseinkönnens, in der Aufhebung von Daseinserhaltung oder Daseinmüssen). Heidegger hat diese näherliegende Struktur zerschlagen und auf dem Wege einer Sekundäranalyse durch einen externen ontologischen Zusammenhang ersetzt, mit einer selektiven Verkürzung der einzelnen Teilzusammenhänge (Ziel – Handeln – *Haltung*; Furcht – *Angst* – Verzweiflung, demgemäß die Auszeichnung und Metaphysizierung einer bestimmten Privationsstufe als »das« Nichts). Er hat überdies in der Option für »eine bestimmte ontische Auffassung von eigentlicher Existenz, ein faktisches Ideal des Daseins«[41] darauf verzichtet, eine Typologie möglicher Ziel- und Vorzugsordnungen zu entwerfen, um dann jenseits aller speziellen Lebensformen auf einer weiter angehobenen Abstraktionsstufe eine transzendentalanthropologische Grundlegung von solcher Formalität und Allgemeinheit zu versuchen, wie sie den Möglichkeiten und Erfordernissen der postteleologischen Moderne voll gerecht wird.
Wertethik und Existenzphilosophie können als Ansätze und Stationen auf dem Weg zur ›Dritten Ethik‹ gesehen werden, die ihre systematischen Defizite – Obsoleszenz vormoderner teleologischer Orientierung, abstrakter Eklektizismus und uneingestandene Ethizität – zwar teilweise wechselseitig korrigieren, die aber zuletzt in einer neuen Strebensethik aufgehoben werden müssen, wobei auch das beide Male ungeklärte Verhältnis zur Moralphilosophie im Rahmen einer Integrativen Ethik einer systematisch unzweideutigen Lösung zugeführt wird. –

Schien selbst die Moralphilosophie eine Zeitlang (zur Zeit der Vorherrschaft der Metaethik) vom Szientismus bedroht, so steht dies für eine zu erneuernde Strebensethik in potenziertem Ausmaß zu erwarten. Die Meinung ist, daß eine Strebensethik chancenlos mit den Wissenschaften vom Menschen oder gar den Naturwissenschaften konkurriere und sich deren Kompetenzen anmaße, während doch der Bereich der älteren teleologischen Ethik, soweit er überhaupt theoriefähig sei, über die Prognosen der Aufklärung

41 ›Sein und Zeit‹, 310.

hinaus[42] längst und endgültig zur Domäne der Wissenschaften geworden sei. Insbesondere gilt es als ausgemacht, daß nichtkategorische hypothetische Imperative Sache der Einzelwissenschaften und nicht der philosophischen Ethik seien. Genauer betrachtet handelt es sich dabei um den *methodischen* Vorsprung der Wissenschaft in der Ausarbeitung und Anwendung praxisregulierender Konzepte und Verhaltensmuster, nicht etwa um eine spezifische konzeptuelle Prärogative in Bezug auf Praxis und die damit verbundene heuristische Valenz, und ebensowenig um einen prinzipiellen Vorsprung an Erfahrung, da gerade die Ethik mit einem System verschiedener (direkter und vermittelter) Formen der Lebenserfahrung operiert. Es läßt sich darüber hinaus zeigen, daß die methodische Präzision der Wissenschaften für die Praxis weder notwendige noch hinreichende Bedingungen liefert und daß jeder denkbare Einfluß von Wissenschaft auf Praxis seinerseits an bestimmte unhintergehbare Voraussetzungen gebunden ist, die in die Zuständigkeit der Praktischen Philosophie und Ethik fallen.

Auszugehen ist von der durchsichtigeren Situation im Verhältnis zwischen *Moralphilosophie* und Wissenschaft, wo der Ruf der Wissenschaft nach der Ethik – oder auch der Theologie – sowie die Bildung gemischter Ethikkommissionen belegt, daß die prinzipiell deskriptive Wissenschaft die normative Funktion der Moralphilosophie nicht übernehmen kann, ja nicht einmal – nach Art einer Münchhausiade – einer moralischen Selbstbegrenzung fähig ist. (Wo an den moralischen Sinn, die Verantwortung und Bürgertugend des einzelnen Wissenschaftlers appelliert wird, unterliegen diese nicht der Wissenschaft, sondern den Normen der allgemeinen Moral und Moralphilosophie.) Die Wissenschaft wäre also überfordert und würde zu naturalistischen Fehlschlüssen verführt, wenn man ihr die Setzung oder Veränderung moralischer Normen abverlangen wollte. Dies schließt nicht aus, daß die Ethik bei der Normendiskussion insbesondere in neuen Feldern der Speziellen Ethik der Mitwirkung der Wissenschaft bedarf (Felderschließung, Limitierung, Konfliktentscheidung, auch kritisch-eliminative Normenkontrolle durch Kontextanalyse und Folgenkalkül), um

42 Vgl. Kap. II S. 98f.

nicht ihrerseits normativistischen Fehlschlüssen zu verfallen, und daß es deshalb im technologischen Bereich immer häufiger zur Bildung ›gemischter Normen‹ kommt. Fest steht aber, daß grundsätzlich mit *zwei* Instanzen zu rechnen ist und daß die Moralphilosophie nicht von der Wissenschaft absorbiert und ersetzt werden kann.

Es ist nun aber ganz ungerechtfertigt, die Finalität und das Zielwollen der nichtmoralischen Lebensführung in einem anderen Verhältnis zur Wissenschaft zu sehen als die Normativität der Moral. Die Kategorizität des moralischen Sollens kann nicht darüber hinwegtäuschen, daß auch in der Moral zuletzt ein – komplex strukturiertes – Wollen vorliegt, das von den Sozialwissenschaften ebensogut deskribiert werden kann wie von der Psychologie das faktische Wollen des Einzelnen. In beiden Fällen vermag jedoch die Wissenschaft auf das Wollen selber keinen (direkten) Einfluß zu nehmen; sie kann nur in dem Maße wie die Ziele und Normen schon feststehen, daraus in Wenn-Dann-Relationen hypothetische Imperative ableiten und Handlungssysteme vorschlagen, die die Realisierung jener Ziele (oder Normen) ermöglichen. Die Dimension der (Letzt)Ziele ist insofern der Wissenschaft wesentlich entzogen. Die Ziele unterliegen statt dessen ähnlich wie die Normen der originären Option praktischer Subjekte und der sie artikulierenden Finalisierungskompetenz der Praktischen Intelligenz. Ohne eine solche elementare Optionalität würde es weder Ziele noch Normen geben. Ziele und Normen sind aber die notwendige Bedingung der Möglichkeit von Praxis und damit auch jeder Wissenschaft, die Praxis soll optimieren können. Dies entspricht dem Angewiesensein der Wissenschaft auf bestimmte theoretische Grundannahmen kategorialer oder axiomatischer Art, die sie vorwissenschaftlichen Evidenzen des Alltags, der Philosophie oder des Mythos entnimmt. Im Unterschied zur Wissenschaft ist es nun aber Sache der Präskriptiven Ethik, auf der Reflexionsstufe von Optionalität und Praktischer Intelligenz an der Formierung von Zielen wie von Normen teilzunehmen, indem sie entweder meta-optional gegebene Ziele abklärt und modifizierend auslegt oder aber primoptional neue Ziele vorschlägt oder alte kritisch verändert. Ein Grenzfall der Primoptionalität liegt vor, wenn die Ethik antizipierend geschichtsphilosophische Fernziele und Utopien entwirft. Durch die Anknüpfung an die Praktische Intelligenz des Alltags und die Beziehung auf die Dimension der Lebensziele ist die Ethik der Konkurrenz des Szientismus entzogen, denn sie bewegt sich damit auf einer elementareren Ebene als die Wissenschaft sie jemals erreichen kann. Soweit sie Reflexionsform der Praktischen Intelligenz ist, ist sie andererseits dem Vorwurf des bloßen Dezisionismus überhoben. Die Strebensethik liefert demgemäß »intelligent« begründete Präskripte, wie wir (überhaupt, eigentlich, anders) wollen sollen,[43] entsprechend den (kategorischen) Direktiven der Moralphilosophie, wie wir als moralisch Geforderte sollen – und die moralisch Fordernden wollen – sollen. Dabei ist die präskriptive Kompetenz der Strebensethik insofern einfacher und elementarer denn die der Moralphilosophie, als für sie Geltungsfragen keine vergleichbare Rolle spielen, während bei der Moralphilosophie zwischen tentativen Anweisungen (›Es sollte so gesollt werden‹) und durch Konsens ratifizierten und verbindlich gewordenen Sollensforderungen, die die Ethik nur konfirmiert und artikuliert (›Das Gesollte soll auch gesollt werden‹), sehr wohl zu unterscheiden ist. Wenn die Autonomie der Ethik gegenüber der Wissenschaft in ihrer (Meta- oder Prim-)Optionalität gründet, so bedeutet dies freilich, daß sie sich den Interessenstandpunkt der Praxis zu eigen macht und an seiner Subjektivität partizipiert. Die Praktische Philosophie und Ethik verhält sich zur Praxis nicht objektiv-distanzierend wie die deskriptive Wissenschaft, sondern sie identifiziert sich partiell mit dem Engagement des Handelnden, ist in seine spezifische praktische Intention involviert und nimmt an seiner Binnenperspektive nicht nur heuristisch wie der Wissen-

43 Der Klärungsbedarf ist postteleologisch speziell im Zielbereich gewachsen und geradeswegs potenziert worden. Das eigentliche Selbst ist nicht einfach vorgegeben, fällt aber auch nicht beliebig zu, sondern die eigene Identität wird gesucht und muß geleistet werden. Beratung ist zumal für die Grundsatzentscheidungen angezeigt, um herauszuarbeiten, was wir eigentlich wollen, wie wir uns verstehen und wer wir nach unserer Selbstdeutung sind. (Daß wir uns faktisch in Entscheidungssituationen gestellt vorfinden, widerlegt auch die Hypothese, der Einzelne sei durchweg manipuliert oder in Verblendungszusammenhänge eingeschlossen, die ihm keine Entscheidungsspielräume lassen.)

schaftler, sondern um ihrer selbst willen Anteil. Nur darum kann sie als Reflexionsstufe von Praxis auftreten und sich vordenkend und richtungweisend in die Prozesse der Ziel- und Normbildung einschalten. Von da her erklärt es sich, daß die Praktische Philosophie und Ethik nicht wie die Wissenschaft auch solche Sachverhalte und Resultate anerkennt, die den eigenen Intentionen widerstreiten, sondern daß sie sie bekämpft. Schematisch formuliert steht die Praktische Philosophie und Ethik zwischen Wissenschaft und Ideologie, weil für sie die emotiven und volitiven Momente der Bewertung, des Interesses, ja der Parteilichkeit in viel höherem Grade konstitutiv sind als dies für die Theoretische Philosophie, geschweige denn die Wissenschaft, möglich und zulässig wäre. Auch in der Strebensethik schließt dies wiederum nicht aus, daß es, entsprechend den gemischten Normen der Moral, ›gemischte Ziele‹ gibt, die von wissenschaftlich ermittelten Datenkränzen mitbestimmt, wenngleich nie letztbestimmt werden, und bei denen man nicht nur von besseren oder richtigen, sondern unter bestimmten objektivierbaren Aspekten sogar von ›wahren‹ Zielen sprechen kann.

Die Autonomie der Strebensethik betrifft nicht nur die unhintergehbare Struktur praktischer Finalität, sondern auch die noch weiter reichende Dimension der Mittel und Wege und die damit verbundene Vermittlungsbedürftigkeit, Indirektheit und Gebrochenheit szientifischer Einflußnahme auf praktische Subjektivität. Die Ethik ist dieser Indirektheit prinzipiell enthoben, ja sie kann kraft ihrer Medialität die Vermittlung zwischen lebensweltlicher Subjektivität und Wissenschaft mit ermöglichen, befördern und optimieren. Auch im Bereich der vorletzten Ziele und Zwischenziele, der Strategien und Handlungssysteme tut sich eine Perspektivendifferenz auf zwischen dem Subjekt der Entscheidung, des Handelns und der Lebenserfahrung und dem Subjekt der wissenschaftlichen Empirie und Theorienbildung samt deren Anwendung. Die Intention des wissenschaftlichen Betrachters ist nicht identisch mit der des Betroffenen und Akteurs, der zum Gegenstand der Wissenschaft wird. Die Wissenschaft ist auch als Angewandte (z. B. Jurisprudenz und Medizin als artes) auf bestimmte Objektivitätsstandards, intersubjektiv einlösbare Allgemeinheitsansprüche und gleichsam die Außenseite von Praxis festgelegt, denen sich die Perspektive der ersten Person, des subjektiven Betroffenseins, der persönlichen Entscheidung, der Unvertretbarkeit des Einzelnen nicht nur im Bereich der Letztziele, sondern auch der davon abgeleiteten Entscheidungen wesentlich entzieht. Wir müssen uns jedoch wie zu den Möglichkeiten des Lebens, so auch zu den meist kontroversen Angeboten der Wissenschaft und der Technik beurteilend, auswählend, abweisend oder akzeptierend, kritisch oder kooperativ verhalten. Es ist ein Mythos, daß die Wissenschaft unser Leben direkt und gleichsam automatisch reguliere, ohne daß wir selbst als potentiell Gebrauchende dazu entscheidend Stellung nähmen. So kommen wir heute beispielsweise gegenüber der Medizin – der Schulmedizin wie der unorthodoxen – und ihren vielfältigen und miteinander konkurrierenden Angeboten häufig nicht ohne einen laienmedizinischen Bezugsrahmen aus, der uns in die Lage setzt, Präventiv- und Therapiemodelle auf unser Lebensganzes zurückzubeziehen und danach zu taxieren. Hier ist unsere praktische Wahlkompetenz gefordert und zwar derart, daß sie nicht mehr unter wissenschaftliche und technische Standards gebracht werden kann.[44] Das gleiche wie für unser Weltverhältnis trifft mit Vorrang für unser Selbstverhältnis zu, ohne das wir Welt nicht erfahren können. Es entspricht dem überkommenen Ansatz der Strebensethik, das Welt- und Güterverhältnis auf das Selbstverhältnis zu beziehen, nicht in einer szientifisch objektivierenden Weise wie die Psychologie, sondern so, daß die Subjektivität und das unvertretbare existenzielle Interesse des Entscheidenden und Handelnden ins Spiel kommen. Es wäre ein szientistischer Fehlschluß, von der Einsicht in wissenschaftliche Sachwahrheiten auf ihre unvermittelte Übertragung in die individuelle Lebensführung zu schließen. Während aber die Wissenschaft die Perspektive praktischer Subjektivität allenfalls in Annäherung einnehmen kann, soweit sie generalisierbar und intersubjektiv kontrollierbar ist, versucht die philosophische Ethik gerade den Standort des Betroffenen und Handelnden einzunehmen und festzuhalten, um ihm als solchem unmittelbar Lebenshilfe zu leisten. Sie nimmt es dabei bewußt in Kauf, daß die

44 Es ist eine perspektivische Täuschung des Szientismus, darin nur einen Dezisionismus (im Sinne des liberum arbitrium indifferentiae) am Werk zu sehen.

Objektivitätsstandards der Wissenschaft komplementär unterschritten werden. – Darüber hinaus müssen die Angebote von Wissenschaft und Technik den Dimensionen und Größenordnungen des Alltagshandelns adaptiert und dem Medium der Lebenswelt eingepaßt werden, in der wir faktisch leben. Wissenschaftliche Theorien, Erfahrungen und Präzisionswerte müssen lebensweltlich erfahrbar und praktisch entscheidbar gemacht, d. h. den Kriterien der Praktischen Intelligenz und des sensus communis zugänglich gemacht werden. An die Stelle wissenschaftlicher Argumentations- und Beweismethoden treten dann Verfahren persuasiver und rhetorischer Plausibilisierung. Dieser Zwischenbereich lebensweltlicher Mesostrukturen kann von der Wissenschaft weder eliminiert noch übersprungen oder unterlaufen werden. Es handelt sich um einen ›Hof‹ humaner Existenz, durch den hindurch wir uns zu den Resultaten und Produkten wissenschaftlicher Empirie und Technik verhalten, wobei wir deren Komplexität qualitativ und quantitativ auf das lebensweltlich Praktikable reduzieren und selegieren. Der Akteur nimmt durch das vermittelnde Medium der Lebenswelt Wissenschaft und Technik in den Dienst seiner Lebensführung wie technische Instrumente vermittels der Organe seines Leibes, aber mit prinzipiellerer Tragweite, und zwar zunächst in Fortsetzung eines experimentierenden, dann eines eingeübten Handlungstypus. Dies bedeutet so wenig wie bei Husserl, daß die Lebenswelt als Gegenbegriff zur Wissenschaft aufträte. Sie kann in der Moderne sehr viel Szientifisches und Technisches in sich aufnehmen und geradezu damit gesättigt sein, aber sie kann in charakteristischer Asymmetrie darin nicht aufgehen, sondern enthält immer schon ein übergreifendes Surplus. Dieses Verhältnis trifft auch für das speziellere von Praxis und Wissenschaft zu. Die überschießenden Strukturen von Praxis sind wie das ›Ich selbst‹ praktischer Subjektivität nicht nur nicht szientifisch reduzierbar, sondern die Voraussetzung dafür, daß Wissenschaft auf dem Wege der Rückbeziehung und Einbettung überhaupt praktisch relevant werden kann. Sie sind nachgerade notwendige Bedingungen der Möglichkeit für jedwede Praktifizierung von Wissenschaft und Technik. Darum ist schon für die Rezeption von Wissenschaft und Technik ein gewisses Maß an vorgängiger Lebenserfahrung erforderlich, und im weiteren

Lebensgang werden im Gebrauch und Umgang mit ihnen weitere eigene Erfahrungen gemacht, die die Rezeptionsweise verändern und zu neuen Bewertungen führen. – Die Strebensethik nimmt nun, in erweiternder Anlehnung an existenzphilosophische und phänomenologische Fragestellungen, aber auch an ihre eigene Tradition, die Zuständigkeit genau für diesen vorwissenschaftlichen und wesentlich nicht szientifizierbaren Bereich in Anspruch. Sie tritt als Reflexionsstufe lebensweltlicher Praxis auf und versucht, auf sub-, prä- und postszientifische Weise direkt auf sie einzuwirken. Die Ethik fängt dabei dort an, wo die Wissenschaft aufhört, nämlich bei den Problemen der Wahl und Entscheidung, die sich angesichts der Vielzahl alltäglicher und szientifisch-technisch fundierter Lebensmöglichkeiten stellen. In der Tat ist nicht nur der Bereich des Wollens und der Ziele, sondern auch der des Könnens, der Mittel und Wege problembeladen und kann nicht auf einen vermeintlichen Mechanismus hypothetischer Imperative reduziert werden, und dies um so weniger, je schwieriger sich Ziele und Mittel eindeutig und trennscharf voneinander sondern lassen. Optionalität läßt sich auch hier nicht ausschalten und durch eindeutig vorgezeichnete Verhaltensmuster ersetzen. Eine moderne Strebensethik wird sich im übrigen der praktischen Lebenswelt vorzugsweise als der Vermittlungszone für den Transfer von Wissenschaft und Technik widmen, indem sie die Perspektive des potentiellen Akteurs gerade unter diesem Gesichtspunkt nachvollzieht und in der Beratungspraxis kultiviert. Sie tritt damit als mediierende Instanz auf, die Wissenschaft und Praxis enger zueinander in Beziehung setzt. Darüber hinaus wird sie Optionslagen und Handlungsabläufe integrativ, d. h. nach Möglichkeit ohne Zerlegung in verschiedene einzelwissenschaftliche Zugangsweisen zu erfassen suchen. Darin liegt weiterhin die Chance, die diffus auf bestimmte isolierte Aspekte hin zersplitterten Wissenschaften vom Menschen untereinander und mit dem Gesamtphänomen von Praxis zu vermitteln und ihre Funktionen miteinander zu koordinieren.

Die legitime Autonomie der Strebensethik schließt wiederum nicht aus, daß Technik und Wissenschaft einen anderen Stellenwert erhalten, wenn sie nicht als extern regulierende, mit der Ethik konkurrierende Instanzen, sondern exzeptionellerweise als Könnensweisen des Akteurs selber auftreten. Nach dem Zusammenbruch teleologischer Rangordnungen ist die Auffassung der älteren Ethik nicht mehr ohne weiteres vertretbar, daß technische oder gar künstlerische Produktion, als Können wie als Akt verstanden, nur mittelbar zum gelingenden Leben beitrage und nicht selbst eine Art von Selbstverwirklichung sei. Eigenes technisches Können erlaubt vielmehr die volle Integration in das Gesamtkönnen, ohne zwangsläufig instrumenteller Mediatisierung zu verfallen, und ist als solches von der Strebensethik zu thematisieren. Natürlich geht das eigene Lebenkönnen nicht in technischer Verfügbarkeit auf und kann niemals – und damit wird der im vorigen bevorzugte Terminus der Lebens- und Daseinstechnik relativierend präzisiert – ganz zur reinen Lebens*technik* werden. Zwar können die Regeln, Ratschläge und Rezepte der Strebensethik zuweilen hart an die Grenze technischer Gebrauchsanweisungen heranreichen oder solche einschließen, aber das Leben in seiner Vielgestaltigkeit und Wandelbarkeit bleibt hinter der Eindeutigkeit und Zuverlässigkeit des Technischen meist zurück, die nur regional und temporär beschränkt in Annäherung erreichbar ist. Insofern besteht zwischen der ›Lebenstechnik‹ im ganzen und einzelnen begrenzten und überschaubaren, methodisch angehobenen technischen Könnensweisen nur ein Analogie- und Modellverhältnis, das dazu anhält, das ganze Leben nach dem Muster dieser Teilbereiche organisiert vorzustellen, soweit es die Natur der Sache erlaubt. Selbst dann also, wenn man den Akteur nicht als Gegenstand und Adressaten, sondern als Subjekt von technischem Können in Anschlag bringt, treten die Grenzen einer Technisierung der Lebensführung alsbald zutage. Soviel die Lebensführung an technischem Können oder theoretischem Wissen auch aufnehmen mag, sie behält daneben immer noch ein Surplus, dem die Praktische Philosophie und Ethik entsprechen muß.

Neben der options- und haltungsbildenden sowie handlungsleitenden Funktion der Strebensethik im Bereich der *Finalität* und der Lebensführung (*Mediation*) steht als drittes Unterscheidungsmerkmal gegenüber der Wissenschaft ihre *Reflexivität*. Die Strebensethik überschreitet reflektierend fachspezifische Horizonte und vorgegebene Erfahrungsräume a) auf den Gesamtsinn des Lebens und letzte Orientierungsfragen hin, die über die subjektive Finalisierung noch hinausführen, b) auf kritische Alternativen zur

Gegenwart in antizipierten möglichen Zielen der Zukunft oder vergessenen oder verdrängten Möglichkeiten der Vergangenheit, c) auf weitere Kontexte und fächerübergreifende Zusammenhänge hin.

Die These von der mangelnden Eigenständigkeit und der Obsoleszenz der Strebensethik ist demnach in verschiedenen Hinsichten unhaltbar. Die Unterschiede lassen sich darin zusammenfassen, daß die Theorienbildung der Strebensethik wie der Praktischen Philosophie insgesamt als Reflexionsstufe und Erweiterung der Entscheidungs- und Handlungssituation zu verstehen ist und daraufhin funktionalisiert bleibt, während die Theorienbildung der meisten Wissenschaften um ihrer selbst willen verfolgt wird und der Anwendungsbezug nur extrinsisch und akzidentiellerweise hinzutritt, und auch die wesentlich anwendungsbezogenen (Medizin, Jurisprudenz, Technologien) nicht Selbst-Techniken des Handlungssubjekts sind, sondern dieses in der Regel als Objekt behandeln.

Im einzelnen sei die Autonomie der Strebensethik abschließend am Beispiel einiger Humanwissenschaften und der Theologie erläutert, die zu ihr in einem scheinbaren Wettbewerbsverhältnis stehen. Die stärkste Konkurrentin der Strebensethik ist heute zweifellos die *Psychologie*, die in den letzten beiden Jahrzehnten teils zur Grunddisziplin aller Humanwissenschaften aufgestiegen ist, teils eine entschiedene Schwerpunktsverlagerung auf die *Angewandte Psychologie* hin erfahren hat. Auch die Angewandte und das Alltagsverhalten des Akteurs einbeziehende Psychologie, die zur Krisenbewältigung (coping) anzuleiten sucht, müßte sich jedoch zusätzlich der expliziten Optionalität der Praktischen Philosophie und Ethik versichern, um in Fragen der Finalität wettbewerbsfähig zu sein. Sie wäre ferner gehalten, sich von ihrer objektivierenden Methodologie in dem Maße zu distanzieren, wie sie sich den Standort des betroffenen, involvierten Subjekts selber zu eigen macht. Beide Male würde die Psychologie in einen größeren Konflikt mit ihrer Definition als Wissenschaft geraten, als ihrem Identitätsverständnis zuträglich ist. Hinzu kommt die Reflexivität der philosophischen Ethik auf weitergehende Sinnpotentiale weltanschaulicher oder gar religiöser Art (s. u.), die die Psychologie nur schwer, und ihre integrative Funktion gegenüber den ver-

schiedenen Humanwissenschaften, die die Psychologie als Einzelwissenschaft gar nicht einholen kann.
Zwischen philosophischer Strebensethik und *theologischer* Seelsorge (und Ethik) besteht ein näher zu bestimmendes Komplementär –, aber kein Konkurrenzverhältnis. Beide können einander wechselseitig in Dienst nehmen und integrieren: Die Seelsorge kann, wie Resultate und Methoden der Einzelwissenschaften, so auch Elemente der philosophischen Ethik rezipieren und adaptieren, obschon sie stets untergeordnet und ein Vorletztes bleiben. Umgekehrt kann die Strebensethik ihrerseits für letzte Aporien und ausweglose Grenzsituationen auf die Religion verweisen, verbunden mit dem Ratschlag, das Unverfügbare anzuerkennen und glaubend anzunehmen. Allerdings ist mit dieser Art der Delegierung keine Festlegung auf eine bestimmte Religion oder gar Konfession verknüpft. Religiosität wird nur generell als Mittel der Kontingenzbewältigung oder als Sinnpotential empfohlen, sozusagen therapeutisch verordnet und auf das ethische Ziel des guten Lebens hin instrumentalisiert. Im ganzen ist die philosophische Ethik formaler, weniger inhaltlich fixiert und daher weiterreichend – entsprechend dem Verhältnis der theoretischen Religionsphilosophie zu den positiven Religionen und Theologien –, die Religion dagegen konkreter und mit ihrem Heilsangebot, soweit daran geglaubt wird, auch wirkungsvoller. Zugespitzt formuliert: Das gescheiterte Leben kann mit Hilfe des Glaubens besser ertragen, das erst bevorstehende aber mittels philosophischen Ratschlags und wissenschaftlicher Information besser geplant und realisiert werden. Darin zeichnen sich eine komplementäre Kompetenz- und Aufgabenverteilung und Möglichkeiten der Kooperation ab.[45]
Die *Pädagogik* ist eine anwendungs- und praxisbezogene sowie optionale und optionsvermittelnde Technik (ars), von der erst neuerdings die Erziehungswissenschaft als eine Art von Metatheorie abgehoben wird. Sie erstreckt sich, von der Kinder- und

45 Die *Moral*theologie (im engeren Sinn) ist gemessen an den generellen Festlegungen einer Übermoral, wie sie die Moralphilosophie thematisiert, als Sonderethik und Exponent einer Gruppenmoral zu betrachten, die *zusätzlich* für diejenigen gilt, die sich dadurch auf Grund ihrer Gruppenzugehörigkeit verpflichtet fühlen.

Jugendführung ausgehend, zunehmend auf das Gesamtleben des Menschen (Erwachsenenbildung: Andragogik, Altenbetreuung: Gerontagogik; Familien-, Sozial-, Heilpädagogik; Betreuung von Randgruppen) und tendiert damit dazu hin, das unbearbeitete Feld der älteren Strebensethik in ihre Obhut zu nehmen. Da die ältere Ethik die Zuständigkeit für alle Lebensalterstufen beansprucht hatte, stellt sich die Pädagogik historisch und systemtheoretisch gesehen als eine noch nicht wieder voll integrierte Residualform der Gattung Strebensethik dar, deren übrige Spezies dem neuzeitlichen Paradigmenwechsel zur Moralphilosophie zum Opfer gefallen sind. Die Wiederherstellung des Gesamtkonzepts erlaubt, legitimerweise zu thematisieren, was für die Pädagogik nur auf Umwegen und mittelbar erreichbar ist. Sie zieht mit einiger Folgerichtigkeit die Einordnung und Qualifikation der Pädagogik als Ethik und Praktische Philosophie und zwar vorzugsweise als Strebensethik nach sich. Eine solche Subsumption liegt umso näher, als wesentliche Grundbegriffe der gegenwärtigen Pädagogik philosophisch imprägniert sind oder schon zum Theoriebestand der älteren Ethik gehört haben, und ferner das einst patronale oder gar paternalistische, durch Imperative und Sanktionen gekennzeichnete Erziehungsverhältnis mit wachsender Autonomisierung auch des Jugendlichen in beratungsähnliche Formen der Anleitung übergegangen ist. Wenn die Pädagogik zum Vollbegriff von Ethik komplettiert und als Spezialfall – oder Ensemble von Spezialfällen – vornehmlich in die Strebensethik zurückgenommen wird, können beide heute noch getrennten Disziplinen davon profitieren: Die Philosophie kann die Grundlagendiskussion der Pädagogik weiter vorantreiben, und sie kann ihrerseits für den Aufbau einer Strebensethik von den verschiedenen Teildisziplinen der Pädagogik praktische Erfahrungen, Spezialkenntnisse und theoretische Modelle beziehen.
Die verschiedenen Formen der *Psychoanalyse* und *Psychotherapie* stehen – bei verwandter Zielsetzung – zur Strebensethik zunächst wieder in einem arbeitsteiligen Komplementär- und weniger in einem Konkurrenzverhältnis. Tiefenpsychologie und Ethik orientieren sich an verschiedenen Schwerpunkten: dem Unbewußten oder dem (rationalen) Bewußtsein (der Praktischen Intelligenz),

verschiedenen Typen von Problemfällen (der kranke oder der gesunde Mensch, daher Therapie oder Beratung) und verschiedenen Methoden (Indirektheit und überwiegende Langfristigkeit oder Kurzfristigkeit und Direktheit in gezielten, konkreten Ratschlägen, Direktiven und Präskripten).[46] Der Psychotherapie geht es weniger um die Behebung punktueller Aporien als darum, zur prinzipiellen Selbst- und Identitätsfindung zu verhelfen, alles einzelne aber dann der Spontaneität des normalisierten Patienten zu überlassen. Die eigentliche Beratungsdimension fehlt deshalb hier weitgehend, ebenso wie das genaue Zusammenspiel von Aporetik einer- und Heuristik und Stochastik andererseits. Der Umweg über das Unbewußte stellt sich in der Sicht der Strebensethik als Grenzfall dar, der immer dann indiziert ist, wenn innere Hemmungen und Blockaden eine direkte Beratung unwirksam machen. Die Psychotherapie nimmt dann den Charakter einer der eigentlichen Ethik vorgelagerten subsidiären Disziplin an (während der Therapeut die Ethik eher als Folgedisziplin der Tiefenpsychologie betrachten mag). Das Verhältnis wird in solchen Fällen besonders virulent, in denen das Kriterium individueller Autonomie, auch ohne äußere (soziale) Nötigung aus spontanem Antrieb an eingeübten Verhaltensmustern festzuhalten,[47] auf Grund von persistierenden Tiefenblockaden nicht mehr greift. Möglicherweise erliegt der Betroffene der Täuschung, er sei in seiner Zielwahl wirklich frei, und erst die Psychotherapie ist in der Lage, solches falsche, den eigenen Interessen zuwiderlaufende Bewußtsein aufzubrechen und zu einem besseren Selbst- und Weltverständnis hinzuführen. Hier dürften die eigentlichen Chancen für eine künftige Kooperation zwischen Strebensethik und Psychotherapie liegen. Darüber hinaus lassen die Gewichtsverteilungen, die nach der Wiederetablierung der Strebensethik in ihrer ganzen Breite zu erwarten stehen, es als möglich und wünschenswert erscheinen, die Psychotherapie als Spezialfall in eine neu integrierte Ethik hineinzunehmen und ihr damit den von ihren Grün-

46 Der philosophische Berater nimmt daher den Klienten jederzeit unbedingt ernst, ohne seine Äußerungen wie der Therapeut als Symptome unbewußter Prozesse relativierend umdeuten oder gar instrumentalisieren zu müssen.

47 Vgl. oben S. 45.

dern gelegentlich vindizierten philosophischen Rang explizit zuzuerkennen. Ihre ausgeprägte Optionsbezogenheit rückt sie trotz aller Unterschiede auch methodisch nahe an die Ethik heran.

IV Ethische Anthropologie und praktische Subjektivität

Im vorigen hat sich bei beiden Ethiktypen die Frage nach fundierenden anthropologischen Invarianten gestellt. In der Tat läßt sich eine metatheoretische Klärung ethischer Grundbegriffe ohne den Rekurs auf bestimmte anthropologische Grundannahmen nicht bewerkstelligen, die dann auch auf der Ebene der die Präskriptive Ethik vorbereitenden Metatheorie explizit gemacht werden müssen. Soweit es sich dabei um anthropologische Kategorien von übergeschichtlichem Geltungsanspruch handelt, können sie als transzendental aufgefaßt werden. Innerhalb einer Anthropologie in praktischer Hinsicht wiederum nimmt eine Theorie praktischer Subjektivität eine zentrale Stellung ein. Sie muß vorab die spezifischen Merkmale der praktischen gegenüber der kontemplativen Subjektivität herausarbeiten und wird dabei auf einen Mehrgehalt an Bestimmungen und auf ein kategoriales Plus und Novum stoßen, das für eine Präskriptive Praktische Philosophie und Ethik Ansatzpunkte bietet. Gemäß dem Anliegen einer Integrativen Ethik ist eine solche Theorie, wenn sie wirklich zureichend sein soll, ferner gehalten, die Sollens- *und* die Strebensethik grundzulegen, beider inneren Zusammenhang darzutun und darüber hinaus nach der Analogie Rückschlüsse auf verwandte Verhältnisse in den übrigen Disziplinen Praktischer Philosophie zu ermöglichen.

Eine solche anthropologische und insbesondere subjekttheoretische Metatheorie der Ethik und Praktischen Philosophie ist als Ganzes Desiderat und existiert bislang aus mehreren Gründen nicht: Die vorliegenden Ansätze sind entweder, wie auf dem Boden der Diskursethik, primär moralphilosophisch orientiert (Fahrenbach, Ebeling; Rentsch, mit Verschleifungen in der Richtung einer Einheitsethik), oder sie konzentrieren sich auf die Tradition der Strebensethik (der Heidegger von ›Sein und Zeit‹, danach Kamlah, Tugendhat, Foucault; ähnlich Henrich). In der Mehrzahl der Fälle bleiben die Entwürfe ferner nicht nur – was legitim ist – als Metatheorien deskriptiv, sondern sie entwickeln auch keinerlei Ansätze für die Normativität und Präskriptivität Praktischer Philosophie und Ethik, die einsehbar machen, inwie-

fern praktische Subjektivität auf die Regulationskapazität Präskriptiver Ethik angewiesen ist und nicht autark sich selbst steuert (wofür eine deskriptive Ethik ausreichen würde).
Bevor im folgenden eine komplettierende Theorie praktischer Subjektivität vorgelegt wird, bedarf es einer kritischen Sichtung der wichtigsten Varianten zeitgenössischer Subjekttheorie, die bekanntlich untereinander hochkontrovers und überdies dem radikalen Skeptizismus systemtheoretischer, behavioristischer oder einheitswissenschaftlicher Subjektkritik ausgesetzt sind.
Zweckmäßigerweise sei mit der Abwehr der angeführten Gegenpositionen begonnen, weil davon auch die Möglichkeit einer Ethik prinzipiell betroffen ist. Nichtegologische Bewußtseinstheorien erkennen nur innere Zustände, aber kein Ich als Bewußtseinsträger und Bewußthaber an (Hume, Lichtenberg gegen Descartes; Nietzsche, Mach, Schlick, danach verschiedene analytische Richtungen). Sie erscheinen in der Gegenwart konkretisiert und spezifiziert in den verschiedenen Versionen der Rede vom Verlust und Ende des Subjekts, die entweder das Subjekt in objektiven Strukturen, Systemen, Ereignisfolgen oder in einer infiniten Pluralität von Teilsubjekten aufgehen lassen und dadurch als Fiktion entlarven (Baudrillard, Deleuze, Guattari, Barthes, Badiou, Derrida u. a.), oder aber es als durch Systeme aller Art, besonders semiotischer Art, unterwandert, determiniert und konditioniert darstellen und dadurch seiner Autonomie oder doch Effektivität berauben (Freud, Lacan, Systemtheoretiker). Dies hat Konsequenzen für die Möglichkeit Praktischer Philosophie und Ethik, die mit dem praktischen »Subjekt« als autonomer Entscheidungsinstanz hinfällig wird (deutlich etwa in Luhmanns Moralitätskritik, die a fortiori gegen die Strebensethik zu wenden wäre). Indessen hat sich die Praktische Philosophie und Ethik heute an das in der Selbst- und Lebenserfahrung gegebene praktische Subjekt und seine phänomenale Bezeugung zu halten, die nicht durch »Aufklärungen« theoretischer Reflexion, sondern allenfalls durch äquivalente Gegenphänomene in Frage gestellt werden könnte. Gegen die *Erfahrung* praktischer Probleme und Lösungsmöglichkeiten kann also theoretisch gar nicht sinnvoll argumentiert werden, selbst wenn dadurch der Bezugsrahmen verändert wird. Doch so vermittelt wir auch immer sein mögen, das Resultat der Vermitt-

lung behält sein »subjektives« Eigengewicht. Dazu gehören neben der unvertretbaren Eigenperspektive des Handelnden oder Leidenden auch der erlebte Entscheidungszwang und die Konflikterfahrung und die damit verknüpften Phänomene von Gewissen, Reue und Schuld sowie der sich in der Folge einstellende Orientierungs- und Beratungsbedarf, der Ansätze für eine Praktische Philosophie und Ethik bietet. Solchen Problem- und Entscheidungszwängen kann sich auch der Subjektleugner im Alltag nicht entziehen und er verfällt darüber hinaus einem Selbstwiderspruch, wenn er *als* destruierender Theoretiker die Erfahrungen, die hinterfragt werden sollen, bereits voraussetzen und den Status eines wahrheits- und diskursfähigen Subjekts in Anspruch nehmen muß. Die Epiphänomenalität des Subjekts ist praktisch gesehen irrelevant, ebenso seine Ontologie, soweit sie nicht als spezifische Metatheorie auf Praxis hin funktionalisiert wird. Darum bleibt auch der philosophische Determinismus für die Praxis folgenlos, da wir weiterhin so handeln, *als ob* wir frei wären, weil die phänomenalen Erfahrungen der Selbst- oder Fremdbestimmung Bestand haben und mit dem (In)Determinismus nicht verrechnet werden können. Gegen die Nichtegologen kann man ferner das Widerstandsargument für die Realität der Außenwelt ins Feld führen, das zwangsläufig auch in umgekehrter Richtung wirksam ist: Es beweist nicht nur die Realität der Welt und des Objekts gegenüber dem Subjekt, sondern ebensosehr die des Subjekts gegenüber dem widerstehenden Objekt und die Verschiedenheit beider, und zwar a fortiori wiederum in praktischen Zusammenhängen, bei Problemen der Ausführung noch in höherem Grade als bei solchen der Finalisierung. (Das Argument wäre nur durch die künstliche petitio principii anzufechten, jeder Part sei in sich widerständig strukturiert, d. h. das »Objekt« rufe in einem nichtexistenten Subjekt den Schein eines Widerstandes hervor oder das Subjekt in sich selbst den Schein eines widerständigen Objekts.) Der Subjektleugner gerät dabei gerade *als Widersprechender* erneut in die Gefahr performativer Widersprüche. Im übrigen ist eine asymmetrische Dependenz und Entmächtigung des Subjekts vom System (etwa des Unbewußten) her nicht gegeben, da erfahrungsgemäß Interdependenz besteht, kraft deren auch das Subjekt auf das System (zurück)wirkt (etwa in der psychoanalytischen

Praxis). Aber auch die Zurücknahme des Subjekts in eine generelle Ereignisontologie bleibt für die Praxis folgenlos, da die Differenz zwischen Tätigkeit und Nichttätigkeit phänomenal mindestens graduell gegeben ist. Ein totaler Aktualismus erweist sich also als zu weitmaschig und greift nicht, wenn er Subjekte und Akte konfundieren soll. (Just bei Nietzsche setzt Macht qua Können eine entsprechende Modalunterscheidung voraus.) Die moderne innere Pluralität multipler Subjekte führt gerade in praktisch und ethisch relevante Entscheidungssituationen hinein, vorzugsweise auf der Ebene des Selbst, während Spaltungen des Ich (zur Unterscheidung im folgenden) eher als pathologische Grenz- und Ausnahmefälle einzuordnen sind. Was speziell das moralische Subjekt angeht, so kann man es nicht chancenlos mit objektiven Systemzwängen konkurrieren lassen, sondern muß es als integrierenden Faktor des Systems anerkennen, der Dysfunktionalität verhindern kann (Höffe); darüber hinaus bleibt die Ebene letzter Optionalitäten in der Systemtheorie unterbestimmt oder wird als ›Akzeptanz‹ verschleiert, während doch fundamentale Idealbildungen, Ansprüche und Nötigungen in Staat, Recht und Gesellschaft von optionaler Subjektivität getragen sind.

Legt also gerade die praktische Perspektive es nahe, daß es neben inneren Zuständen auch ihr Subjekt qua Ich-Instanz gibt, die es erlaubt, sie als »meine« anzusprechen, so bleibt es doch noch offen, wie eine solche Instanz sich auf sich selbst beziehen und zu einem Selbst-Verhältnis qua Selbst-Bewußtsein gelangen kann. Dafür sind drei Grundtypen möglicher Lösungen vorgeschlagen worden, die die aktuelle Diskussion bestimmen: 1. Das Modell interner Reflexion nach Art der Begleitwahrnehmung (›Ich denke, daß ich denke, bin mir bewußt, daß ich Schmerzen habe‹ und dergleichen, bei Aristoteles, Kant u. a.). II. Das Modell externer, über das Andere vom Ich vermittelter Reflexion, sei es über die Objektwelt insgesamt (Hegel, Heidegger), oder über die Produkte und Ausdrucksformen (Dilthey, Ricœur), über intersubjektive semantische Systeme (Wittgenstein, Strawson, Tugendhat), oder über die Sozietät (Hegel, Mead, Tugendhat), oder über die Retrospektion in die eigene Vergangenheit (Husserl, Rickert, Ryle) oder die Antizipation der eigenen Zukunft (Heidegger, Tugendhat) oder beides zusammen (Heidegger im Ansatz). III. Das Modell vor

gängigen Mitsichvertrautseins des Subjekts, das die Aporien der Reflexionsmodelle zu vermeiden sucht (Fichte 1797 und seine romantischen Schüler, danach die ›Heidelberger Schule‹ um D. Henrich, vergleichbar Sartre). Unangesehen der verschiedenen ontologischen (Cartesianismus) und methodologischen Implikationen ist im folgenden die Tragfähigkeit der drei Modelle vergleichend zu überprüfen, wobei die Unterscheidung von *Ich* (Bewußthaber, Eigner), *Selbst* (Inbegriff des Eigenen und Meinigen, samt inneren Zuständen und Akten, aber auch des Leibes und seiner Affektionen, sozialer Rollen u. a.)[1] und *Welt* (das Andere vom Selbst, mit gleitenden Übergängen) als leitend zugrunde gelegt wird.
Zunächst ergibt sich im Blick auf II, daß alle Vermittlungen des formalen Selbstverhältnisses (›Selbstbewußtsein‹) ab externo zirkulär sind, weil sie interne Relationen (zwischen verschiedenen Ich-Instanzen und dem Selbst) überspringen, die im Weltverhältnis bereits vorausgesetzt sind und eine Stellungnahme dazu enthalten. Auch der Gebrauch von Personal- und Possessivpronomina der ersten Person oder das Verstehen des Selbst als ›meines‹ und ›zugehöriges‹ setzt schon eine implizite interne Reflexion voraus. Die hermeneutische Spiegelung an der Welt erschließt zwar Inhalte des Selbst, aber nicht das Ich. Diese Abkünftigkeit externer von internen Relationen trifft für das Weltverhältnis ebenso zu wie im besonderen für die Sozialwelt oder die Zeitdimension des eigenen Lebens. Sie gilt im Prinzip auch noch für die verschärfte Version der genetischen Aufstrukturierung des formalen Selbstverhältnisses in der Sozialpsychologie und -anthropologie Meads (und partiell Freuds). Auch hier bleiben die Fragen unbeantwortet, wie man das *Selbst*verhältnis, die Eigenperspektive und die damit verbundene Konzentrizität von *Anderen* bruchlos lernen könne und *wer* es denn ist, der beispielsweise den Gebrauch des Pronomens ›Ich‹ lernt. Hier zeichnet sich eine letzte Zirkularität ab, die durch Beobachtungen im Bereich der Embryologie und Biologie bestätigt wird, wonach selbst bei primitiven Lebewesen ein rudimentärer Selbstbezug immer schon angelegt ist. Auch das formale Selbstverhältnis wird darum wie das inhaltlich bestimmte durch das soziale Umfeld wohl nur höher und weiter entwickelt,

1 Diese Unterscheidung entspricht der von Mead zwischen ›I‹ und ›me‹.

aber nicht erst durch Introjektion begründet. Im übrigen ist die Rolle der Mitwelt als Spiegel und Hermeneuticum des Selbstverständnisses immer zweiseitig zu verstehen: Ich lerne mich zwar an und mit der Welt zu verstehen, aber nicht ohne Auslegungsleistungen von meiner Seite. Das Selbst- und Weltverhältnis wird nicht passiv rezipiert (Mead), sondern schon im Ansatz durch hermeneutische Selbst-Symbolisierung, -Darstellung und -Tautologisierung am Andern aktiv mitgestaltet (Wandschneider, Waldenfels). Damit ist aber diejenige Stufe externer Selbstvermittlung erreicht, die im vorigen generell durch primäre interne Relationen kritisch zu hinterfragen und als abkünftig darzutun war.[2]
Bei Analytikern wie Strawson und Tugendhat ergibt sich eine zusätzliche Akzentverschiebung des externen Reflexionsmodells (II) auf intersubjektive Eindeutigkeit und Verifizierbarkeit im Bereich der Semantik und Regelverwendung hin. Der Maßstab objektiver Identität, die semantische und veritative (wenn schon nicht epistemische) Symmetrie zwischen Akteur und Betrachter verbürgt, führt einmal zur Auszeichnung raum-zeitlich fixierter, indexikalisch demonstrabler Personen und damit zur Unterbestimmung des Bewußtseinsphänomens: Es gibt nur das Bewußtsein innerer Tatsachen, aber kein Selbst-Bewußtsein eines cartesisch substantialisierten Bewußthabers qua Ich-Instanz. Indessen bilden ein solcher egologischer Reduktionismus und eine Zwei-Substanzen-Ontologie nach Art des Cartesianismus keine vollständige Disjunktion. Wer Bewußtseinszustände anerkennt, muß zwar auch einen Bewußthaber als Erkenntnisprinzip, Steuerungs- und Organisationszentrum anerkennen, ohne sich damit jedoch auf eine cartesianische Ontologie festzulegen. Die Ich-Instanz, auf die man referiert, kann nämlich ebensogut funktionalistisch interpretiert und auf neurophysiologische Substrate bezogen werden. Sie ist also nicht auf die Substanzkategorie festlegbar, sondern kann kategorial auch anders eingeordnet werden (als Eigenschaft, Relation, Relationskomplexion, -konzentration oder -potenz). Es ist also ein Fehlschluß, Egologie mit einer Form der Substanz-Ontologie gleichzusetzen. Es gibt vielmehr Lösungen, die weder

2 Daß die konkreten praktischen Entscheidungen nicht sozial determiniert sind, wird auch von Mead anerkannt, betrifft aber nicht die hier verhandelten prinzipiellen Probleme.

substantialisieren (wie Descartes) noch kraftlos formalisieren (wie die transzendentale Kants) noch eklektisch auf referenten- und instanzenlose Bewußtseinszustände reduzieren, sondern die statt dessen einen ontologisch neutralen und mehrdeutigen Epiphänomenalismus empfehlen, der aber eine eigene interne, phänomenal ausweisbare Struktur besitzt (von der im übrigen auch die einzelwissenschaftliche Ich-Psychologie Gebrauch macht). Darüber hinaus ist es zweifelhaft, ob die auf dem Wege des externen Reflexionsmodells erstrebte Identität je erreicht werden kann: Nicht nur die epistemische Symmetrie wird durch den Perspektivenwechsel von der ersten zur zweiten oder dritten Person tangiert, sondern auch die semantische und in der Konsequenz gegebenenfalls sogar die veritative. So kann das unvertretbare affektive Betroffensein in der Eigenperspektive hermeneutische Modifikationen und einen Mehrgehalt an Bedeutung mit sich bringen, die semantische Asymmetrien nach sich ziehen (H. Schmitz, Th. Nagel). Hinzu kommt die hermeneutische Typisierung, Individualisierung und Situationsbestimmtheit – auch in der Abfolge des eigenen Lebensganges –, die die semantische Symmetrie noch weiter und bis zur ›Privatsprache‹ hin zerstört.[3] Das konkrete Individuum ist im praktischen Lebensvollzug nicht auf von außen übergestülpte Identitäten festzulegen, die durch die lebensgeschichtliche Selbsthermeneutik immer schon unterlaufen werden (M. Frank). Die differenzierenden Faktoren lassen sich nur um den Preis eines Zirkels umgehen, weil sie zu den Voraussetzungen des Welt- und Selbstverhältnisses gehören, und zwar schon in der genetischen Perspektive der Aufstrukturierung und Einübung des Selbstverhältnisses.

Erweisen sich demnach alle Varianten des externen Reflexionsmodells als abkünftig oder doch als zu schwach, um das Selbstverhältnis (›Selbstbewußtsein‹) zu begründen, so hat die bisherige Argumentation doch auch schon erkennen lassen, daß es um das Gegenextrem: das Modell ursprünglichen Beisichselbstseins des Subjekts (III) wegen seiner Undifferenziertheit nicht viel besser bestellt ist. Das Modell läßt sich durch eine Reihe künstlich aufgemachter, konstruierter Paradoxien und Aporien in eine ana-

3 Zur Kritik des Privatsprachenarguments oben S. 183.

lytische Sackgasse treiben, bei der das verbleibende Problem am Ende selber als die Lösung angeboten wird. Die scheinbaren Schwierigkeiten des (internen) Reflexionsmodells stellen sich in der Sicht der Vertreter des Modells III folgendermaßen dar: Die Einheit und zugleich Zweiheit im Ich (als Subjekt und Objekt) sei eine paradoxe Struktur; die Figur reflektierender Rückbeugung bringe mit dem Zeitfaktor eine nicht mehr einholbare Entzweiung und Distanzierung hinein (weitergeführt von Derrida); das Subjekt-Ich müsse schon *vor* der Rückbeugung seiner selbst gewiß und seiner Identität versichert sein, um das Objekt-Ich identifizierend wiederzuerkennen, was auf einen Reflexionszirkel mit infinitem Regreß (und einer aktualen Unendlichkeit) hinauslaufe; überdies müsse das reflektierende Ich, um zur vollständigen Selbsterfassung zu gelangen, ad infinitum wieder zum Objekt gemacht werden. Um derlei Identitäts-, Anerkennungs- und Regreßprobleme des Reflexionsmodells zu vermeiden, zieht man sich auf ein vermittlungsloses Vertrautsein des Ich mit sich zurück, das nur ex negativo durch die Ausgrenzung aller Vermittlungsstrukturen bestimmbar ist. Indessen ist ein solches vorgängiges Urvertrautsein des Bewußtseins mit sich selbst phänomenal nicht aufweisbar und seine Annahme auch nicht erforderlich, ja kontraindiziert. – Zunächst gibt es auch Bewußtseinszustände ohne Ich- und sogar solche ohne Selbst-Bewußtsein, in Fällen der Selbstvergessenheit beim Sichvertiefen in den Gegenstand und »Aufgehen« in der Welt, von der unio mystica an abwärts bis zu Zuständen der Geistesabwesenheit, der Überraschung oder des Schreckens oder Phasen des Einschlafens oder Erwachens (die sich daher unbemerkt vollziehen). Sie belegen, daß der Selbstbezug, obwohl beim Menschen überwiegend, nicht immer und notwendig gegeben ist, sondern intervallweise aussetzen kann und ferner in ganz verschiedener Graduierung und mehr oder weniger ausgeprägt auftritt (präreflexiv und beiherlaufend als Horizontbewußtsein – im einfachen ›Ich‹-Sagen – mit gezielter Aufmerksamkeit und gesteigerter Konzentration und Intensität). Weiterhin sind die Akttypen und Instanzen des Welt- und Selbstbezugs, wie sich zeigen wird, voneinander spezifisch verschieden und daher nicht kommutabel und konvertibel. Die Paradoxa der Selbstentzweiung und andererseits der Selbstidentifikation und des Sichwiederfindens können daher genaugenommen gar nicht auftreten. Unabhängig davon ist das Problem der Selbstidentifikation mit drohenden inneren Zirkularitäten und nachfolgendem infinitem Regreß generell ein Scheinproblem. Es gibt zwar externe, aber keine internen Zirkularitäten. Daß wir unser Ich und unsere Bewußtseinszustände mit denen anderer prinzipiell verwechseln könnten, ist abwegig und nur historisch aus der sich überschlagenden Gewißheitsfrage der Neuzeit zu erklären. Mit der künstlichen Problematisierung der Selbstidentifikation wird aber auch der emphatische Gegenbegriff des Urvertrautseins mit sich selber hinfällig und überflüssig. Er tendiert im übrigen mit seinem subtil potenzierten Cartesianismus zu einer Metaphysik, die Gefahr läuft, differenzierte Phänomenanalyse durch abstrakte Einheitspostulate zu ersetzen und sich zugleich vom Gesamtbestand des Selbst- und Weltverhältnisses zu isolieren. Das von Fichte gelegentlich erwogene Modell bringt darum keinen wirklichen Fortschritt über Kant hinaus. Es empfiehlt sich daher, zum Modell der internen Reflexion (I) zurückzukehren, das zwischen den beiden Extremen (II - III) eine ausgewogene mittlere Position einnimmt und für das im zwanzigsten Jahrhundert auch der späteste Husserl sowie – im weiteren Umkreis – die ›Exzentrische Positionalität‹ von H. Plessners Philosophischer Anthropologie Anknüpfungspunkte bieten.

Eine abschließende, in Thesenform angeordnete systematische Skizze zum Thema ›Selbstbewußtsein‹ wird der folgenden Theorie praktischer Subjektivität den Boden bereiten:

1.) Auszugehen ist von dem Befund, daß es gemeinhin kein Subjekt(Ich)-Bewußtsein ohne Objektbewußtsein (der Welt, des Selbst) gibt, daß das Ich-Bewußtsein also den Status des Begleitwissens hat, das vom intentionalen Grundakt nicht isoliert werden kann.

2.) Umgekehrt gibt es sehr wohl Fälle von Bewußtsein ohne Begleitbewußtsein (s. o.). Die Reflexion auf das Ich als Erkenntnis- und Handlungsprinzip muß also unsere mentalen Akte nur begleiten *können* (Kant), und zwar in gradueller Abstufung und zunächst auch in regionaler Departmentialisierung. Dem Begleiten*können* entspricht auf der Seite des Ich und seiner Akte eine *Begleitbarkeit* durch die Reflexion.

3.) Das Ich als Bewußthaber (= Ich_1) von der Welt und vom Selbst (mit allem Eigenen wie dem Können, Sein, Haben, Sichbefinden und den inneren Zuständen und Akten) ist zu unterscheiden von der Reflexionsinstanz und dem Subjekt des Begleitwissens (= Ich_2). Das letztere bezieht sich a) primär auf Bewußtseinsphänomene erster Ordnung als ganze, beispielsweise auf die Tatsache, daß ich Schmerz empfinde, b) auf das originäre Ich (Ich_1) als das Subjekt der Schmerzempfindung, das sich selbst verborgen ist und dem sich daher auch die Relation zwischen sich und den Empfindungs- oder Gegenstandsgehalten entzieht. Das reflektierende Ich (Ich_2) überblickt demgegenüber gerade diese Relation und damit mehr und anderes als das originäre Ich (Ich_1). Die beiden Perspektiven – die der intentio recta, auf Selbst und Welt bezogene, und die reflektierende der intentio obliqua – sind also verschieden. Dies bedeutet aber, daß auch die beiden Ich-Instanzen (Ich_1 – Ich_2) nicht äquivalent und infolgedessen auch nicht konvertibel und kommutabel sind. An der phänomenal gegebenen Verschiedenheit ihrer Funktionen und Asymmetrie ihrer Relation muß festgehalten werden. Wenn jedoch keine Äquivalenz und Austauschbarkeit vorliegt, dann auch keine Identität, sei es als undifferenziertes Urvertrautsein (Henrich), sei es als identisches (!) Mannigfaltiges (H. Schmitz), sei es als dialektische Synthesis des Differenten. Statt von Identität kann nur von Typaffinität (generischer Gleichartigkeit), Analogie oder Entsprechung die Rede sein.

4.) Obwohl das originäre Ich (Ich_1) auch ohne das reflektierende (Ich_2) agieren kann, sind beide doch insofern gleich ursprünglich gegeben, als Ich_1 *für uns* erst im Reflexionsakt hervortritt und thematisch gemacht wird. Ohne Ich_2 kommt also Ich_1 nicht ins Blickfeld. Wie Ich_2 nicht ohne Ich_1, so gibt es in gewisser Weise auch Ich_1 *für uns* nicht ohne Ich_2. Beide verweisen als solche aufeinander und ferner über sich hinaus auf Selbst und Welt. Das Gesamtphänomen des Selbst- und Weltverhältnisses, das man abkürzend ein sich zu sich selbst verhaltendes Verhältnis nennen mag (Kierkegaard), darf in keiner Theorienbildung verkürzt oder einseitig akzentuiert werden, zumal dann, wenn sie als Metatheorie Praktischer Philosophie und Ethik auftritt.

5.) Ein Einwand scheint sich dann aufzudrängen: Wie Ich_1 nur von Ich_2 her thematisch wird – etwa im ›Ich‹-Sagen –, so bleibe Ich_2 nach der Analogie so lange unthematisch, bis es in eine weitere, zweite Reflexionsstufe eingeholt werde, was entweder zu einem infiniten Regreß oder zu einem unvollständigen Ich-Bewußtsein führe, wenn nämlich der Regreß abgebrochen und das jeweils letzte Reflexionssubjekt nicht bewußt gemacht werde. Indessen ist ein solches Fortreflektieren weder nötig noch wirklich noch möglich: a) Es ist in der Lebenspraxis unergiebig und irrelevant, da es auf eine leere Wiederholung ohne Erkenntniszuwachs hinausläuft (›Ich weiß, daß ich weiß, daß ich weiß‹ usw.). Wie Ich_1 auch ohne Ich_2 zu agieren vermag, so vollends und normalerweise auch Ich_2 ohne eine weitere Reflexion auf Ich_2 selbst. b) Während Ich_2 für das Selbst- und Weltverhältnis eine fundamentale anthropologische Bedeutung besitzt, ist seine Thematisierung nur unter den besonderen Erfordernissen der wissenschaftlichen und philosophischen Theorienbildung oder allenfalls des Diskurses, also in einer speziellen theoretischen und distanzierten Einstellung gegeben. Dies zwingt jedoch keineswegs zu einer Erweiterung des angenommenen anthropologischen Rahmens, vielmehr ordnet sich das Thema der Subjektivitätsanalyse dem generellen theoretischen Weltverhalten ein, das mit der Unterscheidung von Ich_1 und Ich_2 voll und zwanglos abgedeckt ist. In der Tat sind über das Bewußtsein zweiter Ordnung (das Begleitbewußtsein) hinaus weitere Bewußtseinsinstanzen phänomenal gar nicht aufweisbar. Wollte man dagegen den Regreß auf der *theoretischen* Ebene weiterführen, so wäre das Spezificum gerade dieses Themenkreises verloren und zugleich übersehen, daß die Irregularität von Letztbegründungen seit der Antike bekannt und heute trivial geworden ist.[4] c) Die Hypothese eines *infiniten* Regresses erledigt sich angesichts der Unmöglichkeit – und a fortiori Unwirklichkeit – einer aktualen Unendlichkeit.

6.) Für das Bewußtsein erster und zweiter Ordnung stellt sich die Frage nach seiner jeweiligen Einheit und Identität. Es ist theoretisch denkbar, daß sowohl auf der Ebene der intentio recta wie der der intentio obliqua verschiedene Bewußtseinsinhalte verschiedenen Ichtypen zugeordnet sind, so daß sich eine Partialisierung und Spezifizierung bis hin zum Einzelfall abzeichnet. Demgegenüber deuten die Vergleichbarkeit und die Tatsache der Übergänge und

4 Vgl. oben S. 55.

wechselnden Kombinationen darauf hin, daß Ich_1 und Ich_2 die verschiedenen inhaltlichen Felder übergreifen und jeweils nur durch eine einzige Instanz vertreten sind. Kant hat bekanntlich die Einheit auf der Reflexionsebene: in der empirischen und insbesondere der transzendentalen Apperzeption als dem »höchsten Punkt der Transzendentalphilosophie« angesiedelt, Husserl hingegen umgekehrt im faktischen Ego, das aber transzendentale Funktionen und Konstitutionsleistungen übernehmen soll. Tatsächlich kann man die Gesamtstruktur des Bewußtseins (Ich_1 und Ich_2 zusammen, aber mit verteilten Funktionen) als transzendental verstehen, wobei man allerdings auf Husserls Weise Transzendentalität mit dem faktischen, individuierten Bewußtsein, nicht kantisch mit einem Bewußtsein überhaupt verbinden wird.[5] Man wird ferner Bewußtsein nicht nur spontan und aktiv wie bei Kant, sondern – wiederum Husserl folgend – auch passiv-affektibel und rezeptiv auffassen.

7.) Das Ich ist indirekt von seinen Funktionen her charakterisierbar, an sich selbst aber nicht näher zu bestimmen, es sei denn formal als Subjekt von Bewußtsein und Sichverhalten. Dabei sind die Grenzen zum Selbst hin allerdings fließend wie die vom Selbst zur Welt. Man kann in verschiedenen Zusammenhängen von beiden verschieden weit abstrahieren und dementsprechend zum »reinen« Ich als der Grenze der Welt und des Selbst zurückgehen. Je reiner und leerer man das Ich zu fassen sucht, desto mehr entgleitet es und entzieht sich der Fixierung.[6]

8.) Wenn das Ich unanschaulich bleibt, dann gilt dies nicht auch für mentale Zustände und Akte und deren Inhalte. Auch wenn ein zeichen- und symbolfreies Selbstverhältnis wohl nicht möglich ist, wäre es doch ein voreiliger Reduktionismus, intentionale oder gar nichtintentionale Akte ausschließlich propositional aufstrukturie-

5 Diese Art von Transzendentalität ist verschieden von der kategorialen Philosophischer Anthropologie und Praktischer Philosophie, aber damit vereinbar, dazu unten S. 258f.

6 Der späteste Husserl konstatiert treffend die Komplementarität zwischen reiner Gegenwärtigkeit und affirmativer Erfaßbarkeit des Ich (vgl. K. Held, Lebendige Gegenwart, 1966). Im Eingeständnis der Unanschaulichkeit deutet sich an, inwiefern hier die Denkmittel der Phänomenologie überschritten sind.

ren und das Subjekt-Objekt-, Repräsentations- oder Bildermodell als psychologistische Metaphorik ganz eliminieren zu wollen. Dem Sprachsystem sind in der Regel andere Zeichensysteme elementarer Art vorgelagert (Holenstein), und es läßt sich seinerseits in Symbolen und Zeichen höherer Ordnung verkürzen und kodieren. Das Vorstellungsmodell kann darum in der Philosophie und speziell der Ethik so wenig verabschiedet werden wie von der Psychologie oder der Traumforschung. Dazu trägt bei, daß die Sprache als das expliziteste und differenzierteste Zeichensystem selbst metapherngebunden bleibt und in Verwendungszusammenhängen häufig einer quasi-lokalen Strukturierung und Topisierung der Bewußtseinsinhalte Raum gibt. Es muß daher der phänomenalen Vielfalt entsprechend auch methodisch bei einem Pluralismus bleiben, der es erlaubt, verschiedene Zeichensysteme und Explikationsgrade ineinander übergehen zu lassen und vertauschbar zu halten: Impressionen, Bilder, Sätze, abstrakte Begriffe und Symbole. So kann das »Bewußtsein in Geschichten« (W. Schapp) sich bald als sprachliche Erzählstruktur, bald konkretisiert als Ensemble von Bilderfolgen darstellen, und das Könnens- und Möglichkeitsbewußtsein wird sich sowohl als Kraft- und Überschußgefühl bemerkbar machen wie explizit in Satzform artikulieren können. ›Introspektion‹ ist darum zwar nicht ohne Grund problematisiert worden, weil die Metaphorik visueller Wahrnehmung (›inneres Sehen‹) allzu unkritisch verwendet und überanstrengt worden ist, aber sie kann nicht nur in der allgemeineren Bedeutung der Selbstbesinnung, sondern auch in der engeren der inneren Wahrnehmung (vor allem bei Körpergefühlen, aber auch bei Stimmungen) ein gewisses eingeschränktes Recht behaupten. –

Im Unterschied zu einer rein theoretisch orientierten Anthropologie, die eindeutig zur Theoretischen Philosophie gehört, muß eine Anthropologie in pragmatischer Hinsicht als Metatheorie der Präskriptiven Praktischen Philosophie und Ethik aufgefaßt werden, die speziell diese grundzulegen sucht und den Übergang zu ihr vorbereitet. Sie wird sich bevorzugt der Analyse und Kategorisierung praktischer Subjektivität zuwenden und dabei die emotiven und volitiven Momente stärker zur Geltung bringen. Sie wird die affektbetonte Eigenperspektive mehr in den Vordergrund rücken und darum alle Kategorien praktischer Subjektivität wesentlich auf den emphatisch verstandenen Ich- oder Wir-Standpunkt beziehen und insofern wie Kategorien der Freiheit oder Existenzialien behandeln. Aus der Grundperspektive des Selbst- und Eigeninteresses, des Betroffen- und Involviertseins lassen sich zunächst das (emotive) Sichbefinden und alle Bewertungstypen (gut, schlecht, böse, besser, im einzelnen auch: Menschenwürde und dergleichen) samt der modalen Differenz zwischen Ist- und kontrafaktischen Soll-Zuständen ableiten, sodann die (volitiven) Motivationsmomente des Strebens, Wollens, Wünschens samt ihrer Normierung durch eine fundierende Bedürfnisstruktur, und daraus endlich das Sichverhalten in Aktion und Reaktion (z. B. als Handeln). Man kann versuchen, Sichbefinden und strebendes Sichverhalten in der Kategorie der (Selbst-)Sorge oder -bekümmerung formelhaft zusammenzufassen, obgleich dadurch das moralische Verhalten weniger gut repräsentiert ist.

Eine Anthropologie in pragmatischer Hinsicht, die an das im vorigen erarbeitete Reflexionsmodell und die darin vorausgesetzte Stufenfolge (Welt-Selbst-Ich_1-Ich_2) anknüpft, wird vor allem die Ich-Instanzen um ihre praktische Dimension zu erweitern und dabei noch zwischen moralischen und nichtmoralischen Aspekten zu differenzieren haben. Dies bedeutet zunächst, daß Ich_1 nicht nur als Bewußthaber und Erkenntnisprinzip zur Geltung kommt, sondern auch in seine Rolle als Strebens-, Planungs-, Verhaltens- und Aktionszentrum eingesetzt wird, das als solches zum Selbst und zur Welt in ein aktives und reaktives Verhältnis tritt. Dies zieht folgerichtig auch die entsprechenden Reflexionsstufen nach sich, weshalb sich Ich_2 nicht mehr nur als Subjekt des Begleitwissens, sondern darüber hinaus um spezifisch praktische Funktionen erweitert als multiple Instanz der Selbstkontrolle, des Gewissens (»Mit-wissens«: con-scientia), der Selbstkritik, Scham, Reue und dergleichen darstellt. Diese Anreicherung und Komplettierung des Modells macht zunächst deutlich, daß sich bereits Ich_1 in verschiedenen Höhenlagen praktischer Intelligenz zu Weltdingen und -gütern, aber auch zu den Antrieben und Bedürfnissen des Selbst kritisch auswählend und regulierend verhalten kann. Die Welt- und Selbstorientiertheit von Ich_1 wird jedoch problematisiert und hinterfragt, wenn bei Konflikten und Hemmungen prinzipieller Art Ich_2 als Regulations- und Vergewisserungsinstanz zweiter Ordnung auftritt. Ich_2 nimmt auch zu Ich_1 kritisch bewertend Stellung in Selbsttadel, Scham, Wut, Reue oder schlechtem Gewissen, also nicht nur in epistemischer, sondern auch in praktischer Funktion. Die Etablierung von Ich_1 und Ich_2 als praktischen Instanzen bedeutet also keine eindeutige Verteilung rationaler oder irrationaler Funktionen auf Ich_2 und Ich_1, vielmehr ist Ich_2 genauso emotiv (volitiv) bestimmt wie Ich_1, und umgekehrt Ich_1 prinzipiell nicht weniger kognitiv orientiert als Ich_2. Die für Ich_2 prototypischen Funktionen von *Gewissen* und *Reue* sind im übrigen mehrdeutig und müssen, wie gezeigt,[7] nach moralischen (theologischen) und strebensethischen Aspekten differenziert werden. Da beide Titel im Zeitalter der Hegemonie der Moraltheologie und -philosophie auch umgangssprachlich moralisch besetzt worden sind, ist die nichtmoralische, strebensethische Bedeutung erst wieder auf dem Weg theoretischer Aufklärung und Begriffsbildung zurückzugewinnen, wobei neben dem Vorgang der älteren teleologischen Ethik auf Ansätze der Existenzphilosophie (Heidegger) sowie der (Tiefen-)Psychologie (E. Fromm nach Freud, W. Keller und E. Spengler nach Heidegger bzw. Freud) zurückgegriffen werden kann. Der nichtmoralische Gewissensruf unterscheidet sich vom moralischen, über die Sozietät internalisierten Gewissen dadurch, daß er langfristig und ohne Rest auf das Eigenwollen des Einzelnen beziehbar ist und zwischen eigentlichem und uneigentlichem Wollen und Streben zu unterscheiden anhält. Diese Stimme des eigentlichen Selbst (›Werde, der Du bist!‹, ›Sei Du selbst!‹, ›Sei Dir selbst treu!‹ u. a.) ist ein – überwiegend negatives – Kriterium der Selbsthaftigkeit, das Ziele, Haltungen und Handlungen kritisch regulierend auf den Horizont des Gesamtgutes zurückbezieht und daran mißt. Das Gewissen wirkt dabei im Vollzug wie im Rück- und Vorblick als Korrektiv oder antizipatives Regulativ bei Entscheidungen der individuellen Lebensführung, wie das moralische Gewissen als Aufforderung, sich vor Anderen und zuletzt dem Konsens der Sozietät verantwortlich zu fühlen. Die Reue schließt sich in der Regel an das *nachfolgende* schlechte Gewissen an und verschärft

7 Oben S. 44f.

und dramatisiert es. Im Gewissen meldet sich entweder die Angst, seine eigenen Lebensmöglichkeiten zu verfehlen, oder die, den Forderungen der Sozietät nicht zu entsprechen; in der Reue äußert sich der Selbsthader und die Verzweiflung, *nachdem* dies geschehen ist. Reue bezieht sich auf falsches Handeln oder auf Nichthandeln und Ungetanes, das nicht einmal versucht und erprobt wurde (mit entgegengesetzten Schwergewichten in Moral und Nichtmoral, aber beidemale von gleicher Intensität und Eindringlichkeit). Wie das Gewissen sich als Kontrollinstanz auf das individuelle Gesamtgut oder das Gemeinwohl hin verstehen läßt, so ist die Reue überwiegend praktisch funktionalisierbar als Korrektiv für mögliche Wiederholungsfälle, im nichtmoralischen Bereich noch mit der präzisen Orientierung an Teil-, Interims- oder Endbilanzen des Lebensablaufs (andernfalls wirkt sie dysfunktional und kontraproduktiv). Darin drückt sich der modale Zwischenstatus praktischer Ziel- und Normkategorien aus. Umgekehrt wird deutlich, daß diese Ziel- und Normkategorien selber einen anthropologischen Status haben. Dies wird sich im folgenden zunehmend bestätigen.[8]

Eine pragmatisch orientierte Anthropologie kann das Selbst- und Weltverhältnis und die Strukturen von Praxis entscheidend vorstrukturieren, indem sie den *Bedürfnisbegriff* einführt. Man kann (mit W. Kamlah u. a.) subjektive Begierden, Triebe, Strebens- und Wunschregungen von objektiven Bedürfnissen unterscheiden, die das bezeichnen, was wir – möglicherweise unbewußt – wirklich brauchen und nötig haben, und diese einerseits mit dem eigentlichen Wollen, andererseits mit einer formalen Kategorie der

8 Heideggers formaler, mit der Endlichkeit gesetzter Gewissens- und Schuldbegriff ist zwar von anthropologischer, aber von keiner praktischen – normativen oder kritischen – Tragweite. Die moderne Problematisierung der Freiheit, die sich in diesem konstitutionell schlechten Gewissen ausdrückt (von R. Spaemann nach der Seite der Verzeihungsbedürftigkeit weitergeführt), muß jedoch um so mehr durch einen auf bestimmte Negationen bezogenen und dadurch operationalisierbaren Gewissensbegriff ergänzt werden, als die Übernahme der Endlichkeitserfahrung die praktische Vorzugswahl indirekt schärft und befördert (vgl. Kap. v S. 305f.). Heideggers Version bleibt jedenfalls nur ein abstraktes Moment *in* jeder einzelnen Entscheidung.

Bedürftigkeit des Menschen in Verbindung bringen, die alle einzelnen und geschichtlich wechselnden Bedürfnisse als anthropologische Invariante fundiert und ermöglicht. Ein so verstandener Bedürfnisbegriff vermag zumal das praktische Feld der Strebensethik (Ziel-Streben-Haltung-Handlung) einzugrenzen, indem er für die Richtigkeit von Zielen (Gütern), Haltungen und Handlungen Kriterien bereitstellt und insbesondere eigentliches Streben und eigentliche Güter kritisch aufeinander bezieht. Unveräußerliche oder doch vordringliche Ziele und Güter sowie das ihnen entsprechende richtige Streben sind dann durch die jeweilige Bedürfnisstruktur bestimmt und der Willkürfreiheit beliebiger oder experimentierender Praxis gewisse unüberschreitbare Grenzen gezogen. Allerdings kann das erfüllte Leben nicht auf Bedürfnisbefriedigung reduziert werden, da das Gesamtgut immer auch Momente enthält, die keine Bedürfnisgrundlage haben, wie die, die uns glückhaft, unvorhersehbar und kontingenterweise zufallen, obwohl sie auch fehlen könnten. Ferner gilt auch hier, daß »objektive« Bedürfnisse sich zuletzt doch vom Selbstverständnis des Betroffenen her legitimieren lassen müssen, da postteleologisch ohne Subjektivität keine Ziele denkbar sind. Überdies müssen unbewußte Bedürfnisse doch einmal in den subjektiven Entscheidungs- und Planungshorizont des Trägers eintreten, um praktisch relevant werden und einer Bewährung und Rangierung unterzogen werden zu können. Doch obwohl das Panorama essentieller Bedürfnisse – von einem biologischen Kern abgesehen – in der Geschichte wechselt, kann es doch für eine Epoche, einen Kulturkreis und vollends beim Einzelnen als Referenzgröße fungieren, auf die sich die meisten Bestrebungen und Begehrungen kritisch beziehen lassen. (Es ist daher wenig überzeugend und für die Praktische Philosophie nicht akzeptabel, wenn konservative Anthropologen oder moderne Konditionspsychologen die Bedürfnisstruktur durch die generelle Plastizität und Variabilität »des Menschen« zu relativieren suchen.)[9] Die Bedürfnis-Anthropologie fügt sich dem bisher skizzierten anthropologischen Schema so ein, daß die Bedürfnisse zum Selbst gehören und bereits

9 Umgekehrt kann aus der Bedürfnisstruktur auch keine objektive Teleologie erschlossen werden (sie erlaubt z. B. kategorial ebensogut eine kausale Interpretation).

für die Planungen und Aktionen von Ich_1 intuitiv und spontan befolgte Vorzugskriterien liefern. In weit höherem Grade trifft dies für die Reflexionsebene von Ich_2 zu, auf der nicht nur Bedürfnisse als »eigene« identifiziert und anerkannt und von Wünschen ohne Bedürfnisgrundlage abgehoben, sondern auch rangiert oder gar in eigentliche und uneigentliche differenziert werden. Die kritische Sichtung von Anwärtern auf den Titel echter und maßgeblicher Bedürfnisse kann freilich nicht, wie dies oft versucht worden ist, unvermittelt in die Moralsphäre hinüberwechseln und die immanenten und näherliegenden Kriterien der individuellen Lebensführung überspringen. (Die hochgegriffene Bezeichnung »wahre Bedürfnisse« für die durch Konsens moralisch legitimierten und tolerierten ist mehrfach überzogen, da doch nur sozial gutartige gemeint sind, konsensuelles Anerkanntsein nicht Wahrheit ist und das Prädikat einer gewissen objektiven Ironie nicht entbehrt, denn es bleibt offen, ob solche Bedürfnisse faktisch unbefriedigt bleiben oder überhaupt jemals befriedigt werden können –: eine Unter- und Fremdbestimmung des Bedürfnisbegriffs.) Solche immanenten Kriterien bieten der Bewährungshorizont des jeweiligen Ganzen (eines Lebensabschnitts, des Gesamtlebens mit dem Gesamtgut), die Konvention (die nicht mit der Moral gleichzusetzen ist) und insbesondere der Gesichtspunkt der Dringlichkeit und »Wertstärke« (N. Hartmann), der zu bestimmten, nicht unterschreitbaren Grenz- und Minimalwerten des Lebens hinführt, über die im vorigen wiederholt zu handeln war (Kap. III). Wir stoßen hier auf die Erfahrung von Grenzsituationen (Krankheit, Schmerz, Folter, Konflikt, Überlastung, Krise und Bedrohung einer Lebensform, Suizidgefährdung), in denen sich Grund- und Elementarbedürfnisse signifikant artikulieren. In der Erfahrung der Grenzen und des Jenseits der Grenzen werden die Antiziele markiert und dadurch indirekt die Lebensziele indiziert. Auf der Theorieebene entspricht dem die Klärung der Zielstrukturen einer Anthropologie in praktischer Absicht; aber auch die Rahmenbedingungen der Strategien einer Strebensethik, die diese Ziele realisieren und erhalten helfen soll, werden dadurch präjudiziert. Die Grenzerfahrungen haben daher in anthropologischer wie in ethischer und praktischer Hinsicht eine ausgezeichnete Schlüsselstellung, weil sie das Gesamtfeld dessen, was wir wollen und erstreben, schlaglichtartig erhellen und zugleich Anhaltspunkte dafür bieten, Rangordnungen und Prioritäten zu setzen. Aber auch für die nicht unmittelbar grenzbedrohte Lebensführung des Alltags bieten sich indirekte oder analogische Folgerungen an: Die Minimalwerte werden als Bedingungen für alles weitere einsichtig, und mit dem Vorrang der Dringlichkeit vor der Werthöhe können sich Ansätze zur Bildung von abgeleiteten Rangordnungen einstellen; ferner ergeben sich Handhaben dafür, manipulierte oder oktroyierte Bedürfnisse zu demaskieren und zu eliminieren.

Dagegen kann eine Bedürfnis-Anthropologie nicht die beiden Ethiktypen einheitlich begründen.[10] Zwar lassen sich die Pflichten der Hilfeleistung primär auf die Bedürfnisbefriedigung anderer beziehen, doch stehen ihnen die sogenannten Achtungspflichten gleichrangig zur Seite, ohne direkt auf den Bedürfnisbegriff Bezug zu nehmen. Ferner müßte auf der Gegenläufigkeit des formalen Begründungsmodus insistiert werden, da die Pflicht zur Befriedigung fremder Bedürfnisse mit der Befriedigung eigener konfligieren kann. Im übrigen läßt sich die Strebensethik durch den Bedürfnisbegriff zwar präjudizieren, aber nicht ausschöpfen.

Tatsächlich fehlt jedoch im bisher skizzierten Aufriß praktischer Subjektivität eine anthropologische Problemdimension, die die Bereiche der Moral und der individuellen Lebensführung enger aufeinander bezieht und die insbesondere für die präskriptive und praxisleitende Funktion Praktischer Philosophie und Ethik selber einen anthropologischen Grund angibt. Ohne eine solche Begründung bliebe der Praktischen Philosophie legitimerweise nur die Aufgabe, spontane Zielsetzungen und harmonisch und autark ablaufende Handlungs- und Verhaltensmuster deskriptiv wiederzugeben. Sie nähme dann den Status einer theoretischen Disziplin ein, die allenfalls durch die Ausarbeitung von Durchschnittsmodellen faktischen Verhaltens indirekt regulierend wirksam werden könnte.

Um dem Defizit an Selbstbegründung zu entgehen, muß die Praktische Philosophie schon in ihre anthropologische Metatheo-

10 Dies versucht implizit W. Kamlah, Philosophische Anthropologie, 1974[2].

rie die weitere Kategorie der *Hemmung* aufnehmen, bezogen sowohl auf äußere wie auf innere und auf unbewußte Hemmungen. Es wird meist übersehen, daß das praktische Subjekt für die Ethik primär nur als gehemmtes interessant ist, und daß es seinerseits philosophisch-ethischer Hilfe nur soweit bedarf, als es zu viel oder (in der Moral) zu wenig gehemmt ist. Ein ungebrochenes, spontan gelingendes Sichverhalten und Handeln steht zur Ethik und Praktischen Philosophie quer und bleibt dazu indifferent, so gut wie in den Fällen der Psychotherapie, der psychologischen, theologischen oder pädagogischen Beratung. Statt dessen empfiehlt es sich, drei Weisen des Sichverhaltens zu unterscheiden: das spontane, unproblematische und erfolgreiche; das hilflose und aporetische; und endlich die dritte Stufe mit einem zwar gebrochenen und reflektierten, aber gelernten und dennoch gekonnten Modus des Sichverhaltens, zu dem unter anderen die Strebensethik ihren Beitrag leistet. Die Strebensethik ist primär eine Theorie des Gehemmtseins, das sie in eine konkrete Aporetik hinein entfaltet, um dann dafür beratende Präskripte und Lösungen bereitzustellen, die Streben respontaneisieren, entbinden und zum Ziel führen sollen. Schon alltägliche Bedürfnisse und Formen der Selbstsorge setzen triviale Hemmungen voraus, um überhaupt bemerkbar zu werden; hinzu treten aber dann nichttriviale Hemmungen, die aussichtsreich nur auf dem Wege der Beratung angegangen werden können, und endlich Fälle endgültigen Scheiterns und Gehemmtbleibens, die neue, zusätzliche Strategien des Sichdazuverhaltens und Verarbeitens notwendig machen. Bei den letzten beiden Falltypen ist die Ethik gefordert. Genauer stellt sich die Schrittfolge so dar: Auszugehen ist von der Bedürftigkeit des Menschen und dem Umstand, daß er zur Lebensführung genötigt ist. Hinzu tritt die weitere Prämisse der Hemmbarkeit seiner spontanen Befriedigungs- und Realisierungsakte. Doch erst mit der ferneren Voraussetzung, daß der Mensch gegebenenfalls der vollen Autarkie zur Selbsthilfe bei der Beseitigung von Hemmungen entbehrt und auf die Hilfe anderer angewiesen ist, ergibt sich, neben sonstiger tätiger Hilfe oder als deren Spezies, die Notwendigkeit von Beratung und die These von der Beratungsbedürftigkeit des Menschen (Althusius) und in der Folge eine Anthropologie der Beratung, die zunächst einmal alltägliche Beratungsverhältnisse abdeckt.[11] Wo diese lebensweltlichen Beratungsformen entweder der Vertiefung und Optimierung oder der letzten Ermöglichung bedürfen, treten dann institutionalisierte und methodisierte Beratungstypen hinzu, zu denen neben den beratenden Wissenschaften auch die Disziplinen Praktischer Philosophie und insbesondere die Ethik gehören.

Generelle Formen der Gehemmtheit und Gebrochenheit praktischer Subjektivität sind etwa die folgenden:

a) Klar wollen und selber können, aber von außen gehemmt sein
b) Klar wollen, ohne (selber) zu können
c) Unklares Wollen
d) Nichtwollen auf Grund unbewußter Hemmungen,

jeweils (a-d) bezogen auf Ziele, Mittel oder einzuübende Haltungslagen und Könnensweisen. Im einzelnen sind terminologisch zu unterscheiden der Begriff der *Hemmung*, der sich als negativer dynamischer Begriff auf Akte und Abläufe bezieht, der Begriff des *Hemmnisses*, der einen Widerstand und Hemmungsfaktor bezeichnet, und der des *Gehemmtseins* als des – auch bleibenden – Resultats von Hemmungsprozessen. Gehemmt ist stets die Subjektivität selbst, die dadurch affiziert und modifiziert wird und sich in demselben Maße auch verfehlen kann, und zwar nach ihren emotiven, volitiven und kognitiven Aspekten. Das Bedeutungsfeld von ›Hemmung‹ ist deshalb reicher und variabler als dasjenige von ›Widerstand‹, das im Selbstbezug (entsprechend der Selbsthemmung und -enthemmung oder der unbewußten Hemmung) nur uneigentlich verwendet werden kann und auch sprachlich keine Parallelkonstruktion zum ›Gehemmtsein‹ zuläßt. Ähnliches trifft für den Begriff der ›Aporie‹ zu, der von Hause aus kein Begriff der Subjektivität und vor allem nicht auf das Unbewußte anwendbar ist. Am ehesten lassen sich Widerstand und Schwierigkeit (Aporie) mit dem Hemmnis zusammenbringen, nicht aber mit den kategorial verschiedenen handlungstheoretischen oder psy-

11 Beratung stellt sich dann als Subsidiar- und Kompensationsmaßnahme dar, zunächst für die Instinktreduktion beim Menschen, in zweiter Linie für die mangelhafte Vermittlung von Daseinstechniken bei der Sozialisation und Enkulturation. Die Beratung komplettiert die soziokulturelle Ausstattung des Einzelnen, wo sie lückenhaft oder nicht speziell genug ist, und »verbessert« damit Natur und Kultur zugleich.

chologischen Begriffen der Hemmung und des Gehemmtseins, die die *Folgen* gewisser Widerstände und Schwierigkeiten bezeichnen.

Hemmung ist bislang ein Terminus der Tiefenpsychologie gewesen, kann dort aber nur die unbewußten Hemmungen betreffen, nicht die »spürbaren und groben« im Bewußtsein, die ebenso wie die Folgelasten geheilter Hemmungen[12] anderen Disziplinen und insbesondere der Ethik zufallen. Tatsächlich entspricht dem der generelle Ansatz der Strebensethik bei der Negativität, die – als Leiden, Unglück, Erfolglosigkeit und dergleichen – wie in der Medizin (Krankheit) einen hermeneutischen Vorrang und eine erschließende Funktion für die Gesamtstruktur des qualifizierten Lebens besitzt. Nicht der affirmative Aufweis der Ziele und Mittel – so allenfalls in der Theorie –, sondern die Formen der Inhibierung stehen im Vordergrund, weil ihnen eine konkrete Operabilität und Praktikabilität zukommt, die Effizienz verbürgt. Darum geht in der Regel eine gezielte Aporetik der zugeordneten Poristik voraus. Kurz: Das mißlingende Leben kann in seinen Hemmungen dingfest und operabel gemacht und dann – durch Desinhibierung – wirksam aufgelöst und in ein gelingendes überführt werden. Dies bedeutet, daß die Ethik und Praktische Philosophie der Sache nach ohne die Hemmungskategorie zu effizienten Präskripten gar nicht gelangen kann.[13] Der Hemmungsbegriff dient dabei als Brückenkonzept zur Speziellen Ethik hin, die auf Grund einer detaillierten Aporetik Beratung und Anweisung gewährt. ›Hemmung‹ ist demgemäß als ein Zentralbegriff der Ethik – und analog der übrigen Disziplinen Praktischer Philosophie – zu inaugurieren. Darin liegt auch eine Erweiterung und Verallgemeinerung des tiefenpsychologischen Hemmungsbegriffs, die zugleich das Theorieprogramm verdeutlicht und begründet, die Psychotherapie in die Ethik integrierend zurückzunehmen.[14]

Dies erfordert allerdings eine vorgängige Thematisierung des

12 H. Schultz-Hencke, Der gehemmte Mensch, 1989[6], 14, 312f.

13 Dies gilt auch für ihre stabilisierenden Funktionen, weil diese *mögliche* – und typologisch bereits einmal realisierte – Hemmungen voraussetzen und ihnen präventiv entgegenzuwirken suchen.

14 Vgl. Kap. III S. 211f.

Hemmungsbegriffs auf der Ebene der Philosophischen Anthropologie, und zwar nach Möglichkeit in seiner vollen Breite. Soweit er jedoch bisher dort in Erscheinung tritt, bleibt er entweder ohne systematische Thematisierung (Plessner), oder der Mensch kommt lediglich als potentieller Selbsthemmer und -enthemmer in den Blick (Scheler, Gehlen), während alle fremderzeugten Hemmungen, ob bewußter oder unbewußter Art, unthematisiert bleiben. In dieser selektiven Behandlung mag die Reminiszenz an die – durchaus anthropologisch zu verstehende – aristotelische Enkratie und Karterie nachwirken, und in der Tat läßt sich die Hemmung auf der Handlungsebene ziemlich treffend als polar-konträres Gegenteil der Inkontinenz beschreiben und dadurch systematisch einordnen, nämlich als die Unfähigkeit, im entscheidenden Augenblick zu handeln (Hyperenkratie bzw. -karterie). Doch ist diese Inhibierung in der Regel gerade keine autonome und selbsterzeugte, sondern auf äußere oder internalisierte Ursachen zurückzuführen und als solche von gleicher ethischer Relevanz und Tragweite wie die Regulierung der Selbsthemmung und -enthemmung (die, wo sie die Ethik tangieren soll, wiederum mit internen Hemmungen verbunden sein muß). Der eigentliche systematische Grund für die mangelhafte Thematisierung des Hemmungsphänomens durch die bisherige Philosophische Anthropologie liegt aber wohl darin, daß diese Fundamentalanthropologie und nicht etwa Anthropologie in praktischer Absicht zu sein beansprucht. Dies führt bei ihren Hauptvertretern dazu, daß selbst über das Glücken oder Mißglücken menschlichen Daseins keine detaillierten Untersuchungen mehr angestellt werden, sondern daß man es bei einem aus der Perspektive des Vergleichs zwischen Tier und Mensch gewonnenen pessimistischen Pauschalurteil bewenden läßt. Aussagen vom Allgemeinheitsgrad einer Invariantenlehre wie die von der »essentiellen Gebrochenheit«, »konstitutionellen Disharmonie« und »Ungleichgewichtigkeit« des Menschen bleiben jedoch notwendig so leer und formal, daß sie den tatsächlich vorkommenden Unterschieden glückenden und scheiternden, richtigen, besten und mißratenen Lebens *innerhalb* des spezifisch menschlichen Daseins nicht gerecht werden. Gegenüber solchen von außen herangetragenen Generalbestimmungen, die auch für sich genommen nicht unproblematisch sind,[15] bedarf es einer differentiellen *typologischen* Betrachtungsweise, die die Fragestellung einer basalen Anthropologie auf die konkrete Ausarbeitung typischer Variablen hin überschreitet und damit den Interessen einer Praktischen Philosophie entgegenkommt. Die strikten Invarianten der Fundamentalanthropologie und die hier gemeinte Typologie bewegen sich auf Ebenen von verschiedener Höhenlage und verhalten sich im Grunde gleichgültig zueinander.[16] Eine Anthropologie in praktischer Absicht wird demgemäß von anthropologischen Konstanten zu typologischen Variablen fortschreiten, um so der Alternativität und Kontingentialität von Praxis gerecht zu werden und der Präskriptiven Praktischen Philosophie und Ethik kategorial den Weg zu bereiten. Der (Ent)Hemmungsbegriff bringt dabei den Übergang von der anthropologischen Metatheorie zur Präskriptiven Ethik auf den Punkt.

Wenn der Hemmungsbegriff ferner in der bisherigen philosophi-

15 Dem Zwang zur Selbstformierung und Lebensführung und der größeren Störbarkeit des Menschen stehen als Kehrseite die Kreativität, die Erlebnistiefe auch in positiven Stimmungslagen und die reicheren Kompensationsmöglichkeiten gegenüber.

16 Es ist daher als umso schwerwiegenderer Kategorienfehler zu betrachten, wenn Vertreter der Philosophischen Anthropologie nichtsdestoweniger versuchen, aus fundierenden Invarianten Präferenzen für bestimmte typische Variable abzuleiten: Wenn Gehlen dem Zwang des Menschen zur Selbstformierung und seiner Fähigkeit zum Aufschub und zum »Hiat« zwischen Antrieb und Handlung die Forderung nach Askese, Disziplin und Zucht (»Fortsetzung der Menschwerdung«) oder die Warnung vor der Gefahr des Sichentgleitens (»Luxurieren«) entnimmt – nicht ohne Konsequenzen für die Einschätzung menschlicher Glückschancen –, oder wenn Plessner »Unmenschlichkeit« zu definieren sucht oder vom Doppelgängertum der sozialen Rolle – einer Basalstruktur – her einen »optimalen Ausgleich« zwischen Innerlichkeit und Sozialität empfiehlt, so liegen darin unvermerkte Grenzüberschreitungen vor, die anthropologische Variable an Invarianten zurückzukoppeln streben und beide als miteinander kommensurabel und verrechenbar behandeln. Eine Fundamentalanthropologie bietet jedoch für Imperative (Gehlen: »Zurück zur Kultur!«) keinen Raum, ohne sich selber aufzuheben, weil sie Alternativen per definitionem ausschließt.

schen *Ethik* keine Rolle spielte, so offensichtlich deshalb, weil Ethik auf eine vermeintlich autonome Moral festgelegt war, die wiederum allenfalls für Selbsthemmungen, aber nicht für internalisierte moralische oder für – gesinnungsethisch irrelevante – externe Hemmungen Unterkunft bot. Aber auch die ältere Strebensethik kannte allenfalls einen äußeren, der Handlungsfreiheit gegenüberstehenden oder einen damit zusammenhängenden, auf die Affekte bezogenen Begriff der Hemmung (genauer: der Behinderung). Erst in neuester Zeit ist beachtet worden, daß zusätzlich mit inneren Hemmungen und Blockaden zu rechnen ist, die erst gebrochen werden müssen, um den potentiellen Akteur überhaupt zum Handelnkönnen und Inshandelnhineinkommen zu disponieren. Der naive Freiheits- und Vernunftbegriff der älteren Ethik wird damit kritisch hinterfragt und problematisierend relativiert. Dem Selbstverhältnis, aber auch dem Beratungsverhältnis fallen neue, zusätzliche Aufgaben, aber auch neue Chancen zu. Die überkommene Verschränkung von Selbst- und Weltverhältnis gewinnt dadurch insgesamt eine neue Dimension. Die darauf basierende Lebenstechnik ist neu zu definieren, etwa in der Art, wie Meditation und Einübung gezielt zur Überwindung innerer Blockaden eingesetzt werden. Solchen Einsichten zufolge empfiehlt es sich, Gegengewichte zur dominierenden Hemmungsmoral zu setzen und davon auszugehen, daß der Einzelne in der Regel eher zu wenig als zu viel handelt. Ein zeitgemäßer strebensethischer Handlungsbegriff würde dann einen emphatischen, ja insofern präskriptiven Charakter annehmen, als Handeln nicht nur zu ermöglichen, sondern im durchschnittlichen Fall auch eher anzuraten wäre als quietistisches Nichthandeln.[17]

Ein vervielfachtes Defizit kennzeichnet ferner die in der Nach-

17 Die bei vielen Moralphilosophen verbreitete Auffassung, Spontaneität sei beim Einzelnen immer schon, gleichsam von Natur, gegeben und müsse durch Reflexion und Theorie beschränkt werden, übersieht, daß Handeln in der Regel durch vorphilosophische Hemmungssysteme (Religion, Moral, Erziehung) im vorweg gebrochen ist und daß darum der philosophischen Theorie oft eher die entgegengesetzte Aufgabe der Entblockierung (des Überblockierten) zufällt. Dem Gedankengang liegt vermutlich eine Verwechslung zwischen der Phylogenese des Menschen (Entwicklung zum Kulturwesen) und seiner Ontoge-

folge der Existenzphilosophie (Heidegger) stehenden Theoretiker und »Ethiker« der Selbstwahl (z. B. Tugendhat, Foucault). Dies sei am aktuellen Beispiel Foucaults erläutert. *Zunächst*: Der Selektions- und Formierungszwang, den Foucault in Übereinstimmung mit Nietzsche, Heidegger, Gehlen und der Systemtheorie sowie generell mit der postteleologischen Moderne ins Zentrum seiner Anthropologie und Ethik stellt, setzt eine fundamentalere Weltaneignung und ein primäres Lebenkönnen bereits voraus, die unthematisiert bleiben. In der Lebensführung geht jedoch die Sicherung und Ausgestaltung der Handlungsfreiheit – durch die Überwindung von Privationen, Mangelzuständen, Hemmungen und Gebundenheiten (Bedürfnisse!) – der Wahlfreiheit vorher, oder anders gewendet: Die An- und Zueignung von Welt- und Selbstmöglichkeiten ist der Selbststilisierung vorgeordnet. Auch wo beide uno actu ineinandergreifen, ist der logisch erste Schritt der Lebensführung stets der, gegen Widerstände Überlebens- und Erhaltungsbedingungen zu sichern und darüber hinaus Freiheitsspielräume aufzuschließen, in Anspruch zu nehmen und erprobend auszumessen, um erst danach, in weiteren Schritten und Freiheitsakten, das gewonnene Feld strukturierend oder hermeneutisch verschieden zu besetzen. Foucault setzt demgegenüber zu hoch an, nämlich bei der Bewältigung des expansiven Freiheitspotentials durch Entscheidung und Vorzugswahl, isoliert also einen optimierenden Überbau der Lebensführung gleichsam von ihrer Basis und den darin implizierten Inhibierungen und gelangt demgemäß auch konsequent zu einer Ästhetisierung der Existenz und der Ethik. Darin drückt sich wie beim frühen Sartre ein freischwebender Dezisionismus und Dynamismus permanenter Auto-(meta)poiesis aus, der für eine konkrete Ethik nicht ausreicht. *Zum anderen*: Foucault hat zwar die Kategorie der Selbstsorge durch das Konzept der Selbstpraktiken und -techniken vorzüglich veranschaulicht und zur Evidenz gebracht, aber die der Selbstsorge und Selbstwahl inhärierende praktische Problematik wiederum nicht zum Thema gemacht. Es wird nicht deutlich, daß Selbstwahl und -sorge gehemmt und blockiert sein und scheitern

nese zugrunde (die sich stets im Rahmen einer gegebenen kulturellen Formung vollzieht).

oder nur partiell glücken können, etwa im Falle der Wahlinkompetenz oder der Unfähigkeit zur Selbststilisierung oder zur Ausübung einer Praktik, und daß gerade darin der Ansatzpunkt und zugleich der Legitimationsgrund für die Existenz einer praxisregulierenden präskriptiven Ethik liegt. Foucault bleibt daher bei einer deskriptiven anthropologischen Metatheorie stehen, ohne zur Ethik zu gelangen. Er würde aber nur dann zur Ethik gelangen können, wenn er zuvor in seine Anthropologie sinngemäß den Hemmungsbegriff aufgenommen hätte (sowie den von ihm als autonomiefeindlich verworfenen Beratungsbegriff). So bleibt nur ein abstrakter Idealtypus übrig, der, die Existenzphilosophie überbietend, den Gedanken der causa sui postteleologisch erneuert, ohne daß bedacht wird, daß Ateleologie noch nicht schlechthinnige Bedingungsfreiheit bedeutet.[18]

Die verschiedenen Funktionen praktischer Subjektivität sind in der gegenwärtigen Diskussion nur eklektisch vertreten und dann nicht zueinander in Beziehung gesetzt sowie in sich mehrdeutig gelassen. Für die Strebensethik aktuell sind die Selbstwahl (Heidegger, Tugendhat, Foucault, Neonaturalisten) und die Selbsterhaltung (Gehlen, Henrich, Ebeling, Blumenberg sowie – kritischer – die Frankfurter Schule), die jedoch keine vollständige Disjunktion bilden. Das publizistisch und paraphilosophisch wirksame Konzept der Selbstverwirklichung ist systematisch

18 *Tugendhat* reichert Heidegger durch Aristoteles an, macht aber keine Hemmungsfaktoren namhaft und gelangt daher gleichfalls nur zu einer (unvollständigen) beschreibenden Metatheorie, nicht zu einer präskriptiven Ethik. *Henrich* sucht die neuzeitliche Theorie der Subjektivität mit der Selbsterhaltung zu verkoppeln und dadurch zu rechtfertigen. Doch wird eine generelle Aporetik der Selbsterhaltung und eine sie behebende Ethik nicht entwickelt, sondern lediglich die Subjektivitätstheorie selbst für die Beschwichtigung theorieinterner, philosophogener skeptischer Erhaltungsskrupel angeboten, d.h. durch den Rückgang auf transzendentale Strukturen wie das Urvertrautsein des Selbstbewußtseins. Darin kann man zwar ein einzelnes Exempel gehemmter Subjektivität erkennen, aber keine Subjektivitätstheorie der Hemmung, die ihm vorangehen müßte. Ein Gegenstück zu den Theorien der Selbstwahl liegt in *Kamlahs* dem Unverfügbaren zugewandter Ethik vor, die nur als Kompensat oder konsolatorisch, nicht aber zur aktiven Desinhibierung eingesetzt wird.

kaum thematisiert, ebensowenig das moderne, eingeschränkt auch noch postmoderne der Selbststeigerung (bezeichnenderweise ins Moralische umgebogen bei Ebeling). Die Handlungs- und Veränderungsfähigkeit (›Handlungsfreiheit‹), die elementarer ist als die Selbstwahl, Selbsterhaltung oder -verwirklichung, erscheint innerhalb der allgemeinen Freiheitstheorie unterbestimmt, ebenso gewisse defiziente Modi der (Nicht)Erhaltung wie Selbsttod oder Euthanasie, die nach wie vor in eine einseitig moralische Perspektive gerückt werden. Abgesehen von der Vollständigkeit der Typisierung bleibt die Frage nach der Einheit in der Mannigfaltigkeit selbst innerhalb der nichtmoralischen praktischen Subjektivität offen. Es sei daher zunächst die folgende typologische Ordnung als Orientierungsschema vorgeschlagen: Von der *Selbstwahl* sind zu unterscheiden alle Weisen der *Selbstermöglichung*: primär die Handlungsfreiheit, dann die Selbsterhaltung, die Selbstverwirklichung, die Selbststeigerung, zuletzt die kreative Innovation (qualitativ oder kategorial) bis hin zur »Umselbstung«. Es läßt sich nun zeigen, daß der für die Ethik fundamentale Hemmungsbegriff für alle Typen als – meist sogar mehrfach – zutreffend nachweisbar ist, während Konkurrenzkonzepte wie das der (expliziten, nicht transzendentalen) Sorgestruktur oder der »autopoietischen« Selbstkonstitution damit nicht koextensiv sind, weil sie den Bereich des Un- und Vorbewußten nicht mit abdecken und andererseits für einzelne Typen weniger gut geeignet erscheinen (Sorge für Innovation, Autopoiesis für Handlungsfreiheit). Demgegenüber wird etwa die *Wahlfreiheit* dadurch problematisiert, daß man entweder nicht oder nur eingeschränkt die Wahl hat oder umgekehrt aus Kriterien- oder Informationsmangel in Entscheidungsaporien verstrickt ist. Hinzu tritt der dritte Falltyp, daß man aus Mangel an Überblick oder aus Voreingenommenheit und anderen Determiniertheiten heraus die falsche Entscheidung trifft. Doch ist auch nur die problematische Wahl ethisch relevant und der Ethik bedürftig, die die reale oder drohende Wahlinkompetenz qua Gehemmtsein zu beheben hätte. Ähnlich ist die *Handlungsfreiheit* sowohl in der Initialphase, dem ›Daß‹ des Handelns, wie in der Durchführung und im Zuendebringen des Handlungsverlaufs bis zum erfolgreichen Abschluß (›Wie‹) sei es von äußeren Hindernissen und Widerständen, sei es von inneren Gehemmtheiten bedroht. Bei diesen können kaptative, expansive, aggressive oder retentive Antriebshemmungen unterschieden werden (Schultz-Hencke), die jedoch keineswegs nur dem Unbewußten zuzuschreiben sind, sondern sich auch im Bewußtsein durch Überlagerungen und Konflikte zwischen entgegengesetzten oder einfach anderen Motiven einstellen, die teils Indolenz, teils Antriebsschwäche durch »Übersteuerung« zur Folge haben können. Kognitive Fehleinschätzungen treten auch hier hinzu, die als objektive Beschränktheiten in die Nähe unbewußten Gehemmtseins gehören. Die *Selbsterhaltung* wiederum ist schon ihrem Begriff nach mit einer Leistung praktischer Subjektivität, nämlich dem Überwinden von Widerständen verknüpft. Diese Bemühungen können durch innere oder äußere Hemmungen vorübergehend oder endgültig durchkreuzt und vereitelt werden – und allein diese Konstellation ist für die Ethik relevant. Im übrigen ist ›Selbsterhaltung‹ ungewöhnlich vieldeutig: Sie kann sich auf Daseins-(Existenz-) oder Soseinserhaltung beziehen, im zweiten Fall auch in der temporalen Kontinuität mit Graden von Identität, sie kann das Gattungswesen, die kollektive oder individuelle Eigenart betreffen und die Grenzfälle von Suizid und Euthanasie oder die Selbststeigerung sowohl ein- wie ausschließen. Auch Stabilisierungsmaßnahmen lassen sich als Akte der Vorsorge gegenüber drohenden oder möglichen Erhaltungshemmungen verstehen. Andererseits ist Selbsterhaltung als Konservierung des Ist-Bestandes sowohl von der Selbst*verwirklichung* und -durchsetzung wie von der *Steigerung* und *Innovation* zu unterscheiden und mit ihnen nur als Spezies der gemeinsamen Gattung Selbstermöglichung verbunden. Was die letzten beiden angeht, so leuchtet es unmittelbar ein, daß sie in besonderem Maße hemmungsbedroht sind. Sie sind es auch dann, wenn sie nicht eigens erstrebt und besorgt werden, aber möglich sind, weil es sich dann um einen Typus unbewußter Gehemmtheit durch mangelnde Einsicht, unklares oder fehlendes Wollen (vgl. S. 233 c) und d)) handelt, der indessen objektive Bedürfnisse oder doch Empfänglichkeit im Falle der Realisierung nicht ausschließt.

Läßt sich also die unifizierende Präsenz des Hemmungsbegriffs im Blick auf eine Strebensethik und die ihr zugehörige anthropologische Metatheorie für alle Aspekte praktischer Subjektivität dartun, so trifft dies nicht weniger für die anthropologische Fundierung von *Moral und Moralphilosophie* zu. Der Hemmungsbegriff erweist sich auch hier als notwendig, um einerseits das Phänomen des Moralischen aufzuklären und andererseits die Aufgabe der Moralphilosophie zu begründen und zu erläutern. Allerdings verhalten sich die Intentionen gegenläufig zueinander, was der Gegenläufigkeit von (Eigen)Wollen und Sollen entspricht. Während die Strebensethik überwiegend Enthemmungsethik ist, die schon vorliegende Hemmungen diagnostiziert und entblockiert, ist die Moralphilosophie umgekehrt überwiegend Hemmungsethik, die durch Weisung, Aufklärung und Erziehung die expansive Selbstverwirklichung und -steigerung des Einzelnen einschränkt und hemmt und damit vorphilosophische Hemmungsinstanzen unterstützt oder, bei fehlender Effizienz, kompensiert. Schon das vorphilosophische moralische Sollen führt ja als soziale oder religiöse Nötigung in der Regel zu inneren Hemmungsstrukturen, die auch ins Unbewußte eindringen und auf die darum die Psychotherapie in Theorie und Praxis vorzugsweise Bezug nimmt. Die Moral ist primär ein Hemmungssystem, dem der Einzelne in seiner Lebensführung ausgesetzt ist und das von der Moralphilosophie im ganzen noch verschärft wird. Allerdings kann die Moralphilosophie gelegentlich auch enthemmen – etwa mit der Aufforderung, Sympathieregungen nachzugeben oder furchtlos zu sein – und sie kann natürlich dazu anhalten, andere Menschen von (nichtmoralischen) Hemmungen zu befreien. Ferner kann die Moralphilosophie in Fällen moralischer Aporien und Konflikte, wo über die Art der moralisch angezeigten Hemmung Unklarheit besteht, auf einer zweiten Stufe der Reflexion durch Aufklärung enthemmend wirken. Umgekehrt kann die Strebensethik zur (nichtmoralischen) Selbsthemmung anleiten, etwa zur Selbstbeherrschung, um bestimmte Ziele zu erreichen (der Fall der Enkratie), oder zur Disziplin restriktiver Aus- und Abwahl bei der Selbstwahl oder bei der »asketischen« Einübung von Haltungslagen. Trotzdem sind die Akzente verschieden gesetzt, insofern die Moralphilosophie primär prohibitiv, die Strebensethik primär desinhibierend wirkt. Die Ethik hat demgemäß eine Doppelaufgabe in zweierlei Richtung zu versehen, der eben durch die Kompetenzverteilung zwischen Sollens- und Strebensethik innerhalb einer Integrativen Ethik zu entsprechen ist. Dabei ergibt sich für denjenigen Hemmungssektor, an dem *beide* partizipieren – die Strebensethik hat es auch, aber nicht nur mit moralischen Hemmungen zu tun –, ein unruhiges Gleichgewicht zwischen Komplementarität und Konkurrenz, das von Epoche zu Epoche und Fall zu Fall neu bestimmt werden muß. Nichtsdestoweniger ist die Einheit der Ethik vornehmlich durch den Hemmungsbegriff gegeben. *Die Präskriptive Ethik hat es zuletzt überhaupt nur mit Hemmung und Enthemmung zu tun*: Sie hemmt entweder oder sie enthemmt und entbindet, tertium non datur. Genauer formuliert: Die Ethik geht entweder gegen ein Zuviel oder ein Zuwenig an Hemmung an. Solches Gehemmtsein ist vorphilosophisch in doppelter Form gegeben: in der nichtmoralischen Lebensführung als die Hemmung, die sich zwischen Wollen und Können – oder zwischen eigentliches und uneigentliches Wollen – schiebt, in der Moral als das Sollen, das sich zwischen das eigene und das Wollen der Andern stellt. Wo diese Hemmungssituationen aus eigener Kraft nicht bewältigt werden oder wo ihnen nicht entsprochen wird, tritt die philosophische Ethik als Korrektiv ein und sucht dem (Ent)Hemmungsbedarf zu steuern: Sie baut das Gehemmtsein nach Möglichkeit ab oder verstärkt es. Zwischen dem Wollen und dem neu gelernten Können und der zweiten Spontaneität liegt die Enthemmung der Strebensethik, zwischen dem Sollen und seiner Beachtung und Befolgung die zusätzliche Hemmungsleistung der Moralphilosophie (weniger zwischen dem Gehorchen und dem faktischen Vollbringen).

Für die Ethik stellt sich natürlich die konkrete Frage, welche Hemmungen legitim und welche legitimerweise abzubauen sind. Moralische Hemmungen sind notwendig, aber im Übermaß überflüssig und schädlich, zumal wenn sie in den Nebenfolgen und gleichsam durch einen Überschußeffekt die originäre Spontaneität tiefgreifend lähmen, etwa durch Übersensibilisierung für Fernverantwortlichkeiten oder die Kultivierung der Unfähigkeit, unter kalkuliertem Risiko zu handeln (Tutiorismus), wobei bereits der schwächste Möglichkeitsbegriff der Denkmöglichkeit den Handlungsimpuls brechen und zu einer Hamlet-Situation führen kann. Wo aber Risikofaktoren und negative Handlungsfolgen nicht völlig auszuschließen sind, sondern in der Bedeutung der Widerspruchsfreiheit denkmöglich bleiben, ist ein eindeutiger Unbedenklichkeitsnachweis nicht möglich. Eigene Skrupel oder die prospektive Drohung mit Achtungs- und Liebesverlust und die retrospektive Bloßstellung und Beschämung können dann zu einer Leidenssituation führen, deren befürchtete Verschärfung oder Wiederholung freiflottierende Schuld-, Scham- und Reuegefühle erzeugt, die eine erworbene Impuls- und Spontaneitätsschwäche nach sich ziehen. Hier ist neben der Psychotherapie auch die Strebensethik als Gegengewicht und Antidot gefragt, um die für den spontanen Lebensvollzug erforderlichen Freiräume durch Entblockierung wiederherzustellen. Im Vergleich mit anderen, nicht moralerzeugten Gehemmtheiten ist die Behebung von Folgelasten moralischer Ordnungen deshalb so delikat und schwierig, weil die Überhemmung häufig internalisiert und zur stellvertretenden Selbsthemmung geworden ist. Der Moralwandel, bei dem eingefahrene Verhaltenskodizes mit veränderten Erwartungen und Ansprüchen konfligieren, tritt erschwerend hinzu. Im übrigen macht der Hemmungscharakter der Moral erneut deutlich, wie wenig das widerständige moralische Sollen gemäß den Postulaten der Einheitsethiker mit der Spontaneität des Eigenwollens konfundiert werden kann.[19]

Die systematischen Folgerungen für eine Anthropologie in praktischer Absicht sind erst jetzt der Reihe nach zu entfalten. Die Hemmungskategorie kann zunächst in einen größeren biologischen und anthropologischen Aufbau eingeordnet werden. Es läßt sich die generelle These vertreten, Leben, Bewußtsein und Selbstbewußtsein seien abgestufte Hemmungsprodukte in der Evolutionsgeschichte der Natur, jeweils mit der Funktion, Widerstände und Gehemmtheiten zu kompensieren. Für die Genesis des Bewußtseins ist dies von zahlreichen Autoren vertreten worden (z. B. Maine de Biran, Baldwin, Bergson, Dewey, Scheler,

19 Dies gilt für die beiden Prototypen der Einheitsethik, die je entgegengesetzten subsumptiven Fehlschlüssen erliegen: für den, der Sollen ins Eigenwollen aufhebt, und ebenso für den, der das Glücksstreben selbst noch als Pflicht ausgibt – eine Überdetermination, die dem Paradigmenstifter noch fremd war (Kant VI 386) und deren systematische Ungereimtheit man »nur (noch) historisch erklären kann« (mit H. Lübbe).

N. Hartmann, Freud, erwogen von Gehlen). Die dem Menschen eigene Reflexions- und Regulationsinstanz (Ich_2) kann in analoger Weise gedeutet werden. Zieht man die Linie systematisch und chronologisch weiter aus, so hat das (un)gehemmte (Selbst)Bewußtsein die Ethik als soziokulturelle (Ent)Hemmungsinstanz hervorgetrieben. Der Mensch kann zwar im Unterschied zum Tier kraft der ihm eigenen Freiheit sein Leben selbständig führen, aber er muß dies auch tun, d. h. er ist genötigt, den gegebenen Freiheitsspielraum auszufüllen, indem er sich in bestimmter Weise verhält und festlegt. Es besteht also ein Selektions- und Formierungs- und überdies ein Erhaltungszwang. Dies bedeutet jedoch, daß zu den Chancen auch Risiken und Belastungen treten, das Anthropologicum der Freiheit sich also als ambivalent erweist. Zwischen das auferlegte Müssen der Lebensführung und das konkrete Lebenkönnen stellt sich nämlich das zugehörige konkrete Nichtkönnen infolge von Hemmungsvorgängen aller Art, in Formen konkreter Unfreiheit und mißlingenden Lebens, die von der zugrundeliegenden anthropologischen Freiheit, die Grundkönnen und -müssen zugleich ist, sehr wohl zu unterscheiden sind. Die Situation, in der Ethik – und zwar zunächst die Strebensethik – relevant wird, ist dann dadurch gekennzeichnet, daß Wollen, ja generell sogar Müssen vorliegt, aber zugleich ein Nichtkönnen, das beide durchkreuzt. Insbesondere in Grenzlagen, aber auch im Alltag, tritt das Nichtkönnen aufdringlich hervor. So können wir meist in gewisser Weise und können zugleich in anderer Weise nicht, weil Können und Nichtkönnen sich auf verschiedene Lebensbereiche verteilen oder innerhalb eines Bereichs nach verschiedenen Realisierungsstufen zu differenzieren sind (beispielsweise können wir grundsätzlich, aber nicht in diesem bestimmten Fall oder nicht in dem erwarteten Maße). Überhaupt setzt schon die Erfahrung des Nichtkönnens und Gehemmtseins ein grundsätzliches Könnensbewußtsein voraus und umgekehrt. Entsprechendes trifft – mit gegenläufiger Akzentuierung – für die Moralphilosophie zu, die das Nichtdürfen als eine spezielle Form des Nichtkönnens einschärft und artikuliert.

In praktischer Hinsicht stellt sich der Mensch daher wesentlich als das könnende *und* nichtkönnende, ungehemmte und gehemmte, d. h. insgesamt als das *hemmbare Wesen* dar. Damit ist ausgesagt, daß ihm mögliches Nichtkönnen wie mögliches Können immer zukommt. Hemmbarkeit ist also eine zentrale kategoriale, transzendentalanthropologische Bestimmung des Menschen in dem Sinne, daß ohne sie menschliches Sein und Verhalten nicht verstehbar und für die philosophische Theorie nicht erklärbar sind. Hemmbarkeit könnte, expliziter formuliert, auch als Könnens- und Hemmungsbezogenheit des Menschen wiedergegeben werden, soweit er praktisches Wesen ist (mit unscharfen Grenzen zum Kontemplativen hin). Genau in dieser Bestimmung liegt sein Interesse an Praktischer Philosophie und Ethik und umgekehrt deren Interesse an ihm begründet, und zwar in dem Maße, wie sie über zusätzliche Mittel und Maßnahmen verfügt, die Grenzlinie zwischen Können und Nichtkönnen, Gehemmtsein und Ungehemmtsein in der einen oder anderen Richtung zu verschieben. Eine völlige Eliminierung von Nichtkönnen oder Können zugunsten des anderen Parts ist natürlich aus mehreren Gründen ausgeschlossen. Was prototypisch für die Ethik – die Strebensethik und die Moralphilosophie – zutrifft, gilt in analoger Form auch für alle übrigen Disziplinen Praktischer Philosophie.

Die bisher erreichte Klarlegung erlaubt es weiterhin, das *Selbst* des Menschen zwischen Ich und Welt genauer zu definieren. Das Selbst ist die Summe seines Könnens und Nichtkönnens, seiner Möglichkeiten und Unmöglichkeiten, seiner Stärken und Schwächen. Da das Selbst allen einzelnen Vollzügen und Widerfahrnissen als ein (relativ) Beständiges und Identisches zugrunde liegt, *sind* wir das (jeweilige) Ensemble unserer Dispositionen und Indispositionen sowie unserer Kompetenzen (Disponibilitäten) und Inkompetenzen, und nichts darüber hinaus, denn auch Sein und Haben sind auf Können zurückführbar, desgleichen die Konzepte des Selbstseins, Selbstwerdens oder Sichselbstverfehlens. Ausgenommen ist allein das Bewußtsein und das Ich als sein Prinzip, die selbst nicht Können, sondern Bedingung und Subjekt jedes Könnens sind. Der vorangegangene oder bevorstehende Lebensgang ist für unser gegenwärtiges Sein insofern relevant, als er in seinen Folgen oder Antizipationen unser gegebenes (Nicht-) Können modifiziert. Ähnlich kann das Unverfügbare auf das Könnenssystem bezogen werden. Wie äußere und innere Hemmungen in Wechselwirkung stehen, so erfahren wir im Umgang mit der Welt und mit uns selbst, wer wir sind, d. h. was wir können und nicht können. Umgekehrt taxieren und selegieren wir Welt gemäß unserem Selbstverständnis bezüglich unseres Könnens und Nichtkönnens, und zwar sowohl unserer erprobten Gehemmtheiten wie auch unserer Hemmbarkeit.

In anderem Zusammenhang (Kap. III) war darzutun, daß alles Können mehr oder weniger – in konzentrischer Abstufung – glücksfähig ist und daß Können einen zentralen Bestandteil, ja das Primärgut des erfüllten Lebens ausmacht. Andererseits bezieht sich unser Selbstbewußtsein, als Bewußtsein vom Selbst verstanden, wesentlich auf unser (Nicht)Können, das wir sind. Beides verbindet sich im Selbst(wert)gefühl, das umgangssprachlich ›Selbstbewußtsein‹ heißt. Es ist primär auf unser Können bezogen, das Selbstunwertgefühl entsprechend auf unser Nichtkönnen qua Gehemmtsein. Selbst(un)wertbewußtsein ist also wesentlich (Nicht)Könnensbewußtsein. Kognitive, evaluative und praktische Momente laufen hier in eigentümlicher Weise zusammen.[20] *Damit verbindet sich eine Reihe von Folgerungen*: 1.) (Nicht)Können ist neben dem Begriff des Strebens der zweite Zentralbegriff der praktischen Subjektivität. 2.) Nichtkönnen ist zugleich der zentrale anthropologische Grundbegriff für die Ethik und Praktische Philosophie, weil damit der Rechtsgrund für ihre Wirksamkeit namhaft gemacht ist (für Strebensethik und Moralphilosophie je verschieden). 3.) (Nicht)Können ist ein zentraler Begriff von Subjektivität überhaupt, soweit Selbstbewußtsein in der Bedeutung von Selbstbesinnung, Selbstverständnis und Selbsterkenntnis aufgefaßt wird und damit zwischen der spezielleren Ich-Reflexion und dem Welt-Bewußtsein eine vermittelnde und ausgezeichnete Position einnimmt. 4.) Insbesondere sind Glück und Freiheit, die Grundbegriffe der älteren und der neueren Ethik, im Könnensbegriff versöhnt (und ihre Gegenbegriffe entsprechend im Nichtkönnen synthetisiert). 5.) Das Resultat korrespondiert der phylogenetischen Erklärung der Subjektivität aus der Überformung von Hemmungsstrukturen, bei der die Hemmungslast stufenweise

20 G. Krüger hat dies im Ansatz schon für die Anfänge neuzeitlicher Subjektivität bei Descartes nachgewiesen: ›Die Herkunft des philosophischen Selbstbewußtseins‹, jetzt in: G. K., Freiheit und Weltverwaltung, 1958, bes. 43 ff.

abgearbeitet, aber dafür die moralische Hemmung als Instinktersatz eingetauscht wird.
Bei dieser Sachlage ist eine Differenzierung des Könnensbegriffs und seiner Gegenbegriffe nach ihrer Phänomenologie und Terminologie angezeigt. Können, Möglichkeit und ihre Negate sind hier praktische Kategorien oder Kategorien der ersten Person (in anderer Version: der Existenz: ›Existenzialien‹). Jedem speziellen Können entspricht ein Nichtkönnen qua Gehemmtsein, andernfalls wären beide nicht einmal thematisch zu machen oder gar emphatisch zu verwenden. Auszuschließen sind unbestimmte Kontradiktionen und Privationen, ebenso das bloß Unverfügbare und Kontingente, auch das bloß Denkmögliche, aber auch das Realmögliche, doch praktisch Irrelevante (beispielsweise wird der Tod als Faktum *meine* Möglichkeit nur in der Art, mich dazu antizipativ oder im Suizid zu verhalten). Wesentlich zugehörig sind dagegen alle Disponibilitäten, d. h. abrufbare, durch wiederholbare Vollzüge bewährte Könnensweisen der vorletzten Aktualisierungsstufe, in erster Linie alle Grundhaltungen und Kompetenzen – und auf der Gegenseite alle Fehl-Haltungen –, im weiteren Umkreis ferner alle Dispositionen, d. h. die noch nicht ausreichend beglaubigten und nur indizierten Könnensweisen, die in sich weiter modal zu differenzieren und zu graduieren wären, schließlich die Reflexionsstufen des Könnens.[21] Zu beachten sind die gebrochenen, gemischten und geschichteten Typen des könnenden Nichtkönnens (Gelassenheit gegenüber dem Unverfügbaren, kompensiertes oder gelerntes Nichtkönnen, tolerierte Verfehlungen) oder des nichtkönnenden Könnens (die Fälle verunmöglichter Möglichkeiten, deren Bedingungen nicht vollständig erfüllt waren, oder des durch Verbote gehemmten Grundkönnens) oder des gekonnten Könnens (des durch Selektion, Rangierung, Iterierung, Austausch, Steigerung bewältigten, z. B. wohlgeordnete Freiheit).[22] Im Verhältnis zum Freiheitsbegriff besteht

21 Vgl. oben S. 158.

22 Der hier verwendete Könnensbegriff ist weder von Husserl noch von Heidegger (wie bei Kamlah, Tugendhat oder Kroug) abhängig, sondern von Anfang an im Zusammenhang mit dem Glücksthema konzipiert worden (als Verfügenkönnen resp. Verfügbarkeit: Disponibilität, die wiederum keinen Bezug zum homonymen Terminus G. Marcels

durchgehende Äquivalenz: Wie die Wahlfreiheit Reflexionsstufe des Könnens, so ist die Handlungsfreiheit dessen Elementarstufe, die »Seinsfreiheit« der Autarkie das erreichte Gesamtkönnen innerhalb des Gesamtgutes, und die anthropologische Grundfreiheit – der Mensch als das entscheidungsfähige und -bedürftige Wesen – die Grunddisposition des Könnens oder ein Können des Könnens, das alle einzelnen Haltungen und Könnensweisen und vollends alle Handlungen fundiert.

Für die weitergehende Frage nach der Relation zwischen moralischer und nichtmoralischer Freiheit im Menschen und ihrem Verhältnis zur »Würde« des Menschen muß anthropologisch noch prinzipieller angesetzt werden. Daß Moral überwiegend Hemmung und Moralität in erster Linie Gehemmtsein und Selbstunwertgefühl bedeute, scheint ihrer traditionellen Hochschätzung und der Rede von moralischer Freiheit zu widersprechen. Auszugehen ist bei der Klärung vom neuzeitlichen und gegenwärtigen Selbstverständnis des Menschen, wie es sich in der Philosophischen Anthropologie unseres Jahrhunderts artikuliert hat. Dabei ist von der theoretischen Fundamentalanthropologie schrittweise zur Anthropologie in praktischer Absicht und von der Ebene der Invarianten zu Grundalternativen der Praxis überzugehen. Während die theoretische Anthropologie deskriptiv oder konstruierend verfährt, nimmt die praktische Anthropologie bereits Wertungen vor, indem sie den Menschen durch seine »Würde« aus dem übrigen Seienden heraushebt, womit das Proprium des Menschen normativ festgehalten und der Präskriptiven Praktischen Philosophie und Ethik als Maßstab an die Hand gegeben werden soll. (›Menschenwürdig‹ ist dann im einzelnen, was der Grundausstattung des Menschen gemäß und genügend ist und in bestimmten Menschen- und Grundrechten traktabel gemacht wird.) Der neuzeitliche Begriff der Würde grenzt nun den Menschen vom Tier nicht wie die Antike durch kognitive Spezifica (›animal rationale‹), sondern voluntaristisch durch seine Entscheidungs- und Schöpferfreiheit ab. Diese in der Renaissance prototypisch formulierte Deutung (Pico della Mirandola, ›De hominis digni-

hat). Bei Heidegger gehören die Begriffe des Könnens und der Möglichkeit zu den ungeklärtesten von ›Sein und Zeit‹.

tate‹, 1486) spiegelt den Sieg des Nominalismus und das Ende der Teleologie – Freiheit wird zum formalen Nachfolgebegriff der Glücks- und Wesensziele, die in ihrer Vielfalt darauf zurückgenommen und von da her neu gesetzt werden müssen – und reicht bis in die Philosophische Anthropologie und Existenzphilosophie des zwanzigsten Jahrhunderts hindurch, wo sie vor dem Hintergrund deszendenztheoretischer Prämissen noch verschärft wird (Instinktreduktion des Menschen gegenüber der Instinktgebundenheit des Tieres). Die – trotz Heidegger oder Sartre – weiteste und griffigste Formel dafür bietet die von H. Plessner auf dem Boden einer deskriptiven Fundamentalanthropologie vorgeschlagene der ›exzentrischen Positionalität‹. Sie bezieht sich auf die Fähigkeit des Menschen zur Selbstdistanzierung und -kontrolle durch ein Reflexions- und Begleitbewußtsein (nach Art von Ich_2) und schließt ein praktisch und theoretisch-kontemplativ gebrochenes Weltverhältnis ein. Daran anknüpfend könnte man das Proprium des Menschen so definieren, er sei fähig des Überstiegs ins Andere und Mögliche, mit der Emanzipation vom Hier und Jetzt, sowohl in Bezug auf sich selbst wie auf die Welt und in der Zeitdimension. Auf der Ebene einer praxisorientierten, pragmatischen Anthropologie führt dies primär zu einem nichtrestriktiven Freiheitsbegriff im Sinn der modernen Willkürfreiheit und zu einer nicht weiter qualifizierten Entscheidungskompetenz in der Selbst- und Weltbestimmung. Sie ist identisch mit der unveräußerlichen anthropologischen Grunddisposition eines Könnens des Könnens, die allen realen und erst zu erwerbenden oder herzustellenden Könnensweisen vorausliegt. In ihr – und nicht erst in der moralischen Freiheit – liegt bereits die angestammte Dignität des Menschen, die ihn vor anderen Lebewesen auszeichnet und die es in Menschen- und Grundrechten zu respektieren und zu wahren gilt.[23] Sie kann daher systematisch gesehen nicht vorschnell auf Moralität hin übersprungen werden, vielmehr weist gerade der Umstand, daß die zugehörigen Pflichten *im Dienst* der Menschen- und Grundrechte stehen, auf eine Asymmetrie der Dignität hin, die die Rangierung und Proportionierung des Moralischen innerhalb der gemeinsamen anthropologischen Grundverfassung zu

23 Vgl. oben S. 92f.

überdenken und neu zu bestimmen zwingt. Nun gehört die moralische Entscheidungsfreiheit zwischen Gut und Böse gewiß auch zur Freiheitsdimension des Menschen, muß aber in ihrer reaktiven Rolle auf ein fremderwirktes soziales Sollen gesehen werden, das sie nur zustimmend anerkennen oder ablehnen kann. Gemessen an dem erstbestimmenden, uneingeschränkten Können der Willkürfreiheit stellt sie sich daher als eine restringierte »kleine« Freiheit und als ein könnendes Nichtkönnen (Nichtdürfen) auf dem Boden des Grundkönnens der »großen« Freiheit dar. Es ist hemmungsbezogen derart, daß die »kleine« Freiheit von einer größeren Hemmung überwogen wird. Das Verhältnis von Hemmung und Freiheit in der Moral ist damit grundsätzlich geklärt. Die Würde liegt hier in der Freiheit zur (Nicht)Akzeptanz, im Unterschied zur vollen, ungehemmten Selbstermöglichung oder auch zur (nichtmoralischen) Selbsthemmung, die von einem Zuviel an Möglichkeiten selektiv und rangierend entlastet und daher auch als Enthemmung zweiter Ordnung interpretiert werden kann.[24] Man könnte gleichwohl versuchen, die Parität und Äquidignität durch den Rekurs auf die anthropologische Dimension der Sozialnatur des Menschen herzustellen. Die Philosophische Anthropologie bietet dafür allerdings keine ausreichende Basis und kommt über die Thematisierung abgeleiteter Fragestellungen (Rollenspiel des Doppelgängertums für die Selbsthermeneutik, Nichtautarkie des Einzelnen mit sekundärem Selbstzweckcharakter der Sozietät) nicht hinaus. Hält man am normativen Konzept der Würde qua Freiheit und Selbstbestimmung fest, so kann die heteronome Hemmungsstruktur der Moral nicht als solche dazu gehören, sondern nur das Moment der (Nicht)Akzeptanz auf der Seite des moralisch Genötigten, die im ganzen der Willenskomplexion moralischen Sollens eine halbierte Freiheit bleibt. Wohl aber kann man die Freiheit der moralisch Fordernden und Beurteilenden, von deren Wollen das Sollen ausgeht, in die »große« Freiheit einbeziehen, soweit die komplexen Prozesse überwiegend emotiv gesteuerter kollektiver Willensbildung eine solche Einordnung plausibel erscheinen lassen. Was man her-

24 Vgl. oben S. 154 (zu Foucault). Zwar kann dies akzidentiellerweise auch die Moral leisten, wird es jedoch ausnahmsweise zum Hauptzweck, liegt schon eine positivierende Aufhebung von Moral vor.

kömmlicherweise moralische oder sittliche Freiheit nennt, vermag freilich dadurch einer Redimensionierung nicht zu entgehen. Es wäre ein moralistischer Fehlschluß, wenn man aus theologischen (Gut und Böse Ausdruck göttlichen Willens) oder metaphysischen (Dichotomie von Universalem und Partikulärem, Notwendigem und Kontingentem, Apriorischem und Aposteriorischem) Reminiszenzen oder aus einer Sozial- und Staatsmystik heraus (die Sozietät als Repräsentant oder Nachfolger Gottes) versuchen wollte, die Asymmetrie und Ungleichgewichtigkeit umzukehren und die anthropologische Suprematie trotz allem für die Moral zu vindizieren. Solange die Prämissen neuzeitlicher Anthropologie die gleichen bleiben – und die vermeintliche Postmoderne radikalisiert sie nur –, kann die Frage des Primats und der Gewichtung zwischen den beiden Ethiktypen philosophisch kaum ernsthaft strittig sein.[25]

Dies bedeutet in keiner Weise, daß die kategorische Unbedingtheit und Verbindlichkeit der Moral in Frage zu stellen wäre. Sie ist für die Erhaltung und Funktionstüchtigkeit sozialer Gebilde notwendig, und zwar ohne daß derlei Utilität in jedem Falle vorgängig oder ex post einsichtig gemacht werden könnte und müßte. Aber diese Art der Notwendigkeit und Unumgänglichkeit darf nicht mit absoluter Ranghöhe verwechselt werden. Unterscheidet man Werthöhe und Wertstärke, dann ist die Moral zwischen individuellen Not- und Grenzsituationen, die noch stärker sind (›Not kennt kein Gebot‹), und dem nichtrestriktiven Können qua Freiheit und Glück, das noch höher steht, auf einer mittleren Stufe einzuordnen. Sie ist stärker als solches Können, aber höher nur als die Notlagen. Absolutheit kommt ihr also nicht in jedem Sinne zu, vor allem nicht in Bezug auf die Dignität und Würde des Menschen als des »ersten Freigelassenen der Schöpfung« (Herder). Für die Funktion der Moral ist es jedenfalls nicht erforderlich, Moral und Moralität nach dem Muster der Religion und in deren Nachfolge als höchsten Wert, eigentlichen Lebenssinn und Endzweck des Daseins zu betrachten. Man kann ihr Unumgänglichkeit zubilligen und darin dennoch ein notwendiges Übel sehen. Diese

25 Was das spezifische Selbstgefühl der Moralität angeht, so treffen die Analysen Kants grundsätzlich zu (»Demütigung« ante und »Zufriedenheit« post actum).

Auffassung ist nicht etwa an eine pragmatische Instrumentalisierung oder legalistische Veräußerlichung der Moral gebunden, sondern sehr wohl mit einer gesinnungsethischen Haltung vereinbar. Unbeschadet der faktischen Vordringlichkeit von Moral in der Praxis muß jedoch die letzte *Bewertung* und Rangierung von Moral oder Glück der Präferenzsouveränität und dem Ermessen des Einzelnen überlassen werden. Eine solche Privatisierung entspricht der anthropologischen Zentralstellung unqualifizierter Freiheit als der eigentlichen Würde des Menschen und dem damit verbundenen Pluralismus. Die Höherbewertung der Moral ist daher zwar möglich, aber nicht verbindlich zu machen, d. h. sie kann nicht wieder moralisch erzwungen werden.[26] Vielmehr muß mit der Anerkennung von Autonomie und Pluralismus gerade moralisch auch die Höherbewertung des guten Lebens als legitim hingenommen und toleriert werden.

Versucht man, das Verhältnis von Moralismus und ›Eudämonismus‹ nach Maßgabe des in der Moderne und in der Gegenwart überwiegenden Verständnisses von Menschenwürde und fernab von den Stilisierungen der Aufklärungsethik und ihrer akademischen Nachfolger zusammenzufassen, dann zeigt sich, daß zwischen beiden Ethiktypen nicht nur Äquidignität besteht,[27] sondern eine extensive und qualitative Asymmetrie und Pluridignität zugunsten der Strebensethik. Dies beruht darauf, daß das gute Leben und seine Äquivalente anthropologisch zentraler und zielnäher sind als die mit inhibierenden und heteronomen Elementen durchsetzten Strukturen der Moral. Da latente Energiequellen der Moral, die der Tradition der älteren Metaphysik oder säkularisierten nichtprofanen, ehemals sakralen Überlieferungen entstammen, für die philosophische Ethik nicht mehr akzeptabel sind, ist eine neue Bestandsaufnahme und Bilanzierung angezeigt, die über die theoretischen Entscheidungen hinaus jedenfalls auch die Praxis für die individuelle Bewertung freigibt. Damit werden auch die

26 Die Höherbewertung wäre moralisch nur dann indiziert, wenn die Leistung und Funktion von Moral dadurch nachweisbar gesteigert würde. Solange darüber kein Konsens erkennbar ist, bleiben solche Einschätzungen unverbindlich wie alle bloß verdienstlichen Leistungen.

27 Vgl. Kap. II S. 89ff., 94, 98, 103.

traditionellen Strategien des Moralismus, ›Glück‹ zugunsten von sogenannten höheren Zwecken zu entwerten, zu marginalisieren oder gar zu stigmatisieren und mit einem permanenten Legitimationsdefizit zu belasten, das seine Anwälte beständig zwingt, Geltungsansprüche in moralischer Verkleidung vorzutragen, zunehmend an Überzeugungskraft verlieren und durch weniger usurpatorische und monopolistische, terrainspezifische Argumentationsformen zu ersetzen sein.

Im vorigen war mehrfach zwischen zwei Bedeutungen von Freiheit mit verschiedener Tragweite zu unterscheiden: der als Gut und Handlungsziel erstrebten, im Lebensgang erwerb- und herstellbaren oder gefährdeten und verlorenen konkreten Freiheit, der bestimmte Unfreiheiten gegenüberstehen, und der allen einzelnen Freiheiten, Haltungen und Handlungen als Voraussetzung zugrundeliegenden anthropologischen Grunddisposition, die unveräußerlich ist und – obgleich nur negativ bestimmbar – den Menschen und seine Würde ausmacht. Gemessen an allen konkreten Freiheitsformen, Dispositionen und Könnenslagen handelt es sich bei dieser elementaren Grunddisposition um ein Können zweiter Ordnung, ein Können zum (konkreten) Können hin oder ein Können des Könnens. Daneben waren weitere für eine praktisch orientierte Anthropologie bedeutsame Grunddispositionen zu verzeichnen gewesen: eine anthropologische Sollensstruktur elementarer Ordnung, die jedem bestimmten Sollen oder Müssen soziokultureller oder situationeller Art als ›Sollen des Sollens‹ vorausliegt und es formal fundiert. Dazu gehörte ferner eine ebenso formale anthropologische Grunddisposition, nämlich eine generelle Geneigtheit, gültigen moralischen Sollensansprüchen Zustimmung und Anerkennung zu zollen und ihnen Gehör zu schenken und Folge zu leisten.[28] Hinzuzufügen ist ein ähnlich strukturiertes ›Dürfen des Dürfens‹, das in anthropologischer Formalität Freiräume des moralischen oder rechtlichen Sollens umschreibt, aber jedem bestimmten Gedurften und Erlaubten als dessen Ermöglichungsgrund vorausliegt. Es fundiert das Tun- und Unterlassendürfen (so die traditionelle Bedeutung des ›Erlaubten‹) ebenso wie das zuständliche Habendürfen und zuletzt ein

28 Vgl. Kap. I S. 68f. und II S. 93.

prinzipielles Seindürfen (J. Hohmann), verstanden als Existenzrecht wie als Recht auf Sosein und Individualität, dem auf der Seite des Konzedierenden ein Sein-Lassen entspricht. Geht man von den anthropologischen Grunddispositionen der Moral zu denen der Lebensführung über, dann ist neben der Freiheit als der Bedingung von Praxis in erster Linie eine Strebensdisposition namhaft zu machen, die allen einzelnen Bestrebungen und Strebenstypen vorausliegt und sie nach Art von Heideggers Sorgestruktur fundierend ermöglicht. Es ist dies der volitive Aspekt praktischer Subjektivität (o. S. 226), der jetzt im Rahmen einer Anthropologie in praktischer Hinsicht noch einmal zu thematisieren ist. Dieses auch die Bedürfnisstruktur übergreifende Grundstreben ist als spezifisch menschliches qualifiziert, weil es mit Freiheit verbunden ist, und umgekehrt ist die Grundfreiheit qua Selbst- und Weltbestimmung bereits auf das Grundstreben hin angelegt. Wie ferner die moralische Freiheit als ein Moment der Grundfreiheit zu deuten ist, so ist das fordernde moralische Wollen der Andern ebenso wie das eigene Bestreben, ihm zu entsprechen, als ein Typus des Grundstrebens zu verstehen.

Insgesamt enthält die Ebene elementarer Grunddispositionen anthropologische Invarianten, die von dem geschichtlichen und soziokulturellen Pluralismus auf der Ebene der Haltungen und vollends der Handlungen getrennt zu halten sind. Ihre Formalität korrespondiert vielmehr genau der in der Neuzeit zunehmenden Vielfalt konkreter Ausformungen sowohl in der geschichtlichen Sukzession wie in der Mannigfaltigkeit gleichzeitig auftretender Typen. Da sie tendenziell eine übergeschichtliche Geltung beanspruchen, kommt ihnen der Status transzendentaler Kategorialität zu, die man weiter auf eine regionalontologische hin interpretieren kann (indem man die Anthropologie als regionale Ontologie versteht). Es handelt sich um notwendige Bedingungen für das Beschreiben, Erklären und Verstehen praktischer Subjektivität, auf die zumal eine Anthropologie in pragmatischer Hinsicht und in der Konsequenz auch die Praktische Philosophie und Ethik angewiesen sind. Derselbe transzendentalanthropologische Status kommt allen subordinierten oder partikulären Grundbegriffen und Kategorien der Moral oder des guten Lebens zu, die in den vorangegangenen Kapiteln zu entwickeln waren.[29] Die inzwischen durchgeführten Analysen praktischer Subjektivität erlauben es jetzt, den inneren Zusammenhang des Invariantensystems genauer herauszuarbeiten und zugleich – gemäß der Zielsetzung einer Anthropologie in praktischer Absicht – noch näher an die Alternativität von Praxis heranzuführen. Eine solche Anthropologie vermag zwar – von dem generellen und nur indirekt operablen Begriff der Würde abgesehen – keine bestimmten Normen oder Präskripte zu entwickeln, sondern muß sich wie die theoretische Anthropologie auf Invarianten beschränken. Sie kann aber die optionale Struktur von Praxis auf der Ebene anthropologischer Konstanten begrifflich abbilden, sei es durch die Thematisierung der Optionalität als solcher, sei es durch die Formulierung von Disjunktionen, die die praktische Alternativität kategorial vorzeichnen und die sich in der Regel in einer Überkategorie einheitlich konzeptualisieren lassen.[30] Betrachtet man unter diesem Gesichtspunkt die den Menschen auszeichnende generelle Grunddisposition von Freiheit und Können genauer, dann zeigt sich, daß nicht erst auf der abgeleiteten praktischen Ebene Formen des Nichtkönnens und der Unfreiheit begegnen, sondern daß dem elementaren Können der Grundstufe ein gleichermaßen fundamentales Nichtkönnen komplementär und unaufhebbar zur Seite tritt. Der Mensch ist als freies und könnendes Wesen immer zugleich auch ein nichtkönnendes und gebundenes Wesen, wobei sich die beiden konträren Bestimmungen gegenseitig fordern, um überhaupt ins Gesichtsfeld zu treten und thematisch zu werden. Freiheit ist, so extensiv sie auch ausgebreitet sein mag, stets nur vor dem Hintergrund möglicher oder realer Unfreiheit begreifbar, und umgekehrt artikuliert sich Nichtkönnen nur in der Abhebung von gegebenem oder erwartetem Können. Die praktisch orientierte Anthropologie kann diese dialektische Simultaneität noch stärker dem Entweder-Oder praktischer Alternativität

29 Vgl. Kap. I S. 67ff. und III S. 157ff.

30 Die durch ihre transzendentalanthropologische Fragestellung verdienstvollen Bücher von Th. Rentsch lassen in diesem Punkt wie ihr Modell Heidegger unbefriedigt; vgl. meine Rezension von ›Die Konstitution von Moralität‹, 1990, in der Allg. Zeitschrift f. Philosophie 1992.

anpassen, ohne die Ebene der Invarianten zu verlassen, indem sie die ambivalente humane Struktur unter dem zusammenfassenden Titel der *Hemmbarkeit* kategorisiert. Damit sind Können und Nichtkönnen, Freiheit und Unfreiheit, Spontaneität und Inhibierung nicht nur als gleich originär, sondern auch als fallweise und praxisrelevant alternierend angesetzt, ohne daß über diese generelle Zuordnung hinaus bestimmte Konstellationen angesprochen wären.

Wenn, wie vorgeschlagen, Hemmbarkeit in der Bedeutung von (Nicht)Können ein Zentralbegriff praktischer Subjektivität ist, dann wird damit einerseits noch einmal deutlich, daß die Dignität des Freigesetztseins, die den Menschen vor anderen Lebewesen heraushebt, wesentlich von der Verschattung durch Auflagen und Beirrungen begleitet und heimgesucht ist. Zum anderen folgt daraus, daß es sich bei den moralischen Grunddispositionen (des Sollens, Gehorchens, Dürfens) um Spezifikationen der anthropologischen Grunddisposition der Hemmbarkeit handelt, die sich unter dem Aspekt der Soziabilität des Menschen ergeben. Die vorläufige Beschreibung der Beziehung als Überformungsverhältnis,[31] bei dem die Grunddispositionen der Moral die Willkürfreiheit der individuellen Subjektivität in einer bestimmten Richtung disziplinieren, kann jetzt dahin präzisiert werden, daß Sollen nur *eine*, wenngleich ausgezeichnete, Form konstitutionellen Nichtkönnens und Gehemmtseins und Dürfen nur *eine* Weise des aus möglichem Nichtkönnen freigegebenen und insofern desinhibierten Könnens ist (wie Nichtdürfen Sollen, so ist umgekehrt Dürfen nichttriviales Nichtsollen). Aber auch diese partikulären Grunddispositionen können beim Menschen als Menschen niemals aufgehoben werden (trotz temporärer faktischer Desozialisierung in Robinsonaden oder bei Eremiten).

Es ließe sich zeigen, daß transzendentalanthropologische Kategorialität, wie sie hier im Blick auf eine Praktische Philosophie und Ethik entwickelt worden ist, auch im einzelnen auf die Grundkategorie der Hemmbarkeit bezogen werden muß. Die Grundbegriffe des Guten, der Finalität, Normativität, Präskriptivität und alle übrigen ethischen Grundbegriffe und Kategorien stehen im

31 Kap. II S. 93.

Zeichen der modalen Differenz der praktischen Dimension, die ihrerseits vom evaluativ bestimmten[32] Grundstreben eröffnet wird. Sie wird wiederum konkretisiert durch die Spannung zwischen Können und Nichtkönnen, in die auch das moralische Sollen einbezogen werden kann.[33] *Die Verflechtung von Grundstreben und Hemmbarkeit erweist sich damit als die formale anthropologische Grundstruktur, die dem praktischen Guten und allen bestimmten Gütern, Zielen und Normen und ihrer Realisierung zugrunde liegt.* Diese prototypisch für die Ethik aufweisbaren Zusammenhänge haben in allen übrigen Disziplinen Praktischer Philosophie analoge Geltung und sind jeweils in Gestalt einer politischen, sozialen und juridischen Anthropologie thematisierbar.

Neben der transzendentalanthropologischen Betrachtungsweise, die vornehmlich für die philosophische Theorienbildung zu Buche schlägt, ist indessen jene vorphilosophische Art von Transzendentalität von Bedeutung, die die konstitutiven Leistungen der praktischen Subjektivität selber betrifft. Es handelt sich um die Einheitsleistungen und Sinnstiftungen des faktizitären Subjekts, die es für sich selbst erbringt und die ihrerseits erst die Möglichkeit transzendentalphilosophischer Theorienbildung begründen. Sie sind hier ins Praktische zu wenden und gewinnen dann fundierende Bedeutung für die Metatheorie und Theorie Praktischer Philosophie und Ethik. Würde man die Konstitutionsleistungen praktischer Subjektivität genauer analysieren, so würden sich vermutlich qualifizierte Einheits- und Sinngebilde präsentieren, die sich inhaltlich betrachtet vom einzelnen Guten zum Gesamtgut und zur Lebensbilanz oder zur Integration des Selbst um verschiedene Stufen von (Nicht)Könnenslagen konzentrieren. Das Gesamtkönnen konstituiert sich faktisch durch die Integration der einzelnen Könnensweisen, idealiter in Richtung auf das Gesamtgut, das im Gesamtverlauf eines Lebens erreicht werden kann oder zu erwarten steht. Die Eigenperspektive der ersten

32 Wie allem Streben anthropologisch eine Grunddisposition des Strebens, so liegt allen Evaluationen eine Interessendisposition zugrunde, die Streben vorbereitet und ermöglicht.

33 Sollen als Nichtkönnen, (Nicht)Gehorchen als Mischtypus, Vollbringen als (relatives) Können.

Person, die zur praktischen Seite der faktizitären Subjektivität gehört, akzentuiert deren Einheit und Einzigkeit als einer (nicht-)könnenden, d.h. hemmbaren Instanz noch gegenüber der kontemplativen. Der Gedanke ›Ich kann (nicht)‹ setzt dabei bereits eine reflexive Einstellung voraus. –

Von der anthropologischen Grundlegung der Ethik und Praktischen Philosophie her eröffnen sich weitergehende Perspektiven, die zu Folgerungen auch für die theoretischen Disziplinen der Philosophie, insbesondere für die Erste Philosophie und Metaphysik einladen. Das Welt- und Selbstverhältnis des Menschen war in praktischer Hinsicht als ein evaluativ qualifiziertes zu betrachten, das auf die Momente des Strebens, Wollens, Entscheidens und Handelns motivierend durchschlägt. Geht man einmal versuchsweise vom modernen Grundsatz des Primats der Praxis vor der Theorie und der Abkünftigkeit der letzteren aus – auch dies ein Erbteil des Nominalismus –, dann kann man nach den Modellen von Kant, Feuerbach, Marx, Nietzsche, Dilthey oder Jaspers eine Destruktionstheorie der Philosophie- und Weltanschauungsgeschichte entwickeln, die diese Geschichte als eine Abfolge von Chiffren der sich über sich selbst verständigenden Lebenspraxis oder Existenz versteht. Eine solche anthropologische Reduktion läßt sich mit einiger Folgerichtigkeit zu einer eudämonologischen Reduktion fortführen, wenn man als Grunddatum nicht das Leben simpliciter (wie etwa bei Dilthey), sondern konkreter das praktisch qualifizierte, also gute oder mißlingende Leben ansetzt, als dessen Reflexe die großen Systeme der theoretischen Philosophie erscheinen. Diese Perspektive könnte man vermutlich gegenüber Dilthey oder Jaspers ohne Verlust, aber mit einem Zugewinn an Konkretheit und Evidenz durchspielen. Man hat den Lebensbegriff bisher wohl nur deshalb nicht auf das qualifizierte Leben hin spezifiziert, weil man auch in der akademischen Lebens- und Existenzphilosophie noch zu sehr im Bann des Kantianismus stand und weil man andererseits in der Lebensphilosophie die Not- und Grenzsituationen gegenüber den mehr euphorischen Erfahrungen hat zurücktreten lassen. In der Existenzphilosophie sind dann die Grenzlagen gesehen, aber zu einseitig quietistisch und ohne praktische Handhabe auf innere Haltungen eingeschränkt. Was Jaspers Transzendenz nennt, bleibt daher wiederum verkürzt und unterbestimmt. Man könnte als Korrektiv die ideologiekritische Traditionslinie (Feuerbach, Marx, Bloch u. a.) hinzunehmen, müßte aber wohl systematisch noch einmal grundsätzlich neu ansetzen, wobei man reflektorische, kompensatorische und antizipatorische Entsprechungsverhältnisse zu unterscheiden hätte.[34]

34 Eine der eudämonologischen entsprechende deontologische Reduktion ist im Bereich der Philosophie – ungleich dem der Religion – weniger leicht und dann eher als politische oder rechtliche denn als spezifisch moralische plausibel zu machen. – Eine Anthropologie der qualifizierten und praktisch relevanten Zeitdimension kann hier aus Raumgründen nicht ausgeführt werden. Einige Andeutungen dazu im folgenden Kapitel S. 299f. Anm. 28.

v Spezielle Ethik

Der neuerdings unüberhörbare Ruf nach *Angewandter Ethik (Applied Ethics)* verdankt sich der Erschließung neuer Felder der Normativen Ethik, die erst einer eigenen Regelung bedürfen. So spricht man von einer Medizinischen und Bio-Ethik, von Öko-, Wirtschafts-, Friedens- oder Zukunftsethik. Die Forderung nach einer *Speziellen Ethik* ist heute in der Tat ganz allgemein berechtigt, weil das traditionelle Konzept von *generellen* Prinzipien und Supernormen, die von der Urteilskraft im Einzelfall appliziert werden, für die Vielfalt und Komplexheit der modernen Welt nicht mehr genügt. Die Entscheidungskraft der Handelnden wäre überfordert, wollte man ihnen jeweils von neuem die Anwendung jener Prinzipien aufbürden. Es bedarf vielmehr der vorgängigen Ausarbeitung *spezieller*, bereichsspezifischer Normen, die abrufbar sind und darum den Akteur zumal unter Zeitdruck von langwierigen Ableitungen entlasten. Das gilt um so mehr, als es sich dabei meist um gemischte Normen handelt, die nicht einfach aus Prinzipien deduzierbar sind, sondern auch von den Sachbedingungen des jeweiligen Kontextes und dem jeweiligen Kenntnisstand abhängen. Eine Artikulierung des jeweiligen Themen-, Problem- und Regelpanoramas nebst den zugehörigen Argumentationsfeldern ist daher wünschenswert. Gewiß behalten prinzipielle Sätze eine kritische Normenkontrollfunktion, aber sie stehen der Lebenspraxis nicht nur pragmatisch ferner als die spezielleren Regulative, sondern haben auch mit dem Sturz des teleologischen Naturrechts die Dignität ihres metaphysischen Status verloren. Man hat darum zuweilen das Verhältnis umkehren und die Spezielle Ethik als das primär Gegebene und die Prinzipienethik nur als sekundäre Abstraktion verstehen können.[1] In der Tat sind praktische Prinzipien nicht nur keine hinreichenden, sondern in vielen Fällen nicht einmal notwendige Bedingungen regulierten Handelns, während speziellere Regeln sich dafür als unentbehrlich erweisen und als solche auch einen ausreichenden konsensuellen oder pragmatischen Rückhalt besitzen.

1 Z. B. A. MacIntyre, T. C. Beauchamp.

Es trifft darum auch nicht zu, daß die unspezifizierte »Bürgerethik« (oder -tugend) ausreiche, die verschiedenen Themenfelder, Situationstypen und Rollen so abzudecken, wie dies eine regional spezialisierte und auf die jeweiligen Erfordernisse abgestimmte Normierung erlaubt. Die Ethik ist stets um so effizienter, je konkreter sie ist. Der Versuch, sie auf eine Ethik für jedermann zurückzunehmen, würde nicht nur zu Retardationen und vorübergehenden Aporien, sondern auch zu Mißdeutigkeiten und Konflikten führen, die die Regulierung von Praxis erschwerten.
Ähnliches gilt für den Vorschlag der Diskursethik, die spezielle Normensetzung den praktischen Diskursen der Beteiligten oder Betroffenen zu überlassen und damit der Kompetenz der Ethik zu entziehen. Gewiß sind die Speziellen Ethiken von Kant (›Metaphysik der Sitten‹) oder Fichte (›Sittenlehre‹) noch von der Prämisse eines einhelligen Naturrechts getragen, aber dessen Historisierung zwingt die Moralphilosophie keineswegs zum Rückzug auf formale Diskursprinzipien und zu einem Verzicht auf materiale Bestimmungen. Spezielle Normen sind zwar in der Regel in höherem Maß geschichtlichem Wandel unterworfen als Prinzipien, aber sie besitzen gleichwohl einen oft langanhaltenden Geltungsstatus, der in seiner Kategorizität übergeschichtlichen Normen nicht nachsteht. Wir haben daher keinen Anlaß, spezielle Normensysteme der Option, Bearbeitung und Kontrolle seitens der philosophischen Ethik zu entziehen und damit die Kompetenz der Ethik einzuschränken. Der Ethik fallen Aufgaben der Normen- und Kontextkontrolle, aber auch der Präzisierung und Artikulierung sowie der Systematisierung (Rangierung, Subsumption und Diversifikation, Interrelationsforschung) zu, die einerseits zur ethischen Theorienbildung führt, andererseits die Erstellung von Topiken bei Beratern und Akteuren befördern kann. Die Präskriptive Ethik hat aber nicht nur bestehende Normen und Regeln zu artikulieren und in ihrer Validität zu sanktionieren, sondern sich auch in den Normenwandel einzuschalten, sei es durch das Konstatieren von partiellem Normenschwund und das Drängen auf Verabschiedung obsolet gewordener Normen, sei es durch ihre eigene Optionalität bei der einflußnehmenden Arbeit am Konsens der Sozietät oder gar, in antizipativer Vordenkerfunktion, bei (primoptionalen) Vorschlägen für die Normierung

neuartiger Themenfelder. Kommt es bei solchen Neubildungen von Normen zum Diskurs, etwa in gemischten Ethikkommissionen, dann jedenfalls nicht ohne die Beteiligung der Ethik, während die Gültigkeit von Normen erst durch den Konsens nicht nur der Beteiligten, sondern der gesamten Sozietät erreicht wird, die sich die Vorschläge zu eigen macht oder sie doch toleriert.[2]

Die Ethik kann also nicht nur Allgemeine Ethik sein, nämlich (nichtpräskriptive) Metaethik und präskriptive Prinzipienethik, sondern sie muß in einem näher zu bestimmenden Umfang auch eine Spezielle Ethik entwickeln. Erst dann kann von einer tendenziell vollständigen Präskriptiven Ethik und von einer zureichenden ethischen Theorienbildung die Rede sein.[3] So hat es die *Moralphilosophie* nicht nur mit als universal intendierten epochalen Supernormen zu tun, sondern auch mit verschiedenen Strata bereichsspezifischer Normen, die traditionellerweise nach verschiedenen Grundhaltungen und Leistungstypen (›Tugenden‹) unterschieden und schematisch zu Pflichten der Achtung (Gerechtigkeit und Aufrichtigkeit) und der Wohltätigkeit (Schadensvermeidung und Hilfeleistung) zusammengefaßt waren. Die komplexen Anforderungen der modernen Welt haben darüber hinaus zu einer Ausdifferenzierung nach verschiedenen Sachfeldern geführt, die von verschiedenen Formen sozialen Verhaltens (z. B. Sexualethik, Friedensethik, Zukunftsethik) über bestimmte Berufs- und Standesethiken (Wissenschaftsethik, insbesondere Medizinische Ethik) bis zum Umgang mit der – früher nicht zur Praktischen, sondern zur Theoretischen Philosophie gehörigen – Erbsubstanz des Menschen (Genethik), mit seiner Umwelt (Ökologische Ethik, Tierethik) oder mit der von ihm produzierten, ausgetauschten und konsumierten Güterwelt (Wirtschaftsethik) reichen. Eine wirksame und verbindliche Regulierung dieser Bereiche ist ohne die Ausarbeitung von Spezialnormen, gegebe-

2 Es empfiehlt sich daher, die folgenden drei Arten von Sollen auseinanderzuhalten: a) die anthropologische Sollensdisposition, b) die Vorschläge, was und wie gesollt werden soll, c) das durch (abgestuften) Konsens gültig gewordene Sollen.

3 Spezielle Ethik ist daher nicht »angewandte« (Prinzipien)Ethik und ebensowenig »materiale« Ethik, da auch die Prinzipien nicht formal, sondern durchaus material und nur sehr generell sind.

nenfalls auch kasuistischer Art, nicht möglich. Wenngleich die Moralphilosophie die partikulären Regelkodizes von Kleingruppen, Berufsständen, Organisationen und Verbänden oder der Etikette nicht direkt bestimmen kann, wird sie durch die Formulierung von principia media auch darauf einen limitierenden und mittelbaren Einfluß nehmen. Selbst wo also das spezielle Normenpanorama der einzelnen Felder und Regionen nicht mehr weiter ins Detail verfolgt wird, fällt der Moralphilosophie doch in der Vertikalen bei Konfliktsfällen die Geltungsprüfung auch von Kleingruppenmoralen von sehr beschränkter Reichweite zu, wobei sie dem Aufbau der Moral in einander übergreifenden konsensuellen Geltungshorizonten folgt.

Obgleich auch für die *Strebensethik* eine »prinzipielle« Generalregel formuliert werden kann,[4] ist sie von Hause aus auf spezielle Themen- und Regelfelder angelegt (Gesundheitsethik, Güter- und Kulturethik, Sozialethik sowie, als Reflexionsstufen, Sinnfragen, Zeitethik oder Freiheitsethik). Konkret beratende und anleitende Lebens-, Orientierungs- und Entscheidungshilfe ist nur auf dem Boden einer Speziellen Strebensethik möglich. Trotz der gemeinsamen regionalen Differenzierung ist der Aufbau der Strebensethik anders akzentuiert als der der Moralphilosophie: Zwar erteilt auch die Strebensethik Ratschläge und Anweisungen von verschiedener Reichweite (auf der Ebene der Gattung, der Epoche, der Kultur, für bestimmte Adressatentypen und zuletzt approximativ für singuläre Individuen), doch ist damit keine konsensuelle Geltungssicherung oder Limitierung verbunden wie bei der Moralphilosophie. An die Stelle der konsensuellen Normenkontrolle in der Moral tritt vielmehr die im einzelnen Akteur selbst zentrierte Zielkontrolle, die darüber aufklärt, was wir eigentlich, primär, vordringlich, auf lange Sicht und im ganzen wollen oder lieber wollen, während andere Strebensziele nachgesetzt oder abgewählt werden. Damit hängt es zusammen, daß der Speziellen Strebensethik neben der zur Moralphilosophie analogen Regulierung einzelner regionaler *Themenfelder* noch eine weitere Aufgabe zufällt, für die es in der Moralphilosophie kein Pendant gibt: die Analyse, Abklärung und Optimierung von

4 Vgl. Kap. III S. 188ff.

typischen, in Ausnahmefällen sogar individuellen *Vorzugsordnungen*, die sich sowohl innerhalb einzelner Sachfelder als auch – überwiegend – vermittelnd und übergreifend zwischen ihnen bewegen können. Solche Vorzugsordnungen oder Strategien entspringen der Präferenzsouveränität des einzelnen Akteurs und führen, indem sie verschiedene Lebensbereiche in einem Gesamtplan kombinieren oder doch intern artikulieren, näher an die Lebenspraxis heran.[5] Der Strebensethiker muß sich darum, wenn er effizient und praxisnah beraten will, auf sie einlassen und ihnen gegebenenfalls durch überregionale, kombinatorische Regulative Rechnung tragen. Die Pluralität dieser Präferenzordnungen steht meist quer zur Pluralität der Sachfelder und macht darum den Aufbau der Speziellen Strebensethik komplexer als den der Speziellen Moralphilosophie. Demgemäß empfiehlt es sich, in der Präskriptiven Strebensethik verschiedene Regeltypen zu unterscheiden: Neben der (den) Generalregel(n) der Allgemeinen Ethik, die der Supernorm der Moralphilosophie entspricht, Grundregeln für bestimmte Themen- und Aktionsfelder, Spezialregeln für einzelne Falltypen und Einzelregeln für besondere Fälle.

Die Spezielle Ethik kann in der modernen Welt nicht ohne ein ausreichendes Maß von Sachkunde betrieben werden. Dies gilt in besonderem Maße für die neuerschlossenen Problemfelder, in denen eine anfängliche Unbestimmtheit und Unsicherheit erst auf dem Umweg über langwierige Klärungsprozesse zur allmählichen Herausbildung von allgemein anerkannten Normen-, Ziel- und Handlungssystemen führt. Es genügt dabei nicht, daß Moralphilosophie und Strebensethik einander komplementär in die Hände arbeiten, indem die erstere den Bereich des (Un)Erlaubten limitiert, während ihn die zweite auf seine produktiven Möglichkeiten und internen Alternativen hin ausschöpft. Die Ethik bedarf vielmehr gerade dort, wo sie primoptional Normen und Ziele vorschlägt, der einzelwissenschaftlichen Kontrolle und der Kooperation mit den Wissenschaften, um zu praktikablen Resultaten zu gelangen. Da der Ethiker in der Regel eine Mehrzahl von Wissenschaften oder von Schulrichtungen oder von einzelnen Experten konsultieren muß, kann die (kontingente) Selbstinformation oder

5 Zu diesen »Operationstypen« Kap. III S. 186f.

auch die Personalunion des philosophischen Ethikers mit dem Vertreter einer bestimmten Einzelwissenschaft nicht genügen; vielmehr muß von vornherein mit Mehrfachkontakten womöglich institutioneller Art gerechnet werden. Der Beitrag der Wissenschaft für die Arbeit der Präskriptiven Ethik ist mehrschichtig: 1.) Die Wissenschaft oder die von ihr abhängige Technologie kann für die Ethik neue Aufgabenfelder und Spielräume erst erschließen (Hauptbeispiele dafür sind die Genethik und die Medizinische Ethik). 2.) Sie kann für die Festlegung konkreter Normen empirische Limits und Kriterien an die Hand geben (etwa bei Regelungen, die Anfang und Ende des menschlichen Lebens betreffen). 3.) Sie kann Folgenkalküle der Anwendung entwickeln, die über die Zuträglichkeit oder Schädlichkeit von Normen entscheiden, und damit – im Sinne einer Normenkontrolle auf übergeordnete Normen hin – eine teils kritisch-falsifizierende und eliminative, teils konfirmierende und optimierende Funktion haben.[6] (Im Ausnahmefall kann der Wissenschaftler, etwa der Mediziner, sogar im Delegiertenstatus und ex hypothesi direkte Weisungen und Verbote erteilen, indem er darüber entscheidet, ob der Sachgehalt einer Vorschrift einem übergeordneten Normengehalt gemäß ist oder nicht.) 4.) Die Wissenschaft kann durch Kontextanalyse zur Konfliktklärung und -entscheidung beitragen. Das Resultat der Konsultation werden ›gemischte Normen‹ sein, d. h. solche Normen, die durch Wenn-Dann-Relationen mit Tatsachenaussagen verknüpft und insoweit von ihnen abhängig sind. Sie sind zwar nicht wissenschaftlich begründet, aber doch durch ein Maximum an Information abgesichert und haben dadurch mehr Aussicht auf Glaubwürdigkeit und länger anhaltende Anerkennung. Im Falle solcher durch wissenschaftlichen Sachverstand überprüfter Normen kann man mit einigem Recht von richtigen oder gar von ›wahren‹ Normen sprechen, allerdings nur unter dem Aspekt des Sachgehalts, nicht unter dem ihrer Normativität. Entsprechendes wie für die Moralphilosophie trifft für die Strebensethik zu: Die Wissenschaft vermag hier zwar nicht Letztziele, wohl aber – im Sinne einer Zielkontrolle – Unterziele und Wege zu

6 Ein verbesserter Wissensstand und ein darauf beruhendes neues Expertisenbild kann die Bewertung rasch umschlagen lassen (Tschernobyl).

ermitteln, Folgen abzuschätzen, Konflikte zu klären und Effizienzen zu kontrollieren. Sie trägt dadurch zu einem gemischten Regelsystem bei, indem sie Zielordnungen und Handlungsstrategien präzisiert, in ihrem Verhältnis abklärt und damit Vorentscheidungen für praktische Optionen an die Hand gibt. Die Ethik wird auf Grund wissenschaftlicher Datenkränze zu fundierten generellen Präskripten gelangen, die in der konkreten Beratungs- und Entscheidungssituation noch weiter präzisiert werden können.

In den Neufeldern der Moral ist hier bereits eine Konvergenz zwischen Moralphilosophie und Wissenschaft zu beobachten: Der Ethiker sucht den Rückhalt und die Entscheidungshilfe der Wissenschaft, und umgekehrt zeigt der Wissenschaftler ein geschärftes moralisches Problembewußtsein und eigene Ansätze zu ethischer Reflexion. Dem beiderseitigen Anliegen ist vorzugsweise durch gemischte Ethikkommissionen oder Ausschüsse Rechnung zu tragen, die freilich sukzessiv auf den Gesamtbereich der Ethik ausgedehnt werden sollten. Es wäre andererseits ein Irrtum, das neu erwachte Interesse der Wissenschaftler für Fragen der Ethik in der Richtung einer ethischen Autonomie der Wissenschaft ausdeuten zu wollen. Die Wissenschaft besitzt als solche so wenig wie die Politik, die Wirtschaft oder die Technologien eine normative Kompetenz und ist darum auch nicht in der Lage, sich selbst zu kontrollieren oder einzuschränken. Den von Hause aus expansiven Charakter dieser Bereiche, der nur durch eine externe Hemmungsinstanz moderierbar ist, verkennen hieße der utopischen Vorstellung einer Münchhausiade verfallen. Auch wo der einzelne Wissenschaftler als moralische Person Überlegungen anstellt, ist er nicht auch schon Moralphilosoph und Ethiker, der die systematischen und traditionsgeschichtlichen Zusammenhänge überblickt, sondern allenfalls ein dilettierender Liebhaber.[7] Auch wenn über seine Fachkenntnisse hinaus seine persönlichen Erfahrungen bei der Formulierung von Normenvorschlägen Berücksichtigung verdienen, ist noch ein weiter Weg zu sozial allgemein konsensfähigen und verbindlichen Normen zurückzu-

7 Das Verhältnis ähnelt ein wenig dem Primat der Politik vor dem Militär, der auch dann gilt, wenn Militärs politisieren.

legen, die zugleich mit dem Ganzen des Normenhaushalts verträglich sind. Im übrigen wird der Moralphilosoph in seinen Forderungen über die der Experten oft noch hinausgehen, weil die Risiken häufig noch größer sind als die Experten zu konzedieren geneigt sind. Unabhängig davon ist die Optionalität des Ethikers um so mehr gefragt, als die Einmütigkeit der Experten selten und der Versuch einer wissenschaftlichen Präzisierung der Fragestellung und der Argumente oft durch eine kontroverse Situation erkauft wird. Paradoxerweise erleichtert die Sachhaltigkeit der Diskussion die Entscheidung dann nicht, sondern gibt ähnlich wie in der Politik einem letzten Dezisionismus Raum.

Die rationale Argumentation, die die Ethik bei der Normierung und Finalisierung von Neufeldern befolgt – einerlei, ob mit oder ohne interdisziplinäre(r) Kooperation – darf nicht darüber hinwegtäuschen, daß Rationalität hier nur als ein mediatisierter Faktor und als Instrument der Kontext-, Normen- und Zielkontrolle auftritt, das der internen Klärung eines vorgegebenen optionalen Rahmens dient.[8] Die modale Soll-Ist-Differenz des praktischen Bereichs ist hier allemal nicht überwunden oder lediglich der nachfolgenden Ausführung anheimgestellt, sondern als Bedingung der Möglichkeit praktischer Diskurse vorausgesetzt. Die vielfach zunächst auf der juristischen Ebene ausgehandelten Normenvorschläge gehen im übrigen auf dem Wege über Sanktionsdrohungen in das allgemeine Moralbewußtsein ein und verbinden sich dort mit anderweitig motivierten Habitualitäten. Der rationale Aspekt bleibt ein initiales oder transitorisches Moment, das später nur in Konfliktsituationen oder bei den intelligenten Überlegungen und Beratungen der individuellen Lebensführung reaktualisiert wird. –

Die im folgenden vorgelegte Exemplifizierung Spezieller Ethik ist von bestimmten Richtlinien geleitet: Sie wird der Systematik Integrativer Ethik folgen, d. h. erstmals *beide* Ethiktypen berücksichtigen und in ihrer Komplementarität oder Interferenz im einzelnen aufeinander beziehen.[9] Dabei werden Umkehr- und

8 Vgl. Kap. 1 S. 56.

9 In der Ausarbeitung einer Speziellen Ethik ist die Theologische Ethik der Philosophischen heute weit voraus, vgl. z. B. das ›Handbuch der christlichen Ethik‹ I-III, Herder 1978-82, oder die ›Ethik‹ von T. Rend-

Spiegelrelationen, bei denen beispielsweise die Strebensethik die von der Moralphilosophie garantierten Freiräume der Selbstbestimmung komplettierend strukturiert, von Limitierungsverhältnissen, bei denen die Lebensführung des Einzelnen von der Moral eingeschränkt und diszipliniert wird, oder von kooperativen Verhältnissen im engeren Sinn, wie sie in »Mischtypenfeldern« (z. B. Ökotechnik, Friedensethik; zur Doppelperspektive von Gruppen Kap. VIII) auftreten, sowie von Kompetenzkonflikten bei fluktuierenden oder kontroversen Grenzen zu unterscheiden sein. Während die Auswahl sich im Falle der Moral im wesentlichen auf die neu erschlossenen und zur normativen Regulierung anstehenden Felder beschränkt, werden im Fall der bislang in der Diskussion unterrepräsentierten Strebensethik eher Umrisse eines systematischen Tableaus anvisiert, die für die Aufgaben und Möglichkeiten einer künftigen Strebensethik informativ sein können. Bei beiden Ethiktypen werden ferner die vorangegangenen grundsätzlichen Erörterungen zugunsten einer externalistisch-konsensuellen Moralauffassung (Kap. I) und einer postteleologischen »dritten« Ethik (Kap. III) anzuwenden und zu bewähren sein.

Im Bereich der *Moral* kann von der epochalen Supernorm des Egalitätsprinzips im Verein mit dem Korrektiv – einem Subsidiarprinzip – der Konzentrizität ausgegangen werden. In Abgrenzung vom Monismus einer reinen Prinzipienethik ist diese Basis jedoch jetzt auf eine Spezielle Moralphilosophie hin zu überschreiten, wobei die dihairetische Einteilung der Hauptfelder des Moralischen in Achtungspflichten (weiter spezifiziert in solche der Gerechtigkeit und Aufrichtigkeit) und Pflichten der Wohltätigkeit

torff I/II, 1980/1. Dabei werden auch Themen der Strebensethik behandelt, aber nicht im Sinne einer Integrativen Ethik von den moraltheologischen abgehoben. Ansätze zu einer Speziellen Moralphilosophie etwa bei O. Höffe, Sittlich-politische Diskurse, 1981. – Die langanhaltende, selbstauferlegte Abstinenz der Philosophie in Sachen der Speziellen Ethik hat dazu geführt, daß heute nicht nur in der Theologie, sondern auch in anderen Einzelwissenschaften und darüber hinaus in Publizistik und Alltag sich ein freiflottierender Begriff von ›Ethik‹ etabliert, der sich von der Philosophie fast ganz emanzipiert hat. Diese paradoxe Situation wird durch weitere selbstverschuldete Terrainverluste (Strebensethik, Anwendungsdimension) noch verschärft.

(Nichtschaden und Hilfeleistung) sowie in spezielle Ordnungsregeln (bis hin zu Etikettenfragen) eine Brückenfunktion behalten mag. Es ist allerdings kaum möglich, die einzelnen Themenfelder der Moral trennscharf in dieser Einteilung unterzubringen und jeweils einem bestimmten Hauptfeld zuzuordnen. Man wird darum die Einteilung eher als eine idealtypische betrachten, die in den Einzelfeldern verschieden ponderiert und aspekthaft zur Geltung kommt. Immerhin läßt sich die Grundforderung nach Achtung durch den moralischen Anspruch des zu Achtenden auf Selbstbestimmung und Identität, diejenige nach Wohltätigkeit durch den Anspruch auf Integrität und Leidfreiheit präzisieren und weiterhin mit den liberalen und den sozialen Menschenrechten und der Menschenwürde als deren Inbegriff in Verbindung bringen. Bei der Diskussion und Normierung einzelner Problemfelder kann der Rekurs auf derlei Kriterien dazu dienen, die moralische Relevanz und die besondere moralische Artung der Probleme genauer zu beleuchten.

So zeigt sich sogleich bei der sogenannten *ökologischen* oder *Umweltethik*, wenn man sie einmal nach allen ihren Aspekten auslotet, daß sie primär ein Feld strebensethischer Klugheitslehre ist, sind wir doch selbst die Betroffenen umweltbewußten oder -widrigen Verhaltens. Dabei ist davon auszugehen, daß durch die exponentielle Beschleunigung der Bedrohung und die spätestens um die Mitte des nächsten Jahrhunderts zu erwartende Krisensituation entweder noch wir selbst oder die uns nahestehende erste Generation der Nachkommen mehr oder weniger voll involviert sein werden. Durch die Dringlichkeit der Situation ist uns also nicht nur ein Entscheidungszwang auferlegt, sondern auch das Eigeninteresse des Individuums selbst angesprochen. An dieses Primärinteresse und die Bedürfnisse der Menschen selbst ist in erster Linie zu appellieren und ihrer Befriedigung durch Aufklärung und Ratschläge aufzuhelfen. Moralische Perspektiven treten zu diesem Substrat nur nachträglich hinzu, und zwar nach verschiedenen Lagen abgestuft: a) wo disproportionale Anteile ein Verantwortungsgefälle zwischen überwiegend Schadenverursachenden und überwiegend Betroffenen mit sich bringen, wie beim ökonomisch-technologischen System und der ihm eigenen Expansion; b) soweit eine sekundäre Ökomoral – und ein darauf aufbauendes Ökorecht – für die Durchsetzung und Realisierung gemeinsamer Ziele und die Einhaltung und Befolgung diesbezüglicher Festlegungen und Absprachen gefordert ist, die sich gegen parasitäre, für sich selbst eine Ausnahmeregelung in Anspruch nehmende Nutznießer richtet; c) eine Tertiärmoral des Umweltbereichs tritt sodann – in konzentrischer Erweiterung – gegenüber künftigen Generationen in Kraft, bei denen wir gleichartige Bedürfnisse und Interessen unterstellen, wobei die Zukunftsmoral neben der Genethik zum größeren Teil ökologisch orientiert ist (Erhaltung des ökologischen Systems, Sicherung eines angemessenen Vorrats an Ressourcen für das Überleben *und* die Lebensqualität der Späteren, ausreichende Entsorgung). Hinzu kommen im weiteren Umkreis die berechtigten moralischen Ansprüche höherer Tiere. Dagegen hat die Natur als solche keinerlei Eigenrecht, wenn man sie nicht (krypto)theologisch als Kreatur auffaßt oder eine mystische Einheit alles Lebens (A. Schweitzer) oder gar einen Pantheismus des Universums vertritt. Solange solche Voraussetzungen nicht konsensfähig sind, führen sie zu bloßen Sondermoralen, deren Anhänger supererogatorische und nicht allgemein verbindliche Leistungen erbringen. Das Naturverhältnis des Menschen ist in einer postteleologischen und säkularisierten Epoche wesentlich anthropozentrisch, d. h. instrumentalistisch zu bewerten und zu behandeln und dann auch nur soweit moralisierbar, als dadurch mittelbar soziale Verbindlichkeiten berührt sind. Für eine Integrative Ökoethik folgt daraus die Aufgabe, zunächst einmal zu eruieren, was wir wollen und mehr wollen und vorziehen, d. h. zu klären, in welcher Weise die Freiheitsspielräume zu besetzen sind. Dies ist bereits Sache jedes Einzelnen, in zweiter Linie dann der politischen Meinungsbildung von Gruppen und Epochen. Die Zielklärung muß dabei mindestens drei Faktoren zueinander in Beziehung setzen und zum Ausgleich bringen: die Lebensqualität (Art und Grad) – das weitere Wachstum des ökonomisch-technologischen Systems – das Überleben der Menschen. Um das Überleben zu gewährleisten, muß voraussichtlich auf bestimmte Formen der Lebensqualität, die an das weitere Wachstum des Systems gebunden sind, verzichtet, vielleicht sogar der Status quo reduziert werden. Dies ist die Grundalternative. Aber auch abgesehen von Überlebensfragen ist die Lebensqualität in sich selbst konfliktuös und entscheidungsbedürftig: Wollen wir die Natur mehr als Rohstoff- und Energiequelle, als Umfeld menschlicher Existenz und Erholungsraum oder als Gegenstand ästhetischer oder sympathetischer Gefühle erhalten? Ferner kann gerade etwa die Suche nach ursprünglichen, naturnäheren Wohnplätzen zur fortschreitenden Zerstörung der Natur beitragen. Dies erfordert durchweg Wertentscheidungen und Güterabwägungen, die zu neuen Präferenzordnungen und möglicherweise zu einer Refinalisierung überkommener Zielbestände führen. Dabei zeichnet sich eine Gesamtstrategie in drei Etappen ab: 1.) Zum mindesten ein anderer Umgang mit der verbleibenden Technologie und eine neue Weise ihrer Ingebrauchnahme. 2.) Weitergehend: die Erprobung von Alternativen zur herrschenden Technologie, die weniger Folgelasten und Risiken versprechen. 3.) Am einschneidendsten: ein Abstoppen des expansiven ökonomisch-technologischen Systems und der damit zusammenhängenden Bevölkerungsexplosion, die auf eine funktionell und pragmatisch diktierte Überwindung des postteleologischen Infinitismus der Neuzeit hinausläuft, wobei jedoch der Postmoderne jede Möglichkeit verschlossen ist, zu teleologischer Substantialität zurückzukehren. Es versteht sich, daß in solchen grundsätzlichen Zielklärungen und strategischen Überlegungen, in denen sich die Ökoethik konkretisiert, ein strebensethisches Substrat des Überlebenwollens und -könnens, der Option einer bestimmten Art von Lebensqualität und der Praktischen Intelligenz angesprochen ist, auf dem verschiedene weitere Strata einer Umweltmoral oder eines Sanktionssystems des Umweltrechts allererst aufbauen können. Von dieser Basis eines aufgeklärten und durch Informationen und Appelle stimulierten Eigeninteresses hängt alles weitere ab. Die effiziente Durchsetzung solcher Wertentscheidungen wird freilich auf längere Sicht nur durch die Solidarisierung der Weltbevölkerung insgesamt möglich sein, die durch ein System von Rechtssanktionen, d. h. durch eine Reihe politisch-gesetzgeberischer Festlegungen auf internationaler Ebene abgesichert wird. Eine Ökomoral muß ihm vorarbeiten und auch später die rechtlich nicht erfaßten Randbereiche abdecken. Sie hat über die strebensethisch und politisch artikulierten Ziel- und Handlungsregulative hinaus bestimmte Spezialnormen ökologischen Sozialverhaltens zu entwickeln, die die individuellen Spielräume der Wahl limitieren und auch die Festlegung von Rechtsnormen kriteriell präjudizieren.

Ähnlich zweideutig stellt sich ein zweites aktuelles Feld der Speziellen Ethik: die *Wirtschaftsethik* dar. Soweit damit Wirtschafts- und Unternehmensmoral gemeint ist und nicht einfach die Technik und Strategie erfolgreichen Wirtschaftens nebst dem zugehörigen Regel- und Haltungskanon, ist zu fragen, ob und inwieweit die Moral hier vom wohlverstandenen Eigeninteresse her gerechtfertigt wird, sei es direkt (»it pays to be good«), sei es nach utilitaristischen Modellen auf dem Umweg über das Gemeinwohl, dem der Eigennutzen zunächst zum eigenen Vorteil unterzuordnen sei, oder etwa durch die Einräumung erweiterter Mitspracherechte, die eine größere Leistungseffizienz erwarten lassen. Es ist leicht zu ersehen, daß die Moral in diesen Fällen instrumentalisiert und in den Dienst einer Klugheitslehre gestellt wird, die wesentlich als strebensethisch zu qualifizieren wäre. Die zeitgenössische Diskussion zieht es jedoch vor, an der überkommenen deontologischen Fassade festzuhalten und den umgekehrten subsumptiven Fehlschluß zu vollziehen, indem sie die Momente des gekonnten, klugen oder weiterblickenden Wirtschaftens entweder zum Verschwinden bringt oder moralisch aufbereitet. Gegenüber einem solchen undifferenzierten einheitsethischen Harmonismus ist auf einer analytischen Betrachtungsweise zu insistieren, die die genuin moralischen Aspekte des ökonomischen Verhaltens von der Güter- und Wertlehre, vom Erfolgshandeln, vom Sinnhorizont auch des wirtschaftlichen Handelns oder von ästhetischen Momenten unterscheidet. Wirtschaftsmoral als Thema einer Speziellen Moralphilosophie kann sich auf die Verantwortung der Folgen eigenen Tuns für andere bis hin zur Gesamtgesellschaft, auf Fragen der Mitmenschlichkeit (Solidarität, soziale Fürsorge), auf Regeln der Wohlanständigkeit (Treu und Glauben, ›gute Sitten‹, Verzicht auf Übervorteilung und Betrug) oder auf das Einhalten von Absprachen beziehen, und zwar gerade in solchen Fällen, in denen der isolierte Eigennutzen überwiegen würde. Hinzu kommt auch beim ökonomischen Handeln, das darin mit dem umweltbewußten konvergiert und partiell kongruiert, die Rücksicht und Fürsorge im Blick auf künftige

Nachfolger. Solche Problemzonen einer genuinen Wirtschaftsmoral bedürfen unter den veränderten technologischen und ökologischen Bedingungen der modernen Welt neu formulierter Regulative, vor allem dort, wo eine Regelung durch Rechtssanktionen (wie beim Steuerrecht oder beim internationalen Waffenhandel) (noch) nicht vorliegt.

Im Unterschied zur Ökologischen und zur Wirtschafts-Ethik liegt in den neuerschlossenen Problemfeldern der *Bioethik* (Gen-Technologie, artifizielle Reproduktionstechniken, Intensiv-, Substitutions-, Experimentalmedizin) der Schwerpunkt eindeutig auf der moralischen Normenbestimmung, wenngleich die – vorläufig kaum beachtete – Kehrseite der affirmativen Gestaltung moralisch zugelassener Freiräume nicht ohne ethische Relevanz ist (dazu im Folgenden). Für die Abklärung der durch neue Technologien eröffneten normativen Probleme um Anfang und Ende menschlichen Lebens empfiehlt sich der Rückgang auf die anerkannten Kriterien der Selbstbestimmung, der Identitätssicherung sowie der Leid- und Schmerzfreiheit. Danach sind die Ansprüche aller direkt oder mittelbar Betroffenen und die jeweilige Zumutbarkeit von Maßnahmen gegeneinander abzuwägen. Leidensfähigkeit setzt Bewußtsein und Wahrnehmung, aber nicht auch den Status des Handlungssubjekts oder der vernünftigen Person voraus, reicht also weiter als beide. Daraus ergibt sich beispielsweise unter Hinzunahme der embryologischen Daten, daß beim Abortus nur eine sehr früh angesetzte Frist (unterhalb der Sechs-Wochen-Grenze) oder Indikationslösungen zulässig sind, von denen neben der sozialen die eugenische die am meisten diskutable ist (Singer-Kontroverse). Wer weiter geht und den Embryo vom Augenblick der Konzeption oder Innidation an als potentielle Person versteht, denkt teleologisch und unterstellt naturrechtliche Prämissen, die heute nicht mehr allgemein verbindlich zu machen sind und allenfalls eine Sondermoral begründen können. Die Option des hier vertretenen Ansatzes geht von der Moral als einem intersubjektiven Phänomen aus, das nur zwischen Subjekten, d. h. empfindenden und zuwendungsfähigen Wesen statthat, die eine gewisse minimale Erwartungshaltung ausbilden können, die befriedigt oder enttäuscht werden kann. Unterhalb der Empfindung gibt es darum keine Basis für moralische und juristische Rechte (und

Pflichten).[10] Man kann darin einen Grenzfall der konzentrisch angelegten Struktur von Moral erkennen, deren verbindende Kraft jenseits bestimmter Limits erlischt und nicht durch Zerdehnung überfordert werden sollte. Indikationslösungen sind auch für die Fälle der Klonierung, der Leihmutterschaft, der heterologen und postmortalen Insemination, des Gentransfers, der Amniozentese, der aktiven Geschlechtsbestimmung sowie für Embryonenexperimente zu erwägen, wobei jedoch das Identitätsbedürfnis des Betroffenen vorrangige Beachtung verdient. Ein Tutiorismus ist abzulehnen, da letzte Sicherheit nicht erreichbar ist und illusorisch bleibt. Unproblematisch ist die artifizielle (homologe) Insemination einschließlich der In-vitro-Fertilisation sowie die negative Eugenik (Beseitigung der Anlagen zu Erbkrankheiten). Die Sterilisation unterliegt der Selbstbestimmung des Betroffenen, während die positive Eugenik sowie die Züchtung von Mischwesen (Chimären) ausnahmslos verwerflich ist, da sie die Identität der Betroffenen gefährdet. Die Euthanasie in der Bedeutung der Sterbehilfe wird häufig mit der Intensiv- und Apparatemedizin verknüpft, reicht aber weit darüber hinaus. Auch sie unterliegt primär der Selbstbestimmung des Patienten. Tötung auf Verlangen kann unter dieser Voraussetzung nicht unmoralisch sein, wenn wirklich die kontrollierbare Gewähr dafür gegeben ist. Da jedoch das Risiko des Mißbrauchs nicht auszuschließen ist, bleibt die aktive Sterbehilfe zu Recht verboten, während die passive aus demselben Grund umstritten ist (die Grenzen sind ohnehin nicht scharf zu ziehen). Jeder Einzelfall muß jedoch gesondert geprüft und entschieden werden, ohne daß man abschreckende Beispiele vorschnell verallgemeinert. Die Ethik kann dem durch eine differenzierte Typologie und Kasuistik von Entscheidungssituationen vorarbeiten. Im Falle von Komatösen ist deren mutmaßliche Intention aus hinterlassenen Äußerungen im Verein mit den

10 Der Vergleich mit Schlafenden, Ohnmächtigen, Komatösen oder geistig Behinderten ist schief, da hier die (z. T. partielle) Suspension eines *erreichten*, nicht die Erwartung eines erst erhofften Bewußtseinsniveaus vorliegt. Auch ist die Menschenwürde immer dann gegeben, wenn die spezifisch humane Freiheitsdimension als anthropologische Basisgröße normalerweise vorausgesetzt werden kann, selbst wo sie im Einzelfall faktisch gestört oder behindert ist.

Angehörigen zu rekonstruieren. Moralisch unzweideutig erlaubt ist jedenfalls die Beihilfe zum Suizid, wenn diese Lösung überzeugt und die Suizidprophylaxe wirkungslos geblieben ist.[11] Umgekehrt ist gegen die Verfügung, den eigenen Leichnam zu konservieren und gegebenenfalls zu reanimieren, moralisch nichts einzuwenden, sofern damit nicht Probleme der gerechten Umverteilung berührt werden. Auch gegen die Substitutionsmedizin (Organtransplantation, Kunststofforgane) gibt es keine prinzipiellen Einwände, doch müssen vor einem Eingriff drei Bedingungen erfüllt sein: a) der Organspender oder seine Angehörigen müssen zugestimmt haben, b) der Todeszeitpunkt des Spenders darf nicht künstlich vorverlegt werden, um zu gut erhaltenen Ersatzorganen zu kommen (H. Jonas), c) bei den Organbänken muß ein gerechter, an den Kriterien der Bedürftigkeit und Dringlichkeit orientierter Verteilungsschlüssel befolgt werden. – Dagegen sind Experimente am lebenden Menschen nur dann moralisch zulässig, wenn die Zustimmung des Betroffenen vorliegt und sie zugleich zu seiner eigenen Förderung gereichen können. Das gleiche gilt in erhöhtem Maße für Psychomanipulationen, die in die Persönlichkeitsstruktur und damit die Identität des Betroffenen eingreifen. Tierexperimente sind moralisch insoweit erlaubt, als sie der Erhaltung, Integrität und Leidfreiheit des Menschen dienen und so sparsam und schonend wie möglich vorgenommen werden.[12]

Die *Wissenschaftsethik* spielt im gegenwärtigen szientifischen und technologischen Zeitalter eine zentrale und für die Berufs- und Standesethiken überhaupt repräsentative Rolle; sie steht ferner beispielhaft für den Fall, daß die Moral einer Gruppe mit der eines Themenfeldes zusammenfällt. Doch ist auch beim Ethos des Wissenschaftlers eine weitgefächerte typologische Differenzierung notwendig, die neben den überwiegenden moralischen Aspekten andersartige Momente sichtbar macht. 1.) Im Vordergrund steht die Aufklärungs- und Informationspflicht über Risiken (primär), Chancen und Nebenfolgen gegenüber den (mögli-

11 Die Verpflichtung, den Suizidanten ins Leben zurückzurufen, steht damit im Widerspruch und muß im Falle der Beihilfe preisgegeben werden. Vgl. auch unten S. 297ff.

12 Zur Tierethik oben S. 53.

cherweise) direkt Betroffenen wie gegenüber Dritten, und zwar nicht nur bezüglich der eigenen Forschungsresultate, sondern auch aller weiteren, dem Wissenschaftler als Experten zugänglichen relevanten Kenntnisse. 2.) Verantwortung trägt der Wissenschaftler aber nicht erst für die Anwendung seiner Resultate, sondern schon im Forschungsvollzug selbst (etwa im Fall von Humanexperimenten, von Genomveränderungen bei Pflanzen, Bakterien und Viren oder von Atomversuchen). 3.) Verantwortung trägt der Wissenschaftler aber auch für den Nachweis angemessener Forschungsleistungen gegenüber den Subventions- und Aufwandsträgern und zuletzt gegenüber der Gesamtgesellschaft. Eine solche Leistungsmoral kann zwar weder inhaltlich präjudiziert noch strikt quantifiziert werden, muß aber einer generellen Kosten-Nutzen-Relation genügen. 4.) Hinzu tritt eine Binnenmoral zwischen den Mitgliedern der Forschergemeinschaft untereinander. Sie appliziert allgemeine Moralprinzipien auf die speziellen Verhältnisse einer Gruppe und führt dadurch zur Herausbildung von bereichsspezifischen Spezialnormen (z. B. der Kollegialität, der Kooperation, der Respektierung geistigen Eigentums, der Berücksichtigung von Vorarbeiten u. a.). 5.) Von der Binnenmoral ist zu unterscheiden das eigentliche Berufsethos des Sachbezugs und der Methodendisziplin, sowohl in der Regelbefolgung des besonderen Fachs wie in der generellen wissenschaftlichen Grundhaltung (Rationalität, Objektivität und Argumentationsverhalten, Nichtdogmatismus und Revisionsbereitschaft, Aufrichtigkeit und Redlichkeit, Arbeitsethos u. a.). 6.) Ein letzter Aspekt betrifft die Standesmoral und den Korpsgeist der wissenschaftlichen Forschergemeinschaft in ihrer Selbstdarstellung und der Vertretung ihrer Interessen gegenüber der Öffentlichkeit. – Alle diese verschiedenen, zur Wissenschaftsethik gehörenden Teilbereiche bedürfen mehr oder weniger einer Regulierung, wobei die drei zuerst genannten zum wenigsten der Gewichtung nach als neuerschlossenes und daher noch weitgehend unbearbeitetes Terrain zu gelten haben, dessen Normierung noch im Fluß ist. Im übrigen nimmt der Wissenschaftler zwar in der modernen Gesellschaft eine exponierte Stellung ein, doch erlaubt die heute aktuelle Wissenschaftsethik exemplarische Rückschlüsse auf analog strukturierte Berufsethiken anderer Art.

Die *Friedensethik* hat durch moderne, vor allem nukleare und chemische, Waffentechniken eine qualitativ neue Dimension und neue Argumentationsformen angenommen, die ihr innerhalb der Speziellen Ethik endgültig ein eigenes Feld sichern. Dabei zeichnen sich Überschneidungen teils mit der Ökoethik, teils mit der Wissenschaftsethik und ferner mit der Zukunftsethik ab. Wenngleich die Friedensethik auch Aspekte und Zielsetzungen der Selbst- und Güterethik enthält (Selbsterhaltung, Angstmotive, Klugheitsverhalten, Kalküle der Zweckrationalität), steht doch die moralische Seite im Vordergrund, wobei sich die Verantwortung für die Anderen, auch für künftige Generationen, vom Politiker über den Experten (Wissenschaftler, Techniker, Waffenproduzenten, Militär) zum Durchschnittsbürger abgestuft darstellt. Verglichen mit den Zeitaltern konventioneller Kriegführung gewinnt die Friedenssicherung in der Größenordnung des Nuklearpazifismus an Gewicht und moralischer Valenz. Dies beruht im wesentlichen auf zwei Gründen: Die Beachtung des Tötungsverbots wenigstens gegenüber Nichtkombattanten und nichtkriegführenden Nationen ist nicht mehr zu gewährleisten, noch weniger die Schadensvermeidung und Leidfreiheit (etwa durch Verstümmelung). Im Grenzfall ist der Genozid nicht auszuschließen, der als unmoralisch gelten muß, weil ihm ein überwältigender Konsens entgegensteht. Zum zweiten kann das ökologische System so beschädigt werden, daß die Lebensbedingungen für die gegenwärtige und für künftige Generationen in Frage gestellt sind. Dennoch ist die moralische Entscheidungssituation selbst in dieser Dimension komplexer, wenn man dem Überleben die Erhaltung einer bestimmten Form des guten Lebens (der Freiheit, des Sozialismus, der nationalen oder religiösen Autonomie) überordnet. Es zeichnen sich dann Wertentscheidungen zwischen binären Alternativen ab, die durch zugehörige Argumentationstypen gestützt werden: nächst der zwischen Überleben und gutem Leben die weitere zwischen einer – ursprünglich als dritter, vermittelnder Weg intendierten – Abschreckungsstrategie und der Vermeidung der damit (durch mögliche Fehlleistungen) verbundenen Risiken auf dem Wege von Abrüstungsmaßnahmen verschiedener Reichweite, zuletzt zwischen verschiedenen – technischen oder politischen – Durchsetzungschancen und Realisierungsstrategien der jeweiligen Lösungsvorschläge. Auch diese Überlegungen der Verwirklichung und Ausführung und die damit verbundenen Auflagen haben moralische Tragweite. Es versteht sich, daß die dabei entwickelten Argumente und Normen weitgehend nur gemischter Art sein können, weil sie von wissenschaftlichen und technischen Daten abhängig sind. Eine künftige Friedensethik wird von solchen Voraussetzungen auch im Zeichen einer allgemeinen partiellen Abrüstung nicht absehen können. Im übrigen werden sich vergleichbare Entscheidungsbäume auch unter vereinfachten Verhältnissen (begrenzte konventionelle Kriege, Bürger- oder Guerillakriege) einstellen und dann einer entsprechenden Argumentationskontrolle und Normenerklärung seitens einer philosophischen Friedensethik offenstehen.

Von allgemeinerer Bedeutung als die Friedensethik ist das Feld der *Konfliktvermeidung* und *-bewältigung*, das, wie in den Sozial- und Humanwissenschaften, so auch in der Speziellen Ethik eine zunehmende Rolle spielt. Konfliktvermeidung und -bereinigung ist moralisch geboten, zerfällt aber in eine ganze Reihe verschiedener Präskripte und Auflagen, die auseinanderzuhalten und in eine Ordnung zu bringen die vorzügliche Aufgabe einer praxisleitenden philosophischen Ethik ist. Während in der Prävention das Beiseiteräumen von Konfliktstoffen, die Entschärfung von Konstellationen, die Aufklärung von Zweideutigkeiten gefordert ist, erheischt die aktuelle Kommunikation Gesprächs- und Verhandlungsbereitschaft sowie die Herstellung der von der Diskursethik formulierten, normativ zu verstehenden Diskursbedingungen der Chancengleichheit (Egalitätsprinzip!), der Offenheit, Aufrichtigkeit, Authentizität, der Freizügigkeit zwischen den Diskursebenen und dergleichen. Bezüglich strittiger Diskursinhalte ist sodann Kompromiß- und Verständigungsbereitschaft gefordert, mit der Disposition zu Konzessionen und Verzichtleistungen, die einen Konsens oder Vergleich möglich machen. (Diese Haltung geht über die Toleranzpflicht noch hinaus.) Nicht vermeidbare und auch nicht zu schlichtende Konflikte sind nach Möglichkeit ins Positive zu wenden (etwa durch Überführung in Formen friedlichen Wettbewerbs). Liegen bereits Aggressionen und Schädigungen vor, so ist einerseits Versöhnungsbereitschaft und Verzeihung, andererseits Wiedergutmachungsbereitschaft geboten, gegebenenfalls durch Kompensationsleistungen auf anderen Gebieten. Im übrigen ist man gehalten, bei Konflikten Dritter ausgleichend und vermittelnd einzuwirken, auch wenn die Chancen dafür meist nur minimal sind.

Ein Feld, das im Laufe der letzten Dekaden besonders starken, auch im Strafrecht sich niederschlagenden Veränderungen ausgesetzt war, ist die *Sexualethik*. Der Liberalisierung der sexual revolution, in der man auch eine Konsequenz der neuzeitlichen Entteleologisierung zu sehen hat (Sexualität wird vom »Naturzweck« der Fortpflanzung abgekoppelt und verselbständigt), stehen neuartige, medizinisch indizierte Verantwortlichkeiten gegenüber; beides führt zusammengenommen zu einer neuen Gewichtung des einschlägigen Panoramas, das abzustecken sich lohnt. Geblieben ist – abgesehen von dem gegen die Selbstbestimmung verstoßenden Verbrechen der Vergewaltigung – die Verantwortung für die Vermeidung unerwünschter Schwängerung, die sich allerdings vom Partner mehr auf die Partnerin hin verschoben hat. Geblieben ist gleichermaßen das, gegebenenfalls erbtheoretisch zu begründende, Verbot des Inzests (vor allem zwischen Vater und Tochter) sowie des Umgangs mit Abhängigen, geistig Behinderten oder Minderjährigen, deren Selbstbestimmung gefährdet wird und – im letzten Fall – deren weitere Entwicklung durch psychische oder physische Schäden beeinträchtigt werden könnte.[13] Neu hinzugekommen ist die Verantwortung für den Partner angesichts von lebensbedrohenden viralen Infektionskrankheiten (Aids).

Aufschlußreich ist es ferner, die *Pflichten* gegenüber Anderen *in Bezug auf sich selbst* einmal zusammenfassend zu überblicken, nachdem sich die Annahme von Pflichten gegenüber sich selbst als systematisch unhaltbar erwiesen hat.[14] Solche moralisch relevanten und justiziablen Formen des Selbstverhältnisses liegen in den folgenden typischen Fällen vor: a) Die Freiheit zum Suizid[15] (oder der Anspruch auf Sterbehilfe) kann moralisch eingeschränkt wer-

13 Die international schon immer unterschiedlichen Grenzziehungen bedürfen aber wegen der Vorverlegung der Pubertät und der praktizierten Verhaltensweisen Jugendlicher auf längere Sicht der Überprüfung.

14 Vgl. Kap. 1 S. 16f.

15 Dazu im folgenden S. 297ff.

den durch soziale Verpflichtungen und Verantwortlichkeiten, wobei allerdings die beiderseitigen Ansprüche gegeneinander abgewogen werden müssen (W. Kamlah). Umgekehrt kann der sogenannte altruistische Suizid (Durkheim) nur als supererogatorische Leistung gewertet werden. b) Unmoralisch sind ferner Selbstverstümmelungen oder -minderungen, die vorgenommen werden, um sich sozialen Pflichten zu entziehen (Wehrdienstentzug) oder sich Vorteile zu verschaffen (Versicherungsbetrug), oder die aus Mutwillen oder Fahrlässigkeit erfolgen, wenn dadurch die Belange Anderer empfindlich beeinträchtigt werden (Unterlassen der Sorgfaltspflicht). Dies gilt insbesondere dann, wenn dadurch unproportionierte Fürsorge- und Unterhaltskosten für die Sozietät entstehen (daher der Paternalismus des Staats gegenüber dem Drogenmißbrauch). c) Aus dem gleichen Grunde ist es moralisch unerlaubt, die (temporäre) eigene Unzurechnungsfähigkeit herbeizuführen, wenn dadurch andere Personen gefährdet werden (z. B. Unfallgefahr bei Volltrunkenheit am Steuer).[16]

Die exemplarisch vorgeführten neuen Felder der Moral, an deren Regulierung mitzuwirken die Moralphilosophie aufgerufen ist, hat jedenfalls deutlich gemacht, daß eine reine Prinzipientheorie und deren okkasionelle Anwendung für eine verbindliche und effiziente Normierung nicht ausreichen würde, sondern daß dafür bereichs- und problemspezifische Spezialnormen bereitgestellt werden müssen. Dies trifft um so mehr zu, als dafür auf keine naturrechtliche Basis mehr rekurriert werden kann. Die Vorschläge, die die Moralphilosophie nach Maßgabe anerkannter Kriterien und der Analogie zu bereits etablierten Normensätzen dafür unterbreitet, bedürfen im übrigen des öffentlichen Konsenses, um Gültigkeit zu erlangen, und haben insofern einen vorläufigen, tentativen Status. Andererseits wird sich die philosophische Ethik den Chancen, aber auch der Verantwortung der ihr zufallenden Wegbereiter- und Vordenkerrolle nicht entziehen dürfen. Dies gilt auch für die heute noch unabsehbare terra incognita künftiger Neufelder, die durch weitere Technologieschübe oder

16 Als Gegenbeispiel für entfallene »Pflichten gegenüber sich selbst« sei der klassische Fall (Kant: »wollüstige Selbstschändung«) der Masturbation angeführt, die so wenig wie andere Surrogate moralisch relevant ist, es sei denn, daß dadurch Ansprüche von Partnern verletzt werden.

den kulturellen Wandel erschlossen werden und für deren offene Probleme Lösungen gefunden werden müssen. –

Die *Spezielle Strebensethik*, für die im folgenden systematische Lineamente angedeutet werden sollen, kann analog zum Egalitätsprinzip der Moral von der präskriptiven Generalregel der Allgemeinen Strebensethik ausgehen. Diese Meta- und Superregel, die zur Beachtung unüberschreitbarer Grenzwerte – vor allem der jeweiligen Minima, aber auch der Maxima – anhält, ist maßgebend auch für alle weiteren Regeln, die sich auf dem Boden der Allgemeinen Strebensethik formulieren lassen (›Werde der Du bist!‹, ›Sei Person!‹, ›Bevorzuge richtig!‹, ›Tue möglichst viel um seiner selbst willen!‹, ›Informiere Dich und lasse Dich informieren, und zwar zuerst über die Informationsmöglichkeiten!‹, oder das Ökonomieprinzip der Praktischen Intelligenz, das den Metakalkül einschließt: ›Kalkuliere und überlege nur so weit wie es sich lohnt!‹, u. a.). Eine weitere Gliederung der Präskriptiven Strebensethik, die oberhalb der einzelnen Sach- und Themenfelder läge, ist noch weniger möglich als im Falle der Moral, da die Grundgüter der Tradition (Selbstverwirklichung, -erhaltung, -steigerung) ebenso wie die einzelnen Zielkategorien sich im faktischen Lebensvollzug kaum trennen lassen und daher auch keine regionalen Präskripte begründen können.

Die Spezielle Strebensethik hebt zweckmäßigerweise an beim Verhalten zur eigenen *Gesundheit und Krankheit*. Hier leuchtet unmittelbar ein, daß zum wenigsten in unserer Gesellschaft ein laienmedizinischer Gesamt- und Bezugsrahmen die Möglichkeiten und Maßnahmen der Fachmedizin übergreift. Die letzten Entscheidungen liegen überwiegend beim potentiellen Patienten selbst, dessen Eigenkompetenz insofern weiter reicht als jede ärztliche. Wir müssen uns zu den Angeboten der Medizin beurteilend, selegierend, bervorzugend und entscheidend verhalten, und ebenso zu den Ratschlägen nichtfachlicher Ratgeber (erfahrener Patienten, der Kenner von Hausrezepten und dergleichen). Insbesondere hat das ärztliche Ethos gegenüber dem Kranken sein notwendiges Pendant und gleichsam seine Kehrseite in der Selbstbestimmung des Patienten, der faktisch oder virtuell der letzte Entscheidungsträger ist. Dies beginnt bereits mit der Bestimmung des Stellenwerts, den der Einzelne der Gesundheit oder Krankheit im Ganzen seines Lebensentwurfs optional zuweist. Solche Grundentscheidungen bewegen sich zwischen den Extremen, daß die Krankheit instrumentalisiert oder funktionalisiert in Kauf genommen oder gar gesucht wird, oder daß das Leben, wenn es infolge von Krankheit unter eine bestimmte Lebensqualität absinkt, weggeworfen wird, eine Haltung, der ein hypochondrisches Übermaß an Gesundheitspflege vorausgehen kann. Es können auch bestimmte Gesundheitsformen bevorzugt und demgemäß bestimmte Krankheitstypen und -bilder toleriert werden (z. B. nicht Infarkt oder Sklerose, wohl aber Alkoholismus, Raucher- oder Zuckerbein). Daraus ergeben sich je verschiedene Zweck-Mittel- oder Ursache-Folge-Relationen, die vor anderen bevorzugt werden, verbunden mit Verhaltensmaximen und -strategien erster bis n-ter Ordnung, nach Kriterien und Argumenten, die aus der Zielordnung und der Erfahrung im Handeln resultieren. Für das Verhalten zu Gesundheit oder Krankheit im ganzen zeichnet sich eine chronologische Sukzession einzelner Schritte und Alternativen ab, die sich zu einer Gesamtstrategie zusammenfügen mögen. Sie beginnt mit Formen der Vorbeugung, die nach Maßgabe der Präventivmedizin oder Alltagsratschlägen oder intuitiv erfolgen kann, wobei in der Regel eine Topographie von Körperzonen (und analog von mentalen Fähigkeiten) zugrunde gelegt wird, die es erlaubt, Gefahrenpunkte und mögliche Krisenherde zu lokalisieren, die für den Fall von warnenden Symptomen konzentrierte Aufmerksamkeit erfordern. Im Krankheitsfall schließt sich die Therapie an, sei es als Intervention in früheren Stadien oder als kurative Sanierung in fortgeschrittenen oder abklingenden. Dabei sind mehrere Entscheidungen zu treffen: zunächst die, ob man die Symptome überhaupt schon für diagnose- und therapiewürdig oder aber für unbedeutend oder transitorisch halten soll; zweitens, ob man die Selbstbehandlung – mit oder ohne Alltagsratschläge(n) – für ausreichend hält oder die Hilfe der Schulmedizin oder aber unorthodoxe Therapiemethoden (von Heilpraktikern, Außenseitern und dergleichen) in Anspruch nimmt (die letzten beiden möglicherweise alternierend je nach dem Mißerfolg der anderen Seite); drittens, welche Schulrichtung, welche Institutionen und welche Personen man für die eigene Therapie wählen will. Erweist sich die Krankheit als unheilbar, kann man versuchen, sich damit zu arrangieren, sei es durch Palliative (Schmerzlinderung, Symptombehandlung), durch Ablenkungsstrategien, schließlich durch Ansätze zur Funktionalisierung der Krankheit auf andere Ziele hin (etwa im Dienst der medizinischen Forschung), sei es durch die Mobilisierung psychischer Abwehrkräfte (Simonton) oder die Inanspruchnahme von theologischer, philosophischer, psychologischer oder anderweitiger Konsolatorik. Mißlingen diese Maßnahmen, bietet sich die vorzeitige Flucht in den Tod durch Selbsttod oder auf dem Weg der Sterbehilfe an. Die Aufgaben, die sich der philosophischen Ethik in diesem Zusammenhang stellen, sind vielfältig: Sie liegen zunächst darin, das Spektrum der Möglichkeiten, der Spielräume und Entscheidungsbäume generell zu vergegenwärtigen und die medizinischen Problemfelder auf die Lebenspläne und Zielordnungen im ganzen zu beziehen. Der Ethik fällt damit weiterhin eine Beratung *über* Beratung und Information sowie über Beratungs- und Informationsmöglichkeiten zu, die sich auch in Einzelfällen zu bewähren hat. Die Ethik hat ferner die vielerlei Lebensregeln und -erfahrungen des Alltags, die sich auf die Erhaltung der Gesundheit und Integrität beziehen,[17] in eine Ordnung zu bringen und mit den Methoden der Fachmedizin zu vermitteln. Schließlich wird die Ethik sinngemäß ein gesundheitsbewußtes und therapiekonformes Verhalten stimulieren und die Ausbildung und Konsolidierung von habituellen Einstellungen und Grundhaltungen befördern, die die Regelbefolgung ermöglichen oder erleichtern (Aufmerksamkeit, Konzentration, Entschlußkraft, Ausdauer und Selbstbeherrschung, Standhaftigkeit und Mut u. a.).

Noch deutlicher sind die strebensethischen Implikationen bei den neuen Problemfeldern der Medizinischen Ethik, die sich auf Grund der Fortschritte der Intensivmedizin, der Substitutionsmedizin und der Reproduktionstechniken ergeben haben. Wenn das ärztliche Ethos sein Pendant in der Selbstbestimmung des Betroffenen hat, dessen Würde dadurch zu wahren ist, daß er der eigentliche Entscheidungsträger bleibt, dann hat dieser darüber zu befinden, ob für ihn das eudämonische Minimum, d. h. ein sinn-

17 Nicht mit vollem Magen schwimmen gehen, auf Steinobst kein Wasser trinken, im Wasser keine elektrischen Geräte berühren, nicht auf fahrende Züge aufspringen und dergleichen.

volles Leben im Unterschied zum bloßen Überleben noch gewährleistet ist, aber auch über die Wünschbarkeit einer weiteren Optimierung der Lebensqualität seitens der kurativen oder substitutiven Medizin. Die strebensethische Entscheidung des einzelnen Patienten ist hier ein letzter Maßstab für die Anwendung der medizinischen Moral: Dieses Verhältnis der Umkehrung oder Umstülpung bleibt festzuhalten und auszuloten. Selbstbestimmung heißt, beim Wort genommen, daß durch Güterabwägung unter Alternativen etwas *bestimmt* wird nach Maßgabe von (Letzt)Zielen und daraus folgenden Rangordnungen. Dabei ist zugleich ein Entscheidungszwang gegeben, der uns unter den verschiedenen Angeboten zu wählen nötigt. In concreto haben wir uns als Betroffene der Frage zu stellen: Welchen Gebrauch wollen wir von den Grenzmöglichkeiten der Medizin machen? Im Extremfall ist dabei sogar zwischen Lebensqualität und Überleben zu entscheiden, dann über die verschiedenen Niveaus von Lebensqualität im Vergleich, sowohl *vor* dem Eingriff wie auch nach seinem Mißlingen, mit weiteren Verzweigungen des Entscheidungsbaums, die sich in der Retrospektive als Fehlerbäume darstellen und zu einer absteigenden Refinalisierung führen können. Hinzu kommen Erwägungen über Aufwandsleistungen und Folgelasten, die die Einschränkung der Lebensführung betreffen (Diät, Behinderung, Unbeweglichkeit u. a.); sie müssen in eine angemessene Relation zum Therapieerfolg gesetzt werden.

Was im besonderen die durch die Intensivmedizin aufgeworfenen Probleme der künstlichen Verlängerung des Lebens und Leidens angeht, so sollte der Todeswunsch der Patienten ärztlicherseits respektiert werden, vorausgesetzt, daß er nach wiederholter und reiflicher Überlegung geäußert wird. Dies kann durch eine ethisch angeleitete Einübung in die Entscheidungssituation und in ein bilanzierendes Überdenken aller Zusammenhänge und Konsequenzen erleichtert werden. Bei der Substitutionsmedizin sind für den Betroffenen nicht nur Fragen des Überlebens und der Lebensqualität, sondern auch der Identität zu entscheiden und ferner Chancen und Risiken des Eingriffs gegeneinander abzuwägen. Nicht weniger wird die eigene Identität bei einer psychotherapeutischen oder psychiatrischen Behandlung aufs Spiel gesetzt: Der Betroffene hat selbst zu entscheiden, inwiefern er sich eine Optimierung seiner Identität erhoffen und leisten kann, wobei das Risiko des Scheiterns, ja der Verschlimmerung immer einkalkuliert werden muß. In solchen Fällen sind möglichst umfassende Orientierungen und Beratungen angezeigt, die über fachmedizinische Fragen hinausreichen. Ein Gegenstück zur Organtransplantation oder -substitution sind sodann Formen der Selbstverstümmelung oder, genereller gewendet, des Selbstexperiments mit dem Risiko der Selbstzerstörung. Die Frage, die sich hier stellt und deren Klärung ethisch stimuliert werden muß, betrifft den Sinn und die Zielsetzung solcher Versuche: Sind sie im Dienst weiterreichender Zwecke funktionalisiert[18] oder wird dabei ein einzelner Zweck zugunsten anderer isoliert, ohne daß der Gesamtplan des Lebens und die Lebensbilanz hinreichend bedacht werden? Eine solche Art der Zielkontrolle, die sich der Einordnung medizinischer Abnormitäten in die Zielordnung des Lebensganzen vergewissert, fällt in die Zuständigkeit der philosophischen Ethik und ist auch dann angezeigt, wenn der Gesichtspunkt der Unifikation des Lebens zuletzt abgelehnt und auf der Desintegration und dissoluten Punktualität der Lebensführung bestanden wird. Eine Abklärung und Bewußtmachung der Prioritäten und der Folgen ihrer praktischen Realisierung ist allemal wünschenswert. Das gleiche wie für Selbstexperimente gilt für Experimente, die Mediziner mit Zustimmung des Betroffenen am Patienten vornehmen: Er muß auf Grund fachlicher und überfachlicher Orientierung über sie, ihre Art und ihr Ausmaß mitentscheiden und sich darum gegebenenfalls längerfristigen Lernprozessen unterziehen, um den erforderlichen Grad von Entscheidungsreife zu erlangen. – So wie es eine Ethik des (potentiellen oder aktuellen) Patienten selbst gibt und nicht nur eine Moral des Arztes, so auch eine neuartige Ethik der Reproduktion bei den Entscheidungsträgern der Fortpflanzung und der Familienplanung, also den künftigen Eltern, angesichts der neuen und vermutlich noch weiter ausbaufähigen Reproduktionstechniken. Genau betrachtet handelt es sich nur um die Ausdehnung älterer Praktiken wie der Wahl des Konzeptionstermins, der Kontrakonzeption oder des Abortus. Auch dabei waren schon von jeher Entscheidungen zu treffen, doch ist

18 Vgl. Ernst Jünger, Annäherungen, 1970.

jetzt der Kreis der Möglichkeiten und damit der Entscheidungszwänge erweitert worden. Zwar ist dieser Problembereich, in den außer den Ärzten auch das zu erwartende Kind bzw. der Fötus oder die Embryonen sowie möglicherweise externe Partner oder Leihmütter involviert sind, moralisch in höherem Grade eingeschränkt als die Medizinische Ethik im allgemeinen und wird daher auch von der zeitgenössischen Gesetzgebung eher restriktiv behandelt, doch ist hier für die spätere Zukunft und auf lange Sicht mit einiger Wahrscheinlichkeit eine allmähliche Liberalisierung zu erwarten (im Gegensatz zum ökologischen Bereich, wo die Restriktionen zunehmend rigoroser werden müssen). Man tut daher gut daran, sich in der Ethiktheorie rechtzeitig und in ausreichendem Maße auf optional zu besetzende Freiräume einzustellen. Die Entscheidungsbäume, die auch als Risikobäume zu lesen sind, stellen sich dann im Licht der neuen und zu extrapolierenden Angebote so dar: Will man in der Ehe (oder einer entsprechenden Beziehung) überhaupt Kinder, und wenn ja, nur auf natürlichem Wege oder auch durch homologe Insemination bzw. in-vitro-Fertilisation, oder schließlich auch auf dem Wege der Adoption, oder statt dessen, um die partielle genetische Verwandtschaft zu erhalten, gar durch heterologe (anonyme oder nichtanonyme) Insemination oder selbst mittels eines Embryotransfers (Leihmutterschaft), zuletzt auch durch postmortale Insemination bzw. postmortale in-vitro-Fertilisation eines mütterlichen Eis nebst Embryotransfer (man beachte die Klimax)? Bei solchen Entscheidungen (von denen die zuletzt aufgeführten in absehbarer Zeit nach deutschem Recht nicht legal sein werden) stehen zwangsläufig Wertungen und Wertpräferenzen im Hintergrund: daß die Komplettierung der Familie der Kinderlosigkeit vorzuziehen sei, ferner das eigene, genetisch zugehörige Kind dem adoptierten, daß es weiterhin besser sei, die Ehe (oder den Personenstand bei alleinstehenden Frauen) zu erhalten als einen Partnerwechsel vorzunehmen (oder eine Bindung einzugehen), daß schließlich Kinder nur von einem bestimmten Partner abstammen dürften (Fall der postmortalen Zeugung). Wie man sieht, handelt es sich um eine aufsteigende Reihe mit einer Akkumulation der Werte und der Tendenz zum Wunschkind, wobei als letzter Schritt noch die aktive Geschlechtsbestimmung hinzuzunehmen wäre. Alle Schritte stehen im Dienst der unter gegebenen Umständen größtmöglichen Selbstverwirklichung der Eltern oder doch eines Elternteils. Wären alle unproblematisch, so bedürfte es einer Reproduktionsethik strebensethischer Art nur in Ansätzen, nämlich in Bezug auf die Realisierungsmodi. Tatsächlich sind die meisten Schritte mit Risiken behaftet, sowohl was die Kosten-Nutzen-Relation wie insbesondere was die potentiellen menschlichen Konflikte angeht: Die Ehe kann über dem hereingeholten Kind oder über dem zweiten Partner im Dreiecksverhältnis zerbrechen, die Identitätsprobleme des Kindes oder der Leihmütter, die schon ins Moralische hinüberreichen, sind nicht von vornherein auszuräumen, und schließlich können medizinische Kunstfehler oder unvorhergesehene Zwischenfälle (z. B. Infektionen bei heterologer Insemination) nicht ausgeschlossen werden. Es empfiehlt sich daher eine vorsorgliche, gründliche Güterabwägung, die sich von der Frage leiten läßt, ob die erhoffte Optimierung solche Risiken lohnt, d. h. ob man gegebenenfalls bereit ist, ein Scheitern mit allen Konsequenzen zu tragen. Dies setzt eine Klärung des Stellenwerts der Elternschaft in der jeweiligen Zielordnung des Lebens voraus, und eben dies ist wiederum Sache einer philosophischen Strebensethik. Gleiches gilt mutatis mutandis für den Umkehrfall des Abortus. Hier lautet die Frage, ob man von den vier Indikationslösungen, die das geltende deutsche Strafrecht vorsieht oder (in Österreich oder der früheren DDR) von der Fristenlösung gegebenenfalls persönlichen Gebrauch machen will. Auch dies zu entscheiden setzt die Abklärung von Zielordnungen und Wertpräferenzen voraus, und zwar unabhängig von moralischen und religiösen Motiven, die zusätzlich ins Spiel kommen mögen.[19] –

19 Ähnliches ließe sich am Fall der Klonierung theoretisch erläutern, d. h. an der Erzeugung genidentischer Mehrlinge durch Partheno- oder Kurogenese mit der Zeitversetzung um eine Generation. Unter der (bei uns nicht gegebenen) Voraussetzung ihrer juristischen – und moralischen – Zulässigkeit wären vom Elterpart Vor- und Nachteile sorgfältig gegeneinander abzuwägen: einerseits die Vermeidung ehelicher Bindung und eindeutige Rechtsverhältnisse der Erb- und Nachfolge samt der Reinheit des genetischen Bestandes bis zur individuellen Reproduktion, andererseits Identitätsprobleme beiderseits.

Auf das Wohlbefinden und die Leistungsfähigkeit des Leibes folgen in der älteren Ethik die sogenannten *Außengüter*, die die gesamte Welthabe des Menschen abdecken. Man kann sie mit der Philosophischen Anthropologie (Plessner, Ryffel) aus der »natürlichen Künstlichkeit« des Menschen herleiten, die ihn nötigt, sich eine eigene Welt von Werkzeugen, Mitteln, Vorräten, Produkten und Symbolen – kurz der Kultur und des »Eigentums« zuzulegen (das im übrigen als individualisiertes Privateigentum die Jederzeitigkeit und Rechtzeitigkeit der Ingebrauchnahme besser verbürgt als ein durch Knappheit blockierbares Gemeineigentum). Man kann ferner die Welt- und Güterhabe als eine Weise des Primärgutes ›Können‹ und damit der Freiheit begreifen. Man kann schließlich von den nichtmoralischen Bestandteilen der Wirtschaftsethik (Güter- und Wertlehre, Erfolgsstrategien, Sinnhorizonte und Ästhetisches)[20] ausgehen und sie vom Ökonomen und Unternehmer bis zum Konsumenten und zu seinem alltäglichen »Wirtschaften« herabverfolgen. In der Tat ist eine solche Generalisierung gegenüber der Wirtschaftsethik im engeren Sinn notwendig, um über die Gesichtspunkte von Produktion und Austausch hinaus auch diejenigen vom Umgang mit den Gütern und ihrer Nutzung seitens des Durchschnittsmenschen einzubeziehen. Dabei lassen sich durchaus bestimmte Strukturen der »großen« Ökonomik (Relationen von Kosten und Nutzen, Aufwand und Ertrag, Minimax- und Grenznutzenprinzip) auf die individuelle Lebensführung übertragen. Allerdings ist der individuelle Bereich sowohl quantitativ bescheidener wie auch qualitativ komplexer, da zu ihm wesentlich auch nicht- und transökonomische Güter- und Wertsysteme gehören (so sehr sich *auch* die Makroökonomik in einen kulturellen Kontext rücken läßt[21]). Die philosophische Ethik muß sich darum gerade dieser bisher unbetreuten individuellen Güterpraxis annehmen, die ein eigenes Themenfeld der Speziellen Strebensethik erst in seiner vollen Tragweite erschließt, während die Ethik ihre Zuständigkeit für die »große« Ökonomik mit anderen philosophischen Disziplinen teilen muß. Mit dieser Ökonomik

20 Vgl. oben S. 273.
21 P. Koslowski ist diesem Zusammenhang wie dem mit der Ethik in mehreren Arbeiten nachgegangen.

und der Praxis des Ökonomen bleibt die individuelle Güterpraxis dadurch verbunden, daß sich ihre Ziel- und Wertordnung in den Außengütern und hier wieder in den zu »bewirtschaftenden« weitgehend abbildet und womöglich in kalkulabler Form objektiviert. Diesen überschaubaren und traktablen Güterformationen kommt für andere Güter- und Wertbereiche eine Art von Modellcharakter zu. Auch wenn es keine strenge Entsprechung zwischen ökonomisierbaren und absoluten Werten (Werthöhe oder -stärke) gibt, muß der Einzelne doch die Außengüter unter Beachtung der ihnen eigenen Regelmäßigkeiten auf seine subjektive Ziel- und Wertordnung beziehen und umgekehrt. Er lernt daran, über seine Möglichkeiten und Ressourcen sowohl unter den Bedingungen der Knappheit wie der (Über)Fülle zu entscheiden und dem Zwang zu Ziel- und Mittelpräferenzen oder -sukzessionen zu entsprechen, mit der Einübung in Entscheidungsbäume und Handlungsstrategien und der Ausbildung von Haltungen, die ein kontinuierliches, folgerichtiges und effizientes Handeln ermöglichen. Er kann dabei auf den klassischen Kriteriensatz der utilitaristischen und wertethischen Tradition zurückgreifen (Extensität, Intensität, Dauer, Sicherheit, Höhe, Stärke, Dringlichkeit, Folgenreichtum u. a.), der in diesem Zusammenhang eine angestammte präskriptive Funktion hat.[22] Allerdings ist dieser Kriteriensatz nur fallweise und partiell in Anspruch zu nehmen, ohne die Zusammenfassung in einem Gesamtkalkül zu erlauben, zumal Emergenzgüter das Kalkulationssystem jederzeit sprengen können. Trotz dieser eingeschränkten Bedeutung wird auch die ethische Beratung primär bei solchen Kriterien anzusetzen haben. Sie wird aber darüber hinaus die Generalregel der Allgemeinen Strebensethik auf die Spezielle Güterethik anwenden und die vorbeugende Beachtung anthropologischer Minima und Maxima anempfehlen sowie komplementär dazu auf das Prinzip (relativer) Substituier- und Kompensierbarkeit verweisen (z. B. kann Qualität Quantität supraminimal ersetzen und umgekehrt). Sie wird ferner andere Grundregeln der Strebensethik gerade in der Speziellen Güterethik vorzugsweise zur Geltung bringen können (Selbst-

22 Anders die kategoriale (anthropologische) Betrachtungsweise, vgl. Kap. III S. 153, vgl. 165 f.

zwecksatz, Informationsregel, Regel vom ökonomischen Kalkül; die Empfehlung, »richtig«, d.h. kontext- und sachgerecht zu bevorzugen u.a.). Abgesehen von Krisensituationen werden vor allem die Rangierung der einzelnen Güterklassen und die Wandlung solcher Rangordnungen im Vordergrund der Beratungsarbeit stehen (die Erfahrung lehrt, daß in Notzeiten die Elementargüter, unter günstigen Verhältnissen die Luxusgüter im Zentrum stehen). Dabei ist auch mit Fällen von Mehrgipfligkeit des Güter- und Zielsystems zu rechnen, ebenso mit einer Mehrfachfunktion von Gütern, die sowohl als Mittel wie auch zugleich um ihrer selbst willen ›gut‹ sind. Im übrigen stellt sich die (nichtmoralische) Wirtschaftsethik des Unternehmers, Managers oder Kaufmanns in dieser Sicht als Sonderfall dar, der eine Reihe eigener Probleme aufwirft, denen sich die Industrie- und Betriebsberatung stellen muß. Auch hier können Generalstrategien erarbeitet und im Einzelfall angewendet, Ziel- und Wertordnungen explizit gemacht und zuletzt auf transökonomische Ziele und Werte bezogen und mit ihnen vermittelt werden. Wenn allerdings in der Neuzeit die metaphysischen Endzwecke und objektiven Letztziele einem offenen, expansiven Infinitismus des ökonomisch-technologischen Systems Platz gemacht haben, der dem formalisierten Freiheitsbegriff der Moderne entspricht, so ist diese Entwicklung nicht durch eine neuerliche Hinwendung zu objektiven Zwecken rückgängig zu machen, sondern nur durch eine immanente pragmatische, rein funktionelle Selbstregulierung zu begrenzen, wie sie sich vor allem in der ökologischen Ethik artikuliert. Ferner ist der Güterbegriff so weit zu fassen, daß er über den in der klassischen bürgerlichen Epoche zentralen Begriff des Eigentums hinaus den der Arbeit und das Recht auf Arbeit einschließt. Systematisch gesehen ist mit dieser Erweiterung ins Funktionelle nur ein anderer Aspekt der Welt- und Güterhabe und des Könnens angesprochen. Zu einer künftigen Speziellen Strebensethik gehören jedenfalls alle Themen der Anleitung zum Erwerb, zur Mehrung, Erhaltung, Verbesserung, Nutzung und Bewältigung von Eigentum und Arbeit im weitesten Sinn. –

Die nichtmoralischen, strategischen oder sympathetischen, Aspekte des *Umgangs mit anderen Menschen* sind das zentrale Thema der neuzeitlichen Moralistik gewesen, aber aus der zeitgenössischen Philosophie fast ganz verschwunden, obgleich sie in der Lebenswirklichkeit keine geringere Rolle spielen und sich daher auch als ausgezeichnetes Feld einer Speziellen Strebensethik nachdrücklich empfehlen. Es handelt sich um interpersonelle Verhältnisse, die von der strategischen Instrumentalisierung des Anderen und seiner Unterordnung unter das Eigeninteresse bis zu affekthaften, von starker Sympathie getragenen Beziehungen reichen, in denen der Andere mehr oder weniger als Selbstzweck figuriert, vor dem das Eigeninteresse im Grenzfall fast ganz verschwindet. In solchen Extremfällen kann der Andere eine Unbedingtheit gewinnen, die der moralischen gleichkommt oder sie sogar übertrifft. In der Regel wird es sich aber nach beiden Seiten hin nicht um extreme, sondern um eine Mannigfaltigkeit mittlerer Lagen handeln, in denen sich eigene und fremde Interessen in verschiedenen Mischungsgraden verbinden. Dieser große und unumgängliche, in der modernen Gesellschaft noch komplexer gewordene Bereich der Lebensführung verdient es, der Kontingenz beliebiger Erfahrungen und dem Wildwuchs entzogen und durch nichttriviale Regulative teils verbessert, teils überhaupt erst auf ein den immanenten Möglichkeiten angemessenes Niveau gehoben zu werden. Die zugehörigen Kompetenzen einer sozialen Lebenstechnik anzuleiten, einzuüben und zu kontrollieren ist – über die Ansätze mancher Einzelwissenschaften und einer davon abhängigen Publizistik hinaus – Sache der als Lebenskunstlehre verstandenen philosophischen Ethik.

Was nun zunächst das strategische Verhalten angeht, so gilt hier die Grundregel, die Autonomie und Eigenständigkeit der Lebensführung gegenüber allen Versuchen der Überfremdung, Indienstnahme und Unterwanderung seitens anderer durchzusetzen und zu behaupten. Diesem Anspruch auf Selbstbestimmung entsprechen die spezielleren, als Empfehlungen zu formulierenden Regeln a) in zwischenmenschlichen Relationen auf die Dauer keine einseitigen Leistungen zu erbringen (vorausgesetzt, daß der Andere nicht durch höhere Gewalt daran gehindert ist, sie zu erwidern), b) in der Lage zu sein, gegebenenfalls ein Ansinnen abzulehnen (›Nein‹ zu sagen), abweichende Meinungen auch kundzutun und mit Entschiedenheit aufzutreten, c) sich nicht durch Lob, Schmeicheleien oder Drohungen erpressen zu lassen,

d) notfalls die Beziehungen abbrechen zu können. – Etwas anders akzentuiert, aber damit nicht inkompatibel ist der Regelsatz, der anzuraten ist, wenn es darum geht, andere für sich und seine Pläne einzunehmen, ihr Wohlwollen und ihre Unterstützung oder doch Billigung zu gewinnen. Hier gilt es, a) zunächst das Gesprächs- und Denkspiel des Anderen mitzuspielen, sich auf seine Vorstellungswelt einzulassen und sich in seine eigenen Überlegungen teilnehmend einzuschalten, b) durch eine angemessene Selbstdarstellung einen spezifisch guten Eindruck zu erzielen, jedoch keinesfalls auf Kosten des zu Gewinnenden selbst und unter Vermeidung auch von diesbezüglichen Zweideutigkeiten, c) gleichwohl in der Sache Objektivität und Unparteilichkeit zu suggerieren, also die Partikularität der eigenen Person und ihrer Interessengebundenheit eher zurücktreten zu lassen, d) Empfehlungen von dritter Seite anzubringen, Absichtserklärungen, die Andeutung künftiger Leistungen oder versteckte Drohungen einfließen zu lassen und generell noch mehr in der Hinterhand zu haben scheinen, e) Unvorteilhaftes nach Möglichkeit zu verschweigen oder nicht zu verstehen scheinen, insbesondere keine Niederlagen einzugestehen (außer wenn Mitleid oder Superioritätsgefühle geweckt werden sollen), dagegen Vorteilhaftes nach Möglichkeit unwidersprochen zu lassen. – Solche Gesichtspunkte und Empfehlungen, die der potentielle Akteur sich zur Maxime machen kann, sind nicht nur bedeutsam in politischen, gesellschaftlichen, beruflichen oder privaten Zusammenhängen, sondern begegnen in abgewandelter Form auch etwa in den speziellen Regeln einer erotischen Werbetechnik, wie sie heute allenfalls durch Literatur, Film und Fernsehen vermittelt, aber nicht explizit formuliert und planmäßig eingeübt wird.

Sie leiten über zu einer Gruppe von Regeln und Präskripten, die der Gewinnung, Kultivierung und Erhaltung von Freundschaftsverhältnissen dient. Die Freundschaft war ein Hauptthema der älteren Ethik, ist aber von der neueren Ethik und Praktischen Philosophie so gut wie ganz eliminiert und auch trotz der gegenwärtigen Krise der Familie noch nicht rehabilitiert worden. Ihre Neuthematisierung ist ein der Ethik auferlegtes Desiderat, dessen Erfüllung zu den Ansprüchen der heute vorherrschenden Makroethiken universaler oder gruppenspezifischer Art wirkungsvoll kontrastieren könnte. Die Freundschaft oder eine ihr entsprechende Partnerschaft ist primär sympathetisch, nicht strategisch bestimmt, ohne daß doch die beiderseitigen Interessen so weit koinzidierten wie im Sonderfall der Liebe. Eine zeitgemäße Freundschaftsethik hat zunächst einmal darüber aufzuklären, daß freundschaftliche Beziehungen und Rückhalte für die Lebensführung notwendig sind, sei es im Blick auf die Lebensqualität, sei es gar für die bloße Daseinsfristung. Sie hat sodann spezielle Regeln für die Begründung und Gestaltung eines Freundschaftsverhältnisses anzubieten: a) Um Freunde zu gewinnen, soll man auf andere zugehen und sie in ihrem Selbstwertgefühl bestätigen. b) Man kann jeweils nur wenige Freunde haben. c) Ein Freundschaftsverhältnis ist durch eine gewisse Regelmäßigkeit des Umgangs zu pflegen, andernfalls erlischt es oder wird zur bloßen Bekanntschaft degradiert. d) Dennoch ist auch im freundschaftlichen Umgang eine gewisse Distanz in Reservaten des Allzumenschlichen und Allzupersönlichen zu beachten, die Zudringlichkeit und Taktlosigkeit vermeidet und die Perioden des Zusammenseins durch Intervalle der Trennung unterbricht, um nicht lästig zu fallen und Überdruß zu erzeugen. e) Die Befriedigung der beiderseitigen Interessen muß ausgewogen sein, einerlei ob es sich um gleichartige oder verschiedene Interessen handelt. f) Freiwillige Leistungen seitens des Freundes sind richtig aufzunehmen und zu erwidern, ferner in der richtigen Weise und zum rechten Zeitpunkt.[23] g) Bei Mehrfachfreundschaften ist richtig zu rangieren und darin konsequent zu verfahren. Umgekehrt soll man selbst es vermeiden, Eifersucht zu zeigen. h) Man soll in der Freundschaft authentisch empfundenen Sympathien vorbehaltlos folgen, für den Rest muß die Moral (bzw. die Etikette) oder strategisches Verhalten aufkommen. – Der letzte Ratschlag deutet an, daß bei einer zerfallenden, von Sympathie zunehmend entleerten, aber äußerlich fortdauernden Freundschaft Moral und strategisches, selbstisches Verhalten die Stelle der Sympathie einnehmen, wobei der Partner nur noch als moralische Person Selbst-

23 Es ist moralische Pflicht, dem Freund beizustehen, für ihn einzutreten und ihm persönliche Opfer zu bringen, aber nicht auf Kosten der Gerechtigkeit, der Wahrhaftigkeit oder der eigenen Existenz.

zweckcharakter behält, sonst aber entweder zur Belastung wird oder mehr und mehr der Instrumentalisierung im Dienst eigener Interessen verfällt. Daraus ergeben sich weitere praktische Fragen wie die, wie weit man aus Klugheitserwägungen Konzessionen machen soll, um die Beziehung zu erhalten, oder auf welchem Wege man sie beenden soll (durch förmliche Aufkündigung, Einschlafenlassen, Provokationen u. a.).

Auf der anderen Seite würde es lohnen, einmal Regeln einer Sympathieethik zu formulieren, bei der Sympathie nicht erst moralisch oder religiös gefordert wird, sondern durch die lediglich eine spontan gegebene Sympathie in ihren Bekundungen und praktischen Realisationen behutsam reguliert und optimiert werden soll, ohne daß ihre originäre Spontaneität beeinträchtigt wird. –

Sinnfragen gehören zur Reflexionsebene der Strebensethik. Sinn ist ein genuin philosophischer Begriff, der in praktischen Kontexten, wo es um den Sinn des Lebens und Handelns geht, sich auf praktische, für das Lebensinteresse des Einzelnen relevante Zusammenhänge und Kohärenzen bezieht (im Unterschied zum Sinn theoretischer, sachbestimmter Zusammenhänge oder gar zum semantisch verstandenen Sinn). Auch der Sinn als Wozu und Worumwillen bezieht sich auf einen solchen (finalen oder rechtfertigenden) Zusammenhang, während der Unsinn und die Sinnlosigkeit Relationslosigkeit oder Inkohärenz bedeuten. Unter postteleologischen Voraussetzungen ist kein allgemein verbindlicher, metaphysisch garantierter Sinn mehr zu erwarten, ebensowenig ein auf weitere Zusammenhänge verweisender Sinn *des* Menschen, der Welt oder der Geschichte, sondern lediglich ein der Welt immanenter Lebenssinn für den Einzelnen oder für Gruppen, ein System von Kohärenzen, die nicht notwendig objektivierbar und intersubjektiv übertragbar sind. Sinn kann aktiv, kreativ oder hermeneutisch bewirkt werden oder rezeptiv zufallen – in der Regel tritt beides mit wechselnden Anteilen kombiniert auf und reicht von einzelnen Erfüllungserlebnissen über Sinnkurven und -schicksale bis zum Gesamtsinn des je eigenen Lebens, wie er in der Lebensbilanz, einem Summenwert von Sinn, rekapituliert und überschlagen wird. Hier zeigt sich dann, daß die Kohärenz, die den Lebenssinn im ganzen ausmacht, die Zusammenstimmung von Selbst und Welt ist, als die in früheren Analysen[24] das Gute der Strebensethik zu definieren war. In der Tat ist Sinn mit dem gelingenden Leben synonym und die Sinnfrage betrifft zuletzt und vor allem das Welt- und Selbstverhältnis und die richtige Koordination von Selbst und Welt im ganzen. Alle Zielkategorien der Strebensethik lassen sich auch als Sinnbegriffe explizieren und ferner alle speziellen Lebensziele als regionale oder temporäre Auffächerungen des Sinnbegriffs in die einzelnen Sinngestalten hinein verstehen. Das praktische Sinn*problem* stellt sich demgemäß bei prinzipiellen Privations– und Vermissungserlebnissen, in denen das Weltverhältnis im einzelnen oder im ganzen gestört und unstimmig und inkohärent geworden ist. In besonderem Maße trifft dies dann zu, wenn bestimmte Minimalwerte von Sinn unterschritten werden, und das sogenannte eudämonische Minimum ist in der Tat legitimerweise und in erster Linie als minimaler Grenzwert von Sinn zu begreifen. Die Sinnfrage, in der philosophisch inspirierten Logotherapie V. E. Frankls bereits erfolgreich betreuerisch erprobt, ist in die Praktische Philosophie zurückzuholen und nach ihrem ethischen, d. h. auf Problemlösungen angelegten Potential zu entfalten. Die Grundregel, die bei einem gestörten und beschädigten Weltverhältnis – und Hand in Hand damit auch: Selbstverhältnis – zuerst in Betracht kommt, schreibt vor, sich verstärkt – oder erneut – der Welt und den Mitmenschen zuzuwenden, gegebenenfalls mit einem Überspringen auf andere Geleise und wechselnden Bezugshorizonten. Die Welt kann dabei im Einzelfall auch durch eine religiös erfaßte Überwelt ergänzt oder ersetzt werden. Eine weitergehende, speziellere Empfehlung legt sodann nahe, primär Grenzwerte der Belastbarkeit zu erhalten oder zu erreichen, d. h. nicht zu unterbieten, und danach schrittweise auf ein supraminimales, mehr und mehr angemessenes Weltverhältnis hin zu überschreiten. Unter den Aspekten von Unifikation oder Pluralismus bedeutet dies beispielsweise, mehr Ordnung und Zentralität ins Leben zu bringen oder umgekehrt vereinfachte, einseitige oder rigide fixierte Strukturen aufzusprengen und in Bewegung zu bringen. Die philosophische Beratung muß diese generellen Empfehlungen freilich durch eigene Vor-

24 Vgl. die Grundlegung in Kap. III.

schläge sowie durch aufschlußreiche Parallelfälle oder Informationen ergänzen und spezifizieren, um dem Ratsuchenden einen konkreten Ausweg aus der Sinnkrise zu weisen. Dies führt auf eine Topik von Spezialregeln hin, die entweder bereits der theoretische oder doch wenigstens der beratende Ethiker ausarbeitet und parat hält. Im Falle einer dauerhaft und irreparabel gestörten Sinnrelation gilt schließlich die weitere Regel zu versuchen, wenigstens durch den Rückblick auf einen überwiegend sinnvollen früheren Lebensgang das gegenwärtige Sinndefizit zu kompensieren und so doch insgesamt zu einer positiven Lebensbilanz zu gelangen. – Als ultima ratio ist endlich auch der Selbsttod – oder das Ersuchen um Sterbehilfe – in den Kreis der Lösungsversuche einzubeziehen. Der Selbsttod (Suizid) kann zwar nicht eigentlich der Erhaltung oder Wiederherstellung von Sinn dienen – das Weltverhältnis wird ja dadurch definitiv aufgehoben –, wohl aber der Beseitigung des Un- und Widersinns.[25] Der Selbsttod fällt in die Zuständigkeit der Ethik und läßt sich nicht, wie zuweilen versucht wird, generell pathologisieren (dagegen sprechen Kollektivsuizide, Analoga bei Primitiven und Tieren sowie die Diskussion um die Tötung auf Verlangen, die voraussetzt, daß solche Forderungen ernst zu nehmen sind). Es gibt vielmehr Lebenssituationen, in denen fast jeder Mensch zum Selbsttod greift, ohne psychisch krank zu sein, weshalb die auf Pathologisierung zielende Herleitung allein aus krankhafter Anlage oder einer abnormen Lebensgeschichte nicht zureicht. In der Sicht der Ethik ist der Selbsttod ein Entscheidungs- und Handlungstyp, der an und jenseits der Grenze des Tolerablen und Zumutbaren durch einen relativ freien Grenzakt Unfreiheit beendet. Dabei ist auf der modernen Trennung von Moraltheologie und philosophischer Profanethik zu insistieren. Die religiös begründete Verurteilung des Selbsttods in der Tradition kann seit der Aufklärung nicht mehr auch für die philosophische Ethik, sondern lediglich für eine Gruppen- und Sondermoral verbindlich sein. Wer philosophisch anders entscheidet, steht unversehens noch in der christlichen Tradition und argumentiert

25 Dies schließt nicht aus, daß bereits das Bewußtsein, den Selbsttod gegebenenfalls als Alternative wählen und herbeiführen zu können, das Leben erträglich halten und eine Minderung der Sinnlosigkeit mit sich bringen kann.

ferner mit der illegitimen Vorstellung der Selbstverpflichtung, die es verbiete, daß die Vernunft oder – so neuerdings – die Freiheit sich selbst aufhebe. Für das Selbstverhältnis gibt es jedoch per definitionem weder moralische Gebote noch Verbote, und Sonderfälle mittelbarer sozialer Beschränkung (Pflichten gegenüber andern in Bezug auf sich selbst) bleiben ihm äußerlich und exzeptionell. Wo die Sozietät den Suizid gleichwohl generell zu moralisieren sucht, begibt sie sich auf die Stufe des Paternalismus, was sich mit der grundgesetzlich garantierten Selbstbestimmung des Einzelnen als Staatszweck schlecht verträgt, oder sie sucht, wie auf der Theorieebene der Diskursethik,[26] die Strebensethik usurpatorisch zugunsten einer fiktiven Einheitsethik oder gar Praktischen Einheitsphilosophie zu kassieren. Im übrigen ist selbst die anthropologische Argumentation, die Selbstaufhebung der Freiheit und Würde sei, wenn schon nicht unmoralisch, so doch paradox und widersinnig, umkehrbar: Freiheit und Würde sind selbstreflexiv und selbstreferentiell und manifestieren sich in ausgezeichneter Form gerade darin, daß unvermeidliche Entwürdigung und Unfreiheit in einem letzten Aufschwung der Freiheit mit dieser selbst aufgehoben wird. Auf der anderen Seite trifft es zu, daß nahestehende Personen, Berater oder Betreuer zur Suizidprophylaxe aufgefordert sind und daß solche Maßnahmen auch vielfach zum Erfolg führen, vor allem in Fällen eines drohenden Kurzschlußsuizids auf Grund plötzlicher Schicksalsschläge, die zunächst unerträglich erscheinen und dann doch verarbeitet und bewältigt werden können. Aber diese Voraussetzungen sind nicht immer gegeben, etwa beim Bilanzsuizid, wo jemand die Grenze seit langem überschritten hat und nun daraus überlegt und mit Vorbedacht legitime Konsequenzen zieht. Wenn man in solchen Fällen die Verhältnisse, die zur Entscheidung des Betroffenen geführt haben, nicht grundlegend ändern kann, wäre es geradezu unmoralisch, ihm das Weiterleben anzusinnen oder gar nötigend zu oktroyieren. Weder die Anmaßungen des Moralisten noch die Auflagen des Obrigkeitsstaats noch die Eitelkeit des Therapeuten oder Psychiaters, der das Scheitern seiner Therapie nicht wahrha-

26 Vgl. D. Böhlers Kamlah-Kritik in: Vernünftiges Denken, Gedächtnisschrift f. W. Kamlah, 1978, 372f.

ben will, sind in solchen Fällen angemessen. Eine zeitgemäße Ethik wird sich vielmehr den auf den Selbsttod gemünzten stoischen Satz zu eigen machen: malum est in necessitate vivere; sed in necessitate vivere, nulla est necessitas; und sie wird für unüberwindliche und unerträgliche Zwangssituationen Mittel bereitstellen, um ihnen wenn nicht durch die Wiederherstellung des Lebenssinns, dann wenigstens durch die Beseitigung des Widersinns zu entrinnen.[27] Dem korrespondieren die Regeln für das Verhalten des potentiellen Suizidanten: zunächst bei der Suizidprophylaxe mitzuwirken und die letzten konsolatorischen Bemühungen um den Lebenssinn synergistisch zu unterstützen, dann aber in Beratungsgesprächen oder in eigenen Überlegungen eine Entscheidungsklärung herbeizuführen und zuletzt Informationen und Ratschläge über die Durchführungsmöglichkeiten einzuholen. –

Eine weitere überregionale Reflexionsebene der Güter- und Strebensethik, in geringerem Maße auch der Moral, ist der Umgang mit der *Zeitdimension* des Lebens. Hier ist an die früher exponierte Bestimmung des Menschen als Wesen des Überstiegs ins Andere, Mögliche und Künftige anzuknüpfen, das sich vom hic et nunc emanzipiert, der Erinnerung und Antizipation fähig ist und dadurch auch die Gegenwart erst *als* Gegenwart erfahren kann. Diese generelle Anthropologie der Zeit wäre durch eine Subjekttheorie der Temporalität im einzelnen zu begründen und aufzufüllen, die die Identität und Kontinuität des Selbstbewußtseins als Bedingung der Zeiterfahrung, deren Haupttypen sowie die temporale Selbsthermeneutik, die Endlichkeitsreflexion und die kategoriale Ausdifferenzierung der Zeitrelation zu behandeln hätte.[28]

27 Die Zielsetzung der Deutschen Gesellschaft für Humanes Sterben ist hier richtungweisend.

28 Die Erfahrung von Diskontinuität setzt eine prinzipielle Kontinuität voraus, von der sie sich abhebt; Kontinuität wird ihrerseits bedingt durch eine Identität des vergleichenden Subjekts, die allerdings nur insoweit gegeben ist, als sie dafür notwendig ist, nicht in einem absoluten Sinne. Zur Unterscheidung verschiedener Kontinuitätsebenen im folgenden. Von den beiden Zeitordnungen ist die Sukzession nach dem ›Früher‹ und ›Später‹ genereller als die der drei Zeitdimensionen (Vergangenheit, Gegenwart, Zukunft). Die Zeiterfahrung ist

Im vorliegenden Zusammenhang einer Speziellen Präskriptiven Ethik ist jedoch eine Beschränkung auf eine Temporalanthropologie in praktischer Hinsicht und die Konsequenzen angezeigt, die sich daraus für eine präskriptive Zeitethik ergeben. Tatsächlich sind die meisten Grundbegriffe vornehmlich der Strebensethik auf die Problemebene der Temporalität zu beziehen: vom Strebensbegriff selbst über die Zielsetzung und Planung bis zum Handlungsverlauf und schließlich zur Zusammenfassung des guten oder schlechten Lebens selbst in der Lebensbilanz, der Abschlußkategorie der Strebensethik. Ferner ist ein großer Teil der Vorzugsordnungen in Sukzessionen umgesetzt auf der Zeitkoordinate abbildbar und dadurch anschaulich darstellbar. In unserer Gegenwartsepoche ist das Desiderat einer Zeitethik noch dringlicher geworden: a) Die an die Stelle nicht mehr verbindlicher Vorstellungen vom Fortleben nach dem Tode getretene reine Endlichkeit des menschlichen Daseins schärft das Bewußtsein der Unwiederbringlichkeit und Unkorrigierbarkeit und legt ein neues Schwergewicht auf den Gesamtverlauf, in der Konsequenz aber auch auf jeden Abschnitt, ja einzelne Augenblicke des Lebens. b) Die

von der objektiv gelebten Zeit zu unterscheiden und zerfällt ihrerseits in das eigentliche Zeiterlebnis, das sich vor allem bei abnormen Temporelationen einstellt, und den kontemplierenden, planenden oder bilanzierenden Rück- und Vorblick auf die Zeitinhalte. Die Gleichzeitigkeit des Ungleichzeitigen ist mehrdeutig gegeben durch die konzentrierte Präsenz aller Dimensionen in der Gegenwart sowie durch Formen der Wiederholbarkeit. Die Endlichkeit des Lebens ist eine Mit- oder Reflexionserfahrung. Die Selbsthermeneutik des je eigenen Lebensganges ist unvermeidlich und kann auch nur immanent (durch Reinterpretation) korrigiert werden. Dagegen ist eine Prozeßontologie für die phänomenale Zeiterfahrung, bei der sich Dynamik und Statik stets verbinden, und damit für die Praktische Philosophie irrelevant. Die ins Praktische gewendete Zeitordnung (Früher-Später) kann als dem Schematismus der Theoretischen Philosophie bei Kant entsprechend aufgefaßt werden: Sie bezieht Güter- und Zielordnungen auf den Zeit-Raum praktischer Freiheit und Entscheidung und erlaubt ihrerseits eine Kategorisierung nach evaluativ und praktisch relevanten typischen Relationen (Konspekt, Bilanz, Konstanz, Varianz, Wiederholung, Zyklizität, Zu/Abnahme, Rechtzeitigkeit und Zeitrichtigkeit u. a.).

Akzeleration auch des individuellen Lebensganges ist durch Zivilisation und Technik vergrößert, der Selektionszwang gesteigert worden; Zeit wird dadurch kostbar und stellt die Lebensführung vor die Aufgabe einer Zeitökonomie und -disposition. c) Speziell die Leistungsgesellschaft betont die Zukunftsvorsorge, weshalb die Hingabe an die Gegenwart und ein gelassenes Verweilen zur Lebenskunst geworden ist sowie – damit zusammenhängend – die Temporichtigkeit des Handelns. – Eine Auswertung temporalanthropologischer Strukturen für die Ethik auf breiter Front ist bisher nicht in Angriff genommen worden, doch gibt es dafür in der zumal Heidegger folgenden Thanatologie und Temporalanalyse gewisse Ansätze, die sich in den folgenden Thesen niedergeschlagen haben: 1) Wir müssen die Endlichkeit bewußt in den Lebensvollzug hineinnehmen und jeden Augenblick als möglicherweise letzten leben, d.h. jederzeit abrufbereit sein und darum unsere Entscheidungen und Handlungen am Wesentlichen und Vorrangigen orientieren.[29] 2.) Die Todverfallenheit und Endlichkeit wirkt zielklärend und entscheidungsschärfend auf das Ganze des Lebens, indem sie zur Wahl der besten Zielordnung und der richtigen Lebensform anhält. Auch hier geht es um eine Verwesentlichung des Selbst- und Weltverhältnisses, aber nun auf die Gesamtspanne des Lebens bezogen, die als kurze und unwiederholbare für Experimente wenig Raum läßt. Es kommt deshalb darauf an, die passende Ziel- und Vorzugsordnung gleich richtig zu treffen.[30] Von diesen beiden Ansätzen, die Einsichten der theoretischen Anthropologie und Existenzialontologie in je verschiedener Weise praktifizieren, ist zunächst der erste zum *Primat der Gegenwart* vor der Vergangenheit und Zukunft zu generalisieren und zu radikalisieren, im Gegenzug zur Akzentuierung der Vergangenheit (z.B. Augustin, Freud, Gadamer) oder Zukunft (Heidegger, Bloch u.a.) und in Übereinstimmung mit der Tradition des Hedonismus in der Ethik. Die Begründung dafür ist aber nicht so sehr die, daß wir uns jederzeit abrufbereit zu halten

29 Vgl. z.B. O.F. Bollnow, Das Verhältnis zur Zeit. Ein Beitrag zur pädagogischen Anthropologie, 1971.

30 N. Hinske, Lebenserfahrung und Philosophie, 1986. Zu den von W. Marx aus der Erfahrung der Sterblichkeit und Bedürftigkeit gezogenen moralphilosophischen Konsequenzen kritisch oben S. 42.

hätten, weil diese Reflexion dem Durchschnittsmenschen schwer anzusinnen ist. Nur der unmittelbar bedrohte, ältere oder kranke Mensch kann diese Perspektive punktueller Abrufbereitschaft mit Überzeugung einnehmen, und dann gerade nicht im Geist ungetrübter Erfüllung, sondern des verdüsterten Abschiednehmens, d. h. die drohende Todesnähe stört die Hingabefähigkeit eher.[31] Dagegen dürfte die folgende Begründung zutreffen, daß die Realisierung des Lebens nur durch *gelebte Gegenwart* hindurch erfolgen kann. Realität ist nicht ohne Gegenwart erreichbar, und auch die allmähliche Anreicherung von Erinnerungsvorräten setzt die Akkumulation gelebter präsentischer Wirklichkeit voraus. Die Alternative dazu ist eine imaginäre, utopische, d. h. nirgendwo angesiedelte Existenz ohne Realitätskontakt, die entweder in leerlaufender Erinnerung und Reflexion auf Gewesenes überbordet oder in permanentem Aufschieben Gegenwart als Mittel auf Zukunftsziele hin depotenziert und mediatisiert. Es ist darum eine Aufgabe der ethischen Theorie, noch vor einer futurischen oder gar präterialen eine *präsentische Ethik* zu entwickeln, und eine Leistung der Lebensführung, sie durch die Einübung in die Aufmerksamkeit, Hingabefähigkeit und Handlungsbereitschaft in der jeweiligen Gegenwart zu praktizieren, ohne sich durch eine überproportionierte Vergangenheits- oder Zukunftsorientierung irritieren, hemmen und abziehen zu lassen. Anders gewendet: Es kommt darauf an, die Gegenwart möglichst immer selbstzweckhaft zu gestalten, ohne sie zumal auf die Zukunft hin zu instrumentalisieren und dadurch in ihrem Eigengewicht entgleiten zu lassen. Man wende nicht ein, Erinnerung und Hoffnung seien in sich hinreichend für das gelungene Leben, denn ohne die Golddeckung einer realen Gegenwart nutzt sich das bloß Mögliche zur Schalheit bis ins Pathologische ab. Noch weniger triftig ist das Gegenargument, die Gegenwart sei nur eine extensionslose Nullmarke zwischen Vergangenheit und Zukunft und ein flüchtiges Differential der Zeiterstreckung, das keine zureichende Basis für eine präsentische Ethik bieten könne. Tatsächlich ist Gegenwart jedoch, wie der Sprachgebrauch und die phänomenologische Ana-

31 Nur nach der *Überwindung* von Todesgefahr und Lebenskrise erschließt die damit verbundene Erfahrung der Kontingenz und Nichttrivialität des Lebens dessen Tiefendimension.

lyse zeigen, ein mehrdeutiger Begriff, der sich auf verschieden weite, konzentrische Horizonte bezieht (der Moment, da ich dies schreibe, der heutige Mittwoch, das Wintersemester, die neunziger Jahre, unsere Epoche usw.), die von einer andersartigen Vergangenheit und Zukunft je dadurch abgehoben sind, daß ihre Erlebnismaterie jeweils homogen bleibt. Menschliches Leben vollzieht sich immer schon in einem vielgliedrigen System ineinandergepackter, mehr oder weniger ausgedehnter Gegenwartshorizonte, die durch Synkopierung des Gleichartigen den Charakter der Dauer und Kontinuität annehmen. Die generelle Vorstellung von einer flüchtigen, punktualisierten Gegenwart ist dagegen ein theoretisches Konstrukt, hervorgegangen aus einer unzulässigen Verallgemeinerung exzeptioneller Beschleunigungen des Erlebens, denen als Gegenextrem Sonderfälle von Retardationen in »trägen« Zeitabläufen entsprechen, die aber wie diese nur im Kontrast zur »epochalen« Struktur der erlebten Zeit erfahren werden können. Normalerweise wird der Charakter des Identischen sogar so weit überwiegen, daß das zuständlich-deskriptive Moment vor das sukzessiv-narrative tritt.[32] Das System der Gegenwartshorizonte enthält zugleich die Auflösung des vermeintlichen Antagonismus zwischen präsentischer und genereller Zeitethik, die auch das Streben und Planen auf künftige Ziele hin anzuleiten hat. Es ist keineswegs so, daß der jeweils weitere Horizont den engeren futuristisch überlagern und durch den Anreiz zum Aufschub zuletzt doch entleeren könnte, da die Präsenzregel für *alle* Horizonte in gleichem Maße simultan gilt und nur so erfüllt werden kann. Das jeweils Anstehende ist auf jedem Niveau alsbald zu realisieren, auch wenn es wiederholbar erscheint, und doch können sich durch das Zusammenwirken der verschiedenen Ebenen längerfristige Planungs- und Handlungsstrukturen entfalten, die das jeweils auf jeder Ebene Mögliche in einer präsentischen Gesamtstrategie verbinden. Mit der Rehabilitierung einer substantiellen Gegenwart ist einer präsentischen Ethik der Boden bereitet, die als Gegengewicht gegenüber der Entfremdung eines Futurismus oder Eschatologismus wie eines

32 Vgl. Verf., Flüchtige Gegenwart?, in: Im Gespräch: der Mensch, Festschrift f. J. Möller, 1981, 24ff.

Traditionalismus, aber auch eines punktuellen Dezisionismus und Okkasionalismus dienen kann und die im folgenden weiter zu konkretisieren ist.

Doch wie verhält sich die Realitätserfahrung in der dadurch ausgezeichneten Gegenwart zur Endlichkeit und Unwiederholbarkeit des Lebens im ganzen? Hier ist eine Differenzierung des Heideggerschen vorlaufenden Seins zum Tode notwendig. Es bezieht sich nicht abstrakt auf die Todverfallenheit überhaupt, sondern ist mindestens dreifach abgestuft zu denken. Dabei ist vorgängig zu unterscheiden zwischen dem Totsein als totaler Verhältnislosigkeit und dem Sterben als Antizipation des Totseins in einem mehr oder weniger ausgedehnten Prozeß, der sich im Grenzfall, von der Geburt an beginnend, auf das Lebensganze zurückbezieht. *Sterben* ist dann a) in engster Bedeutung das auf das Totsein unmittelbar Zugehen in der Letalphase des Lebens (Kübler–Ross), b) die vorangehende Reduktion des Weltbezugs im Alter, die ihrerseits als Vorstufe der totalen Verhältnislosigkeit aufzufassen ist, und endlich c) in weitester Bedeutung ein Sterben von Geburt an im Sinne des Zurücklassens (un)gelebter Möglichkeiten, die nicht mehr wiederholbar sind. Dies betrifft weniger Einzelchancen, die immerhin in typischer Form wiederkehren können, als Typen von Chancen und Sinngehalten, die aus biologischen oder soziokulturellen Gründen unwiederholbar verschwinden. Dabei ist nochmals zu unterscheiden zwischen Chancen, die einmal genutzt waren und jetzt nicht mehr zur Verfügung stehen, und Möglichkeiten, die niemals realisiert waren und bei denen daher das Nichtmehr mit dem Nochnicht in besonders belastender Weise zusammenfällt. Es kommt also darauf an, Sterben und Tod zu partialisieren und zu spezifizieren, d. h. die Endlichkeit und Unwiederholbarkeit innerhalb des Lebensganges selbst im Detail aufzusuchen, um sie durch eine solche Immanentisierung und Konkretisierung in ihrer vollen praktischen und ethischen Tragweite zu erschließen. Die Erfahrung der Endgültigkeit begegnet nicht am Ende des Lebens, sondern schon *im* Leben selbst. Sie bringt so die Endlichkeit des Gesamtlebens konkretisierend näher und macht sie praktikabel, indem sie das Sterben in der Bedeutung des Seins zum Tode operationalisiert. Um dem Absterben von Lebensmöglichkeiten so weit wie angängig entgegenzuwirken, bietet sich aber als die beste Strategie an, auf die *richtigen Zeitpunkte* im Lebensverlauf zu achten und die sich eröffnenden Möglichkeiten rechtzeitig, ehe es dafür zu spät ist, zu nutzen. Für das richtige Verhalten zu den passenden Zeitpunkten und -räumen sei die Kategorie der *Rechtzeitigkeit* bzw. Unzeitigkeit in Anschlag gebracht. Während die Richtigkeit in der Zeit ein evaluativer, aber kein präskriptiver Begriff ist, ist die Rechtzeitigkeit gerade dies. Sie bezieht sich sowohl auf singuläre Handlungschancen wie auf die geeignete Abfolge und Rangordnung von Handlungen und Handlungssystemen, aber auch auf typische Wiederholungszyklen, bei denen es auf die Rechtzeitigkeit der Variierung (oder Konstanz) und damit auf eine spezifische *Jeweiligkeit* ankommt, schließlich auf das rechtzeitige Initiieren oder Abbrechen, Zunehmen- oder Abnehmenlassen von Abläufen und die damit stets verbundene Temporichtigkeit. Die präskriptiv verstandene Recht- und Unzeitigkeit ist also nicht nur punktuell und isoliert zu sehen, sondern führt zur Bildung adäquater Zeitordnungen und Sukzessionsfolgen in der Zeit und damit zu Koordinationsformen von Planung und Handlung, die die jeweils zugehörige Gegenwart in die Richtung auf die Zukunft hin überschreiten. In der Folge zeichnet sich ein System von Rechtzeitigkeiten und Jeweiligkeiten ab, das insgesamt als *Zeitrichtigkeit* zu bezeichnen wäre.

Damit ist aber nun weiterhin klar geworden, daß auch die zweite im vorigen referierte Form ethischer Auswertung der Endlichkeit des Menschen, die daraus Folgerungen für die Wahl der richtigen Lebens- und Vorzugsordnung zieht, noch abstrakt und ungenau ist. Die Anforderungen, die von der Endlichkeit ausgehen, sind verschärfend zu präzisieren auf die *jeweilige*, zeitrichtige Vorzugsordnung hin und nach Möglichkeit auch auf den optimalen Zusammenhang dieser verschiedenen Vorzugsordnungen untereinander. Endlichkeit kommt nicht erst dem Lebensganzen, sondern schon den einzelnen Phasen und Abschnitten des Lebens zu. Es ist also zwar richtig, daß das Mißverhältnis zwischen der Endlichkeit und einer Überzahl von Lebensangeboten durch die Setzung von Prioritäten zu beheben ist, aber zwischen der generellen Endlichkeitserfahrung und der Vorstellung einer richtig gewählten Vorzugsordnung muß der Gesichtspunkt der Rechtzeitigkeit (und in der Konsequenz der Zeitrichtigkeit) eingeschaltet und ins Spiel gebracht werden. Dann ergibt sich eine Mehrzahl bis Vielzahl von Vorzugsordnungen, die der Endlichkeit auch im Detail des Lebens Rechnung trägt. Damit wird aber zugleich umgekehrt deutlich, daß Rechtzeitigkeit nur selten isolierte Einzelheiten betrifft, sondern in der Regel eine Vorzugsordnung einschließt, und zwar die jeweilige, spezifisch zugehörige, einerlei, ob sie sich ihrerseits in Sukzessionen entfalten läßt oder nicht (das letztere bei der Abwahl und strenggenommen auch bei zyklischen Systemen). Kurz: Jeder Lebensabschnitt ist nach einer bestimmten Vorzugsordnung strukturiert, und umgekehrt sind fast alle Vorzugsordnungen auf bestimmte Zeitabschnitte beschränkt, was im Lebenslauf zu einer Mehrzahl von Vorzugsordnungen führt. Dieser Zusammenhang zwischen den Vorzugsordnungen und Rechtzeitigkeiten ist bisher nicht genügend beachtet worden und bedarf im Sinne der Zeitrichtigkeit einer systematischen Erörterung (ein Beispiel dafür bei der Behandlung der Lebensalterstufen im Folgenden). Für die Zeitrichtigkeit, verstanden als Sukzessionsordnung von Rechtzeitigkeiten, und damit auch für die einzelnen Rechtzeitigkeiten, können Zwischenbilanzen (Konspekte) und vor allem die antizipierte Endbilanz des Lebens weitergehende Kriterien liefern. Dennoch kann die Wahl des richtigen Zeitpunkts gegebenenfalls auch vom Kriterium der antizipierten Bilanz unabhängig sein, nicht aber eine wie auch immer verstandene Bilanz von der Wahl der richtigen Zeitpunkte. Von der Summierung der einzelnen Recht- und Unzeitigkeiten hängt vielmehr weitgehend auch die Lebensendbilanz ab, die faktische am Lebensende ebenso wie auch schon die antizipierte, als kritisches Regulativ der Lebensführung wirksame. Das Ganze eines Lebens ist nämlich dann am besten gelungen, wenn alle einzelnen Lebensmöglichkeiten und Sinnpotentiale in ihrer Jeweiligkeit, d.h. in der richtigen Zeitphase und Zeitdauer sowie temporichtig ausgeschöpft worden sind. In der erweiterten, summierenden Jeweiligkeit steckt dann auch die richtige Sukzessionsfolge (Zeitrichtigkeit) insgesamt. Sein Leben versteht richtig zu führen, wer sich der optimalen Zeitordnung so weit wie möglich annähert. Wer dagegen die richtige Zeitfolge im einzelnen verfehlt, gerät am Ende in Bilanznot. Die Recht- oder Unzeitigkeit schlägt also durch die Vermeidung oder Erzeugung von Defiziten und Kompensationszwängen auf die Bilanzen durch. Die Orientierung an der Endbilanz führt daher auch nicht zur futuristischen Entleerung des Lebens und zur Entfremdung von der Gegenwart zurück: Die faktische oder antizipierte Endbilanz ist ausschließlich durch vergangene Gegenwarten hindurch vermittelt. Sie ist, wenn das Wort semantisch richtig gebraucht wird, rein funktional zu sehen, d. h. als Resultat und Summenwert, nicht als substantielle Größe sui generis, die als kompensatorischer deus ex machina in eschatologischer Bedeutung am Ende des Lebens hervorträte. Alle Entscheidungen fallen nicht am Ende, sondern sind schon zuvor im Lebensgang selbst gefallen. Die Endbilanz wird also genau dann gut sein, wenn die Einzelziele nicht geopfert, sondern so weit wie möglich erfüllt worden sind. Die an der jeweiligen Gegenwart orientierte Rechtzeitigkeit und die projektierte Lebensgesamtbilanz sind dabei wie Element und Summe direkt aufeinander bezogen. Die Endperspektive übergreift dann *alle* einzelnen Zeitphasen: die wirklich oder vermeintlich letzten ebenso wie die unbelasteten und gibt ihnen *allen* volles Gewicht, was die fingierte Perspektive des letzten Augenblicks nicht vermag. Ihre Funktionsweise ist genauer die, daß sie vom Ende her jeder einzelnen Situation ein besonderes Schwergewicht verleiht, vornehmlich den unwiederholbaren und einmaligen Lebenschancen, die irreversibel, unkorrigierbar oder irreparabel »absterben« und zurückbleiben. Als eine Regel der Zeitethik empfiehlt es sich daher, die Abschlußperspektive im voraus zu simulieren, um durch den Schein der Irreversibilität das Entscheidungsbewußtsein und die Korrekturbereitschaft zu schärfen.[33] Das Kriterium der (Nicht)Wiederholbarkeit ist dabei nach Art und Grad zu differenzieren (Einzelnes – Typisches – schlechthin Einmaliges). Darüber hinaus gilt es, einem verspäteten Wechsel in der Wertordnung vorzubeugen und rechtzeitig Ziele zu ändern, bevor durch Phasenverschiebungen zwischen Können und Wollen Defizite entstehen und durch eine zu spät gelernte Endlichkeit und Nicht-

33 ›Lebe wie Du, wenn Du stirbst, wünschen wirst, gelebt zu haben‹ und dergleichen. Vergleichbar ist Nietzsches fiktiver Iterativ der Wiederkunftslehre.

wiederholbarkeit Bilanzschwächen heraufbeschworen werden.[34] Ungelebt Versäumtes und unwiederholbar Verlorenes kann zur Überkompensation in zwanghaften Nachholversuchen von programmierter Unterbilanz führen, und zwar um so mehr, je stärker das Ungelebte und Unerledigte auch spätere Entwicklungsphasen beeinträchtigt. (Darin liegt eine Umkehrung des mythischen Wiederholungszwangs von Untaten, nämlich der Nachholzwang von Versäumtem und Ungetanem.) Die bereits unter anthropologischem Aspekt thematisierten[35] Regungen des Gewissens und der Reue haben die doppelte Funktion, einmal im Blick auf solche Situationen, in denen es durch eigenes Verschulden zu einem vorzeitigen und beschleunigten »Absterben« gekommen ist, als Korrektive für Wiederholungsfälle zu wirken, zum andern antizipativ, in der Form des anmahnenden Gewissens oder der simulierten Reue (als ob etwas ungetan wäre und nicht mehr getan werden könnte), als Regulative des Handelns aufzutreten. Entsprechendes gilt für falsche Handlungen. So verstanden, sind beide auf die Wahrnehmung jeder einzelnen Chance und die Vermeidung jedes Versäumnisses anwendbar, also auf die ganze Kette praktischer Entscheidungen, mit den richtigen Prioritäten zum richtigen Zeitpunkt. Beide vermitteln im übrigen zur (End)Bilanz und dadurch zum Gesamtguten des Lebens hin. In dieser Bedeutung sind beide von einer präskriptiven Zeitethik zu stimulieren und zu kultivieren.

Zur präsentischen Ethik gehört die Grundregel, daß Handeln prinzipiell besser ist als Nichthandeln und Aufschieben, sowohl im Blick auf den Realitätskontakt und die Sicherheit der Welthabe wie auch auf die Ursachenverteilung beim scheiternden Handeln, wo externe Hindernisse immer mit hereinspielen können, während das Nichthandeln allein auf eigene Schwäche und Gehemmtheit zurückfällt, mit einem entsprechend höheren Grad von Reue und Selbstentfremdung. In dieser Sicht wird daher im Leben eher zu wenig als zu viel gehandelt. Ferner sind Unterlassungen, die schon die Erprobung möglicher Chancen a limine blockieren,

34 Umgekehrt sind auch überholte und nicht mehr aktuelle Zielsetzungen als erfüllte oder nicht erfüllte voll bilanzfähig.

35 Kap. IV S. 227f.

schlimmer als falsche Handlungen.[36] Auf die Zeitkoordinate übertragen bedeutet dies: Handeln, das zu früh kommt, ist besser als eines, das zu spät initiiert wird (wenn schon nicht zeitrichtig). Die Begründung dafür liegt darin, daß vorschnelles Handeln oft im weiteren Verlauf noch korrigiert werden kann, verspätetes dagegen vielfach wirkungslos bleibt, weil die günstige Konstellation vorüber ist und überhaupt kein Handeln mehr greift. Eine andere Konsequenz der präsentischen Ethik geht dahin, daß bei Divergenzen zwischen Rang- und Zeitordnung auf Zeiterfüllung zu achten ist, hinter der absolute, monistische Rangordnungen zurücktreten müssen. Eine präsentische Zeitethik fordert vielmehr, im Einklang mit dem postteleologischen Pluralismus, verzweigte Zielordnungen und mehrgleisige Strategien. Wenn die erstbesten Lösungen in absehbarer Zeit nicht realisierbar sind, ist ein Ausweichen auf zweit- oder drittbeste zu empfehlen. Solche vorläufig gemeinten Ersatzlösungen können im weiteren Fortgang sogar zu erstbesten avancieren, d. h. sie stellen sich möglicherweise im Rückblick als die eigentlichen Sinngehalte des Lebens dar, zwar kraft einer Heterogonie der Zwecke, aber darum nicht weniger wirksam. Es gibt im Leben des Einzelnen keine singulären Letztzwecke von absoluter Priorität mehr, umgekehrt aber ebensowenig endgültige Surrogate. Es entspricht der modernen Vertauschbarkeit von Zwecken und Mitteln, wenn im Rahmen einer präsentisch orientierten Zeitethik die Vorzugsordnung in der Realisierung versuchsweise umgekehrt oder doch anders gewichtet wird – zu einem »Ersatzleben« hin, wie es zunächst scheint, das aber später zu einer vollgültigen Lebensform aufsteigen mag. Das treibende Motiv dafür ist, den Lebensgang bilanzfähig zu erfüllen und nicht aufs Ungewisse hin defizitär zu belassen.

Gegen eine präsentische Ethik könnte sprechen, daß Rechtzeitigkeit und Zeitrichtigkeit auch restriktiv gewendet werden können, indem im Einzelfall die ›rechte Zeit‹ für die Gegenwart bestritten und einer geeigneteren Zukunft vorbehalten wird, wo die Kontextbedingungen günstiger und der Ertrag für die Gesamtbilanz

36 In der Moral sind die Akzente umgekehrt gesetzt: Rechtzeitigkeit bezieht sich dort wie Gewissen und Reue eher auf Handlungshemmung oder doch die Einschränkung des Eigenstrebens als auf Handlungsförderung.

vielversprechender ist. Solche kalkulatorischen Überlegungen sind unvermeidbar, aber auch in mehrfacher Hinsicht riskant (Emergenz immer neuer und größerer Ziele, die die Erfüllung immer weiter hinausschieben; Unsicherheit, Unerreichbarkeit oder Enttäuschungseffekt der Fernziele, keine Koinzidenz zwischen Wiederholbarkeit und besseren Bedingungen, sei es wegen hermeneutischer Entwertung mit Refinalisierung, sei es, weil die erwarteten Bedingungen ausbleiben). Als Faustregel kann formuliert werden, daß Wiederholbarkeit viel seltener vorkommt als man prima facie anzunehmen geneigt ist, und daß selbst dann, wenn Wiederholbarkeit oder anderweitige Verbesserungen unterstellt werden können, die Primärerfüllung der Gegenwart nicht völlig künftiger Optimierung zum Opfer gebracht werden sollte. Es sollte vielmehr nach Möglichkeit überhaupt keine unerfüllten Vakua im Lebenslauf geben und darum der prinzipielle Selbstzweckcharakter der Gegenwart auch dann festgehalten werden, wenn sie durch partielle Vorleistungen für die Zukunft eingeschränkt wird. Nur wenn ein künftiges Absinken der Lebensqualität unter das Minimum droht, ist ein weitergehender Verzicht auf die Gegenwart gerechtfertigt. Daß diese Bedingung für alle Formen quantitativer oder gar qualitativer Optimierung – der riskanteste aller Falltypen – nicht zutrifft, liegt am Tage. Immerhin sind die Kategorien des richtigen Zeitpunkts und der Rechtzeitigkeit über eine präsentische Ethik hinaus entsprechend zu modifizieren und zu differenzieren.

Dennoch ist es vom Standort einer präsentischen Ethik aus notwendig, versteckte theologische oder moralische Bewertungen fernzuhalten, die Verzichtleistungen als solche schon für verdienstvoll erklären und in irgendeiner kompensatorischen Zukunft – postmortal[37] oder als Abschlußbilanz – aufgehen lassen. Solche Vorstellungen sind in der Regel religiöser Herkunft und durch Säkularisierung widersprüchlich geworden. Es ist eine Aufgabe philosophischer Ethik, die Obsoleszenz solcher Gebilde zu

37 Die weiteste, wenngleich abstrakte Form der Gegenwartsorientierung und der Rechtzeitigkeit ist das gegenwärtige Leben im ganzen, in der Absetzung von möglichen Weisen der Prä- und Postexistenz. Die Rechtzeitigkeit kann im übrigen sogar die Endlichkeit übergreifen und präjudizieren (im »rechtzeitigen« Tod verschiedener Provenienz).

demaskieren und sie dadurch zu eliminieren. Darin liegt eine Absage an jede Art von eschatologischer Aufschubskultur nach dem Modell von Gehorsam, Belohnung oder Strafe oder auch des Tauschhandels, wonach man sich durch Versagung etwas erkaufen könne, verbunden mit einem entsprechenden restriktiven Tugendkatalog (Geduld, Hoffnung, Entselbstung u. a.). Demgegenüber wird eine präsentische Ethik die Prioritäten genau umgekehrt setzen und empfehlen, konzentrisch von den phasenspezifischen Aufgaben auszugehen und erst in zweiter Linie vorbeugende oder vorbereitende Maßnahmen für spätere Lebensphasen einzuleiten, wobei wiederum die Vermeidung von Unterbilanzen bei weitem vor Strategien der Optimierung rangiert. Nach dem Zerfall traditioneller teleologischer Strukturen, auf die die eschatologische Denkweise zuletzt zurückführt, steht die Zukunft unter größeren Risiken als je zuvor, und die Praktische Philosophie ist gehalten, daraus Konsequenzen zu ziehen.

Die Grundregel, daß tunlichst jederzeit eine erfüllte, selbstgenügsame Zeitphase zu gewährleisten sei, verliert nur dann ihre Gültigkeit, wenn die Gegenwart selbst nicht selbstzweckhaft zu gestalten ist. In diesem Falle tritt das Verhältnis der Kompensation zwischen den Zeitdimensionen ein, insofern die Erinnerung an Vergangenes oder die Hoffnung auf Zukünftiges der Gegenwart aufhelfen und ausgleichend wirken müssen, zumal bei einer subminimalen oder dem Minimum angenäherten Lebensqualität. Es versteht sich, daß dies eine stärkere Form der Kompensation bedeutet als der Weg der zweit- oder drittbesten Lösungen. Andererseits ist es eine Kompensation weniger im Handeln als im Bewußtsein, d. h. durch die Aktivierung von Rückblenden oder von Zukunftsphantasien. Doch kann im Verhältnis der Zeitdimensionen nicht nur die mißlingende Gegenwart kompensiert werden: Auch eine ungenügende, nicht bilanzfähige Vergangenheit wird nachträglich kompensiert oder gar überkompensiert, indem Versäumtes meist forciert nachgeholt und einst ungenutzte oder nicht gekonnte Strategien durchgespielt werden. Umgekehrt kann man versuchen, eine bevorstehende oder drohende schlimme Zukunft durch vorsorgliche Maßnahmen in der Gegenwart im voraus zu kompensieren – durch Erfüllungen »auf Vorrat«, die in der Endbilanz ausgleichend zu Buche schlagen können. Dabei wird auch, aber nicht nur, auf (Sub)Minima hin kompensiert, zumal die Graduierung künftiger Lebensqualität nie ganz sicher ist. Für die Zeitethik sind also mehrere Typen von Kompensation zu unterscheiden: im Bewußtsein für die Gegenwart, handelnd in der Gegenwart bei der nachholenden oder vorsorglichen Kompensation, oder wieder für die Gegenwart durch zweitbeste Lösungen oder generell durch Refinalisierung; endlich verschiedene gemischte, kombinierte Typen.

Der Übersichtlichkeit halber sei die im vorigen skizzierte Zeitethik ausnahmsweise in einer Art von Regeltopik zusammengefaßt, die Präskripte in Imperativen und Sollsätzen ausformuliert und darin auch für andere Felder der Ethik exemplarisch steht:

1.) Nutze die Gegenwart und lebe sie um ihrer selbst willen.
2.) Nutze vor allem das, was unwiederholbar erscheint, und halte dabei vieles, was sich als wiederholbar darstellt, für unwiederholbar.
3.) Handle lieber zu viel als zu wenig und lieber zu früh als zu spät (Es ist immer schon später als Du denkst!). Handle so, als ob ein Mal nicht kein Mal und auch nicht nur ein mal mehr als kein Mal, sondern unendlich mal mehr als kein Mal sei.[38]
4.) Halte Dich an die zweit- und drittbesten Lösungen, solange die erstbesten nicht zur Verfügung stehen.
5.) Nutze den richtigen Zeitpunkt nach seinem mutmaßlichen Stellenwert im Ganzen.
6.) Beziehe Rangordnungen immer auch auf die Zeitdimension und beziehe umgekehrt Zeitpunkte und Zeitfolgen auf Rangordnungen.
7.) Nimm, um Fehler zu vermeiden, antizipierend die Retrospektive oder gar die Perspektive des Lebensendes ein.
8.) Wenn die Gegenwart unerträglich oder nicht akzeptabel erscheint, dann erinnere Dich der besseren Vergangenheit und hoffe auf eine bessere Zukunft.
9.) Kompensiere umgekehrt die belastende Vergangenheit oder die drohende Zukunft durch ein volles Ausschöpfen der Gegenwart.

38 D.h. im Bewußtsein eines kategorialen Überstiegs in eine andere Dimension. Dies gilt für die moralische ebenso wie für die nichtmoralische Lebensführung.

10.) Bilde Verfahren der Zeiteinteilung und -rechenschaft aus, erprobe sie und übe sie ein (topisierte Tagesprogramme, Terminkalender, Tagebücher u. a.). Gib dem Bedürfnis nach Rechenschaft über die eigene Lebenszeit zumal in Krisensituationen nach.

Die Zeitethik findet ihre erste und prototypische Anwendung in den *Lebensalterstufen* (Jugend – mittleres Lebensalter – Alter). Wie die Zeitdimension als solche innerhalb der Strebensethik eine ausgezeichnete Perspektive eröffnet, die manche Phänomene überhaupt erst in den Blick bringt, so bieten die Lebensalterstufen die oberste und nächstliegende Spezifizierung innerhalb des Lebensganges und die erste Mannigfaltigkeit von Lebenszielen und Sinngestalten zwischen dem Lebensablauf als ganzem und allen einzelnen Zielordnungen und ihren Veränderungen oder, anders gewendet, zwischen der Endlichkeit des Lebens und der des Augenblicks. Diese elementare Stadienfolge, bei der man es wegen des biologischen Substrats nicht mit idealtypischen Konstrukten, sondern mit Realtypen zu tun hat, die potentiell für alle Menschen gelten – nur die Abgrenzung ist wie stets bei Typenbegriffen unscharf –, besitzt zunächst eine Modellfunktion für alle übrigen Typologien der Zeitethik. Zum andern wird dadurch die Zeitethik als Reflexionsstufe der Speziellen (Strebens)Ethik differentiell gegliedert und durch die Heranführung an die spezifischen Probleme der Lebensstadien konkreter, spezieller und praktikabler gemacht. Die phasenspezifische Zielbestimmung setzt die Ethik instand, effizienter und gezielter anzuraten und zum Handeln und Sichverhalten anzuleiten. Sie braucht es nicht bei einer generellen Aufklärung über Endlichkeit, Veränderlichkeit, Unwiederholbarkeit und Rechtzeitigkeit bewenden zu lassen, sondern vermag spezieller über die Ziele und Vorzugsordnungen von Lebensphasen zu orientieren und zu einem differentiellen, phasenspezifischen und *eben dadurch* bilanzbewußten Lebenszeitverhalten hinzuführen. Die Phasenrichtigkeit ist die Grundform der Rechtzeitigkeit. Daraus ergeben sich Folgerungen für alle übrigen Grundbegriffe der Zeitethik. Darüber hinaus zeichnen sich Möglichkeiten einer engeren Kooperation, aber auch Konkurrenzverhältnisse gegenüber den Humanwissenschaften ab, die den menschlichen Lebenslauf gleichfalls als Problem thematisieren (Pädagogik, Andragogik und Gerontagogik; Psychologie, Psychotherapie, mitunter Psychiatrie). Die Abgrenzung der philosophischen Ethik liegt in der Richtung der folgenden Spezifica: a) Die Ethik wird sich stärker um die Integration der Lebensphasen und Teilziele in sich und untereinander in einem Gesamtlebensziel bemühen und demgemäß auf Querschnitt-, Längs- und Endbilanzen drängen. Sie wird also die Relationen mehr betonen und problematisieren. b) Sie wird sich die Klärung der Grundbegriffe, etwa des Sinnbegriffs, und gegebenenfalls weitere Kategorisierungen zur Aufgabe machen. c) Sie wird methodisch von der Selbst- und Lebenserfahrung des Handelnden ausgehen. Im übrigen hat die philosophische Ethik in Bezug auf die Lebensalterstufen einen überfälligen Nachholbedarf zu erfüllen, der auch in der Konsequenz einer zeitgemäßen Speziellen Ethik liegt.

Die Grundregel der Lebensalterethik besagt, daß jede Lebensphase gleich unmittelbar zum Lebenssinn zu halten und nicht als Vorstufe oder Nachspiel zu mediatisieren sei. Die Lebensendbilanz wird nur dann befriedigend ausfallen, wenn die Phasenziele nicht geopfert oder instrumentalisiert, sondern um ihrer selbst willen erfüllt worden sind. So sind Hoffnung und Zuversicht zwar zusätzlich willkommen, aber nicht *anstelle* der jeweiligen Lebensphase in ihrer Verwirklichung (und gar noch der künftigen, wenn sie nicht wie erhofft zu gestalten ist). Zudem ist die Bedingungsfolge von Erfahrungen zu beachten: Wir können bestimmte Erfahrungen nicht machen, wenn wir nicht schon vorher andere gemacht und erfahren haben. Wir sollten daher, wenn wir bestimmte Erfahrungs- und Erfüllungssequenzen vor uns haben, so früh wie möglich damit beginnen, sie zu durchschreiten, um rechtzeitig zu jedem einzelnen Glied und infolgedessen dann überhaupt erst zum Ende der Reihe zu gelangen. Dies bedeutet, daß auch Sinnstrategien zuerst phasenspezifisch einzusetzen haben, um erst dann – in konzentrischer oder gegebenenfalls sukzessiver Ergänzung und Erweiterung – vorbereitend oder vorbeugend späteren Lebensphasen zu dienen.

Die spezifischen Zielbestimmungen der drei Lebensalter lassen sich schlagwortartig und vereinfacht so umreißen: Identitätsfindung und Emanzipation zur Selbstbestimmung (Jugend) – Identitätsverbesserung (mittleres Alter) – Identitätskonservierung in der Reduktion (höheres Alter), oder anders gewendet: Sinnerschließung – Sinnerweiterung – Sinnerhaltung, oder noch anders: Selbstzueignung – Selbststeigerung – Selbsterhaltung. Diese Zuspitzung ist freilich einseitig, weil sie die Komplexität und Mehrgipfligkeit der Phasen unterschlägt und eher auf kritische Wendepunkte (Adoleszenzkrise, midlife crisis, Alterskrise) als auf die Gesamtkonstellation der einzelnen Phasen abhebt. Dennoch ist diese Akzentuierung insofern gerechtfertigt, als damit die zentralen Probleme markiert sind, denen sich eine auf Problemlösung bedachte Ethik mit Vorrang zu stellen hat. Ferner drücken sich in den – evaluativ ambivalenten – Wendekrisen Bilanzprobleme aus, wie man denn eine Identitätskrise immer auch als Moment oder Vorschein einer Bilanzkrise auffassen kann. Die Ethik wird sich vorzugsweise in solche Klärungsprozesse beratend einschalten und für die Prävention und Einübung, für die Intervention und die Korrektur (Kuration) entsprechende Spezialtopiken bereithalten. So kommt es beim *Erwachsenwerden* vor allem darauf an, zwischen Gebundenheit und Freiheit, Einheit und Pluralität, Expansion und Integration die eigene Identität zu finden, ferner darauf, die richtigen Schritte rechtzeitig selbst zu tun, d. h. in die Initialphase autonomen Handelns einzutreten und die Chance der Selbstbestimmung überhaupt wahrzunehmen. Die Selbstbefreiung erfolgt dann gleichsam selbsttherapeutisch, indem der erste entscheidende Schritt die weiteren nach sich zieht. Im übrigen steht die Jugendphase mehr als jede andere in der Gefahr, einem Überhang an Zukunftsorientierung zu erliegen und sich selbst zu mediatisieren. Demgegenüber ist darauf zu insistieren, daß die Gegenwart Substanz, die Zukunft Akzidenz bleiben muß. Andernfalls droht der Verlust unersetzbarer Lebens- und Erinnerungssubstanz, mit spezifischen und daher uneinholbaren Erfüllungserlebnissen, und am Ende eine Lebensbilanzkrise dessen, der sich selbst »ums Leben gebracht« hat. Was die nebenherlaufende Zukunftsvorbereitung angeht, so ist hier das notorische Dilemma gezielt anzugehen, ohne hinreichende Lebenserfahrung Grundentscheidungen des Lebens treffen zu müssen, während der Ältere umgekehrt zwar Erfahrung, aber unter Umständen keine realen Lebens- und Entscheidungsmöglichkeiten mehr besitzt – eine

Komplementarität und doppelseitige Asymmetrie zwischen der Jugend, die gleichsam blind ist, und dem Alter, dessen Einsichten nicht mehr greifen. Es bedarf daher einer gesteigerten Aufmerksamkeit auf Entscheidungssituationen, die dem Heranwachsenden später wichtig erscheinen können, im Verein mit einer sorgfältigen und kritischen Verwertung fremder Erfahrungen, die antizipierend nach der Analogie auf das eigene Leben angewandt zu denken sind. – Was die Neuorientierung um die *Lebensmitte* angeht, so muß sie durchstehen, wer sie nötig hat. Die Identität und die Sinnbilanz kann aber nur dann verbessert werden, wenn zuvor das eigentliche, bis dahin unterdrückte Wollen aus den Zwängen des Sollens und Müssens angestammter Bindungen und Verhältnisse herausgelöst, geklärt und auch zur Verwirklichung geführt wird. Die Hilfestellung spezifischer, gezielt einzusetzender Techniken ist dafür neben der Beratung oft förderlich und notwendig. – Die nicht mehr evolutive, sondern de- und involutive *Alterskrise* steht überwiegend im Zeichen der Selbstenteignung und, korrelativ dazu, des Weltentzugs und einer zunehmenden Beschleunigung im Prozeß des Absterbens von Lebensmöglichkeiten, hier schon erkennbar als Vorschein der Bezuglosigkeit des Todes. Die philosophische Ethik hat auf diesem Feld eine Art von Wiedergutmachung zu leisten: Sie hat zwar die Altersphase als einzige zum Problem gemacht, aber den progressiven Selbst-, Welt- und Sinnverlust entweder durch voreilige Konsolations- und Beschwichtigungsversuche im voraus kaschiert oder von einem asketischen Lebensideal her geradezu idealisiert. Statt dessen ist die Ethik heute aufgefordert, einen zeit- und zukunftsgemäßen Beitrag zur Gerontagogik zu leisten, der angesichts der wachsenden Überalterung der Bevölkerungspyramide dringlicher ist als bei den anderen Lebensphasen und der durch eine Gerontosophie, eine Philosophische Anthropologie des Alters, fundiert sein könnte. Im einzelnen geht es darum, Verzögerungs- und Kompensationsstrategien anzubieten, die geeignet sind, die Welt- und Selbstenteignung der Altersphase in Schranken zu halten und Identität, Selbstbestimmung und Eigenkompetenz zu konservieren. Als Kompensativa können wirksam werden: a) die Einübung in neue Aktivitäten oder gegebenenfalls die Nachholung bis dahin ungenügend genutzter, b) der Rückblick auf ein überwiegend erfülltes Leben,

c) der Rückgriff auf in früheren Lebensphasen getroffene Vorbereitungen zur Bewältigung des bevorstehenden Alters. Eine solche Art der Vorsorge ist allerdings die am meisten problematische Lösung, weil die Antizipation des Alters besondere Schwierigkeiten bereitet (es fällt erfahrungsgemäß schwer, sich selbst als alt vorzustellen). Retardationen des Alterungsprozesses sind sodann erreichbar durch ein planmäßiges Ausschöpfen noch verbliebener oder vielleicht sogar neu erschlossener Lebensmöglichkeiten. Im übrigen muß von Fall zu Fall entschieden werden, ob die rechtzeitige Annahme der veränderten Lebenssituation zu empfehlen ist, um späteren abrupten Desillusionierungen zuvorzukommen, oder ob nicht gerade eine persistierende Selbsttäuschung heilsamer und eine entsprechende Strategie ratsamer sein kann. – Von der Altersphase ist noch die *Letalphase* zu unterscheiden, in der die Zukunftsdimension und die Handlungsspielräume ganz aufgezehrt sind und nichts mehr zugesetzt werden kann. Der Lebenssaldo ist, vom modus moriendi abgesehen, so gut wie abgeschlossen, und in der Endgültigkeit und Unwiderruflichkeit des Fazits spitzt sich die Lebensbilanz zur eigentlichen Endbilanz über den Gesamtlebenssinn zu. Die in dieser Phase sich durchsetzende Enteignungsperspektive konnte nur im voraus – ob mit oder ohne bewußte(r) Vorsorge – im zurückliegenden Lebensgang selber, gleichsam auf Vorrat und Abruf, kompensiert werden. In der Tat sind sich alle kompetenten Autoren darin einig, daß eine gute Gesamtbilanz den Abschied vom Leben erleichtert, während die schlechte eines unerfüllten, gescheiterten, verpaßten Lebens ihn erschwert. Die Sinnkrise des Gesamtlebens kann also in der Letalphase aufbrechen und eskalieren. Sie kann sich so steigern, daß sie in Todesbejahung umschlägt: Das Leben wird dann als so verfehlt empfunden, daß der Tod nicht als Negativität, sondern als Erlösung erfahren wird. Der Tod erscheint als Befreiung vom Un–Sinn, und darum die absolute Bezuglosigkeit »besser« als das mißglückte Welt- und Selbstverhältnis. Dabei gilt es allerdings nochmals zu differenzieren: Der Tod ist willkommen nicht nur auf Grund einer exzeptionell negativen Gesamtbilanz, sondern auch, um eine bestehende gute Bilanz nicht zu verschlechtern, d. h. um einen guten Lebensabschluß ohne Abstieg zu sichern. Während bei einem versäumten Leben der Tod für eine gute Bilanz »zu früh« kommt, ist umgekehrt der Tod willkommen, wenn es für ein sinnvolles Leben zu spät ist, aber auch dann, wenn es für ein sinnvolles Leben zu spät werden *könnte*, d. h. wenn eine weitere Verlängerung des Lebens die Bilanz zu schmälern droht. Dies führt auf den Problemkreis des rechtzeitigen Todes, des Selbsttodes und der Sterbehilfe zurück, der im vorigen unter dem Titel des Lebenssinns zu behandeln war und der in der Antike und zunehmend wieder in der Neuzeit (seit D. Hume) ein genuines Thema der philosophischen Ethik gewesen ist und in einer künftigen Ethik einen zentralen systematischen Ort beanspruchen kann. Selbstredend ist dieser Fall nicht der einzige, der in der Letalphase des Lebens für die Ethik Ansatzpunkte bietet. Abgesehen von der Prävention im vorausgegangenen Lebensverlauf ist die Letalphase insoweit auch noch interventionistisch operationalisierbar, als sie Akten mitmenschlicher Zuwendung, Solidarität und Konsolatorik verschiedener Art offensteht. So können Trostgründe aus der Vergegenwärtigung des gelebten Lebens, durch Vergleiche mit noch schlechter Gestellten oder aus religiöser Sicht beigebracht werden. Die Mithilfe von Betreuern und Beratern ist dafür allerdings unerläßlich, wobei neben den Theologen, Psychologen, Medizinern und Psychotherapeuten auch dem Ethiker eine eigene Rolle zufällt. –

Ein generelles Folgeproblem der Speziellen Ethik, das sie am weitesten von einer reinen Prinzipienethik entfernt, ist die Frage nach ihrer Reichweite und den Grenzen des für die Ethik Relevanten. Das Problem stellt sich für die Moralphilosophie ebenso wie für die Strebens- und Güterethik, doch ist eine postteleologische Strebensethik davon graduell stärker betroffen. Es gehört zu ihren strukturellen Konsequenzen, daß potentiell die gesamte Lebensführung ethisiert wird (selbst okkasionelle Handlungen sind in Systeme von Grundhaltungen eingebettet, genügen also der Minimaldefinition von Ethik). Das Problem ist im übrigen verschieden von den verwandten Totalitätsansprüchen des Utilitarismus und der Wertethik, weil sie sich streng genommen nur auf die Lebenspraxis beziehen, nicht aber auf die ethische Theorie, die sich beidemale auf das Prinzipielle beschränkt, ohne spezielle Normen und Regeln oder gar eine Kasuistik zu entwickeln. Genau dies ist

jedoch der kritische Punkt der Speziellen Ethik, daß sie grundsätzlich keine begründete Relevanzgrenze angeben kann und damit, wie es scheint, die Dignität der Ethik trivialisiert und ihre Systematik ins Unbestimmbare entgleiten läßt. Hinzu kommt, daß es offensichtlich unmöglich und auch wirkungslos ist, für alle Lebensbereiche präzise und detaillierte Spezialkasuistiken zu erstellen. Das Problem zerfällt, näher betrachtet, in ein Haupt- und ein Nebenproblem: Soll die Spezielle Ethik innerhalb einer Epochen- oder Gruppenmoral generell bis zur Kasuistik, also zu den untersten Arten und speziellsten Typen herabsteigen? Und zweitens: Soll sie auch interepochale und interkulturelle Zuständigkeiten haben und demgemäß Normen und Regeln jedweder Provenienz zu inventarisieren und zu systematisieren suchen, mit einer Tendenz, die Grenzen einer präskriptiven in die Richtung einer deskriptiven Ethik und Wissenschaft vom Ethos zu überschreiten? Während die zweite Teilfrage zum Themenkreis einer Ethischen Systematik im weiteren Sinne gehört (Kap. VII), läßt sich die erste auch anders formulieren: Soll die Spezielle Ethiktheorie die Relevanzgrenze höher ansetzen als die Alltagspraxis, wie es die Prinzipientheoretiker ohnehin fordern, oder soll sie darin der Alltagspraxis so weit wie möglich folgen, oder soll sie sie gegebenenfalls sogar unterschreiten?
Es liegt auf der Hand, daß die Lösung nur zwischen den Extremen einer systematisierten Kasuistik einerseits und einer situationsethisch und dezisionistisch eingeschränkten und unterbestimmten Speziellen Ethik andererseits liegen kann. Zunächst untersteht die gesamte Spezielle Ethik dem Selektionsprinzip, und zwar nach dem Kriterium des Exemplarismus: Sie arbeitet an bestimmten Schwerpunkten des praktischen Interessenfeldes exemplarische Normen-, Ziel- und Handlungsmodelle aus, die relativ leicht nach der Analogie auf verwandte Felder übertragbar sind. Die Modellbereiche sind natürlich primär der eigenen Epoche, Kultur oder Gruppe entnommen und auf deren Bedarfslage zugeschnitten. Neben der Grundorientierung am paradigmatischen Verfahren empfiehlt sich als weiteres Kriterium, Krisen- und Notsituationen Priorität vor bloßen Optimierungsproblemen einzuräumen, also etwa moralische Pflichtenkollisionen oder Entscheidungs- und Handlungsaporien der nichtmoralischen Lebensführung vorzugs-

weise zum Thema zu machen. Ein weiteres Kriterium ist das der Generalisierbarkeit, das es erlaubt, sowohl Krisen- wie Optimierungsprobleme nach dem Grad ihrer Reichweite und allgemeinen Anwendbarkeit zu rangieren (gattungsspezifisch – epochal – kultur- oder gruppenspezifisch – individuell). Das kann in Einzelfällen durchaus zu einem weiter elaborierten Normen- und Regelpanorama und auch zu einer partiellen Kasuistik aktueller Problemzonen führen.[39]

Dies bedeutet insgesamt und systematisch gesehen: Es kann prinzipiell keine Grenze des ethisch Relevanten geben, aber das gilt nur potentiell, nicht aktuell, d. h. die Ethik *kann* alles thematisieren und ist insofern unbegrenzt, sie wird aber faktisch immer *nur exemplarisch* verfahren und ist insofern realiter begrenzt. Genauer formuliert: Es wird immer Relevantes vom weniger Relevanten[40] oder gar von Irrelevantem zu unterscheiden sein, aber diese Grenzziehung ist nicht endgültig, sondern in höchstem Grade flexibel und elastisch. Die Art der behandelten Themenfelder und der Grad ihrer Ausarbeitung orientiert sich an den Anforderungen und am Regulationsbedarf der Lebenspraxis und an ihrem Repräsentanzwert. Entsprechend den Relevanzkurven

39 Über das Entwerfen und Abklären exemplarischer Modelle des Handelns hinaus kann sich die Praktische Philosophie und Ethik sehr wohl auch zu singulären konkreten Fragen des Tages und Alltags äußern, also noch unterhalb der Kasuistik wirksam werden. (Die Philosophie des Politischen bietet dafür bekanntere Beispiele als die Ethik.) Allerdings gehören solche Fälle nicht mehr zur eigentlichen Theorie, sondern zur Anwendungsdimension der Präskriptiven Praktischen Philosophie und Ethik (dazu Kap. VI).

40 Was das Problem der Relevanz*grade* angeht, so ist der vierstufige Aufbau von Relevanztypen (thematische, hermeneutische, motivationale, aktualisierende) bei A. Schütz / Th. Luckmann, Das Problem der Relevanz, 1971, für die Zwecke der Praktischen Philosophie und Ethik dynamischer zu fassen und durch den Kriteriensatz des klassischen Kalkulationssystems (Werthöhe und -stärke, Dringlichkeit, Erhaltung, Effizienz, Nähe, Reichweite, Wahrscheinlichkeit, Ökonomie, Konsistenz u. a.) sowie die Unterscheidung verschiedener Rationalisierungsstufen zu ergänzen. (Grund- und Grenzerfahrungen fallen aus dem Kalkulations- und Komputabilitätssystem heraus, liefern aber ihrerseits letzte thematische Kriterien für anderes Relevantes.)

der individuellen oder kollektiven Praxis kann man darum von dynamischen Relevanzkurven auch der ethischen Theorie sprechen. Dies schließt eine Relevanzkontrolle und -bewährung der Theorie ein. Die Ethik wird sich allerdings nicht darauf beschränken können, sich dem jeweils aktuellen Problemstand anzupassen, sondern sich auch rechtzeitig auf sich abzeichnende Veränderungen des Gesamtpanoramas einzustellen haben. Sie wird also nicht nur situationssensitiv, sondern zugleich prospektiv und primoptional verfahren, um mutmaßlichen Orientierungsbedürfnissen der Zukunft gewachsen zu sein. Beide Male würden mehr als generelle Aussagen darüber der pragmatischen Intention einer Theorie der Praxis zuwiderlaufen. Man muß ihr einen breiten Spielraum zugestehen, den sie und ihre Adressaten und Konsultoren fallweise ausschöpfen können, und demgemäß auch die Frage der Relevanzgrenze so weit wie möglich offenhalten. Wir müssen uns allerdings erst wieder an den Gedanken gewöhnen, daß auch die nichtmoralische Lebensführung ethisches Gewicht besitzt und von einer eigenen Teildisziplin ethischer Theorie vertreten wird. Dazu ist es freilich nur nötig, daß wir unseren eigenen Lebensproblemen auch auf der Theorieebene Praktischer Philosophie diejenige Relevanz zugestehen, die sie faktisch neben den Moralproblemen zweifellos haben, ohne einer Bewußtseinsspaltung zu verfallen, die uns zwingt, dieses unser eigenes Leben als Theoretiker unaufhörlich zu verleugnen und zu desavouieren. Eine solche generelle Anerkennung und Wiederetablierung der Strebensethik würde mit etlicher Sicherheit auch zu einer Erweiterung ihres Relevanzradius führen.[41]

Das Normen- und Regelpanorama der Speziellen Präskriptiven Ethik tendiert innerhalb der einzelnen Themenfelder zur Topisierung nach den Kriterien der Affinität oder der Rangierung. Dies entspricht, wie an Hand der Strebensethik zu zeigen war (Kap. III), dem Reflexionsstatus der ethischen Theorie gegenüber der Topisierungskompetenz alltäglicher Praktischer Intelligenz wie gegenüber deren aporetischen und heuristischen Kompetenzen. Wenn der praktische Topos definierbar ist als handlungslei-

41 Dies betrifft vor allem verschiedene Formen einer Kulturethik bis hin zu einer Wohn-, Büro-, Sport-, Reise- oder Leseethik.

tender Gesichtspunkt, dann die praktische Topik als organisiertes Orientierungsfeld in praktischer Hinsicht. Es umfaßt nicht nur Normen und Regeln, sondern auch praktische Probleme, Argumente und Kriterien. Die Theorienbildung Praktischer Philosophie und Ethik zeigt dabei eine eigentümliche Zweiseitigkeit: In ihrer internen, mehr theoretisch orientierten Struktur gewichtet sie anders als in ihrer externen, unmittelbar praxisbezogenen Gerichtetheit. Gereicht die Topisierung im ersten Fall zur Erleichterung des theoretischen Diskurses, so im zweiten zur größeren Praktikabilität und gezielten Abrufbereitschaft bei der Praxisregulierung. Die in diesem Zusammenhang von der Speziellen Ethik erstellten Topiken sind teilweise als Modellangebote intendiert, die beim potentiellen Akteur die Bildung eigener, weitgehend persönlich-individueller praktischer Topiken stimulieren und optimieren sollen. In dieser Funktion ist die Spezielle Präskriptive Ethik zugleich Topologie, die für die Topiken der Akteure und Berater die Bedeutung des Paradigmas und Regulativs hat. Dies gilt unabhängig von den Verschiebungen, die sich zwischen der Theorie und den verschiedenen Ebenen der Anwendung ergeben. Die Metaregeln der Topisierung, die zum Aufbau eigener Topiken anleiten (nach den Kriterien der Übersichtlichkeit, Kontinuität, Konzentrizität, Priorität, Binarität, Merkfähigkeit u. a.), sind dagegen weniger Sache der Speziellen Ethik als der ethischen Methodologie,[42] die das folgende Kapitel (VI) behandelt.

42 Diese von der Methodologie angewandten Regeln sind auf der Ebene der Metatheorie der Ethik metatopologisch zu analysieren. Dabei sind ferner die Grundbegriffe der Topisierung zu definieren.

VI Anwendung und Beratung

Die Präskriptivität Praktischer Philosophie und prototypisch der Ethik korrespondiert anthropologisch der Verfassung des Menschen als des hemmbaren Wesens, das der Anleitung, Regulierung und Stabilisierung seines Verhaltens bedürftig und fähig ist (Kap. IV). Die Praktische Philosophie und Ethik stellt sich dabei als Reflexionsstufe alltäglicher Anleitungsverhältnisse zwischen Menschen dar, die sie systematisierend und theorienbildend überhöht. Ihre Entstehung und Neuaktualisierung fällt meist mit Epochen des Übergangs und der Krise zusammen, die verstärkter Orientierungsleistungen bedürfen und in denen durchschnittliche Anleitungsformen nicht mehr genügen. Präskriptivität kann implizit als Klärung, Orientierung oder Information, explizit dagegen als Weisung oder als Beratung auftreten. Das Beratungsverhältnis trifft für alle Disziplinen Praktischer Philosophie zu, auch für die Moralphilosophie, die zwar überwiegend alternativenlose Direktiven formuliert,[1] aber doch auch in Fällen konfligierender moralischer Forderungen, weiter Pflichten oder der Abschätzung von Handlungsfolgen oder -chancen beratende Entscheidungshilfe leisten kann. Die Präskriptivität Praktischer Philosophie und Ethik läßt sich demgemäß auf eine normative und vor allem eine konsiliatorische Grundstellung hin spezifizieren und konkretisieren. Die konsiliatorische Grundstellung gehört wesentlich zum Begriff und zur Definition Praktischer Philosophie und Ethik. Wenn sich diese grundsätzlich nicht dazu verstehen will, Ratschläge zu erteilen, verfehlt sie ihre Funktion, handlungsleitend, d. h. *praktizierende* Praktische Philosophie zu sein, und nähert sich zu Unrecht der Rolle einer theoretischen Disziplin an. Diese Bestimmung ist nur durch den Verlust regulativer Funktionen der älteren Ethik an die Moraltheologie – verbunden mit einer Theoretisierung der Profanethik –, und später durch die Vorherrschaft der Moralphilosophie in der Ethik sowie den neu-

1 Auch Ratschläge können gelegentlich alternativenlos erscheinen, wenn nur *ein* Weg offensteht, aber doch nur unter der Voraussetzung, daß das Ziel gewollt wird, nicht kategorisch wie die moralische Weisung.

zeitlichen Autonomiegedanken, der Beratung als manipulative Überfremdung suspekt machte, in Vergessenheit geraten. Die zeitgenössische Hochkonjunktur des Beratungswesens in allen Lebensbereichen bringt jedoch für eine zeitgemäße Integrative Ethik die Auflage mit sich, die angestammte Beratungsdimension in vollem Umfang zurückzugewinnen und sich in den Kreis beratender Disziplinen wieder einzuschalten, die die von der Philosophie verlassene Domäne im zwanzigsten Jahrhundert zunehmend okkupiert haben.

Beratung kann sich im Grenzfall durch bloße Kommunikation vermittels indirekter Klärungseffekte einstellen. Der Normalfall von Beratung ist jedoch durch ein asymmetrisches, nichtparitätisches Kompetenz-, Erfahrungs- und Autoritätsgefälle vom Ratgeber zum Ratnehmenden gekennzeichnet, mit einem zu vermittelnden (materialen) Mehrwissen oder einem Prius und Überhang an Reflexion. Der Übergang zur Reziprozität und Symmetrie, ob sukzessiv oder gar simultan verstanden, bleibt kontingent und verändert zunächst nicht den Charakter der einzelnen Beratungsakte, die immer einseitig sind. Daher ist die in der konsiliatorischen Grundstellung Praktischer Philosophie und Ethik gemeinte Beratung auch nicht dasselbe wie das Sichmiteinanderberaten, bei dem Symmetrie und Parität grundsätzlich gegeben sind. Wenn Mitglieder einer Gruppe miteinander zu Rate gehen und gemeinsam Überlegungen anstellen, so liegt eher erweiterte Selbstberatung vor, nicht der typische Beratungsfall, oder allenfalls eine Komplexionsstufe von eigener Qualität, die sich einstellt, wenn es zu einem wiederholten Rollentausch kommt und endlich alle gleichzeitig die Rolle von Ratgebern und Beratenen einnehmen. Die typische Beratungssituation wäre im Fall der Gruppe erst gegeben, wenn die Gruppe einen externen, nicht in die Entscheidung und den Beschluß involvierten Berater heranzöge, etwa einen fachwissenschaftlichen Experten oder eben einen Praktischen Philosophen. Eine ähnliche Asymmetrie liegt bei moralischen Direktiven vor, wo der Moralphilosoph soziale Normen verdeutlicht, einklagt oder gar optional modifiziert, die vom Geforderten nicht hinreichend wahrgenommen oder realisiert sind. Im übrigen nimmt der Ratschlag zwischen der moralischen Direktive und dem gemeinsamen praktischen Diskurs eine mittlere Position ein, indem es einerseits mehr, andererseits weniger autonome Freiräume offenhält.

Die präskriptive Anleitung ist die eigentliche, zentrale Leistung der Praktischen Philosophie und Ethik. Wo daher beispielsweise die konstitutionelle Asymmetrie der konsiliatorischen Situation und des ratgebenden und -nehmenden Verhaltens zugunsten einer abstrakten Parität und Symmetrie nivelliert wird, erscheint mit der zugehörigen Lebenspraxis auch die Grundstellung Praktischer Philosophie und Ethik desavouiert und verdrängt. Der von den zeitgenössischen Diskursethikern fiktiv verallgemeinerte Sonderfall, daß Interesse und Erfahrung bei den Kommunikanten kongruieren oder konvergieren, wird indessen bei weitem überwogen durch die Fälle, wo Erfahrung und Interesse divergieren und sich gegenläufig, ja komplementär zueinander verhalten. Gerade auf dieser Differenz beruht jedoch die Fruchtbarkeit und Unentbehrlichkeit der konsiliatorischen Situation und weiterhin die Möglichkeit und Rechtfertigung Praktischer Philosophie selbst. Praktische Philosophie ist methoden- und grundlagenbewußte Konsiliatorik im großen wie dies die Moralistik im kleinen ist. Innerhalb der Ethik ist es vor allem die Strebensethik, die von der konsiliatorischen Grundstellung Gebrauch macht, während die Moralphilosophie und ähnlich die Rechtsphilosophie das präskriptive Grundverhältnis nach der Seite strenger Direktiven hin anders akzentuieren.

Eine grobe Typologie präskriptiver Leistungen Praktischer Philosophie und Ethik ließe unter inhaltlichen Gesichtspunkten differenzieren zwischen der Hinführung zur Normativität und Finalität überhaupt (a), der Normen- und Zielklärung (b) und der Empfehlung geeigneter Mittel und Wege der Realisierung (c). In der Perspektive abnehmender Verbindlichkeit wären zu unterscheiden: alternativenlose Direktiven (moralischer oder nichtmoralischer Art) oder »entscheidende« Informationen in kritischen Situationen (1), alternierende Vorschläge, die zur Entscheidung anheimgestellt werden (2), indirekte Hinführungen und Klärungsprozesse, die langfristig zur Selbstfindung und -hilfe stimulieren (3). ›Beratung‹ ist hier – unter Absehen von kategorischen moralischen Direktiven – so weit zu fassen, daß bereits Klärungen, Informationen, erhellende Hinweise und Argumente dazu gehören, wie denn die theoretische Arbeit der Praktischen Philosophie, zumal ihrer Metatheorie, oft nur aufklären kann. Eindeutige Lösungen oder Anweisungen sind nicht unbedingt erforderlich und oft auch nicht möglich. Das typologische Kontinuum der Beratung reicht von neutraler Information über die Orientierung zum Ratschlag, dann zum Vorschlag, zur Anweisung und endlich zum Appell, bei dem der Berater den Gewissensruf des eigentlichen Strebens reflektieren und repräsentieren mag. Beratung kann dabei ebenso die Klärung der Eigenerfahrung des Beratenen bewirken wie fremde Erfahrungen und Überlegungen erschließen oder drittens – auf einer formalen Ebene – die Anleitung zur Selbstfindung und Kompetenzstärkung vermitteln, etwa die Fähigkeit zur Problemexposition, -analyse und -lösung und zur begründeten Entscheidung in Vorzugswahl und Rangierung.

Die Vergegenwärtigung der präskriptiven Struktur der Praktischen Philosophie im ganzen verweist auf eine elementare, zweistellige Form zeichen- und sprachbestimmter Intersubjektivität und Kommunikation, die weiter reicht als die mehrstellige kontraktualistischer und konsensueller Modelle. Insbesondere läßt sich in dieser Perspektive die methodische Gleichwertigkeit für den Bereich der individuellen Lebensführung und die darauf reflektierende Strebensethik gegenüber der Moral und Moralphilosophie dartun und sichern. Die Beratung vollzieht sich überwiegend im sprachlichen Medium, doch so, daß auch andere Typen von Zeichensystemen mit hereinspielen können. Demgemäß macht die Anratung Maximen und Vorsätze des Handelns sprachlich explizit, artikuliert und aktualisiert sie gleichsam in der Sprechsituation, während sie in der Intention des Akteurs oft nur implizit und formulier*bar* bleiben. Genauer betrachtet handelt es sich um ein Komplementärverhältnis: Was in der Beratungssituation sprachlich aktualisiert wird, ist nur potentiell Maxime und Vorsatz, was hingegen aktuelle Maxime (oder Vorsatz) wird, ist nur potentiell sprachlich ausformuliert. In der Regel haftet Maximen die sprachliche Form in dem Maße an, in dem sie eine Beratungssituation durchlaufen haben und diese noch widerspiegeln, analog zu der Art, wie moralische Maximen moralische Aufforderungen internalisieren oder politische Beschlüsse und Doktrinen die Situation des gemeinsamen Sichberatens und

Beschließens widerspiegeln. Die richtige Lebensführung und ihre Regulationsinstanz, die Strebensethik, ist also nicht solipsistisch strukturiert und dadurch intersubjektiver Einsichtnahme, Nachprüfbarkeit und kritischem Austausch entzogen, sondern weitgehend im Medium von Sprach- und Zeichenwelt darstellbar und immer auch schon faktisch dargestellt, weil das Beratungsverhältnis wesentlich dazu gehört. Die Beratungsleistung der ethischen Theorie baut dabei reflektierend, ergänzend und erweiternd auf alltäglichen Beratungsverhältnissen vorphilosophischer Art auf. Die Moralphilosophie alter und neuer Form hat also vor der Strebensethik in diesem Belang, nämlich der Einbettung in intersubjektive sprachpragmatische Zusammenhänge, nichts voraus.

Zu den bis hierher explizit gemachten Voraussetzungen Praktischer Philosophie und Ethik (Präskriptivität, Sprachlichkeit, anthropologische Hemmungsstruktur[2]) treten weitergehende Fragen der Selbstrechtfertigung, der Motivierung und der Selbstanwendung. Zunächst untersteht jede Art von Praktischer Philosophie gerade als anleitende und regulierende Instanz bestimmten moralischen Minimalforderungen, z. B. der Schadensvermeidung und des Verzichts auf Übervorteilung. Die Verantwortung des Praktischen Philosophen ist in dem Maße größer denn die des Wissenschaftlers, als seine Optionalität weiter reicht und er den Interessenstandpunkt der Praxis vertritt. Eben darum ist von ihm im Unterschied zum Wissenschaftler auch die Übereinstimmung von philosophischer Theorie und eigener Lebenspraxis zu fordern. Eine zusätzliche moralische Motivierung auch der Beratung mag man darin erkennen, daß Beratung eine Art der – moralisch gebotenen – Hilfeleistung ist, die zwischen der Selbsthilfe des Betroffenen und der tätigen Hilfe Anderer mitteninne steht und sich darum im Idealfall in tätige Hilfeleistungen hinein fortsetzen müßte. Doch folgt daraus nicht, daß der Praktische Philosoph und Berater primär moralisch motiviert wäre und seine Wirksamkeit

2 Sie betrifft subjektive Aporien ebenso wie die objektiven Bedürfnisse und bedürfnisfreie, aber akzeptable Optimierungen (vgl. unten S. 344 f.) und endlich bloß drohende oder mögliche Hemmungen, denen Stabilisierungsleistungen vorbeugen sollen. Demgemäß ist zwischen Ratsuchenden, -bedürftigen und -empfänglichen zu unterscheiden (und entsprechend bei Adressaten moralischer Direktiven).

primär moralisch zu begründen hätte. Gleich- oder gar vorrangig können – selbst beim Moralphilosophen – daneben andere Motive und Gründe stehen: das Interesse an eigener Selbstverwirklichung oder -steigerung durch Einflußnahme oder die Durchsetzung eigener Optionen, sympathetische Neigungen, das Bedürfnis nach Selbstklärung (als Primärmotiv, nicht als Motiv der Mitteilung) sowie (seltener) ein wohlverstandenes Interesse im Blick auf einen etwa zu erwartenden Rollentausch. Darum lenkt die Selbstbegründung praktisch-philosophischer Konsiliatorik nicht etwa notwendig – in scheinbarer Selbstaufhebung – in die Bahnen moralischer und konsensueller Begründung zurück. Insbesondere läßt sich die präskriptive und konsiliatorische Grundkonstellation nicht auf ein paritätisches kommunikatives Grundverhältnis zurückführen.

Die Regulationsleistung der Ethik – und analog der übrigen Disziplinen Praktischer Philosophie – wird um so konkreter und wirkungsvoller ausfallen, je mehr sie als Spezielle Ethik auftritt und durch die Ausarbeitung bereichsspezifischer Präskripte den einzelnen Akteur von der Anwendung genereller Supernormen entlastet (Kap. v). Da Ethik auf die Anleitung von Praxis angelegt ist, derart, daß sie reflektierend expliziert und komplettiert, was die vorphilosophische Alltagswelt an Regulativen bereithält, muß sie so gezielt und detailliert wie möglich verfahren und darf die Bestimmtheit des vorphilosophischen Bereichs nicht unterbieten. Die Artikulierung des jeweiligen Themen-, Problem- und Regelpanoramas nebst der zugehörigen Argumentationstopik ist darum für die Erfüllung ihrer Aufgabe unverzichtbar. Der neuerdings unüberhörbare Ruf nach *Angewandter Ethik* (Applied Ethics) ist also auch systematisch begründet, nicht nur deshalb, weil neuerschlossene Felder der Normativen Ethik erst einer eigenen Regelung bedürfen.

Dennoch ist der Ausdruck ›Angewandte Ethik‹ für die Spezielle Ethik irreführend, weil er noch immer von der problematischen Voraussetzung ausgeht, daß Ethik vorzugsweise Prinzipienethik zu sein habe, die erst in der »Anwendung« auf spezielle Normen hin zu überschreiten sei. Demgegenüber ist daran festzuhalten, daß ›Anwendung‹ in der Ethik mindestens mehrdeutig ist und sich auf ganz verschiedene systematische Verhältnisse bezieht: nicht nur, wie in der gegenwärtigen Debatte, auf das Verhältnis zwischen generellen und speziellen Normen innerhalb der Normativen Ethik, sondern gleichfalls auf das Verhältnis zwischen Metaethik und Normativer Ethik und schließlich drittens und in eigentlicher Bedeutung auf die Anwendung der ethischen *Theorie* in der *Lebenspraxis* und in der dazu anleitenden Vermittlung und *Beratung*. Dieser authentische Anwendungsbereich kann entweder unreguliert sein – der einzelne Akteur rekurriert dann in der Exekution unmittelbar auf die präskriptive Ethiktheorie – oder er unterliegt einer eigenen Regulierung. In dieser zweiten Bedeutung figuriert er in der älteren Ethik etwa bei Kant und Fichte unter dem Titel einer *Methodenlehre* oder *Asketik*[3], je verstanden als Lehre von den »Wegen« und von der Einübung.[4] Sie ist weder mit der Präskriptiven noch gar der Meta-Ethik identisch, konkurriert aber auch nicht mit der Urteilskraft, sondern liegt dieser noch voraus. Die nachidealistische Ethik hat die methodologische Dimension weitgehend beiseitegeschoben und durch das verkürzende Syndrom Prinzipien / Autonomie / Gewissen / Urteilskraft ersetzt. Die Verschiebung des Anwendungsbegriffs von der Exekution zu einer internen Relation der Ethik*theorie* in der Gegenwart ist eine Konsequenz daraus. Darin liegt jedoch eine grundsätzliche Verkennung der Probleme, Möglichkeiten und Risiken anzuwendender Ethiktheorie in der Praxis. Anwendung ist weder trivial noch geht sie im Einzelnen und Singulären auf. Sie erlaubt die Heraushebung eines Allgemeinen, nämlich der Initiierung, Regulierung und Optimierung von Lern- und Gewöhnungsprozessen, ohne die beispielsweise höherstufige Handlungstypen gar nicht realisiert werden können. Dazu gehört *auch* die planmäßige Aktivierung

3 Kant KrprV und MS, je ›Methodenlehre‹; Fichte WW XI (Nachlaß), ›Ascetik als Anhang zur Moral‹ (1798). Beide Konzepte folgen der Tradition der teleologischen Ethik, die jedoch moralphilosophisch transponiert und autonomistisch verkürzt wird.

4 Methodologien als Lehren von der richtigen Aneignung und Anwendung, vom richtigen Umgang und Gebrauch gibt es auch in den theoretischen Disziplinen der Philosophie von der Logik bis zu Metaphysik. Doch ist diejenige der Praktischen Philosophie deswegen von größerem Gewicht, weil sie in der Konsequenz ihres Praxisbezugs und ihrer Präskriptivität liegt.

von Kompetenzen der Selbstfindung und Entscheidung, die Schulung der Urteilskraft und die Stimulierung der Spontaneität des Akteurs für sein eigenes Problemlösungsverhalten. Neben die Methodik des Vermittlers und Beraters tritt dementsprechend das richtige Rezeptionsverhalten auf der Seite des Akteurs. Es geht hier um Regeln und Präskripte *zweiter* Ordnung, die dazu anleiten, mit den Präskripten *erster* Ordnung, die die Präskriptive Ethik an die Hand gibt, erfolgreich umzugehen und sich effektiv dazu zu verhalten. Dem entspricht ein Beratungsverhältnis zweiter Stufe. Dabei kann man zwischen langfristigen Selbsttechniken und punktuell einzusetzenden Selbstpraktiken unterscheiden. Im Ensemble aller Metaregeln drückt sich eine Methodologie der Anwendung aus. Sie muß als *dritter Teil der Ethik* neben der Präskriptiven Ethik und der Meta-Ethik thematisiert werden.[5] Die Auffassung, daß Fragen der Anwendung und Ausführung gar nicht in die Ethik, sondern in die Psychologie gehören, ist wie die Vernachlässigung der Speziellen Ethik ein Gegenstück zur Überschätzung der Prinzipienethik und ebenso realitätsfremd, wie ihre Voraussetzung, daß es apriorische Vernunftnormen gibt, fragwürdig geworden ist.

Innerhalb der Methodik der Anwendung kann man typologisch Leistungen der Aufklärung und Orientierung (Didaktik), der Anleitung und Einweisung (Hodegetik: Herbart) sowie der Einübung und Haltungsbildung (Asketik) unterscheiden. Zumal bei der Didaktik handelt es sich um die Vermittlung von Präskripten der Ethiktheorie, sei es, daß sie Normen und Ziele, sei es, daß sie Wege und Mittel betreffen, in einer angemessenen, allgemein verständlichen Form. Deutlicher kommt das für die Anwendungsdimension spezifische Plus von Präskripten zweiter Ordnung bei der eigentlichen Anleitung (Einweisung) und insbesondere der Eingewöhnung und -übung ins Spiel. Eine Methodologie der Einübung ist überall dort angezeigt, wo Handeln aus bestimmten Grundhaltungen und Könnenslagen heraus geschieht. Moralische Einstellungen und andererseits Lebenstechniken sind ohne Wiederholungs- und Übungsmomente und entsprechenden Aufwand

5 Ihr Reflexions- und Metastatus verbietet es, sie einfach zur Speziellen Ethik zu schlagen und damit unter die Ethiktheorie zu subsumieren.

weder zu erwerben noch zu konservieren, eine Einsicht der älteren Ethik (vgl. Rabbow, Hadot, danach Foucault), die in der Neuzeit die Emanzipation der Profanethik von der Moraltheologie noch weniger als die Beratungsdimension überstanden hat. Die damit zunehmend verbundene Theoretisierung der neuzeitlichen Ethik ist aber systematisch als Verkürzung und Denaturierung des Begriffs einer *Praktischen* Philosophie aufzufassen und muß rückgängig gemacht werden. Eine praktizierbare und praktizierte Ethik der Zukunft wird für diesen Zweig der Methodologie vermutlich von der älteren ›Asketik‹ noch manches lernen können, sich aber heute primär an den modernen Techniken des autogenen Trainings, der Verhaltenstherapie und dergleichen orientieren.

Das Konzept einer ethischen Methodologie macht jedoch weitere Unterscheidungen notwendig: Ihre Regulative können entweder in diffuser und kontingenter, vornehmlich literarischer Verbreitungsform gleichsam zum Selbstgebrauch des Akteurs angeboten werden, oder sie werden durch geeignete Vermittler und Berater von Fall zu Fall adressatenbezogen, gezielt und kontrolliert eingesetzt. Diese zweite Wirkungsweise ist als die weiterreichende, effizientere und daher sachgemäßere entschieden zu bevorzugen. Die im letzten Jahrzehnt in Mitteleuropa und darüber hinaus neu aufgetretene *Philosophische Praxis* gehört nun, soweit sie sich auf Ethik und Praktische Philosophie und nicht auf Philosophie überhaupt bezieht, systematisch zur eben beschriebenen Anwendungsdimension der Ethik, und zwar primär in der Perspektive ihrer gezielten Vermittlung, die aber auch diejenige der Exekution großenteils übergreift. Philosophische Praxis[6] ist wesentlich zu

6 Der von G. Achenbach (1981) geprägte und als »philosophische Lebensberatung in der Praxis eines Philosophen« definierte Begriff der Philosophischen Praxis ist ein Neologismus mit gesuchtem Mehrfachsinn, bei dem man drei Bedeutungen sondern kann: a) durch philosophische Theorie geleitetes Handeln, b) entsprechende Einübung in ethische Grundhaltungen, c) das Beratungsgespräch über Fragen der Lebensführung, das der ärztlichen (speziell psychotherapeutischen) »Praxis« entspricht, wobei nicht mehr der Akteur, sondern der Berater als Subjekt der Praxis zu denken ist. Die drei Bedeutungen hängen so zusammen, daß die dritte die ersten beiden und die zweite die erste befördern und ermöglichen.

verstehen als das professionell institutionalisierte philosophische *Beratungsgespräch*, kann sich aber auch im Medium gemeinsamer Texthermeneutik vollziehen. In einem weiteren Sinn kann man auch andere Aktivitäten von Philosophen zur Philosophischen Praxis rechnen: so die Industrie- und Betriebsberatung, die Ausbildung von Führungskräften, die Erwachsenenbildung, öffentliche Stellungnahmen zu ökologischen, juristischen, künstlerischen oder politischen Fragen, ferner die Vermittlung von Philosophiekenntnissen und die damit verbundene Didaktik. Philosophische Praxis kann sich darüber hinaus sogar ganz allgemein auf Selbst- und Weltorientierung beziehen, also als Anwendung der Theoretischen oder der Religions-Philosophie oder der Ästhetik und nicht speziell der Praktischen Philosophie und Ethik auftreten. Das verbindende Merkmal bleibt, daß Philosophische Praxis stets gezielt situations- und adressatenbezogen betrieben wird. Auf der anderen Seite ist davon auszugehen, daß nicht *jede* Art von Anwendung der Ethik (z. B. die unregulierte Selbstanwendung des Akteurs) und auch nicht *jede* Art ihrer Vermittlung (z. B. die ungezielte literarische) Philosophische Praxis ist. Angewandte Ethik und Philosophische Praxis decken sich also nicht, sondern überschneiden einander nur. Der Anklang des Titels Philosophische Praxis an den der Praktischen Philosophie und die gesuchte Parallele zur ärztlichen Praxis zeigen jedoch, daß die Praktische Philosophie im Zentrum der Philosophischen Praxis steht. Die primäre Rolle des individuellen Beratungsgesprächs weist weiter auf die *Ethik* als die eigentliche Domäne der Philosophischen Praxis. Die Regulationsleistung der Ethik nimmt ihrerseits im *Beratungsgespräch* ihre optimale und effizienteste Form an: a) Das Beratungsgespräch erlaubt die individuelle und situationsbezogene Zuwendung. b) Es bietet ferner durch kontinuierliche oder intermittierende Erstreckung in der Zeit die Möglichkeit zur Vertiefung und Konsolidierung. c) Es eröffnet überdies durch die Struktur von Frage, Antwort und Nachfrage Möglichkeiten der Rückmeldung und Kontrolle. d) Hinzu kommt die Anpassung an die jeweilige Rezeptionskapazität des Adressaten – etwa in der sprachlichen Einkleidung –, die zu einer gesteigerten Reichweite führen mag. e) Endlich kann sich der Berater im Gespräch gezielt in die parallellaufende Alltags- oder Wissenschaftsberatung einschalten und dazu kritisch oder weiterführend Stellung nehmen. f) Das Beratungsgespräch kann dabei alternierend oder simultan didaktische, hodegetische und »asketische« Funktionen verbinden und in offener oder indirekter, kaschierter oder bildhafter Form zur Geltung bringen.

Durch diese Merkmale unterscheidet sich das Beratungsgespräch und insgesamt die Philosophische Praxis auch von der Popularphilosophie, mit der sie die generelle Adressatenbezogenheit und die Vermittlung von Resultaten der Fachphilosophie an die außer- und vorphilosophische Öffentlichkeit verbindet. Die partielle Erneuerung der Popularphilosophie, wie sie heute empfohlen wird (Lübbe, Zimmerli), ist allerdings gerade für die Praktische Philosophie und Ethik durchaus wünschenswert, die auf Praxisregulierung uneingeschränkt und im weitesten Sinne und damit auf Breitenwirkung angelegt ist und daher alle Wirkungs- und Einflußmöglichkeiten voll nutzen sollte (nicht die Befürworter der Popularisierung der Ethik in der modernen Welt, sondern ihre Gegner machen sich daher eines Selbstwiderspruchs schuldig). Doch auch wenn die Popularphilosophie, der systematischen Mehrgleisigkeit Praktischer Philosophie eingedenk, bewußt anwendungsorientiert auftritt und sogar methodologisch aufbereitet wird, bleibt sie doch in der Regel an literarische und andere Medien gebunden und erreicht nicht die methodischen Vorzüge der Philosophischen Praxis wie die Direktheit, Individualisierung, Langfristigkeit oder Gegenkontrolle der Beratungssituation.

Generell ist kein Zweifel daran möglich, daß das philosophische Beratungsgespräch den traditionellen neuzeitlichen Vermittlungsformen von Ethik weit überlegen ist. Dies sei gegenüber den Skeptikern und Kritikern der Philosophischen Praxis innerhalb der philosophischen Zunft nachdrücklich festgehalten. Der Weg des herkömmlichen Literatur- und Vortragswesens, das durch meditative Textlektüre des Einzelnen oder durch Lehre Gesinnungen zu erzeugen sucht, bleibt in der Regel intellektualistisch an der Oberfläche und steril. Darin wirkt zwar das Modell religiösen Schrifttums und der Predigt nach, doch wird in der Profanethik gerade das seelsorgerische *Beratungsgespräch* eliminiert und damit die religiöse Tradition halbiert und entscheidend verkürzt. Die Neuzeit hat das Beratungsgespräch offenbar als autonomiefeindlich verworfen und zum Syndrom von Prinzipien / Autonomie / Urteilskraft folgerichtig auch das Beratungsverbot gesellt. Wenn jedoch Praktische Philosophie und Ethik praktisch werden sollen und dies im Interesse aller Beteiligten in optimaler Weise geschehen soll, dann ist das philosophische Beratungsgespräch unverzichtbar. Wie die Anwendung im Begriff der Praktischen Philosophie und Ethik vorgezeichnet ist, so fordert die optimale, d. h. so weit und so tief wie möglich reichende Anwendung die Inanspruchnahme des philosophischen Beratungsgesprächs. Der Ethiker ist dann kraft seines eigenen Ethos und seiner Verantwortung als Praktischer Philosoph dazu aufgerufen, den Weg der Philosophischen Praxis entweder zu beschreiten oder durch Kooperation zu befördern. –

Es gibt indessen bei den Philosophischen Praktikern, die in den achtziger Jahren im deutschsprachigen Raum hervorgetreten sind, eigene Tendenzen, die Verbindung zur Ethiktheorie zu lockern und sich und ihre Klienten als Philosophierende eigenen Rechts theoriefrei und autark zu setzen.[7] Es ist nun ohne weiteres zuzugestehen, daß dem mit konkreten Lebensproblemen konfrontierten Praktiker nach Form und Inhalt freie Spielfelder für philosophische Überlegungen eingeräumt werden müssen und daß er nicht umhin kann, an die Lebenseinstellung, sozusagen die Alltagsphilosophie, des Klienten produktiv anzuknüpfen. Es ist sogar mit der Möglichkeit zu rechnen, daß die Erfahrungen der Beratungspraxis mehr oder weniger und in verschiedener Weise im Sinne einer dynamischen Induktion auf die Theorieebene zurückwirken, daß also die Relation von Theorie und Anwendung keine asymmetrische, sondern grundsätzlich eine symmetrische ist.[8] Dennoch wäre es überzogen, einem äquivoken Begriff von Phi-

7 Ich stütze mich dafür auf die Erhebungen der Studie einer Mitarbeiterin, die eine Reihe repräsentativer Praxisprogramme monographisch untersucht und kritisch verglichen hat: M. Berg, Philosophische Praxen im deutschsprachigen Raum. Eine kritische Bestandsaufnahme, Salzburg 1992, Reihe Philosophische Praxis Band 4, herausgegeben von G. Witzany (nicht zu verwechseln mit der Reihe gleichen Titels, herausgegeben von G. Achenbach u. a., Köln 1984ff.).

8 Zwischen praktischer Theorienbildung, Beratungspraxis und Handlungspraxis besteht dabei ein Verhältnis der Anwendung und Bewährung, aber auch der Korrektur und Erweiterung.

losophie *neben* der etablierten Philosophie das Wort zu reden und die Entflechtung und Abkopplung von dem vorliegenden Theoriebestand zu betreiben. Eine ganz auf sich gestellte, sich nicht mehr als Angewandte Ethik verstehende Philosophische Praxis würde der Illusion verfallen, den Bewußtseinstand des Sokrates in die moderne Welt zurückholen zu können. Sie würde, auf eigene Faust operierend, bereits getane Arbeit nutzlos verdoppeln und doch hoffnungslos hinter dem schon Erreichten zurückbleiben; sie würde es ferner versäumen, aktuellen theoretischen Diskussionen rechtzeitig vermittelnd Rechnung zu tragen. Die Philosophische Praxis kann systematisch gesehen nicht als Alternative, sondern nur als Komplement und Korrektiv zur Ethiktheorie auftreten. Dabei genügt nicht die generelle Orientierung an einer verbreiteten philosophischen Richtung, die, soweit zu ersehen, bei keinem Philosophischen Praktiker der Gegenwart fehlt (überwiegend ist es die Frankfurter Schule, daneben die Existenzphilosophie, aber auch Kant, Hegel oder Wittgenstein sind vertreten). Der Praktiker ist vielmehr gehalten, die materialen Diskussionen zumal der Präskriptiven Ethik zu rezipieren und sinngemäß in das Beratungsspiel einzubringen. Dies bedeutet natürlich nicht, daß er sein Hintergrundswissen jederzeit explizit entfaltet.

Wir können darum als Zwischenresultat zusammenfassen, daß sich Praktische Philosophie und Philosophische Praxis gegenseitig fordern: Wie die Praktische Philosophie und insbesondere die Ethik vorzugsweise auf die Vermittlungsleistung der Philosophischen Praxis angewiesen ist, so fordert umgekehrt eine voll funktionsfähige Philosophische Beratungspraxis eine Ethiktheorie, auf die sie bei der Wahrnehmung ihrer klärenden und regulierenden Funktionen zurückgreifen kann. Eine solche Integrationslösung grenzt sich in doppelter Frontstellung von zwei entgegengesetzten Reduktionismen ab: sowohl vom puristischen Selbstmißverständnis und theoretizistischen Intellektualismus der Schulphilosophie wie auch umgekehrt von einer sich autark wähnenden Philosophischen Praxis, die in der Gefahr steht, zu einer Art von isolierter Popularphilosophie mit unklarem Status zu verkommen und dadurch systematisch ortlos zu werden.

Die Frage, inwieweit die Philosophische Praxis Angewandte Praktische Philosophie und Ethik sei, verschärft sich aber noch einmal dramatisch, wenn man die Methodenstandards der einzelnen Praktiker betrachtet. Die Mehrzahl unter ihnen lehnt nämlich für das Gespräch mit dem Klienten konkrete Direktiven, Ratschläge oder auch nur Vorschläge ab. Man folgt damit der heute auch in anderen beratenden Disziplinen verbreiteten nichtdirektiven Gesprächstherapie von C. Rogers, in weiterem Umkreis auch dem Verfahren der Psychotherapie und zuletzt dem Autonomieideal seit der Aufklärung, von dem bereits die Rede war. Übrig bleibt dann entweder ein empathisch-teilnehmendes oder allenfalls ein mäeutisches Verfahren, das den Klienten durch indirekte Appelle zu sich selbst bringt. Nun ist es gewiß unbestreitbar, daß authentische Anteilnahme, empathische Akzeptanz und eine quasi-paritätische Partnerschaft das Gesprächsklima entscheidend verbessern und auch um ihrer selbst willen verfolgte Wirkungen haben können. Nichtsdestoweniger handelt es sich dabei weder um Angewandte Ethik noch auch nur um Beratung – hier von »Beratung« zu sprechen wäre wie schon bei Rogers ein misuse of language. Das gleiche gilt mutatis mutandis auch für ein mäeutisches Verfahren. Es wäre aber dogmatisch, auf explizite Beratung von vornherein zu verzichten, obwohl sie vom Klienten in vielen Fällen erwartet wird. Eine solche Limitierung ließe sich in praxi auch schwerlich durchhalten. Philosophische Praxis muß daher über ein offenes, flexibles Ensemble von Methoden verfügen, das von Fall zu Fall und von Situation zu Situation verschieden eingesetzt werden kann und das von teilnehmender Empathie über partnerschaftliche Kommunikation und Diskussion und über indirekte Verfahren der Aufklärung und Orientierung bis hin zu Informationen, expliziten Direktiven, ja bis knapp an die Schwelle der Verhaltenstherapie reicht. Schlagwortartig ausgedrückt: Neben empathischem Verstehen und Mäeutik müssen auch Protreptik und Paränetik ihren legitimen Platz erhalten. Gerade das normative Moment der Ethik kann schwerlich ganz ohne präskriptive Formen der Beratung vermittelt werden. Vor allem der in moralischen Fragen Ratsuchende darf zum wenigsten Ratschläge, in manchen Fällen sogar harte Direktiven erwarten – es sei denn, man drängt das Moralische mit Freud in die Retrospektive ab, anstatt es mit der Praktischen Philosophie primär in der Zukunftsperspektive zu suchen. Sinnfragen und Fragen diätetischer Lebenstechnik und der Daseinsbewältigung kommen dagegen in der Regel mit weichen Präskripten und bloßen Vorschlägen aus. Wenn die Philosophische Praxis in diesem Feld auf eigene Improvisationen oder Anleihen bei anderen Disziplinen angewiesen zu sein scheint, so beruht dies darauf, daß eine Spezielle Güter/Glücks/Strebens/Klugheits- oder Selbstethik – das Hendiapollon soll wiederum einschärfen, daß jede einzelne dieser Bezeichnungen mißdeutig ist – heute noch weniger ausgebildet ist als eine Spezielle Moralphilosophie. Damit die Philosophische Praxis auch in diesem Bereich vom okkasionellen Experimentieren wegkommt und Ethik anwenden kann, bedarf es des zeitgemäßen Aufbaus einer entsprechenden ethischen Theorie. Daß es diese vorläufig noch nicht gibt, liefert aber kein systematisches Argument dafür, daß die Philosophische Praxis nicht sollte beraten dürfen. Im Namen der Ethik muß also für eine starke Kompetenz der Philosophischen Praxis plädiert werden, die sie nicht vorzeitig abschwächen und aus der Hand geben sollte, auch wenn dies manchmal als zeitgemäßer erscheint. Der Autonomiegedanke ist jedenfalls insofern gewahrt, als die letzte Entscheidung immer beim Beratenen selber bleibt;[9] er findet jedoch seine Schranke an der Hilflosigkeit und Nichtautarkie des Ratbedürftigen, und es ist unergiebig, das eine gegen das andere ausspielen zu wollen. Wer im übrigen die im vorigen favorisierte[10] externalistische Moralauffassung vertritt, wird in Moralfragen den strengen Autonomiebegriff ganz verabschieden und durch weniger anspruchsvolle Konzepte ersetzen müssen. Wollte man dagegen Direktiven und Ratschläge für illegitim erklären, so würde man damit in der weiteren Konsequenz die Praktische Philosophie selbst in Frage stellen.[11] – Ähnlich steht es mit dem oft ängstlich beteuerten Verhältnis der Egalität und Parität zwischen Philosophischem Praktiker und Klient. Auf Grund des Wissensvor-

9 Zur Definition des Ratschlags als *entscheidungsverbessernder* Vorgabe vgl. unten S. 344.

10 Kap. I.

11 Mit der in Kap. IV (S. 232f.) skizzierten Anthropologie der Beratung wäre einem solchen Reduktionismus wirkungsvoll zu begegnen.

sprungs, der den Praktiker als Ratgeber legitimiert, ist der Klient *in diesem Verhältnis* so wenig paritätischer Partner des Praktikers wie der Patient gegenüber dem Arzt – und die Philosophische *Praxis* sucht ja gerade diese Parallele. Im übrigen schließt das einen sukzessiven Rollentausch oder eine komplementäre Reziprozität *unter verschiedenen Aspekten* in Einzelfällen nicht aus. Doch der verbreiteten Erfahrung heutiger Praktiker, daß der Klient den Lösungsvorschlägen Widerstand leistet und daß man auf Gegenseitigkeit alles ad infinitum in Frage stellen und weiterproblematisieren kann, läßt sich zumindest partiell und langfristig durch den Rückhalt einer Speziellen Ethik und die wachsende Geübtheit des Beraters abhelfen, auch wenn ein konstitutioneller Restbestand an Schwierigkeiten und Risiken immer bleiben wird.
Wenn die Philosophische Praxis generell Lebensprobleme behandelt, kann sie sich auch nicht nur mit Metaproblemen befassen oder sich gar auf den Status einer Metasymbuleutik zurückziehen, die lediglich über andere Beratungsformen und -instanzen aufklärt. In praktischen Fragen lassen sich nämlich Probleme zweiter Ordnung von solchen erster Ordnung nicht wirklich trennen. Der Versuch, dies zu tun, würde einem abstraktiven oder reflektiven Fehlschluß erliegen. Ein weiterer drohender Fehlschluß wäre der normativistische, wenn nämlich nur Ziele und Normen, aber keine Wege zu ihrer Verwirklichung aufgezeigt würden. Die Philosophische Praxis darf nicht in eine reflexive Randstellung geraten, wenn sie handlungsorientierend bleiben soll. Der Praktiker muß dessen eingedenk sein, daß die Spezielle Ethik – insbesondere die Spezielle Güter- oder Klugheitsethik – grundsätzlich alle Lebensbereiche abdeckt, und er muß darum den Mut haben, eine prinzipielle All-Kompetenz zu beanspruchen, d. h. aber, mit anderen Beratungsdisziplinen in Wettbewerb zu treten. Dies bedeutet, daß die Philosophische Praxis sich nicht auf die Spezifica und Propria der Philosophie, etwa der philosophischen Ethik, beschränken kann, sondern sich auch den mit anderen Disziplinen gemeinsamen Themen widmen muß. Das Besondere der Philosophischen Praxis kann also nicht ihr Einziges sein, oder anders gewendet: Die Philosophische Praxis ist so wenig rein philosophisch zu halten wie in jedem Falle auf die explizite Beratungsform festlegbar. Natürlich kann der Philosophische Praktiker nur dort

sinnvoll raten, wo er sich ein gewisses Maß an Sachverstand verschafft hat.
Die Philosophische Praxis pflegt sich im übrigen ihrer neu errungenen Ungebundenheit und Praxisnähe zu rühmen, die sie aller Schuldoktrin und Schematisierung enthebt. Soweit jedoch die Philosophische Praxis Angewandte Ethik ist – und sie kann sich dieser systematischen Zuordnung nicht entziehen –, wird sich die Struktur der Ethiktheorie unvermeidlich in ihr abbilden. Im vorigen war vom Themen-, Problem- und Regelpanorama der Speziellen Ethik nebst den zugehörigen Argumentationsfeldern die Rede. Der erfahrene Praktiker wird nicht umhin können, sich eine analoge Topik zuzulegen, nicht etwa nur, um den Kontakt mit der Theorie zu wahren, sondern ebenso aus dem pragmatischen Bedürfnis heraus, den verschiedenen Falltypen rasch, effizient und spezifisch gerecht zu werden. Dies braucht keineswegs eine Dogmatisierung nach sich zu ziehen, denn jede Art von Tabulatur und Topik ist ihrerseits auf Anwendung durch die Urteilskraft angewiesen und ferner der Veränderung und Erweiterung fähig und bedürftig. Im übrigen bieten unvorhergesehene Fälle noch genügend Raum für die Entfaltung von Improvisation und Phantasie.
Die bis hierher aufgezeigte strukturelle Homologie und die arbeitsteilige Kooperation zwischen Ethiktheorie und Philosophischer Praxis wird allerdings dadurch relativiert und eingeschränkt, daß es verschiedene und untereinander kontroverse Ethiktheorien und andererseits verschiedene Formen Philosophischer Praxis gibt. Eine Eins-zu-Eins-Entsprechung ist daher sehr unwahrscheinlich, da jeweils mehrere Ethikangebote mehreren Anwendungs- und Beratungstypen gegenüberstehen. Eine annähernde Entsprechung wäre nur dann erreichbar, wenn sich ein Praktiker ausschließlich einer bestimmten Ethiktheorie verschriebe oder ein Ethiker zugleich die Rolle des praktizierenden Beraters übernähme. Es liegt aber wohl eher im Interesse der Klienten, daß die Philosophische Praxis sich für mehrere Theorieansätze offen und disponibel hält und dadurch eine breiteres und wirksameres Beratungs- und Vermittlungsspektrum abdecken kann. Der Grenzfall einer Personalunion zwischen dem Theoretiker der Ethik und dem Berater ist darum auch gar nicht wünschenswert, nicht nur

weil der Philosophische Praktiker verschiedene Theorien kombinieren und von Fall zu Fall zweckentsprechend einsetzen kann, sondern auch deshalb, weil der Theoretiker nicht immer ein guter Methodiker und Praktiker der Vermittlung ist. Eine kooperative Arbeitsteilung zwischen Theoretiker und Vermittler verdient darum insgesamt den Vorzug vor der Identität eines einzigen Rollenträgers. Das Verhältnis der Ethik zur Philosophischen Praxis ist jedenfalls noch komplexer als es sich schon bei der Abgrenzung von anderen philosophischen Disziplinen oder den Wissenschaften erwies. Auch ethikintern wird die Theorie in der Regel nur selektiv, diffus und gefiltert vermittelt. Der Transfer bleibt an die Präferenzen und Optionen des Praktikers gebunden und daher wesentlich kontingent. Dies kann freilich weder überraschen noch beunruhigen, denn es gibt wohl keine praktische Disziplin, die sich zur zugehörigen Theorie anders verhielte – man denke an die Medizin. Für die Philosophie trifft es aber noch in einem zweiten Sinne zu, nämlich im Verhältnis zu der für sie wesentlichen Geschichte der Philosophie. Der Praktiker kann sich nämlich anders zur Ethikgeschichte verhalten als der Theoretiker der Ethik und daraus eigene Folgerungen für die Beratungspraxis ziehen.

Eine weitere Komplikation ergibt sich daraus, daß die Philosophische Praxis stets auch andere Einflüsse verarbeitet und daher mehr enthält als die philosophische Theorie: so die Lebens- und Alltagserfahrung des Praktikers oder Dritter, einschließlich geltender Normen- und Regelsysteme, common sense-Überlegungen, Resultate, Rezepte und Techniken der Wissenschaften und Technologien, zuletzt die individualisierende Applikationsleistung im Einzelfall, die aus der Theorie nicht ableitbar ist, aber auch weitergehende Improvisationen, die zu theorierelevanten Innovationen führen können. Das ethische Beratungsgespräch geht also nicht in Angewandter Ethik auf, sondern überschreitet sie in der Anwendung auf Anderes und Weiteres hin. Noch einmal wird deutlich, daß Angewandte Ethik und Philosophische Praxis sich nicht decken, sondern nur partiell miteinander kongruieren.

Doch trotz aller Interferenzen und Einschränkungen ist die Durchlässigkeit der Grenze zwischen Ethik und Philosophischer Praxis gewährleistet und damit der systematische Ort der Beratungspraxis im wesentlichen vorgezeichnet. »Praktisch« kann die Philosophie primär nur als Praktische Philosophie und hier wieder vorzugsweise und prototypisch nur als Ethik werden. Praktische Philosophie und Ethik werden ihrerseits nicht umstandslos und quasi-automatisch praktisch, sondern nur auf Grund ausreichender methodischer Vorbereitung und Hilfestellung und dies zunehmend in dem Maße,wie die moderne Welt sich als vielgestaltig, ja unübersichtlich erweist. –

Wenn wir jetzt ein abschließendes Fazit aus unserer metatheoretischen Betrachtung ziehen, dann wird erkennbar, daß die Rehabilitierung dessen, was sich heute Philosophische Praxis nennt, nämlich der Methodologie Praktischer Philosophie und Ethik, nicht isoliert steht, sondern mit der Behebung anderer Defizite des systematischen Aufbaus korrespondiert. Eine voll funktionsfähige *Methodologie* verweist einmal auf das Pendant einer entwikkelten *Speziellen Ethik*, die die generelle Prinzipienethik auf praxisnahe Normensysteme hin komplettiert und dadurch die Beratungspraxis entlastet. Sie erfordert ferner als Seitenstück zur Moralphilosophie eine ausgebildete *Güter- und Klugheitsethik*, und zwar wiederum vornehmlich in der detaillierten Gestalt einer Speziellen Ethik. Eine Integrative Ethik der Zukunft wird den Aufbau dieser drei miteinander zusammenhängenden Felder: der Methodologie, der Speziellen Ethik, der Güterethik, gleichzeitig voranzutreiben haben. Eine solche integrative, nicht-restriktive, nicht-reduktionistische Ethikkonzeption würde den fortschreitenden Auszehrungsprozeß der Ethik in den letzten beiden Jahrhunderten rückgängig machen, in dessen Verlauf alle drei Themenkreise allmählich durch Wegdefinieren und Tabuisieren aus der eigentlichen Ethik ausgeschieden worden sind, ohne durch die Humanwissenschaften wirklich ersetzt zu werden. Die Restriktionen waren gleichgerichtet insofern, als sie durchweg einen Rückzug aus der Lebenspraxis markierten, dem eine Hinwendung zu den prinzipiellen Grundlagen und Möglichkeitsbedingungen des Handelns komplementär entsprach, bis hin zu einer Ontologie der Werte einer- und einer linguistischen Metaethik andererseits. Eine Integrative Ethik wird solche neuzeitlichen Errungenschaften, soweit sie wirklich haltbar sind, aufbewahren, aber die Akzente doch wieder anders setzen. Nicht daß die Ethik Wissen-

schaft wird oder hohen theoretischen Standards genügt, wie das Programm der Neuzeit es forderte, ist ihr vordringlicher Zweck, sondern die möglichst effiziente und weitreichende Regulierung von Praxis. Theoretisch geleitete Vereinfachungen stehen aber der Vielfalt praktischer Erfordernisse oft im Wege.
Integrativ sollte dann aber auch die Philosophische Praxis in sich selbst verfahren. Gerade im gegenwärtigen Experimentierstadium empfiehlt es sich nicht, bestimmte Methoden[12] oder Inhalte ganz auszuschließen und sich restriktiv an bestimmte andere zu binden. Anstelle eines Entweder-Oder sollten vielmehr kontinuierlich fortschreitende oder eskalierende Verfahrenstypologien treten, die fallweise eine differentielle Betreuung ermöglichen und optimieren. Sie können sich, wie angedeutet, zwischen Extremen bewegen und auch Grenzfälle integrieren, die zu anderen Vermittlungsweisen Praktischer Philosophie und Ethik oder zu Nachbardisziplinen hinüberleiten. Gemeint sind hier in erster Linie Psychotherapie und Pädagogik, die man beide als Grenzfälle einer Angewandten Integrativen Ethik interpretieren kann und von denen zu hoffen ist, daß sie einmal in eine wiederintegrierte Ethik zurückgenommen werden. Fernziel der Philosophischen Praxis, wenn sie die tentative Phase passiert haben wird, bleibt eine Integrative Methodologie, die gerade dadurch, daß sie umfassende Vergleiche und Überblicke bietet, eine variable und gezielte Verwendung erlaubt.
Die Funktion Philosophischer Praxis als Angewandter Ethik läßt sich noch besser beleuchten und profilieren, wenn man sie in den größeren Zusammenhang einer *formalen Theorie der Beratung* rückt, die Beratungsprozesse generell und überdisziplinär beschreibt und konzeptualisiert. Dadurch ergibt sich zunächst eine schärfere Abgrenzung der Beratung von der Therapie, aber auch von den – gleichfalls ethikrelevanten – Verfahren der Mäeutik und der moralischen Direktive. Zum andern wird die Formaltheorie eine funktionelle, integrative, verschiedene Fächer verbindende Beratungstheorie vorbereiten, die integrierte, interdisziplinäre Beratungsprozesse projektiert, theoretisch abklärt und opti-

12 Die Erneuerung der – allerdings aufwendigen – Dimension der Exerzitien steht der Philosophischen Praxis erst noch bevor.

miert und zugleich auf ihre institutionellen Voraussetzungen hin untersucht. Beide Generaltheorien fallen vorzugsweise in die Zuständigkeit einerseits der Metatheorie, andererseits der Methodologie Praktischer Philosophie,[13] nicht nur wegen der damit verbundenen Ziel- und Normendimension und der anthropologischen Grundlegung, sondern auch deshalb, weil die Praktische Philosophie in das System beratender Disziplinen selbst involviert ist und darum ihren Ort und ihre Funktion nebst den spezifischen Differenzen im Verband der Beratungsangebote (auch des Alltags!) zu klären und zu präzisieren hat. Die Praktische Philosophie und Ethik ist durch die gegenwärtige Konjunktur des Beratungswesens und die Kultur der helfenden und beratenden Berufe zum Überdenken ihres eigenen Beraterstatus und zugleich zur Bestimmung des Verhältnisses philosophischer Beratung zur Zielsetzung und Beratungspraxis anderer beratender Disziplinen herausgefordert. Dabei zeichnen sich theoretisch *drei Möglichkeiten* ab: a) Ein Nebeneinander mit streng komplementärer Zielsetzung und Arbeitsteilung, oder b) ein Konkurrenzverhältnis, bei dem die Philosophie und beispielsweise die Psychologie dieselben Ziele mit verwandten Methoden verfolgen, oder schließlich c) ein Verhältnis interdisziplinärer Kooperation, nichtinstitutionalisiert oder in Teamform institutionalisiert, bei dem in komplexen, integrativen Beratungsprozessen jeweils komplementäre Aspekte angegangen, aber nicht isoliert werden.

Am Anfang einer *formalen Theorie der Beratung* steht deren Definition, die in dichotomischer Spezifikation und Abgrenzung zu entwickeln ist. Oberbegriff der Beratung ist die Hilfeleistung. Doch handelt es sich bei der Beratung nicht um tätige Hilfelei-

13 Interdisziplinäre, womöglich institutionalisierte Gesamtstrategien der Beratung gehören wie das Beratungsethos (unten S. 355) und die Beratungstechnik zur *normativen* Beratungstheorie, die ihrerseits zusammen mit den Techniken der Didaktik und der Einübung zur normativen und präskriptiven Methodologie der Anwendung gehört. Die Philosophie entwickelt über ihre eigene Methodologie, die heute als Philosophische Praxis auftritt, hinaus in der Kooperation mit den Einzelwissenschaften eine Allgemeine Methodologie mit einer Allgemeinen Beratungstheorie, die durch eine *formale*, zur Metatheorie gehörende Beratungstheorie ergänzt und vorbereitet wird.

stung, wie dies im Normalfall die (medizinische) Therapie ist, sondern um Hilfeleistung durch Kommunikation. Gemeint ist aber wiederum nicht kommunikative Hilfe auf mäeutischem Wege (durch indirektes Zusichselbstbringen) und noch weniger durch kommunikative Beschäftigung oder Ablenkung (durch Unterhaltungen, Plaudereien und dergleichen), sondern durch Direktiven und Präskripte (im weiteren Sinn), die in der Regel der Frage des Ratsuchenden entsprechen: ›Was soll und kann ich tun und wie?‹ (oder genereller formuliert: ›Wie soll ich mich verhalten?‹). Hier ist nochmals zu scheiden zwischen strengen, alternativenlosen Weisungen von moralischem oder anderweitig befehlendem Charakter und eigentlichen Ratschlägen, die zur Entscheidung anheimgestellt werden und daher Raum für Alternativen lassen. Sie müssen so weit gefaßt werden, daß sie auch Fälle des unerbetenen Rats an bloß Ratempfängliche (nicht nur Ratsuchende) abdekken, sei es, daß es sich um objektive Ratbedürftigkeit oder lediglich um (bedürfnisfreie) Optimierungschancen handelt. Für Ratschläge bietet sich dann die zusammenfassende Definition an, sie seien *entscheidungsverbessernde, problemorientierte, kommunikative Vorgaben*. Die Formel bedarf in verschiedener Weise weiterer Erläuterung: Als Vor*gabe* ist der Ratschlag insbesondere von der bloßen Mäeutik oder von empathischer Anteilnahme abgehoben, insofern er inhaltliche Direktiven an die Hand gibt;[14] als bloße *Vor*gabe hingegen von der Weisung und vom Befehl, insofern er die freie Entscheidung und Vorzugswahl des Beratenen offenläßt. Dieser zweite Aspekt wird durch den Ausdruck ›entscheidungsverbessernd‹ gesondert namhaft gemacht. Die Vorgabe zerfällt dabei in zwei Komponenten: Sie bezieht sich einerseits auf den sachlichen Mehrgehalt an Information und andererseits auf die Bewertung und Rangierung, die im empfehlenden oder warnenden Charakter des Ratschlags liegt.[15] ›Vorgabe‹ ist im übrigen

14 Dadurch sind alle nichtdirektiven Verfahren vom Beratungsbegriff ausgeschlossen: ›nichtdirektive Beratung‹ ist eine contradictio in adjecto.

15 Die Unterscheidung deckt sich nicht mit der von Inhalts- und Beziehungsaspekt (Watzlawick), entspricht aber weitgehend der von deskriptiven und evaluativen Aspekten in der sprachanalytischen Philosophie.

genereller als ›Vorschlag‹ und deckt als Oberbegriff drei verschiedene Typen von Ratschlägen mit wachsendem Explikationsgrad ab: die Information, die nur implizit, und den Vorschlag, der explizit anrät, sowie den Sonderfall der scheinbar alternativenlosen Direktive, etwa bei ärztlichen Anordnungen oder Hilfeleistungen (›Ergreifen Sie den Rettungsring!‹). Der Ratschlag ist sodann statt problemlösend nur problemorientiert, nicht wegen des noch ausstehenden und daher unsicheren Erfolgs, was trivial wäre, sondern um über subjektive Problemfälle hinaus auch solche unerbetenen Rats einzubeziehen. Solche problem-, ja bedürfnisfreien Ratschläge können Probleme nicht schon lösen, sondern allererst eröffnen, indem sie neue, noch unerschlossene Horizonte und Alternativen aufzeigen. Die Definition muß demgemäß erweitert werden und gibt daher verallgemeinernd und weniger bestimmt den Problembezug oder noch neutraler die Problemorientierung als Merkmal der Vorgaben an.
Die Grenzen zwischen Psychotherapie und Beratung sind durchlässig und zeigen gleitende Übergänge. Dennoch greift die Therapie auch hier der Intention nach tiefer ein, wo Beratung nicht zureicht oder erst die Voraussetzungen sinnvoller Beratung zu schaffen sind. Die Psychotherapie hat darum entweder einen trans- oder einen präkonsiliatorischen Charakter, die Beratung gegebenenfalls umgekehrt einen prätherapeutischen oder – als Therapiesurrogat – einen quasitherapeutischen. (Davon sind zu unterscheiden verschiedene Formen der Metasymbuleutik oder Beratung zweiter Ordnung, sei es die Aufklärung des Ratsuchenden über Beratungschancen und -risiken, sei es die Beratung des Beraters durch Supervisoren oder Theoretiker der Beratung.)
Der ›Ratschlag‹ ist Gattungsbegriff für die Empfehlung und die Warnung. Dabei sind vorsorgliche Empfehlungen oder Warnungen für die Zukunft (Prävention) von solchen in der bereits eingetretenen Situation zu unterscheiden, und unter diesen solche, die auf den aktuellen Augenblick bezogen sind (Intervention), von solchen, die die Auseinandersetzung mit den vorliegenden und vermutlich anhaltenden Verhältnissen betreffen (Kuration und Fruktifizierung). In der Perspektive der Prävention treten Chancen- und Risikoberatung oft gekoppelt auf und führen dann zu einer Kosten-Nutzen-Kalkulation. In der Regel hat die Schadens-

vermeidung Vorrang vor der Chancenerschließung, d. h. die Warnung rangiert meist vor der Empfehlung. Innerhalb der präventiven Beratung sind ferner mehrere Momente zu unterscheiden: a) Prognosen mit Informationscharakter, b) Aufklärung über evaluative Relationen, etwa über die Risikotoleranz und umgekehrt die Chancenrelevanzschwelle, c) ein Ensemble sekundärer Ratschläge, betreffend die im Eventualfall des Erfolgs oder Mißerfolgs möglichen Interventionen und Kurationen.

Ratgeben ist nicht an eine bestimmte sprachliche Form gebunden, vielmehr ergibt sich die beratende Funktion von Zeichensystemen aus dem Kontext der jeweiligen Situation. Ratschläge können auch in der Form von Behauptungssätzen auftreten, die Bewertungen implizieren oder voraussetzen,[16] oder sie nehmen die Gestalt problematischer (»man könnte«) oder hypothetischer (Wenn-Dann-Relationen) Sätze an. Viele Ratschläge sind in diesem Sinne elliptisch, d. h. sie enthalten implizite Prämissen eines erweiterten praktischen Syllogismos, die in der Begründung weiter zu entfalten und zu vervollständigen wären. Sie führen zuletzt in der Umkehrung von Konsequenz- und Subsumptionsschlüssen auf oberste Zielannahmen oder Sollensnormen zurück.[17] Zumal handlungsorientierende Informationen brauchen nicht an explizite Ratschläge gebunden zu sein, sondern können auch auf neutralen oder chiffrierten, indirekten Mitteilungen beruhen. Allerdings gibt es – im Unterschied zur Rückmeldung, die auch fehlen kann – keine Beratung ohne entsprechende Intention (Hilfeleistung!), weshalb die Fälle zufälliger, versehentlicher oder heteroteler Information auszuschließen sind. Diese Abgrenzung wird bedeutungsvoll für die Beurteilung von durch Medien und insbesondere durch Automaten vermittelter Beratung, die eine Präzisierung des Kommunikationsbegriffs erfordern. Es handelt sich hier um eine höherstufig vermittelte Beratung, bei der der Programmierer der eigentliche

16 Z. B. ist ›Es brennt!‹ unter Umständen äquivalent mit ›Raus!‹

17 Eine Logik der Beratung (z. B. ›Was angeraten ist, ist nicht zugleich abgeraten‹, ›Was angeraten ist, dessen Unterlassung ist abgeraten‹ und umgekehrt) würde der Deontischen oder Normenlogik entsprechen, an die sie für die moralische Beratung direkt anschließen kann (z. B. ›Was geboten ist, ist auch erlaubt‹).

Berater bleibt, der aber bestimmte Schritte an den Computer delegieren kann.

Beratung vermittelt nicht nur Erfahrungen, sondern auch Überlegungen und Gedankenexperimente des Beraters oder Dritter, oder sie hilft den eigenen Erfahrungen des Akteurs klärend auf. Vermittelte Erfahrung und Ratschlag decken einander also nicht, sondern überschneiden sich nur: Es gibt, wie gezeigt, vermittelte Erfahrung und Anleitung ohne expliziten Ratschlag und umgekehrt Ratschläge ohne Erfahrungsbasis.

Zu unterscheiden ist ferner zwischen professioneller, hauptberuflich betriebener, und nichtprofessioneller Beratung. Die letztere zerfällt ihrerseits in solche Beratungsformen, die von professionellen Fach- und Berufsvertretern akzidentiellerweise ausgeübt werden, zweitens die Alltagsberatung, die gleichfalls kontingent und okkasionell erfolgt, und endlich in die wechselseitige Beratung von Selbsterfahrungs- und Selbstberatungsgruppen. Eine Zwischenstellung nehmen ehrenamtliche, halbprofessionelle Berater ein. In allen diesen Beratertypen kann der einzelne Berater mehrere bis viele Ratsuchende nebeneinander oder gruppenweise betreuen; es kann aber auch ein einziger Ratnehmender verschiedene – gleichartige oder heterogene – Berater in Anspruch nehmen. Auch im originären Beratungsverhältnis besteht also keine Eins-zu-Eins-Entsprechung.

Eine Formaltheorie der Beratung[18] hat sich in erster Linie um die Phänomenologie, Typologie und Kategorisierung von Beratungsverläufen zu bemühen, indem sie auf dem Wege einer Binnenanalyse Längs- und Querschnitte durch das schematisierte Beratungsgeschehen legt. Hier zeichnen sich zunächst drei Hauptphasen ab: a) die einleitende Phase mit der Vorinformation des Beraters durch den Ratsuchenden und die daran anschließende Problemklärung, b) die mittlere Phase mit der Exposition möglicher Lösungen und der Klärung von einschlägigen Vorstellungen des Ratsuchenden durch den Berater, c) die Endphase mit der Entscheidungshilfe bei der Bildung von Vorzugsordnungen und der Fixierung von Vorentscheidungen. Hinzu tritt die Ausarbeitung

18 Vgl. die Zwischenbilanz bei U. R. Kluck, Spielarten des Beratens. Zur Struktur von Beratungskommunikationen, Phil. Diss. Tübingen 1984.

von Realisierungsstrategien und – nach der Entscheidung – gegebenenfalls deren Kontrolle und Modifikation in der Form der Intervallberatung. Dieses Phasenmodell kann in Beratungsprozessen von ganz verschiedener zeitlicher Extension und Dauer mehr oder weniger verkürzt in Erscheinung treten, wobei Beratungsserien, einzelne Beratungsgespräche, Kurzberatungen (im Alltag überwiegend) und bloße Beratungskontakte punktueller Art (für spezielle Auskünfte und Informationen) typologisch unterschieden werden können. Nicht kongruent damit ist die strukturelle Dimensionierung und Gliederung der Beratungsmaterie, die von ganzen Systemen von Ratschlägen über größere und mittlere Komplexe bis zu Kleinstvorschlägen (Minirat: Tip, Hinweis, Anregung) reichen kann. Anders einzuordnen ist auch die Geltungsdauer der Ratschläge selbst (instantan-punktuell oder mit begrenzter Wiederholung oder ohne zeitliche Einschränkung: ›Immer‹, ›Nie‹) oder des Grades ihres Allgemeinheitsanspruchs. Von beiden Gesichtspunkten ist wiederum verschieden der Grad der Vorentscheidung, oder, anders gewendet, der Grad der Vorgabe, der auch innerhalb des Ratschlags – trotz der Abgrenzung von Mäeutik einer- und strenger Direktive andererseits – zu Differenzen führt: Das Maß an Bestimmtheit nimmt von der Klärung und Information über den Vorschlag zur Direktive zu und demgemäß der Freiheitsgrad ab. Im übrigen können Ratschläge in ganz verschiedenen Explikationsgraden, Abstraktionsebenen und Konzeptualisierungsstufen angeboten werden und – je nach Rezeptionsniveau der Adressaten – zur Auswirkung gelangen.

Die Beschreibung und Konzeptualisierung von Beratungsspielen ist von der Analyse realer Handlungsprozesse wohl zu unterscheiden, die durch jene erst ermöglicht, initiiert und reguliert werden sollen. Gleichwohl lassen sich die beiden Ebenen nicht leicht trennen und sind sowohl durch die praktischen Kompetenzen der Beratungspartner wie die jeweiligen Regulative eng miteinander verflochten. So müssen die handlungsstrategischen Kompetenzen des potentiellen Akteurs – die diagnostisch-heuristische und die stochastische der Praktischen Intelligenz sowie die emotiven oder volitiven Könnenslagen – im Reflexionsstatus auch beim Berater vorausgesetzt werden, wenngleich abgekoppelt vom realen Entscheiden und Handeln und gleichsam zurückgenommen in die Distanz des nichtinvolvierten Beurteilers und Helfers, aber zugleich vervielfältigt und erweitert, um verschiedenen Typen potentieller Ratnehmer und Akteure entsprechen zu können. Demgemäß sollte gerade der Berater die Fähigkeit, Erfahrungen zu typologisieren und abrufbereit in topischer Form zu ordnen, sowie das Vermögen zur Zuordnung von Zielen und Mitteln, zur schärferen Artikulierung von Zielen und zur Entwicklung von Fehlerbäumen sowie von Stammbäumen alternierender Strategien und Taktiken, aber auch von Hierarchien von Ersatzzielen in überdurchschnittlichem Maße ausgebildet haben. Darüber hinaus nimmt der Berater dieselben Kompetenzen in eigentümlicher Verdoppelung noch einmal für den Aufbau von spezifischen Beratungsstrategien, also für die Methodik des Beratungsspiels selber in Anspruch, das zwischen Theorie und praktischer Anwendung in der Exekution eine charakteristische Zwischenstellung einnimmt. Umgekehrt hat aber auch der Ratsuchende in seinem Rezeptionsverhalten – in seinen Frage-, Lern- und Verarbeitungsstrategien und in der Herstellung geeigneter Realisierungsbedingungen – an der Methodik des Beratungsspiels den ihm zukommenden Anteil.

Die einleitend entwickelte Definition des Ratschlags nimmt in ihren einzelnen Bestimmungen auf beide Ebenen: das Beratungsspiel (»kommunikative Vorgaben«) und die in ihm intendierten realen Handlungsverläufe (»problemorientiert«, »entscheidungsverbessernd«) gleichmäßig Bezug. Da alle wesentlichen Merkmale von Beratung sich entweder den Objektbereichen und Regulativen oder den Beratungsprozessen selber zuweisen lassen, zeichnen sich damit die Umrisse einer zusammenhängenden formalen Theorienbildung der Beratung ab, die flächendeckend ist und weiterer Ausführung harrt.

Die Beratungsinhalte unterliegen im übrigen einer abgestuften Skala von Aktualisierungsgraden. Sie setzen auf der Seite des Ratgebers oder gar beim Berater des Beraters – etwa beim Theoretiker und bei weiteren möglichen Zwischenberatern – grundsätzlich eine Suspendierung und Stillegung des praktischen Zusammenhangs und demgemäß eine Virtualisierung des unmittelbaren praktischen Interesses voraus. Dieser Status der Neutralisierung und Objektivierung ist notwendig, wenn der Anratende verschiedene und miteinander disparate Ratschläge soll erteilen können, ohne doch in der Lage zu sein, alle gleichermaßen durch eigene aktuelle Interessen und Handlungsmaximen abzudecken. Demgegenüber werden die Beratungsinhalte, die zunächst die Gestalt von bloßen Regeln, Rezepten, Normen und dergleichen haben, beim Beratenen zunehmend aktualisiert und mit praktischen Intentionen verbunden: zuerst als Handlungsmaximen, dann als Vorsätze in konkreten Situationen und zuletzt in der Exekution der Handlung selbst, wo die Virtualisierung definitiv aufgehoben wird.

Indessen stellt sich hier die grundsätzliche Frage, ob und unter welchen Bedingungen Beratungsinhalte überhaupt effizient weitergegeben und übertragen werden können. Zwar wird im Alltag und in den beratenden Disziplinen ein solcher Transfer als möglich und gegeben unterstellt, doch fehlt eine einschlägige Reflexion darüber, die die Möglichkeit der Übermittlung theoretisch aufklärt und damit auch die Chancen verbessert, den faktischen Transfer zuverlässig in den Griff zu bekommen und etwa für die Weitergabe von Erfahrungen anderer und Dritter optimal nutzbar zu machen. Das Problem deckt sich nicht völlig mit der Frage, ob Leben- und Handelnkönnen lehr- und lernbar sei, da es auch nichtkognitive Aneignungsprozesse (emotiver, unbewußt habitualisierender Art) oder die Rezeption bloßer Informationen einschließt. Was im besonderen die Vermittlung von Fremderfahrung angeht, so setzt sie Wiederholbarkeit voraus. Der ideale Übertragungsmodus wäre dann der, der Erfahrung genau so intersubjektiv wiederholbar macht wie das starke Können beim Einzelnen zuverlässige Wiederholbarkeit impliziert (und damit auch volle Gewißheit seiner selbst, im Unterschied zum unreflektierten Vollzug wie zur distanzierten Retrospektive). Er müßte allerdings bei der negativen Erfahrung, was schwieriger ist, umgekehrt Vermeidbarkeit und Nichtwiederholung gewährleisten. Abgesehen vom Induktionsproblem, das eher vernachlässigt werden kann,[19] liegen die eigentlichen Schwierigkeiten in hermeneutischen Problemen des Nicht- oder Falschverstehens, die sich vornehmlich in der Zeitdimension spezifizieren und konkretisieren. Im Unterschied

19 Vgl. oben S. 179f.

zur Sphäre interesseloser Theorie oder Ästhetik läßt sich das hermeneutische Andersverstehen bei der praktisch gerichteten Beratung nicht ohne weiteres ins Positive wenden, da es durch praktische Erfordernisse und Bewährungszwänge in seiner Reichweite eingeschränkt und einer Selektion unterworfen wird. Die Varianz des Kontextes darf dann nicht dazu führen, daß durch Singularität und Punktualisierung Wiederholung – oder ihre Vermeidung – ganz unmöglich wird. Am deutlichsten läßt sich das Problem an Hand der Zeitversetzung illustrieren: Die konsiliatorische Situation deckt sich in den meisten Fällen mit der kritischen Handlungssituation nicht, sondern sucht diese erst vorzubereiten. Dies ergibt sich teils aus pragmatischen Gründen, teils ist es geradezu angezeigt, wenn nämlich langfristige, komplexe Lern- und Gewöhnungsprozesse erforderlich sind, damit der Ratnehmende künftigen Situationen gewachsen ist. Die Phase des Sicheinlebens in ein bestimmtes Sichverhalten ist dann zwar schon von einem gewissen praktischen Interesse getragen, doch ist davon die eigentliche Entscheidungs- oder Handlungssituation noch einmal abzuheben, die erst an ein angemessenes Verstehen des Rates heranführt. Dieser Hiat markiert eine bestimmte, nicht mehr intersubjektive, sondern individuelle Virtualisierungsstufe von Erfahrung, die zwar bereits in praktische Handlungsmaximen oder singuläre Vorsätze Eingang gefunden hat, aber bis zur eigentlichen Anwendung gleichsam im Wartestand verbleibt. In noch höherem Grade können Erfahrungen durch die Verschiebung der Lebensphasen zwischen Verschiedenaltrigen und vollends durch den Zeitenabstand zwischen Epochen, Generationen und Altersklassen (Kohorten) ineffizient, ja obsolet und wertlos werden. Im Leben des Einzelnen hat dies im Blick auf die Lebensalterstufen schon immer eine Rolle gespielt, ist aber durch die Akzeleration des Geschichtsprozesses und den wachsenden Hiat zwischen Erfahrungsraum und Erwartungshorizont noch verschärft worden: Was wir in unserer Jugend fürs Alter mitbekommen haben, wird dann vielfach nicht mehr aktuell sein. Doch auch wenn man von der historischen Dimension absieht, bleibt das Faktum, daß der Sinn oder doch die Relevanz eines Ratschlags oft nicht verstanden wird, weil der Gesamthorizont der Erfahrung fehlt, daß aber später, wenn die Relevanz eingesehen wird, der Beratungsinhalt nicht mehr reproduzierbar ist. Die Erfahrung war dann zu früh vermittelt, als sie noch nicht griff, während sie später nicht mehr voll präsent war; in anderen Fällen ist es im Bedarfsfall zu spät für eine effiziente Vermittlung, da für die erforderliche längerfristige Vorbereitung und Eingewöhnung keine Zeit mehr bleibt. Man könnte zugespitzt das Paradox formulieren, daß der, der die Erfahrung schon hat, auch die entsprechende fremde Erfahrung verstehen, aber nicht mehr gebrauchen kann; daß aber der, der sie selbst nicht gemacht hat, sie gar nicht versteht.

Das Dilemma löst sich dahingehend auf, daß in der konsiliatorischen Situation beim Ratsuchenden eine praktische Interessendisposition vorliegt, die zur Aufmerksamkeit auf das praktisch Bedeutsame anhält, Erfahrung als praxisrelevant evident macht und gleichsam entvirtualisiert und aktualisiert. Dem praktischen Interesse liegen in der Regel eigene Erfahrungen zugrunde, die den zu rezipierenden Fremderfahrungen generisch äquivalent sind und ihnen daher entgegenkommen. Die Erfahrungen und Überlegungen des Ratnehmers und des Ratgebers wirken gemeinhin komplementär zusammen, wobei jeder Part prinzipiell auf die Mitwirkung des Gegenparts angewiesen bleibt. Nur im Zusammenspielen und Ineinandergreifen von fremder und eigener, d. h. selbst gemachter, Erfahrung kann sich eine echte Beratungssituation aussichtsreich konstituieren. Dies trifft vor allem für den einfachsten Typus der vermittelten Erfahrung zu, den der konfirmierenden, die eigene Erfahrung durch fremde bestätigt. Schwieriger ist die Sachlage bei der antizipativen, zur Nachahmung empfohlenen, und vollends bei der stellvertretenden, weil abmahnenden und warnenden Erfahrung, die die weitere Erprobung per definitionem ausschließt und damit die eigene Erfahrung blockiert. Hier wird die Rezeption durch die Beachtung der spezifischen Rechtzeitigkeit (nicht zu früh – nicht zu spät) gefördert, wie denn auch heute epochale Erfahrungen schneller als früher weitergegeben werden müssen, d. h. rechtzeitig, noch ehe sie veralten. Der der Pädagogik vertraute Gedanke ist für alle Formen von Beratung von Bedeutung, aber noch nicht methodisch zureichend ausgeschöpft. Hinzu tritt die erschließende Funktion aktueller Bedürfnislagen oder – bei der stellvertretenden Erfahrung – das Involviertsein in entsprechende Erfahrungen anderer (als Zeuge, Mitbetroffener, Anteilnehmender). Die bevorzugte Orientierung an dringlichen Not- und Bedarfslagen, in denen das Verständnis von Ratschlägen wie diese selbst unmittelbar bewährt oder falsifiziert wird, führt tendenziell zu einem methodischen Vorrang der Intervention vor der Prävention (gegenläufig zum Sachprimat der Prävention). Einen weiteren Anhaltspunkt bieten technische Anweisungen und Rezepte, die methodisch kontrolliert befolgt werden können und darin das Modell für andere Bereiche abgeben mögen. Auf diese Weise stellt sich eine konzentrische Abstufung effizienter Beratung her, die in der Beratungspraxis zu beachten ist. Im übrigen gibt es nicht nur intersubjektive, sondern auch intrasubjektive Vermittlungsprobleme mit der eigenen Erfahrung – und Überlegung –, die zeigen, daß hermeneutische Schwierigkeiten kein Spezificum der Fremderfahrung sind. Ein Kriterium für den erfolgreichen Transfer geeigneter Erfahrung ist die Entbindung und Steigerung des eigenen Wollens und Könnens, und zwar um so mehr, je länger sie sich auf die Dauer in bestätigenden Erfahrungssequenzen bewährt.[20]

Das Gegenextrem zum Scheitern der Übermittlung von Ratschlägen ist die Indoktrination und Überfremdung oder gar Bevormundung und Manipulation des Beratenen durch den Ratgeber, verbunden mit dem partiellen Verlust seiner Autonomie und Entscheidungsfreiheit. Liegt im ersten Fall zuwenig, so im zweiten zuviel an Wirkung und Einflußnahme vor. Damit ist möglicherweise verbunden die Unterdrückung von eigenen Erfahrungen und Überlegungen, die man sich umdeuten, ausreden und »enteignen« läßt. Daß derlei Risiken bestehen, ist unbestreitbar, doch ebenso, daß sie nicht den Regelfall der Beratung betreffen und daß die generelle Bedrohung der Autonomie durch manipulative Beratungspraktiken eine liberalistische Fiktion ist. Das Negativbild der Beratung geht von überholten Voraussetzungen aus (teleologische Anthropologie, klerikale Bevormundung, Verwechslung des Ratschlags mit strengen Direktiven) und verfällt Paradoxien, weil es

20 Die effizienteste Form der Übermittlung ist die narrative, die Handlungs- und Geschehensverläufe in Gestalt von Geschichten wiedergibt, die sich durch Kontinuität, Prägnanz und Isomorphie zum eigenen Handeln und Erleiden des Adressaten auszeichnen.

tätige und materielle Hilfeleistungen, wie sie die Moral und in neuerer Zeit die sozialen Menschenrechte vorsehen, a fortiori in Frage stellen und auch die helfenden Berufe bis hin zur Medizin, die durch Selbsttherapie zu ersetzen wäre, diskreditieren müßte. Das gleiche würde zuletzt für die auf Außensteuerung beruhende und als heteronom aufzufassende Moral insgesamt zutreffen. Tatsächlich suchen, erhalten und geben wir aber im Alltag Ratschläge oder Informationen, die Ratschläge implizieren, ohne an unserer oder der Autonomie unserer Partner zu zweifeln, weil wir die meisten Ratschläge nicht zu befolgen pflegen und es auch von Anderen nicht erwarten. Der manipulative Mißbrauch der Beratung ist darum, ähnlich dem der Moral, als Ausnahme- und Sonderfall zu betrachten.[21] Ihm kann auf verschiedene Weise begegnet werden: Einmal durch eine immanent verfahrende Beratung *über* Beratung – im allgemeinen wie im konkreten Fall –, die Defizite und Risiken der Beratung einbezieht oder aufdeckt und ausgleicht und bei der sich zugleich herausstellt, daß die der Selbstkritik fähige Beratung in jedem Falle dem Wildwuchs anderer, verborgener Einflüsse vorzuziehen ist. Zu einer solchen Beratung über Beratung gehört auf einer prinzipiellen Stufe auch die beratende Anleitung und Schulung der eigenen Urteils-, Wahl- und Entscheidungskompetenz des Adressaten, die ihn befähigt, Berater und Beratungsinhalte kritisch zu taxieren und distanziert und differenzierend damit umzugehen. Ferner gibt es auch für den Konflikt zwischen eigener und fremder, im Ratschlag angebotener Erfahrung ein auf längere Sicht untrügliches Kriterium: Eigene Erfahrungen dürfen nur durch bessere eigene Erfahrungen ersetzt werden, d. h. fremde Erfahrungen sind nur insoweit zu übernehmen, als sie voll in eigene umgesetzt werden können oder dies doch erwarten lassen. Die beratende Andragogik jeder Art und jeder Disziplin unterscheidet sich von einer paternalistischen Pädagogik oder einem Patronats- und Betreuungsverhältnis (etwa geistig Behinderter) eben durch dieses Kriterium der Appropriation und Integration.

21 Dies ergibt sich auch daraus, daß der gegenwärtige Pluralismus von Beratungsinstanzen und -inhalten den Adressaten unter den Zwang zu eigener Entscheidung setzt und daß umgekehrt in vielen Fällen, wo sich keine Alternativen anbieten, Dringlichkeit besteht.

Darüber hinaus untersteht jeder Berater moralischen Minimalforderungen, soweit er nämlich als Helfer an das Ethos der Hilfeleistung gebunden ist. Spezifische Haltungen des helfenden Beraters sind Offenheit, Aufrichtigkeit, Wahrhaftigkeit, Ernsthaftigkeit, Wohlwollen und Uneigennützigkeit, aber auch Verantwortlichkeit sowohl gegenüber dem Ratnehmenden, dem keine relevante Information vorzuenthalten ist, wie auch gegenüber Dritten oder der Sozietät, wenn deren berechtigte Interessen durch die Aufklärung und Anleitung des Beratenen gefördert oder gefährdet werden. Die Artikulierung eines solchen Ethos der Beratung,[22] dem in anderer Weise auch der Adressat zu entsprechen hat (Ernstnehmen, Aufmerksamkeit, Dankbarkeit, gegebenenfalls Loyalität), fällt in die Zuständigkeit der philosophischen Ethik, in diesem Falle der Moralphilosophie. Das gleiche gilt für einen Kreis von weiteren Kompetenzen, die für das Beratungsverhältnis konstitutiv sind (Selbstkontrolle beiderseits, praktisch-strategische und kommunikative Kompetenzen neben den fach- und sachbezogenen oder technischen). Dabei besteht zusätzlich das Verhältnis der Selbstanwendung, da der Praktische Philosoph auf allen Niveaus – als Theoretiker wie insbesondere als praktizierender Berater – in prototypischer Form auf das Beratungsethos verpflichtet ist, das die Ethik auch für vor- und außerphilosophische Beratungsverhältnisse reflektierend und regulierend formuliert. Umgekehrt kann der Philosoph in seine Theorienbildung eigene Erfahrungen sowohl als anwendender Ethiker wie als Berater unter Alltagsbedingungen – außerhalb der Philosophischen Praxis – einbringen. Damit bestätigt es sich erneut, daß die Ausarbeitung einer allgemeinen Beratungstheorie vorzugsweise Sache der fächerübergreifenden und die Alltagsberatung voll einbeziehenden Praktischen Philosophie und Ethik ist. Die Formulierung und Regulierung des Beraterethos gehört freilich nicht mehr zur formalen, sondern wie die im folgenden herausgegriffenen Vorschläge für interdisziplinäre Beratungsformen zur normativen und präskriptiven Beratungstheorie und damit zur Allgemeinen Methodologie, wie sie die Praktische Philosophie generell reflektiert.

22 Vgl. dazu Verf., Ethik der Risikoberatung, in: M. Schüz, Hg., Risiko und Wagnis. Die Herausforderung der industriellen Welt, 1990, Band 2, 286-303.

Zuvor sind jedoch die Spezifica und Propria anzugeben, die die philosophische Beratungspraxis von der anderer Disziplinen unterscheiden, und es ist ferner zu klären, welche Stellung eine spezielle Theorie der philosophischen Beratung im Rahmen einer allgemeinen Beratungstheorie einnimmt. Die Klärung dieser Frage, die wiederum auf eine Selbstklärung der Praktischen Philosophie und Ethik hinausläuft, ist die notwendige Voraussetzung für die genauere Bestimmung der Rolle, die der philosophischen Beratung in der hier abschließend intendierten interdisziplinären, mehrere Fächer kombinierenden Theorie der Beratung zukommt. Die Differenzpunkte philosophischer Beratung oder, allgemeiner formuliert, der philosophischen Aspekte und Momente integrativer Beratungsprozesse sind durch die mit dem Beraterethos aufgeworfenen normativen Probleme in gewisser Weise schon präjudiziert. Sie waren jedoch bereits an anderer Stelle anläßlich der Abgrenzung zumal der Strebensethik gegenüber den Ansprüchen des Szientismus[23] zusammenhängend für die Ethik entwickelt, aber noch nicht speziell auf die Ebene der Anwendung und Beratung bezogen worden. Es versteht sich, daß Optionalität, Normativität und Finalität, Mediation und Reflexivität hier als Unterscheidungsmerkmale wiederkehren, aber jetzt in der Angewandten Ethik eine größere Praxisnähe gewinnen, die zwischen der praktischen Theorie und der eigentlichen Exekution vermittelt. Dabei wird erkennbar, daß sich, wie die Praktische Philosophie insgesamt als Reflexionsstufe der alltäglichen Praxis auftritt, so speziell die philosophische Beratung an der Alltagsberatung orientiert, sowohl in ihrer Tendenz, integrativ zu beraten, d. h. der Komplexheit der Entscheidungs- und Handlungsprozesse jenseits aller einzelwissenschaftlichen Perspektiven gerecht zu werden, wie auch methodisch im Rückgriff auf praktische Rationalität, Lebenserfahrung oder Introspektion im Unterschied zu den angehobenen Methodenstandards der Wissenschaften. Auf der anderen Seite unterscheidet sich die spezifisch philosophische Beratung von der des Alltags – und der Wissenschaften – durch die Reflexion auf größere Zusammenhänge und weitere Sinnhorizonte, darin der theologischen Betreuung ver-

23 Kap. III S. 199–208.

gleichbar, aber weniger dogmatisch gebunden als diese. Sie überhöht die Alltagsberatung ferner durch ihre professionalisierte und systematisierte Form.[24]

Indessen scheint die Praxisnähe der Beratungsdimension zwar die Gesichtspunkte der Mediation und Integration, auf denen auch die prinzipielle All-Kompetenz der Ethik beruht, voll zur Geltung zu bringen und sogar zu verstärken, dagegen zur Reflexivität in einem eher gebrochenen Verhältnis zu stehen. Besteht nicht eine Komplementarität zwischen der Reflexivität einerseits und dem mit der Mediation gegebenen Standort in der Lebenswelt sowie der Handlungsanleitung andererseits? Reflektiert sich der Praktische Philosoph nicht aus dem unmittelbaren Praxisbezug hinaus und hört damit auf, Philosophischer Praktiker und Berater zu sein? ›Reflexion‹ erweist sich hier jedoch als mehrdeutig: Was zunächst die philosophische Reflexion im weiteren Sinn angeht, so muß der praktizierende Praktische Philosoph zwar theoretisch reflektieren können und vielfach bereits reflektiert haben, aber andererseits jederzeit in der Lage sein, auf Alltagsniveau zu beraten, d.h. die Reflexionsstufen abzublenden oder nur indirekt zur Geltung zu bringen, gegebenenfalls mit einer Rollenverteilung zwischen dem Praktischen Philosophen qua Theoretiker und dem Berater. Diese Spannweite ist hier ebenso durchzuhalten wie in der Theologie, wo die Fundamentalethik nicht notwendig in der pragmatischen Seelsorge ausgebreitet wird. Demgegenüber ist Reflexion im engeren Sinne in der Praktischen Philosophie nach Maßgabe ihrer unmittelbaren Praxisrelevanz zu vollziehen. Reflektibilität und Problematizität sind in der Praktischen Philosophie und Ethik nicht Selbstzweck und Letztziel, sondern Mittel für Problemlösungen. Im Unterschied zur Theoretischen Philosophie ist die Praktische Philosophie zuletzt nicht problematisierend, sondern optional und präskriptiv-regulativ eingestellt. Dies bedeutet, daß die spezifisch praktische Reflexion sich auf praktisch relevante Zusammenhänge und Bedeutsamkeiten richtet, und daß demge-

24 Kraft seines systematischen und historischen Hintergrundwissens besitzt der philosophische Berater eine Blick- und Begriffsschärfe und ein Artikulationsvermögen, die ihm vor dem durchschnittlichen Ratgeber in vielen Fällen einen privilegierten Status garantieren.

mäß über die Praxisförderung oder -hemmung ständig kritisch mitreflektiert werden muß.[25]

Die nunmehr in Konturen zu skizzierende *funktionelle Theorie integrierter Beratung* unterscheidet sich von der formalen dadurch, daß sie nicht generelle Merkmale und Typen von Beratung beschreibt und definiert, sondern in pragmatischer Absicht die Möglichkeiten interdisziplinärer Kooperation untersucht, dafür Vorschläge und Modelle empfiehlt und insofern selbst präskriptiv wirkt. Während die Formaltheorie zur Metatheorie Praktischer Philosophie und Ethik gehört, handelt es sich bei der funktionellen Theorie um Grundstrategien der Methodologie der Anwendung, wenngleich Fragen der Wissenschaftstheorie und -soziologie hereinspielen mögen. Wenn im folgenden die besondere Funktion der philosophischen Beratung innerhalb des Systems der Beratungsinstanzen und -disziplinen ins Zentrum rückt, so ist damit doch der Themenkreis einer Allgemeinen präskriptiven Beratungstheorie und Methodologie angeschnitten, der wiederum vorzugsweise in die Kompetenz der Praktischen Philosophie fällt.

Zur Frage steht das Verhältnis der fach- und bereichsspezifischen Sachkompetenzen, nicht das der Methoden, die häufig als Wandermethoden fachunspezifisch bleiben und keine übersichtlichen Abgrenzungen erlauben. Das Panorama des Beratungswesens zeigt nun, trotz gelegentlicher Interferenz und Überlappung, eine wachsende Spezialisierung der Kompetenzen, etwa in der Studien-, Berufs-, Wirtschafts-, Steuer-, Rechts-, Partner-, Familien-,

25 Eine weitere scheinbare Antinomie tut sich zwischen der Ethik als rational verfahrender Disziplin und den emotiven und volitiven Seiten der menschlichen Natur auf. Doch abgesehen von der Optionalität, die auch der Theorienbildung der Ethik zugrunde liegt, ist zwischen der rationalen Zugangsweise und dem nichtrationalen Wirkungsbereich der Ethik zu unterscheiden, der in der älteren Tradition durch die Affektenlehre repräsentiert ist. Im übrigen wird gerade die Methodologie der Anwendung, etwa bei den Techniken der Eingewöhnung oder der indirekten Mitteilung, auch auf subrationale Verfahren zurückgreifen. Die neue Aufklärung der letzten Jahrzehnte hat diese komplexen Verhältnisse zugunsten einer hochstilisierten und zudem halbierten Rationalität verdrängt.

Sozial-, Drogen- oder Reiseberatung. Dennoch lassen sich solche Zuständigkeiten in der Regel bestimmten Berufen oder Berufsgruppen zuweisen und in eine Skala einordnen, die von der (fachunspezifischen) Alltagsberatung über halbprofessionelle (ehrenamtliche) und akzidentiell-professionelle bis zu professionellen Beratungsformen reicht. Unter den letzten ragen die Lebensberatungsdisziplinen der Angewandten Psychologie, der (Sozial)Pädagogik, der theologischen Seelsorge und neuerdings der Philosophischen Beratungspraxis heraus und bilden den Kernbestand des Systems beratender Instanzen.

Von besonderer Bedeutung für ein optimales Funktionieren des Systems ist die der zentrifugalen Spezialisierung entgegenwirkende Kombination verschiedener Kompetenzen, sei es in Verhältnissen interdisziplinärer Kooperation oder gar Kollegialität, sei es in der Form von Mehrfachkompetenzen, die bei einem einzelnen Berater in Personalunion verbunden sind. Kooperationsverhältnisse sind im übrigen in ganz verschiedenen Formen möglich: institutionalisiert oder nicht institutionalisiert, und ferner beide Male sowohl durch Aufgabenteilung wie – abgeschwächt – durch Kommunikation, Partizipation und gegenseitige Konsultation oder aber – verstärkt – durch die Fähigkeit zur Stellvertretung bestimmbar. Darüber hinaus können beide Formen der Interdisziplinarität: die kooperative und die auf Mehrfachkompetenz beruhende, in einem Gesamtmodell verbunden auftreten, das sich durch multipel kombinierte Kompetenzen auszeichnet derart, daß neben den jeweiligen Primärkompetenzen sekundäre Mitzuständigkeiten (Konkompetenzen) besonders günstige Voraussetzungen für die gegenseitige Konsultation und sogar die fallweise Stellvertretung schaffen.

Diese Modelltypen sind auf das Verhältnis speziell der philosophischen Beratung zu anderen Beratungsdisziplinen anzuwenden. Zunächst sei – noch vor der Befürwortung von kooperativen Beratungsformen – für eine durch zusätzliche Fach- und Spezialausbildung zu erwerbende kombinierte Kompetenz des philosophischen Beraters plädiert, die dann auch in Personalunion praktiziert wird. Die Tradition und die systematische Forschung Praktischer Philosophie und Ethik in Verbindung mit Alltagserfahrungen genügen noch nicht den heute an die philosophische Beratungspraxis gestellten Anforderungen, da die Alltagswelt zunehmend szientifisch und technologisch durchsetzt ist. Es bedarf daher zum wenigsten im Ansatz einer wechselseitigen Komplettierung und Integrierung aller drei Momente: des alltäglichen, des philosophischen und des einzelwissenschaftlichen. Die wissenschaftliche Fachausbildung des philosophischen Beraters muß zur Ausfaltung der Praktischen Philosophie in bestimmte verwandte Sachgebiete hinein führen, etwa der Ethik in die (andragogische) Pädagogik oder in ein Feld der Psychologie, ähnlich wie der Politischen oder Sozial-Philosophie in die Politologie oder Soziologie. Damit wird möglicherweise (nicht notwendig) eine Spezialisierung und Schwerpunktsbildung innerhalb der philosophischen Beratung angebahnt, wie sie unter anderen, kontingenteren Gesichtspunkten ohnehin schon vorliegt.

Nimmt man die zweite Modellperspektive interdisziplinärer Kooperativität hinzu, dann zeichnet sich eine Mehrzahl von Teilmodellen in aufsteigender Rangfolge ab:

1. Der schwächste Typ philosophischer Beratung ist der, der es bei philosophischen Fachkenntnissen im Verein mit bloßem Alltagswissen bewenden läßt, ohne daß sich der Berater in der Thematik anderer Beratungsdisziplinen sachkundig gemacht hätte.

2. Weiter reicht die Verbindung des philosophischen Beraters mit halbprofessionellen, akzidentiell-professionellen oder vollprofessionellen Beratungsinstanzen anderer Art, sei es in Formen loser Kooperation, sei es in kollegialer und mehr oder weniger institutionalisierter Team-Arbeit.

3. Vorzugswürdig ist jedoch die kombinierte Kompetenz des philosophischen Beraters selber, die auf einem Mehrfachstudium der Philosophie und beispielsweise der Angewandten Psychologie und/oder der Sozialpädagogik beruht.

4. Eine weitere Qualitäts- und Effizienzsteigerung der Beratungsarbeit ist durch eine Teambildung zwischen Philosophen mit zusätzlicher Fachausbildung und Vertretern anderer beratender Wissenschaften zu erwarten, beispielsweise zwischen Philosophen mit psychologischer Fachkompetenz einerseits und Sozialpädagogen, Psychotherapeuten, Wirtschaftsberatern, gegebenenfalls auch Theologen und Psychiatern andererseits. Sie eröffnet Möglichkeiten der Kooperation mit arbeitsteiliger Schwerpunkts-

bildung und Formen der Spezialisierung und Entlastung, aber auch mit Chancen der gegenseitigen Korrektur und Ergänzung, die Leerräume und blinde Stellen auf der Beraterseite vermeidet. Das Team sollte so homogen sein, daß über die Arbeitsteilung hinaus Kommunikation und Diskurs über koordinierte Verfahrensweisen möglich werden und andererseits im Grenzfall auch der eine Fachvertreter den anderen vertreten kann. Eine solche innere Interdisziplinarität ist erreichbar durch den Erwerb von Mitzuständigkeiten zweiter Ordnung, die bewirken, daß jedes Mitglied des Teams auch etwas vom Metier des einen oder andern Kollegen versteht, daß also etwa der Philosoph nicht nur die Psychologie paritätisch mitvertritt, sondern daneben – gleichsam im Beifach – auch mit der Psychotherapie vertraut ist und darum mit dem Psychotherapeuten des Teams in Austausch treten kann. Eine solche Konkompetenz zweiter Ordnung ist jedenfalls und auch dann erwünscht, wenn der Philosoph über keine Konkompetenz erster Ordnung verfügt, wenn er also, um im Beispiel zu bleiben, nicht zusätzlich in Personalunion Psychologe ist und im Teamverband auch dieses Fach vertritt.

5. Ein noch weiter fortgeschrittenes Modell sieht Kollegialpraxen von Philosophen mit wechselnden Fächerkombinationen vor. Alle Angehörigen sind Philosophen und zugleich Einzelwissenschaftler, aber so, daß sie kraft ihrer zweiten Zuständigkeit verschiedene, einander ergänzende Fächer vertreten. Diese Zuordnung kann im einzelnen verschiedenen Prinzipien folgen: Sie kann sich nach Maßgabe der Bedarfslage an den am häufigsten gefragten Einzeldisziplinen orientieren, sie mag aber auch

6. der Gliederung der Praktischen Philosophie nach Teildisziplinen folgen und von der Individualethik über die Sozial- und Wirtschaftsethik zur Sozialphilosophie und Politischen Philosophie fortschreiten. In diesem zweiten Fall würden die jeweils zugehörigen Einzelwissenschaften nachgezogen und mit den philosophischen Disziplinen in einer Mehrfachkompetenz verbunden werden. Dieses Teilmodell, das eine Ausdifferenzierung der Praktischen Philosophie im ganzen nach ihren verschiedenen Aufgabenfeldern mit sich bringt, ist allerdings das komplexeste und kann nur in einer Fernperspektive anvisiert werden. Es würde die Individual- und Familienberatung ebenso abzudecken bean-

sprüchen wie die Betriebs- und Unternehmensberatung oder die Gruppen-, Parteien- und Politikberatung und dabei bereits bei der Individualberatung eine ganze Reihe von Einzelwissenschaften mitrepräsentieren müssen (vgl. Nr. 4.). Im übrigen wäre auch hier wie in 5. neben der Schwerpunktsbildung für eine Durchlässigkeit der Zuständigkeiten und für überbrückende Konkompetenzen Sorge zu tragen.

Mit dieser an den Gesichtspunkten der kombinierten Zuständigkeiten, der Mehrfachkompetenzen und der interdisziplinären Konsultation und Kooperation orientierten Übersicht von Modelltypen, die durch weitere gemischte Modelle noch komplettiert werden könnte, ist generell der eingangs (S. 343) erwogenen mittleren Lösung für das Verhältnis von philosophischer und nichtphilosophischer Beratung das Wort geredet, die zwischen Separation und Kompetition, zwischen komplementärem Nebeneinander und uneingeschränktem Wettbewerb (mit der Devise: ›Jeder bietet alles an‹) mitteninne steht und sich von beiden abgrenzt. Diese Lösung ist insofern kontrafaktisch, als der gegenwärtige status quo der Philosophischen Beratungspraxis eher durch ein unentschiedenes Hin- und Herpendeln zwischen Separation und Kompetition charakterisiert ist, ohne daß sich Ansätze zur Zusammenarbeit mit den bestehenden einzelwissenschaftlichen Beratungsinstanzen abzeichnen. Anzustreben ist jedoch die Aufhebung beider Extreme in arbeitsteiligen oder korepräsentativen Koordinationsverhältnissen von optimaler Effektivität. Dabei hat die wissenschaftliche Mitzuständigkeit des einzelnen philosophischen Beraters noch Vorrang vor interdisziplinärer Teambildung und Institutionalisierung, weil diese weitergehende Probleme aufwirft und auf längere Sicht doch nicht ohne Mitzuständigkeiten zweiter Ordnung auskommt. Demgemäß ist als Nahziel Modell (3) und erst danach, in weiterer Zukunftsperspektive, das Modell (2) und schließlich das Modell (4) zu empfehlen.

Zu den mit dem Kollegialprinzip auftretenden zusätzlichen Problemen gehört auch die Frage, welche Formen das Beratungsgespräch annimmt, falls sich eine Mehrzahl von Beratern als für den Klienten zuständig erweisen sollte. Es muß wohl den Erfahrungen und der jeweiligen Diagnose einzelner Fälle seitens der Beratungspraktiker überlassen bleiben, ob sich der Klient dann sukzessive oder alternierend verschiedenen Beratern stellt oder ob das grundlegende Zweier-Gespräch gegebenenfalls zum Gespräch mit einem Beratergremium erweitert werden sollte. Wichtiger als solche Fragen der Methodologie ist die Klarstellung, daß die spezifischen Vorzüge der philosophischen Beratung (Nähe zur Alltagsberatung, Mediation, Integration) durch die Assoziierung mit einzelwissenschaftlichen Beratungsinstanzen und -inhalten nicht beeinträchtigt werden: So wenig wie der multipel kompetente philosophische Berater wird der assoziierte die weiterreichende philosophische Perspektive aus den Augen verlieren, die ja nicht etwa einen sektoriellen Zuwachs zu den Einzelwissenschaften hinzubringt, sondern eine übergreifende Dimension, die den Sachbezug der Wissenschaften ebenso vertieft wie sie von diesen konkretisiert und spezifiziert wird. Der Vergleich mit den neuerdings zunehmend etablierten gemischten Ethikkommissionen könnte hier hilfreich sein, wenn die Vertreter der Ethik, die solchen Kommissionen angehören, auch wirklich alle Möglichkeiten und Kompetenzen einer Integrativen Ethik voll ausschöpften und zur Geltung brächten.

Über die bisher angegebenen Gründe hinaus hat das vorgeschlagene interdisziplinäre Kombinations- und Kooperationsmodell der philosophischen Beratung eine ganze Reihe weiterer Vorzüge: Zunächst ist damit für die Praktische Philosophie und Ethik die beste und wirkungsvollste Weise bezeichnet, sich in das bereits etablierte Beratungs- und Therapiesystem einzuschalten und dort systematische Nischen und Leerstellen zu besetzen, nämlich nicht frontal konkurrierend, sondern gleichsam indirekt auf dem Wege progressiver Komplettierung. Im gegenwärtigen Experimentalstadium der Philosophischen Beratungspraxis kann es nur um eine allmähliche Anreicherung und Ausweitung des bestehenden Systems gehen, nämlich um den Versuch, sich von seinen Rändern her tentativ mit ins Spiel zu bringen und dabei zuerst gewisse mehr oder weniger offenkundige Vakua auszufüllen. Ein solches Verfahren ist ohne die Anlehnung und Assimilation an das vorgegebene System nicht möglich, und diese setzt wiederum die Übernahme von Teilbeständen des Systems in Gestalt wissenschaftlicher Grundkenntnisse und Methoden voraus. Vor dem Hintergrund eines gemeinsamen Vorrats und nach Maßgabe der bestehenden Sacheinteilungen können dann die Spezifica der Philosophie entfaltet und diakritisch mit einiger Überzeugungskraft bewährt und zur Geltung gebracht werden. Der Weg, einen philosophischen Beratungstyp dauerhaft zu etablieren, führt aber nicht an den Wissenschaften vorbei, sondern durch sie hindurch und über sie hinaus. Die Philosophische Beratungspraxis wird sich in demselben Maße als plausibel darstellen, je mehr sie darzutun versteht, daß ihr die übrigen Beratungsweisen bekannt und womöglich durch praktizierende Beratungsarbeit vertraut sind, daß sie aber nichtsdestoweniger Neues und Anderes anzubieten hat.

Zum zweiten besteht die Pointe der vorgeschlagenen Lösung auch darin, daß sie im Gegensatz zur separatistischen Version die prätendierte All-Kompetenz der Philosophie gerade durch die Assoziierung und Koalition mit den Wissenschaften erhält. Während ein strikter Separatismus zwangsläufig zu Komplementaritäten und damit zu einer eingeschränkten Kompetenz führt, macht die Verbindung mit den Wissenschaften einerseits den Reflexionsstatus der Philosophie deutlich, zum andern aber auch, daß Reflexion und Reflektiertes, Mediation und Mediiertes, Integration und Integriertes so wenig voneinander isoliert werden können wie Normativität und Normiertes, Finalität und Finalisiertes. Diese strategische Grundentscheidung in der Methodologie ist aber überdies auch dem Konkurrenzmodell, dem zufolge alle Instanzen und darum auch die Philosophie omnikompetent sind, durch die Präzisierung und Qualifizierung der Anteilsverhältnisse und Funktionszusammenhänge überlegen. Anstatt für alle Beratungsinstanzen eine undifferenzierte All-Kompetenz zu fingieren, die allenfalls eine heuristische Bedeutung haben könnte, wird im Kombinations- und Kooperationsmodell unterstellt, daß es grundsätzlich möglich sei anzugeben, in welchem Sinne die Philosophie omnikompetent ist, und daß sich dies auch am einzelnen Fall bewähren lasse.[26]

Drittens ist das vorgeschlagene Modell auch in der Lage, die

26 Bei der All-Kompetenz der Philosophie ist die *materiale* Thematik, die sie mit den anderen Disziplinen teilt, zu unterscheiden von dem *Formalaspekt*, der die Spezifica der Philosophie umfaßt.

immer stärker werdende immanente philosophische Reflexion der Einzelwissenschaften aufzufangen und in ihrem Konkurrenzanspruch zu neutralisieren. Während das Separationsmodell und ebenso das Konkurrenzmodell gegenüber solchen Prätentionen wehrlos sind, garantiert das Kombinations- und Kooperationsmodell von vornherein, daß die Metascientia primär nicht vom Standort der Scientia, sondern von dem der Philosophie betrieben und innerhalb des Beratungssystems auch vom philosophischen Berater weitergereicht wird. Die überlegene Kompetenz liegt hier jedenfalls beim Philosophen, der kraft seiner kombinierten Kompetenz ebensogut vom Standpunkt der Einzelwissenschaft aus weiterreflektieren kann wie der Einzelwissenschaftler selbst, während dieser umgekehrt über keine vergleichbare philosophische Fachkompetenz verfügt. Die kommunikativen Möglichkeiten des Kooperationsmodells erlauben es außerdem, gegebenenfalls aufkommende philosophische Reflexionsneigungen anderer Berater abzufangen und sie – nun allerdings konkurrierend – entweder überbietend und korrigierend in die Schranken zu weisen oder in weiterreichende Zusammenhänge produktiv zu integrieren.
Das vorgeschlagene Modell macht nur einen Teil einer funktionellen Theorie interdisziplinärer Beratung aus, die ihrerseits zur Methodologie der Anwendung gehört, wie sie der Praktischen Philosophie und Ethik von Hause aus zu eigen ist. Der Vorschlag hat demgemäß, wie jede derartige Methodologie, einen normativen und präskriptiven Status insofern, als er optimale Bedingungen für das Gelingen speziell der philosophischen Beratungspraxis angibt. Er steht, aus der gegenwärtigen Situation heraus konzipiert, künftiger Bewährung in der Beratungspraxis offen, wenn es nicht möglich sein sollte, ihm schon vorher durch bessere methodologische Alternativen den Boden zu entziehen.

VII Ethische Systematik

Ethische Systematik – und nicht trivialerweise systematische Ethik im Unterschied zur historischen – ist keine contradictio in adjecto, sondern ein Erfordernis der ethischen Theorienbildung und mittelbar der orientierenden und praxisleitenden Funktion philosophischer Ethik. Unbeschadet der Verschiebungen zwischen »innerer« und »äußerer« (anwendungsbezogener) Systematik und der Versetzungen zwischen Theorie und praktischer Anwendung bietet die Systematik einen Theorierahmen an, der einen raschen Überblick über das Themen- und Problempanorama der Ethik, die Korrelation und Vernetzung der einzelnen Sachfelder, Grundbegriffe und Kategorien und damit eine Bestimmung des Stellenwerts jeder einzelnen Frage und der zugehörigen Problemlösungen ermöglicht. Wenn Ethik nicht in einem situationsgebundenen Okkasionalismus aufgehen soll, sondern auf eine philosophische Theorienbildung angewiesen ist, dann kommt eine ethische Theorie ihrerseits nicht ohne mehr oder weniger explizite systematische Überlegungen aus. Dabei ist der Begriff des Systematischen durchaus mehrdeutig und vielstufig: Er bezieht sich zunächst materialiter auf die Umfangsbestimmung des Gegenstandsbereichs von Ethik mit der tendenziellen Totalisierung von Teildisziplinen, methodischen Perspektiven und Sachfeldern, zum zweiten aber auch mehr formal auf die inneren Zusammenhänge der Themen und Grundbegriffe. Dazu gehört ihre Gewichtung und Rangierung unter verschiedenen Gesichtspunkten, samt der Rangfolge von noch offenen Fragen. Der Intention nach sind solche strukturellen und begrifflichen Distinktionen direkt oder mittelbar bedeutsam für die Regulierung von Praxis, weil sie durch die Vergegenwärtigung von Differenz-, Rang-, Subsumptions- und Sukzessionsverhältnissen klärend, orientierend und vorentscheidend wirken können.

Die systematische Fragestellung liegt in der Konsequenz des Programms einer *Integrativen Ethik*. Dieses Programm besagt, daß es zum folgerichtig entfalteten Begriff einer Praktischen Philosophie und Ethik gehört, praxisleitend zu sein, und zwar so umfassend und so effizient wie möglich. Negativ formuliert: Es widerspricht dem Begriff Praktischer Philosophie und Ethik, durch restriktive Definitionen selektive Normierungen zu vollziehen und festzuschreiben, die bestimmte Wirkungsfelder abwählen und exterminieren. Die in einer ethischen Systematik einzulösende Aufgabe auch der Ethik ist es vielmehr, zu komplettieren und tendenziell zu totalisieren und gegebenenfalls eine sachbestimmte Pluralität von normativen und präskriptiven, aber auch metatheoretischen und methodologischen Instanzen oder doch Gesichtspunkten zu etablieren und zueinander in eine funktionelle Relation zu setzen.

Das der ethischen Systematik zugrundeliegende integrative Programm ist seinerseits mehrdeutig. Es war im vorigen vor allem zu exemplifizieren an der Typenzweiheit von Sollens- und Strebens-(Selbst-, Glücks-, Klugheits-, Güter-)Ethik, die vermutlich auch im Zentrum künftiger Debatten stehen wird (Kap. II-IV). Es läßt sich jedoch mit gleichem Recht auf die Erweiterung und Ergänzung einer Allgemeinen (Prinzipien)Ethik durch eine Spezielle, der Artikulierung regionaler oder situationsspezifischer Einzelnormen und -regeln zugewandte Ethik beziehen (Kap. V). Als integrativ ist ferner anzusehen die Komplettierung der Ethiktheorie durch eine eigene Methodologie der Anwendung, die die Normen und Regeln der Präskriptiven Ethik[1] auf dem Wege der Beratung und Einübung in die Lebenspraxis umsetzt und die systematisch, wenn nicht überhaupt, so doch für die maximale Effizienz ethischer Praxisregulierung unverzichtbar ist (Kap. VI). Innerhalb der Moralphilosophie entspricht dem integrativen Programm der Vorschlag, die vermeintliche Alternative zwischen Gruppen- und Gattungs-(oder Epochen-)Moral, ›Sittlichkeit‹ und ›Moralität‹ in einer übergreifenden Moraltheorie konzentrischer Geltungshorizonte aufzuheben, oder der andere, die metaethischen Positionen des (Nicht)Kognitivismus als systematisch komplementäre Aspekte zu verstehen (Kap. I). Im Rahmen der Stre-

1 Dieser mehr generelle Titel wird in der vorliegenden Darstellung anstelle des gebräuchlicheren einer Normativen Ethik verwendet, weil er im Unterschied zu jenem auch nicht-kategorische und nicht-apodiktische und darüber hinaus auch noch singuläre Direktiven und Ratschläge abdeckt.

bensethik korrespondiert dem die Aufklärung des teils komplementären, teils im Zeichen der Repräsentation stehenden Verhältnisses zwischen hedonistischen und güterethischen Momenten (Kap. III). Noch steht die naheliegende integrative Zuordnung von ethischer Metatheorie und Präskriptiver Ethik aus, die im folgenden näher zu entfalten bleibt und zugleich eine Standortsbestimmung der vorstehenden Untersuchungen ermöglichen wird.

Das hier verfolgte integrative Ethikprogramm ist nicht primär historisch, sondern theoretisch motiviert und knüpft dabei allenthalben an aktuelle Tendenzen an. Dem vorherrschenden Neokantianismus und Neoutilitarismus ist nicht nur ein Neoaristotelismus (lies: Neohegelianismus) zur Seite getreten, vielmehr ist die Szene auch durch Ansätze zu einer neuen Strebensethik und zu einer Sympathieethik belebt worden. Hier war zu zeigen, daß die *Sympathieethik* keinen eigenen Ethiktyp repräsentieren kann, sondern jeweils als Variante unter die Sollens- oder die Strebensethik zu subsumieren ist. Auf der anderen Seite erweisen sich alle Versuche, die Typenzweiheit von Sollens- und Strebensethik einseitig zu reduzieren oder im Mischtypus einer Einheitsethik aufzuheben, als fehlerhaft und durch Undifferenziertheit desorientierend. Die praxisleitende Funktion und die theoretische Konsistenz der Ethik erfordern statt dessen eine differentielle Erfassung der Probleme und Konflikte, die praxisnahe Lösungen vorbereiten hilft. Sie ist jedoch ohne einen nichtreduktionistischen Instanzenpluralismus nicht ausreichend zu gewährleisten. Sie macht es ferner notwendig, den Vorrat ethischer Grundbegriffe (Gutes, Freiheit, Haltung, Handlung u. a.) semantisch differenzierter zu fassen und neu zu ordnen. Die Komplettierung der überkommenen Moralphilosophie durch eine zeitgemäße *Strebensethik* kann im übrigen nur dann gelingen, wenn beide Ethiktypen systematisch gleichen Rechtes sind. Dies setzt voraus, daß kryptotheologische oder metaphysische Prämissen, die einen essentiellen und nicht nur pragmatischen Primat der Moral zu stützen scheinen, entweder ganz aufgegeben oder doch im ethischen Diskurs neutralisiert und in Klammern gesetzt werden.[2] – Der Aufbau einer

2 Dem angestrebten Integrationsprozeß der Ethik steht oft auch die Engführung eingefahrener abstrakter Positionen mit tautologischen

Speziellen Ethik ist durch das Auftreten neuer, noch unregulierter Themen- und Problemfelder stimuliert worden, die durch die Fortschritte der Wissenschaften und des technologisch-ökonomischen Systems erschlossen worden sind. Sie zwingen dazu, nicht nur die selbstauferlegte methodische Beschränkung der Ethik auf eine präskriptiv neutrale Metaethik zu verlassen, sondern auch die von der Aufklärung herreichende, gleichfalls methodenorientierte Vereinfachung der Präskriptiven Ethik in einer reinen Prinzipienethik zu einem präskriptiven Pluralismus hin zu überschreiten. Diese Erweiterung ist jedoch nicht nur durch geschichtliche Kontingenzen verursacht, sondern in einer postteleologischen Moderne auch systematisch gefordert: Die Normen- und Regelkontrolle kann angesichts vielfältiger und wandelbarer Normen- und Zielbereiche nicht mehr fallweise und spontan und zugleich moralisch allgemeingültig oder optimal anratend geleistet werden. Jede einzelne moralische Norm bedarf vielmehr als solche der konsensuellen Validierung und entsprechend jede Regel der Lebensführung der Empfehlung durch Erfahrung und Kontextanalyse. Die Präskriptive Ethik muß demgemäß über spezifizierte, gezielt einzusetzende Regulative verfügen und nicht weniger als Spezielle denn als Allgemeine Ethik auftreten können. – Die *Methodologie* der Anwendung ist in der gegenwärtigen Konjunktur des Beratungswesens auch für die Philosophie und insbesondere die philosophische Ethik wiederentdeckt worden. Ihre systematische Rechtfertigung liegt in der Fluchtlinie der für die Spezielle Ethik vorgetragenen Argumente. Tatsächlich kann man die Methodologie als einen Teil der Speziellen Ethik auffassen, obschon mit der Kautel, daß es sich dabei um Metanormen und -regeln handelt. Die Methodologie der Vermittlung und Anwendung ist andererseits nicht wie die Spezielle Ethik ein charakteristisches Desiderat der Gegenwart, sondern gehört systematisch gesehen zu jeder Form praktikabler Ethik. Der Verlust der Beratungs- und Übungsdimension in der Neuzeit stellt sich darum nicht als Folge überlegener Einsicht, sondern einer Reihe von kontingenten Lapsus und Unglücksfällen dar. Die durch die

Argumentationsformen im Wege (pointiert typisiert: »Wenn Kant Kant ist, dann ist Kant Kant«).

Abgrenzung von der theologischen Ethik hervorgerufene Theoretisierung und Szientifizierung der Profanethik in der Neuzeit ist aber, wie gezeigt, systematisch als Verkürzung und Denaturierung des Begriffs einer Praktischen Philosophie und Ethik überhaupt aufzufassen und bedarf der sinngemäßen Korrektur. Im übrigen wird eine Methodologie um so besser greifen, je mehr sie über den Rückhalt einer Speziellen Ethik verfügt, und dies in erhöhtem Maße, wenn sie auf beide Ethiktypen rekurrieren kann. Insofern besteht ein innerer Zusammenhang zwischen den im vorigen konstatierten, bisher noch defizitären Ansätzen zu einer voll integrierten, »Großen« Ethik: Sie verweisen aufeinander und verstärken wechselseitig ihre Wirksamkeit. Ohne eine Rangierung der Aufgaben zu präjudizieren, kann man es als vordringliche Obliegenheit einer gegenwärtigen und künftigen Ethik bezeichnen, den gesamten Themenkomplex zusammengefaßt in Angriff zu nehmen und zunächst konzeptuell zu integrieren und danach im einzelnen auszuarbeiten.

Hinzu tritt zu dem bisher skizzierten Aufriß die von der sprachanalytischen Metaethik eröffnete metatheoretische Dimension, die am besten negativ durch die Absenz normativer und präskriptiver Ansprüche und Funktionen zu definieren ist. Da sie nicht auf linguistische und logische Analysen beschränkt werden kann, ist dafür der neutrale Ausdruck einer *Metatheorie* der Ethik vorzuziehen. In der Tat gibt es keine theoretische Disziplin der Philosophie, die nicht zur Metatheorie der Ethik und Praktischen Philosophie gehören könnte, sei es die Logik, die Sprachphilosophie, die Philosophische Anthropologie oder die Erste Philosophie. Die Metatheorie ist jedoch von der *Deskriptiven Ethik* als der Wissenschaft von historisch gegebenen Formen des Ethos zu unterscheiden, die – abgesehen von der fehlenden normativen Zielsetzung – auch nicht das Reflexionsniveau der philosophischen Metatheorie besitzt, wohl aber als Einzelwissenschaft in deren Dienst treten kann. Die Metatheorie ist ihrerseits im Sinne eines Subsidiär- oder Prolegomenaverhältnisses (C. L. Stevenson, R. B. Brandt, im Unterschied zu reinen Metaethikern wie Ayer, Nowell-Smith oder Hare) auf die Präskriptive Ethik hin finalisiert und funktionalisiert zu denken. Im Rahmen dieser Zuordnung, die sich dem Programm einer Integrativen Ethik einfügt, vermag die Metatheorie durch die Abklärung von Voraussetzungen der Präskriptiven Ethik vermittels dieser sogar eine indirekte Regulationsleistung für die Praxis zu erbringen.

Bezieht man die Ebene der Metatheorie mit ein, dann ergibt sich insgesamt ein Aufbau der Ethik in mindestens drei, bei der Unterscheidung von Prinzipien- und Spezieller Ethik sogar in vier Niveaus:

A. Metatheorie

B. Präskriptive Ethik { Prinzipien-(Allgemeine)Ethik / Spezielle Ethik

C. Methodologie der Anwendung (Exekution, Beratung, Einübung)

Diese Gliederung in der Vertikalen ist verschieden von der horizontalen in Sollens- und Strebensethik, die dazu quer steht. (Beide, Sollens- wie Strebensethik, kommen auf allen drei Niveaus vor, am deutlichsten voneinander abgehoben auf der Ebene der Präskriptiven Ethik.) Die Dreigliederung ist im übrigen für die Ethik unspezifisch, da sie grundsätzlich für alle Disziplinen Praktischer Philosophie zutrifft, bei denen jeweils auf eine Metatheorie eine Präskriptive und eine Angewandte Theoriestufe folgt. Gleichwohl ist sie in der Ethik prototypisch gegeben, zumal die Ansätze zur ersten und dritten Stufe hier schon am weitesten ausgebildet sind (Metaethik) oder waren (Methodologie). Die Ethik übt auch darin wie in vielen anderen Hinsichten eine Modellfunktion für die übrigen Disziplinen Praktischer Philosophie aus.

Im einzelnen sind den verschiedenen Theorieniveaus die folgenden Themenkreise zuzuordnen:

A. Die *metatheoretische Grundlagenforschung* befaßt sich 1.) mit der Begründung und Rechtfertigung der Ethik von ihrer Zielsetzung und Funktion her sowie mit ihrer Reichweite, ferner mit der Abgrenzung der beiden Haupttypen (Sollens / Strebensethik) voneinander, von den übrigen Disziplinen Praktischer Philosophie[3] und von den Einzelwissenschaften (insbesondere von den normativen und präskriptiven wie Jurisprudenz, Medizin, Pädagogik,

3 Dazu Kap. VIII.

Theologie u. a.), aber auch mit der Stellung der Ethik im Ganzen der Kultur;[4] 2.) mit der Klärung, Definition und dem Zusammenhang aller Grundbegriffe und Kategoriensysteme sowie mit Fragen der Terminologie. Dazu gehören beispielsweise die den Begriff des Guten durch eine Bedeutungsunterscheidung zerfällende Analyse von Zielkategorien der Strebensethik und der Kategorien des Moralischen, aber auch die Kompetenzenanalyse der Praktischen Intelligenz mit der daran anknüpfenden Unterscheidung von Subdisziplinen zumal der Strebensethik (Aporetik, Heuristik, Stochastik, Topologie); 3.) mit der Methodologie der Ethik im weiteren Sinn (nicht im engeren der Anwendung), verstanden als Selbstklärung der Ethik über ihr eigenes Verfahren, wobei sich ein Methodenpluralismus (phänomenologisch, sprachanalytisch, hermeneutisch, historisch,[5] introspektiv) mit verschiedenen Ponderierungen nahelegt; 4.) mit den davon verschiedenen erkenntnistheoretischen Grundlagen von Normen und Regeln, wie sie vor allem von der angelsächsischen Metaethik erfragt worden sind, implizit aber in jeder Ethik vorausgesetzt werden; 5.) mit der Absicherung der Fragestellungen und der Terminologie durch eine Analyse des evaluativen und praxisrelevanten Sprachgebrauchs, wie sie wiederum von der Metaethik auf den Weg gebracht worden ist; 6.) mit der weiteren Fundierung der Grundbegriffe in einer Philosophischen Anthropologie oder Ersten Philosophie qua Transzendentalphilosophie oder Ontolo-

4 Dazu gehört die Fragestellung einer Evolutionären Ethik, die die Genesis der Moral aus der Vor- und Frühgeschichte der Menschheit erläutert und damit einen Beitrag zu den anthropologischen Grundlagen der Ethik leistet. Die Normative Ethik kann daraus Schlüsse ziehen wie den, daß die überkommene Limitierung der Moral auf ethnische oder Stammes-Gruppen zugunsten einer mehr gattungsbezogenen Orientierung des Handelns zu korrigieren sei.

5 Zumal im Verhältnis der Ethik zu ihrer eigenen Geschichte spielt die historisch-hermeneutische Methode eine entscheidende Rolle. In der Lebenspraxis dagegen verhalten sich die beiden Bereiche der Moral und der Lebensführung zum Hermeneutischen verschieden: Während diese beliebiges Verstehen zuläßt, wenn nur überhaupt Effizienz gewährleistet wird, droht die Moral durch hermeneutische Relativierung paralysiert zu werden und duldet nur in der Anwendung ein akzessorisches hermeneutisches Moment.

gie, soweit sich diese theoretischen Disziplinen in praktischer Hinsicht verstehen und – bei fließenden Grenzen – als praxisrelevant erweisen lassen; 7.) mit Fragen der Deontischen Logik oder Normenlogik sowie mit logizistischen Erörterungen, die die Argumentationsformen und die Argumentationstechnik des praktisch relevanten Überlegens, Beschließens oder Beratens betreffen. –
B. Die eigentliche, *Präskriptive Ethik* formuliert nach Möglichkeit Prinzipien von hoher Allgemeingültigkeit in Gestalt von Supernormen und Generalregeln, erarbeitet aber dann vor allem ein spezialisiertes Normen- und Regelpanorama für exemplarische Themenfelder, die Strebensethik außerdem eine Typologie bestimmter inhaltlicher Modelle für Vorzugsordnungen und Handlungssysteme.
C. Die *Methodenlehre* der Anwendung entwickelt zunächst Techniken des Lernens und der Aneignung, der Einübung, Beratung und Selbstberatung. Doch zielt ihre Ingebrauchnahme von vornherein darauf ab, das Typische auf das Individuelle, Singuläre und Situationsspezifische hin zu überschreiten.
Als eine weitere, vierte Stufe (D.), die gleichfalls präskriptive ethische Theorie anwendet, könnte man die *Popularethik* hinzunehmen (mit Analoga in den übrigen Disziplinen Praktischer Philosophie). Ihre Ausbildung, die durch die moderne Medienwelt befördert wird, entspricht gleichfalls der Funktionsbestimmung Praktischer Philosophie und Ethik, Praxisregulierung so weit und so ausgedehnt wie möglich zu betreiben, doch ist der Anwendungsmodus von dem der philosophischen Methodenlehre verschieden und unterliegt anderen, publizistischen und werbetechnischen Erfordernissen.[6] –
Die hiermit skizzierte systematische Aufstrukturierung der Ethik läßt unschwer erkennen, daß in den vorangehenden Kapiteln überwiegend (I-IV, VI[7]) ein metatheoretischer Standort bezogen ist, von dem aus versucht wurde, die Moralphilosophie kritisch zu

6 Immerhin kann auch dafür auf eine Tradition philosophischer Popularethik und ihre Mittel literarischer Protreptik und Paränese hingewiesen werden.

7 Zur Metatheorie zählt auch die formale Beratungstheorie in Kap. VI. Vollends die hier im Haupttext (VII) verfolgte Ethische Systematik gehört zur Metaebene.

rekonstruieren, für eine rehabilitierte Strebensethik einen substantiellen theoretischen Fundus vorzuweisen und beide philosophisch-anthropologisch grundzulegen. Dennoch waren auch die Präskriptive Ethik (v) und die Methodenlehre (vi) Gegenstand eigener Erörterungen. Das Übergewicht der Metatheorie ergab sich nicht nur als Konsequenz der Aufgabe, die beiden Haupttypen der Präskriptiven Ethik zueinander in ein neues Verhältnis zu setzen, sondern vielmehr aus der folgerichtig entfalteten postteleologischen Perspektive, die dazu zwingt, die Metatheorie mehr denn je zu verstärken und auszugestalten: Es gilt, die materiale Teleologie der Tradition in formale Kategorialität zurückzunehmen, die für eine Pluralität von Normen-, Ziel- und Handlungsstrukturen gleichermaßen disponibel ist. Es bedarf daher vordringlich formaler Orientierungsschemata und Grundbegriffe, die im übrigen fallibilistisch zu sehen und prinzipiell durch bessere ersetzbar sind und an denen jedenfalls beständig korrigierend zu arbeiten ist. (Damit hängt es zusammen, daß die Grenze zwischen formalen und materialen Klärungen und zwischen Konzepten und Präskripten zuweilen relativ und gleitend bleibt – so bei den Zielkategorien der Strebensethik und den entsprechenden Moralkategorien – und nicht ganz streng und definitiv zu ziehen ist. Oft gehen in formale Klärungen inhaltliche Präferenzen ein, doch kann die formale Metatheorie in der Regel einen höheren Abstraktionsgrad erreichen.)

Der hier mit Vorrang eingenommenen metatheoretischen Position entspricht es, wenn im folgenden bisher nicht oder nicht zusammenhängend behandelte Themen der Metatheorie nachgereicht und damit die systematischen Konturen der Metatheorie selbst und mittelbar auch des Gesamtaufbaus der Ethik stärker ausgezogen werden.

Zur Selbstklärung der Ethik auf der Metaebene gehört die Festlegung ihrer interkulturellen und interepochalen *Reichweite* und ihrer Grenzen, eine Frage, die durch die Tendenz zur totalisierenden Integration und Systematisierung aufgeworfen wird, sich aber von der nach der Relevanzgrenze im Detail unterscheidet.[8] Hier ist zunächst zu bedenken, daß jede Präskriptive Ethik geschichtlich

8 Vgl. dazu oben S. 318ff.

situiert ist und darum nur so viele Regulative aufnehmen kann, wie es dem Regulationsbedarf und der Rezeptionskapazität der eigenen Epoche voraussichtlich entspricht. Eine um ihrer selbst willen betriebene theoretische Aufarbeitung, Inventarisierung und Klassifikation aller in früheren Epochen oder in fremden Kulturen der Gegenwart greifbaren Normen- und Regelbestände würde die Präskriptive Ethik zum wenigsten partiell unter der Hand in eine Deskriptive überführen und dadurch ihrer eigentlichen Zielsetzung entfremden. Nichtsdestoweniger entspricht es der Optionalität und angestammten Vordenkerrolle der Ethik, daß sie nicht nur das jeweils Gegebene und Aktuelle reflektierend klärt und bewußt macht, sondern es zugleich kritisch erweiternd und relativierend auf fernere Horizonte hin übersteigt, indem sie teils antizipierend auf noch unentdeckte Möglichkeiten aufmerksam macht oder an vergessene oder verdrängte Ziele und Normen erinnert. Sie vermag dadurch zum experimentierenden Erproben alternativer Erfahrungen, Freiheitsspielräume und Lebensentwürfe anzuleiten oder aber durch die Einbeziehung weiterer Konsenspartner den geltenden Konsens modifizierend zu bearbeiten. Die Legitimationsbedingung einer Erweiterung ist erfüllt, solange sie als präskriptiv intendiert ist. Dies bewährt sich im besonderen bei der Frage interkultureller Zuständigkeiten. Zum wenigsten die Spezielle, wenn schon nicht die Prinzipien-Ethik, wird hier zwischen der Selbstrelativierung im Partikulären und strikten Totalitätsansprüchen die Mitte halten und konzentrisch gewichtend prozedieren, d.h. sie wird sich für Fremdes und gelegentlich sogar Exotisches offenhalten, ihm aber nur einen peripheren, keinen zentralen Platz einräumen. Eine solche flexible Lösung kann dadurch noch präzisiert werden, daß die Ethik interkulturell variiert und gleichsam polyzentrisch aufgefächert in verschiedenen kulturellen Kontexten verschiedene Schwerpunkte setzt, und zwar in demselben Maße, in dem sie sich als Spezielle Ethik spezifiziert. Dies entspricht dem früher herausgearbeiteten (Kap. 1) Kooperationsverhältnis zwischen einer universalistisch gerichteten Epochen- oder Gattungsmoral und verschiedenen Gruppenmoralen, die je nach dem kulturellen Umfeld variieren.

Im Zentrum der Metatheorie steht die Diskussion der ethischen *Grundbegriffe* und ihres Zusammenhangs. Sie nimmt zweckmäßigerweise ihren Ausgang vom Begriff des Ethos selbst und stellt die Frage, inwieweit der gesamte Themenbereich sich wirklich am ›Ethos‹ orientiert und daher zu Recht den Titel ›Ethik‹ trägt. Ginge man vom Sichverhalten oder spezieller vom (intentionalen) Handeln (Praxis) aus, so läge der Titel ›Praktik‹ näher, wie er denn auch im Gattungsbegriff der ›Praktischen Philosophie‹ in Erscheinung tritt. Mit gleichem Recht bieten sich indessen andere Alternativen an: die am Zielbegriff des Guten orientierte der Axiologie oder Güterlehre und andererseits die vom oft als Nachfolgebegriff des Eudämonie- oder Glückskonzepts verstandenen Freiheitsbegriff bestimmte einer Eleutherologie oder Freiheitslehre. Dennoch leisten alle drei Alternativen weniger als die in der Titulatur ›Ethik‹ überkommene Akzentuierung: Sichverhalten und Praxis sind nur als regulierbare und verallgemeinerungsfähige theoriefähig, wobei sich die konstante ›Haltung‹ (Ethos) als zuverlässigste Bedingung regulierten Verhaltens empfiehlt; für höherstufige Verhaltensweisen, wie sie Dauerzielen angemessen sind, sind Haltungen sogar notwendige Bedingungen; schließlich sind Haltungen das Äußerste, was wir aus eigener Kraft mit einiger Sicherheit erreichen können, während Ziele und Güter auch von externen Bedingungen abhängen und sich daher oft dem Zugriff entziehen. Auf der anderen Seite ist der Begriff des Guten so weit, daß er auch ein sozietäres, politisches und juridisches Gutes und darüber hinaus ein ästhetisches oder religiöses abdeckt. Er müßte also zunächst auf ein praktisches und innerhalb dessen auf ein »ethisches« Gutes spezifiziert und eingeschränkt werden, was auf eine zweifache Zirkelbestimmung hinausläuft. Demgegenüber gibt es ein ›Ethos‹ nur in dem ›Ethik‹ zubenannten Themenbereich. Ähnliches trifft für den Freiheitsbegriff zu: Freiheit ist zwar die anthropologische Bedingung der Möglichkeit von Evaluation, Praxis und Ethos, aber als solche auch die Grundlage anderer Disziplinen Praktischer Philosophie und überdies selbst nicht mehr praktikabel und operationalisierbar zu machen wie das Ethos; wo sie hingegen als konkretes, herstellbares Handlungsziel auftritt, bleibt sie ein einzelnes Gut unter anderen, das in einer heteronom verstandenen Moral ohnehin nur eine untergeordnete Rolle spielt. Die Zentralstellung des Ethos im fraglichen Themenbereich ist also gerechtfertigt, und es ist daher auch an der Nomenklatur ›Ethik‹ festzuhalten.[9] Dies schließt nicht aus, daß es singuläre und punktuelle Handlungen und Ziele, ja vereinzelt sogar Handlungsregeln, -normen und -maximen geben kann, die nicht unmittelbar auf zugehörige Haltungen zu beziehen sind, weil sie dafür allzu transitorisch bleiben. Gleichwohl gilt auch für sie, daß sie im weiteren Umkreis doch in übergreifende Handlungssysteme und Grundhaltungen eingebettet und dadurch ermöglicht sind. Man kann daher von den »Haltungen« ausgehend eine Minimalethik formulieren, die neben den Haltungen die mit ihnen koordinierten Handlungs- oder Verhaltenstypen und Handlungsziele (Güter) zusammenschließt.[10] Sie entspricht der überkommenen, zuletzt an der hellenistischen Ethik orientierten Dreiteilung in Güter-, Pflichten- und Tugendlehre, in der der Pflichtbegriff die ältere, weiter gefaßte Bedeutung des richtigen Handelns hat und die sich leicht durch die Begriffe der Handlungsregel und des Handlungsgrundsatzes (Maxime) komplettieren läßt.[11] Es ist demnach möglich, aus dem Basisbegriff der Haltung (Ethos) die ganze Reihe der damit korrespondierenden »ethischen« Grundbegriffe in ihrer systematischen Verflechtung zu entwickeln. Allerdings weichen die Akzente der beiden Haupttypen von Ethik bereits auf dieser elementaren Stufe leicht voneinander ab: Die Eigenständigkeit des *Ziel-* und *Güterbegriffs* kommt nur in der Strebensethik zu voller Geltung, während zum wenigsten die Gesinnungsmoral die Güter mit den Haltungs- und Handlungsnormen zusammenfallen läßt und die die Handlungsfolgen einbeziehende Moral, beispielsweise die Verantwortungsmoral, zwischen beiden eine vermittelnde Stellung einnimmt.[12] Ferner ist, gemäß der Zweistelligkeit des Wortes

9 Unspezifisch für die »Ethik« wären ferner Umbenennungen in eine Philosophie des Strebens oder der Hemmung, da diese der Praktischen Philosophie insgesamt zukommen. Streben ist hier ferner schon auf eine Teildisziplin der Ethik festgelegt.

10 Vgl. Kap. II S. 76f.

11 Regeln und Normen haben primär eine präskriptive Bedeutung und sind von der Ethik als Präskripte formulierbar. Hinzu kommt eine abgeleitete deskriptive Bedeutung. Maximen haben eine subjektive Bedeutung, aber Regeln oder Normen zum Inhalt. Daneben gibt es singuläre Vorsätze, entsprechend den singulären Präskripten.

12 Dies schließt wiederum nicht aus, daß Haltungen und Handlungen

›gut‹, das moralisch Gute das für den jeweils andern Gute, das Gute der Selbstethik das für den Handelnden selber Gute, auf das sich jedoch auch das moralisch Gute als Reflexionsstufe mit einer Richtungsinversion bezieht. Die Strebensethik erlaubt auch eine weitergehende kategoriale Differenzierung des Güterbegriffs (Grundgut, Primärgut, Gesamtgut, verstanden als verschiedene Reflexionsformen der Güterwelt, beispielsweise das letztere als entteleologisierter Inbegriff aller Lebensgüter, sei es als antizipiertes Ziel oder als reale Bilanz; ferner verschiedene Zielkategorien). Was andererseits das Basiskonzept der *›Haltung‹* (Ethos) angeht, so ist postteleologisch eine Formalisierung älterer Vorstellungen (Tugenden-Laster) unausweichlich, die sich auch in der Terminologie niederschlägt: Es empfiehlt sich, genereller von erworbenen, praxisbezogenen und abrufbaren *Dispositionen* zu sprechen, die anthropologisch in einer invarianten Grunddisposition fundiert sind, die die Ausbildung aller einzelnen Dispositionen ermöglicht. Der Formalisierung der Grundvorstellung entspricht als Gegenstück eine Typologie, die bloße Habitus (eingespielte Gewohnheiten und Könnensweisen) von qualifizierten Kompetenzen intellektueller oder technischer Art, von den eigentlichen Haltungen (Charakterlagen im Sinn der Moralität) und endlich von allgemeinen Richtungstendenzen, Willensorientierungen und Intentionsmustern unterscheidet und damit in der Lage ist, den Erfordernissen beider Haupttypen der Ethik in ihrer ganzen Breite Rechnung zu tragen. Der Begriff der *Handlung*, die aus Dispositionen heraus erfolgt, ist dementsprechend zu differenzieren. Formal ist Handlung definierbar als – immanente oder transeunte – Zielverwirklichung oder Verhinderung von Antizielen. Intentionalität ist für Handeln – im Unterschied zum Sichverhalten – konstitutiv, nicht aber auch Rationalität.

Dispositionen, Handlungen, Ziele und Normen unterliegen wie alle praktischen Grundbegriffe und Kategorien der modalen Differenz zwischen Sein und *Wollen* oder *Sollen*. Für die Ethik sind nicht die bereits realisierten Ziele und Normen, sondern die noch ausstehenden oder gefährdeten von Interesse, zu deren Realisie-

auch in der Strebensethik Ziele und Güter sein können, nur ist das Verhältnis nicht analytisch wie in der Gesinnungsethik.

rung oder Erhaltung sie präskriptiv beizutragen sucht. Dabei ist vorauszusetzen, daß die modale Spannung zwischen Möglichem und Verwirklichtem durch ein generelles *Streben* oder (rationales) Wollen getragen und tendenziell überwunden wird, und zwar in der Moralphilosophie ebenso wie in der Strebensethik (Sollen setzt das Wollen der Anderen voraus, ihm wird durch eigene moralische Bestrebungen entsprochen). Dieses volitive Moment ist wie von den andern Disziplinen Praktischer Philosophie prototypisch auch von der Ethik zu thematisieren und zwar, obschon auf der Ebene der Metatheorie, so doch nicht nur in metatheoretisch-anthropologischer, sondern auch in präskriptiver Interessenperspektive. Die Metatheorie stellt der Präskriptiven Ethik die Abklärung des Volitionsbegriffs und seiner systematischen Verklammerung mit den übrigen ethischen Grundbegriffen nicht nur als Hintergrundswissen zur Verfügung, sondern leistet damit Vorarbeit für die Elaborierung direkt auf das Streben und Wollen bezogener Regulative und die Formulierung entsprechender Präskripte: Streben und Wollen sind nicht rein naturwüchsig, sondern veränderlich gegeben, denn es begegnet ebenso gehemmtes, erst zu entbindendes Streben wie übermäßiges oder falsches, das zu modifizieren oder durch anderes zu ersetzen ist. Dafür können gegebenenfalls (objektive) *Bedürfnisse* kriteriell leitend sein, die jedoch ihrerseits nach Möglichkeit auf den Gesamthaushalt der Bedürfnisse abgestimmt und zuletzt in den volitiv getragenen optionalen Lebensentwurf (in der Moral: des Fordernden) aufgenommen werden müssen. Ähnliches gilt, mit einer gewissen Asymmetrie zugunsten der Strebensethik, auch für die Kompetenzen praktischer *Rationalität,* deren Verbesserung einer Ethik um so mehr angelegen sein muß, je mehr sie selbst bei der Praxisregulierung rational argumentiert. Es versteht sich jedoch, daß die Metatheorie Volition und Rationalität unter postteleologischen Bedingungen zunächst so formal wie möglich aufzufassen hat, ohne sie schon vorweg durch bestimmte inhaltliche Auslegungen zu präjudizieren und restriktiv zu belasten. Fundamental sowohl für die Selbstbegründung der Ethik beiderlei Typs wie für ihre Entfaltung in eine vorbereitende Aporetik hinein ist endlich der *Hemmungsbegriff.* Auf der anthropologischen Ebene der Metatheorie faßt der Begriff der *Hemmbarkeit* das Können und Nichtkönnen mensch-

licher Praxis zusammen und präzisiert ihre Freiheitsbedingung als dialektische Einheit von Freiheit und Unfreiheit. Da Hemmung sich primär auf Streben bezieht, ist der Zusammenhang sowohl mit der Modaldifferenz wie mit der Minimalethik und dem Titelbegriff des Ethos gewährleistet.[13] –
Der Rückgang der *sprachanalytischen Metaethik* auf die Umgangssprache und den faktischen Sprachgebrauch – mit einem heuristischen Primat der Pragmatik für die Semantik – hat für die Präskriptive Ethik eine doppelte Bedeutung: eine kritische, indem durch die kontextsensitive Beachtung des Sprachgebrauchs Äquivokationen, falsche Analogien, scheinbare Identitäten und Ähnlichkeiten, aber auch umgekehrt Scheinkonflikte, ungerechtfertigte und unökonomische Multiplikationen und Redundanzen und schließlich auch falsche Akzente, Prioritäten und Proportionen aufgedeckt und eliminiert werden; zum zweiten aber fernerhin eine heuristische und konstruktive insofern, als durch die Auflistung praktisch relevanter linguistischer Universalien eine Typologie dessen vorgezeichnet wird, was bei der ethischen Theorien- und Begriffsbildung bis in die Terminologie hinein berücksichtigt und präskriptiv reguliert werden muß, wobei sich die Theorie immer wieder dem Test einer linguistischen Phänomenologie auszusetzen hat, aber auch argumentativ darauf zurückgreifen kann. Der linguistische Teil der Metatheorie kann so nicht nur die Fragestellung, Methode und Terminologie der Präskriptiven Ethik präjudizieren, sondern auch die alltägliche Sprache der Moral oder der nichtmoralischen Lebensführung korrigierend oder stimulierend beeinflussen, und auf diesem Wege mittelbar auch die Lebenspraxis. Der linguistische Ansatz bedarf allerdings der selbstkritischen Beschränkung seines Leistungsanspruchs, da seine Reichweite begrenzt ist und er zur Aufstrukturierung der

13 Die Metatheorie konzeptualisiert ferner Normen und Regeln und spezifiziert sie nach Regeln der Bevorzugung, der Verknüpfung sowie der Bildung von Strategien und Taktiken, weiterhin die zugehörigen Kriterien. Für die praktische Beratung und Anleitung arbeitet sie eine formale Beratungstheorie aus und definiert den Ratschlag, die konsiliatorische Situation und die Formen praktischer Argumentation und Begründung überhaupt, ferner die Grundbegriffe der Aporetik, Heuristik, Stochastik und Topologie u. a. m.

Ethik allein nicht ausreicht, sondern seine Klärungskraft mit anderen methodischen Ansätzen verbinden muß (nichtsprachliche Semiotik, Kontextphänomenologie, Psychologie, Introspektion, Argumentationslogik, Analyse der Vorgeschichte u. a.). Dies gilt um so mehr, als alle linguistischen Klärungen immer an bestimmte, wie sehr auch verbreitete, Sprachspiele gebunden sind und daher keine universale, sondern nur eine eingeschränkte Geltung beanspruchen können. Im einzelnen bieten sich für die Analyse von Wertwörtern sowie von evaluativen oder präskriptiven Sätzen und Sprechakten die folgenden Verfahren an: a) auf der lexikalischen Ebene die Erhebung und Inventarisierung einschlägiger Sprachbestände als Grundlage für Problemstellungen und Vorgabe für den Theorierahmen; b) die Unterscheidung verschiedener oder ähnlicher Wertwörter nach ihrer Semantik und Pragmatik (z. B. gut-recht-richtig oder Pflicht-Verantwortung); c) die Desambiguierung und Aufdifferenzierung von äquivoken Ausdrücken nach ihren Hauptverwendungsarten (Polysemie), beispielsweise von ›Sollen‹ (moralisch, juristisch, empfehlend, wunschhaft, resententialisierend, problematisierend) oder von ›Schuld‹, ›schuldig‹ (moralisch, juristisch, kausal); d) die Untersuchung spezieller Gebrauchs- und Verwendungsregeln, die nach der Grundbedeutung (b) und den Hauptverwendungsweisen (c) bestimmte situationsbezogene oder auch simultan auftretende Bedeutungsaspekte sichtbar machen (Primärunterscheidung: deskriptive und werthafte Aspekte, die wieder in emotive, direktive, kritische und evaluative zerfallen;[14] oder die funktionelle Multivalenz von Sprechakten nach illokutionären, perlokutionären und performativen Aspekten bei Austin); e) die Feststellung von Synonymie- und analog Symphrasieverhältnissen, d. h. der Aufweis der Sinnäquivalenz von verschiedenen Wörtern oder Sätzen beim Gebrauch in ähnlichen Kontexten, ein Phänomen, das nicht nur intra-, sondern auch interlingual für die Bewältigung oder Indienstnahme der Mehrsprachigkeit und insgesamt für die Vereinheitlichung und systematische Vereindeutigung ethischer Theorienbildung von Gewicht ist (etwa für die Geltungsansprüche einer universalistischen Moral). Damit hängt ferner die kon-

14 Vgl. Wellman, The Language of Ethics, 1961.

textbedingte, auf Sinnäquivalenz beruhende Substituierbarkeit von Aufforderungen durch Wert- oder Tatsachenurteile oder von Wert- durch Tatsachenurteile sowie die Vertauschbarkeit von Prämissen und Konklusionen zusammen. So können deskriptive Aussagen (›Es brennt!‹) oder Werturteile (›Es wäre besser, wenn Sie gingen‹) je nach Situation die Funktion von Aufforderungen (›Raus!‹, ›Gehen Sie!‹) annehmen, weil sich die richtige Bedeutung aus der Sachlage ergibt. Es ist also mit verschiedenen Graden der Explizitheit bzw. Implizitheit zu rechnen, die über die Grenzen der einzelnen Sprechakttypen hinausreichen und nur deren semantische Tiefenstruktur konservieren. Auf die Haupttypen hin betrachtet, bezieht sich die ethisch relevante Pragmatik von Sprechakten sowohl auf das Argumentieren wie auf das (evaluative) Beurteilen und das Vorschreiben (sei es als Anweisen oder Anraten), doch kommt für die Alltagspraxis noch eine ganze Reihe weiterer Sprechakttypen in Betracht, die von der Metatheorie berücksichtigt werden müssen.

Die sprachanalytische Metaethik zielte bisher stets auf die Moralsprache ab, versuchte sie aber von anderen, deskriptiven und evaluativen, Sprechweisen abzuheben und hat darum die Fälle nichtmoralischer Aufforderungen und Werturteile mehr oder weniger akzidentiellerweise mitbehandelt. Dennoch ist es zu einer zusammenhängenden Metatheorie der Sprechweisen des guten Lebens und der Strebensethik nicht gekommen, während es sich andererseits als schwierig erwies, eine spezifische Moralsprache differenzierend herauszuarbeiten. Dies führt beispielsweise bei dem repräsentativen metaethischen Unternehmen R.M. Hares dazu, daß die als Vergleichsbasis herangezogenen nichtmoralischen Werturteile nicht um ihrer selbst willen verfolgt und auf die Erfordernisse einer Strebensethik hin weiteranalysiert werden, daß es Hare aber auf der anderen Seite nicht gelingt, die moralischen Phänomene mit ihrer Kategorizität und Apodiktizität linguistisch überzeugend einzuholen. Im folgenden wird demgemäß mit Vorrang versucht, das systematische Ungleichgewicht zu beheben und im Sinne einer Integrativen Ethik neben der Moralsprache Grundlinien einer Metatheorie der Sprache des guten Lebens und der nichtmoralischen Lebensführung zu entwickeln, die mutatis mutandis als paradigmatisch auch für andere Disziplinen der Praktischen Philosophie gelten mögen. Dabei wird sich zeigen, daß vom Gesamtfeld ethisch relevanter Sprechakte der größere Teil durch die Strebensethik abgedeckt wird. Methodisch und gelegentlich auch inhaltlich sind dafür die Sprechaktanalysen D. Wunderlichs[15] richtungweisend gewesen. Zunächst ist jedoch in Abwandlung eines Schemas von Hare die Stellung ethisch bedeutsamer Sprechakte im Ensemble möglicher Sprechakttypen zu veranschaulichen:

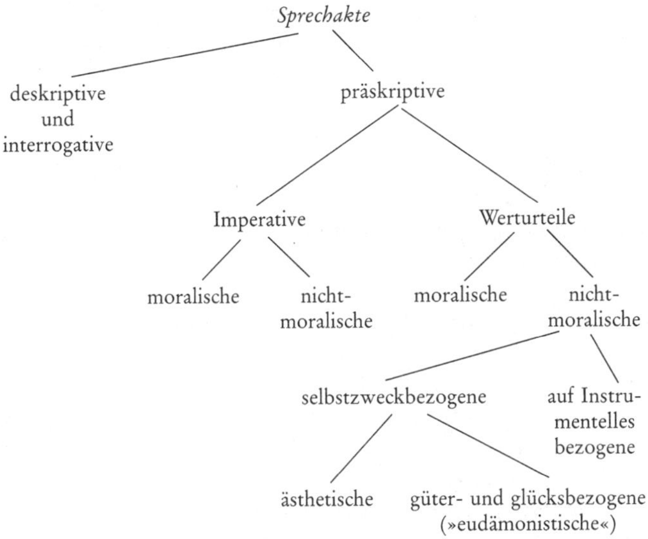

Was die Moralsprache angeht, so sind hier explizite Aufforderungen (Imperative) von Verpflichtungsurteilen (»Sie müssen ihm helfen«) und anderweitigen Werturteilen (»Er ist charakterlos«) zu unterscheiden. Sie sind als moralisch qualifiziert durch entsprechende Wertwörter (Adjektive wie ›geboten‹, ›verantwortungsvoll‹, ›verwerflich‹, ›böse‹, ›unsittlich‹, aber auch andere Wortarten) und durch den Typus der Situation, in der sie geäußert werden. Den präskriptiven Sprechakten können Informations-

15 D. Wunderlich, Studien zur Sprechakttheorie, 1976.

oder Begründungsfragen seitens des Verpflichteten vorgeschaltet oder zugeordnet sein; ihnen folgen in der Regel Entscheidungen und Entschließungen in der elementaren Form des Akzeptierens (Anerkennens) oder Verwerfens (›Ja‹-›Nein‹) und die Bildung entsprechender Handlungsgrundsätze (Maximen) oder singulärer Vorsätze (›Ich werde mich so verhalten‹). Ratschläge (Empfehlungen oder Warnungen) können vor allem bei der folgenbezogenen Moral eine Rolle spielen, aber ausnahmsweise auch dort eintreten, wo strenge moralische Direktiven und verbindliche Urteile ausbleiben. Im übrigen läßt sich die These (Urmson), daß ›gut‹ eine komparativische Funktion habe, dahingehend weiterführen, daß ›gut‹ und ›Sollen‹ in moralischer Bedeutung einer kontextbedingten Graduierung fähig sind.

Ein ungleich reicher differenziertes Bild bietet die Sprache der nichtmoralischen Lebensführung und der Strebensethik dar. Dabei zeichnen sich erweiterte Systeme von transphrastischen Sprechaktsequenzen ab, die teils in Interaktionsfolgen eingebettet sind, teils monologischen Charakter haben. Die einzelnen Sprechakttypen zerfallen ihrerseits in eine Mannigfaltigkeit von Subtypen, die als linguistische Universalien fast durchweg von ethischer Relevanz sind. Insgesamt kommen Konstativa, Repräsentativa, Deliberativa, Interrogativa, Konsultativa, Exerzitiva oder Regulativa und andere Klassen von Sprechakten zur Geltung. Die geläufigste Sequenz folgt dem Schema: Wunschäußerungen oder Bitten, Zielsätze – Sätze des Überlegens, Planens, Kalkulierens und Argumentierens – Erkundungsfragen – Ratschläge (teilweise als Antworten auf Fragen) – Entscheidungen und Entschließungen – Maximen und Vorsätze. Davon lassen sich die Ziel- und Wunschsätze einteilen in perlokutionäre, illokutionäre und in Selbstaufforderungen. Ferner lassen sich die Überlegungen, die Fragen und die Ratschläge typisieren nach den Gesichtspunkten des Was?, des Wie?, des Warum?, des Vergleichs und der Implikationen und Folgen. Im einzelnen kann man fünf Typen von *Fragen* unterscheiden: Fragen bezüglich der Existenz (›Ob‹ oder ›Ob nicht‹, entsprechend dem ›Ja‹ oder ›Nein‹ der Moral), der Vorzugswahl zwischen Alternativen (Entweder-Oder, mit der Variante der Rangierung), der Art und Weise der Realisierung, der Bedingungen, Implikationen und Folgen, und schließlich Warum-Fragen, seien es solche nach den Ursachen oder solche der Begründung (der Zielkontrolle, entsprechend der moralischen Normenkontrolle). Die Typologie von *Ratschlägen* reicht von Informationen über Vorschläge und Empfehlungen bis zu mehr oder weniger harten Direktiven. *Entscheidungen* zerfallen in solche, die sich auf die bloße Existenz beziehen (›Ob‹ – ›Ob nicht‹), aber auch in solche komparativer Art, sei es bezüglich der Zu- und Abwahl oder der Rangierung. Die *Maximen* differenzieren sich in solche, die sich durch die wiederholte Realisierung von Vorsätzen einstellen, solche, die für eingerastete Gewohnheiten nachträglich formuliert werden, und endlich und hauptsächlich in solche, die an Einschnitten und Bruchstellen des normalen Lebensablaufs, insbesondere bei der Korrektur eigener Fehler oder Versäumnisse, angenommen werden (›Nie wieder‹, ›nur noch‹, ›immer und jedenfalls‹).

In diesem Schema, das in verkürzter und vereinfachter Form auch auf die Moralsprache anwendbar ist, nehmen die Ratschläge und weiterhin die Argumente insofern eine ausgezeichnete Stellung ein, als damit die praxisregulierende Leistung der Ethik selber angesprochen ist.[16] Die Metatheorie wird daher auch im Blick auf die ethische Methodologie diesen Sprechakttypen proportional mehr Aufmerksamkeit zuwenden müssen als beispielsweise den Entscheidungen und den Maximen, die unvertretbar zum Akteur gehören, wogegen die Wunsch- und Zielsätze als Ausgangspunkte der Beratung und der Argumentation für die Präskriptive Ethik wiederum von einiger Bedeutung sind,[17] desgleichen die damit zusammenhängenden Fragetypen. Im übrigen ist bei der Verwendung aller dieser sprachlichen Universalien darauf zu achten, daß in der Oberflächenstruktur weitgehend eine Sinnäquivalenz zwischen Satztypen besteht, derzufolge eine Aussage oder ein Argument gegebenenfalls als Anweisung oder eine Frage als Aussage aufzufassen ist. Die eigentliche Bedeutung ergibt sich erst aus dem jeweiligen pragmatischen Kontext. Die faktisch vorliegenden

16 Zur exemplarischen Sprachlichkeit des Ratschlags und der Weisung oben S. 326f.

17 Die Ethik kann hier final-konkludent, aber auch final-reflexiv wirksam werden, letzteres durch die Aufklärung zielimmanenter Unterschiede (z. B. Zielkategorien, Lustarten) oder durch Refinalisierung.

Sprechakttypen korrespondieren dabei bestimmten Aktions- und Interaktionstypen, die sie ihrerseits perlokutionär beeinflussen, ja denen sie im Falle performativer Sprechakte sogar selber angehören können. Die Verzweigtheit der Distinktionen zeigt ferner, daß die Präskripte bald einfach und direkt sein können (Ob-Entscheidungen), bald komplexen Sachverhalten entsprechen müssen (Ab- oder Vorzugswahl, Wie-Fragen). Die Graduierung des ›Guten‹ und ›Richtigen‹ trifft auch hier zu, wird aber häufiger explizit und zum Problem gemacht als in der Moral. In jedem Falle wird sich die Präskriptive Ethik auf das differenzierte Typenpanorama, das die Sprechaktanalyse der Metatheorie zutage fördert, einzulassen und die regulative Ausfüllung der zunächst als neutrale Leer- und Hohlformen gegebenen Typen vorzubereiten haben. Dabei ist im Unterschied zu einer rein linguistischen, rubrizierenden Betrachtungsweise von vornherein die funktionelle Zuordnung der Sprechakttypen in praxisorientierten Sequenzen mitzubeachten, weil dadurch jeweils ein Mehrgehalt an Gesichtspunkten ins Spiel kommt und überdies störende Inversionen und Unzeitigkeiten vermieden werden. So muß beispielsweise bei der Vermittlung ethischer Regulative auf die Abfolge der Fragetypen Rücksicht genommen werden, etwa auf die Priorität der Was-Fragen vor den Wie-Fragen und den Umstands-Fragen. In besonderem Maße schlagen die Distinktionen auf den Anwendungsbereich und den detaillierteren Aufgabenkreis der Methodologie durch, der gegebenenfalls eine noch weitergehende Spezifizierung der Typen und Subtypen erforderlich macht. Dabei legt sich die Ausbildung eines flexiblen Systems wechselnder Proportionierung und Anteilsgewichtung zwischen den einzelnen Typen nahe, das in der Form von Supertypen der Sequenzstruktur in der Metatheorie grundgelegt und in der Methodologie im einzelnen topisch entfaltet sein mag. In allen diesen Fällen muß sich die Ethik grundsätzlich an die konventionellen Raster der Alltagssprache halten, um den Erwartungen ihrer Konsultanten entsprechen und um von ihren Rezipienten angemessen und erfolgversprechend verstanden werden zu können. Zu dem theoretischen – kritischen oder heuristischen – Interesse der philosophischen Ethik an den einschlägigen Sprachformationen tritt also ein unmittelbares pragmatisches hinzu.

Da die übrigen Disziplinen Praktischer Philosophie (vor allem die

Sozialphilosophie und die Philosophie des Politischen) einen ähnlichen systematischen Aufbau zeigen wie die Ethik, liegt es nahe, anhangsweise und in vergleichender Absicht die linguistischen Aspekte ihrer Metatheorien durchzuspielen. Genau genommen handelt es sich um Aspekte des theoretischen Teils dieser Disziplinen, der jedoch zu den normativen und präskriptiven Teilen, die in der Praktischen Philosophie im Vordergrund stehen, ein metatheoretisches Verhältnis einnimmt. Dabei kann die Frage offen bleiben, inwieweit die Metatheorien der einzelnen Disziplinen in einer übergreifenden, generalisierten Metatheorie der Praktischen Philosophie konvergieren; für die hier verfolgte Thematik braucht jedenfalls vorläufig zwischen dem gesellschaftlichen und politischen Bereich nicht differenziert zu werden. Es versteht sich, daß die Kooperation zwischen normativer und Meta-Ebene auch hier darin besteht, daß sich die normative Theorie die von der Metatheorie erarbeitete Typendifferenzierung der hauptsächlichen Sprechakte zu eigen macht und sie durch zeitgemäße Normen und Präskripte auffüllt. Aufschlußreich ist jedoch, daß die komplexeren Verhältnisse von Gesellschaft und Staat gegenüber der Ethik eine Anreicherung und Erweiterung des Typenbestandes an Sprechakten mit sich bringen und daß sich dadurch auch andere Typensequenzen ergeben. Zunächst sind Wunsch- und Zielsätze wie in der Moral von einem faktischen Konsens der Gruppe getragen, reichen aber inhaltlich sowohl über das Moralische wie über die Zielsetzungen des Einzelnen hinaus. Den Überlegungen des Einzelnen entspricht sodann das Sichmiteinanderberaten der Gruppenmitglieder, das im einzelnen eine Fülle von Subtypen und Varianten aufweist, zu dem aber wie beim Einzelnen die externe, asymmetrische Beratung – durch Nichtinvolvierte, Experten oder Praktische Philosophen – hinzutreten kann. Auch die Typologie der Frage ist anders akzentuiert. Der gemeinsamen Beratung folgen Aufforderungen in der Form von Adhortativen (»Laßt uns ...«, »wir wollen ...«), die den Beschluß vorbereiten und die in der Ethik keine eigentliche Parallele haben. Dagegen entspricht der Beschluß dem Entschluß der Ethik, nur daß er sich explizit sprachlich (in performativen Deklarativen) oder durch andere Zeichensysteme artikulieren muß. Das der Maxime oder dem Vorsatz entsprechende Resultat des Beschließens ist wiederum ein praktischer Konsens, nicht über die gemeinsamen Ziele, von denen man ausging, sondern über die Schritte zu ihrer Realisierung. In nichtegalitären, hierarchischen Gesellschaften, in nichtdemokratischen Staaten sowie in vielen Institutionen sind jedoch die gemeinsamen Beratungsprozesse sowie die Beschlüsse und gegebenenfalls auch die Konsense nichtparitätischer Art. Demgemäß treten an die Stelle der Adhortative Imperative oder – in institutionellen Kontexten – performative ›Anweisungen‹. Da es auch im Zeichen des progressiven Egalitätsprinzips voraussichtlich immer auch – institutionalisierte oder okkasionelle – nichtparitätisch strukturierte Teilgruppen der Sozietät geben wird, sind die zugehörigen Sprechakttypen nicht nur von historischer Bedeutung und daher auch systematisch präsent zu halten. – Die Vielfalt gesellschaftlicher und politischer Sprechweisen wirft vor allem im zweiten Fall zusätzliche Verfahrensfragen und Probleme der prozeduralen Regulierung auf, die nicht von vornherein mit den inhaltlichen Normierungen konfundiert werden dürfen. Verfahrenstechnische und prozedurale Regulierungen, die sich allerdings aus inhaltlichen ergeben können, bestimmen die Auswahl, die Anwendung und den Zusammenhang der formalen Akttypen. Sie haben eine normative Methodenfunktion und gehören daher in erster Linie zum Aufgabenkreis der Methodologie der jeweiligen Praktischen Disziplin. Sie korrespondieren damit den Metaregeln der ethischen Methodologie, doch sind ihre leitenden Begriffe wie bei der Ethik in der jeweiligen Metatheorie definitorisch und terminologisch grundzulegen. Entgegen der reduktionistischen Verkürzung ihrer Zuständigkeiten haben es also auch die Sozial- und die Politikphilosophie mit einem mehrschichtigen Aufgabenkreis zu tun: Sie gehen weder in einer formalen, normativ neutralen linguistischen Metatheorie auf, noch in einer rein normativen Theorie ohne Grundlagenreflexion und Regulative der Anwendung, noch gar in einer Verfahrenslehre ohne inhaltliche Normierungen auch spezieller Art. Darin bestätigt sich die Analogie des systematischen Aufbaus zwischen den Disziplinen Praktischer Philosophie. Die Entsprechungen auf der Ebene der Normen und Präskripte werden noch genauer zu verfolgen sein (Kap. VIII). – Nach diesen Komplementen zur Metatheorie der Ethik ist abschließend zu fragen, welcher Theoriestatus der Präskriptiven

Ethik zukommt, wenn man sie von der Metatheorie abhebt, und wie dieser Status sich zu ihrer wie auch immer verstandenen topischen Struktur verhält. Geht man von den in der Wissenschafts- und Philosophietheorie gebräuchlichen Theoriebegriffen aus, dann ist Theorie ein auf einheitlicher Erklärung beruhendes, geordnetes bis systematisiertes Ganzes, genauer ein aus Axiomen abgeleitetes Satzsystem, das in einen erklärenden und einen beschreibenden Teil zerfällt. Auf die Praktische Philosophie und Ethik übertragen bedeutet dies, daß der beschreibende Teil als Deskriptive Ethik nur eine vorbereitende und untergeordnete Rolle spielt und daß an seine Stelle ein systematisch zentraler vorschreibender Teil in Gestalt der Präskriptiven Ethik tritt. Der erklärende Teil, der sich dazu subsidiär verhält, wird durch die Metatheorie der Ethik repräsentiert. Man könnte dagegen zweierlei einwenden: a) daß dann die Präskriptive Ethik keinen selbständigen Theoriestatus beanspruchen könne und mit der sogenannten Metatheorie zusammengenommen werden müsse, womit sich die Unterscheidung von Theorie und Metatheorie erübrige, b) daß die Präskriptive Ethik durch ihre eigenen Prinzipiensätze prinzipiiert sei, daß aber nur der Prinzipientheorie ein echter Theoriestatus zukomme, während es sich bei der Speziellen Ethik nur um angewandte Theorie handle. Indessen ist gegenüber a) geltend zu machen, daß die Schwergewichte in der Praktischen Philosophie umgekehrt gesetzt sind als in der Theoretischen Philosophie und der Wissenschaft und daß darum die Analogie zu deren Theoriebegriff nicht überanstrengt werden darf: Die Präskriptive Ethik ist nicht nur systematisch, sondern auch historisch betrachtet »früher« als die Metatheorie, die sich explizit erst in der sprachanalytischen Metaethik des zwanzigsten Jahrhunderts konstituiert und von der Ethik sans phrase abgespalten hat. Die virtualiter auf die gesamte Theoretische Philosophie ausdehnbare Metatheorie ist ferner als nicht-präskriptive zu unspezifisch für die Ethik, um sich als deren Theoriekern etablieren zu können. Es muß also bei der Trennung von Theorie und Metatheorie der Ethik bleiben. Auf der anderen Seite geht es (b) nicht an, die Ethiktheorie auf die obersten Ziel-, Regel- oder Normensätze einzuschränken, die weder notwendige noch gar hinreichende Bedingungen einzelner Regeln und Normen oder gar der Lebenspraxis sind, sondern meist nur in Konfliktsfällen eine kriterielle Kontrollfunktion ausüben. Noch weniger überzeugt darum der weitere Vorschlag, die heterogenen Gesichtspunkte von a) und b) zu kombinieren und eine Allgemeine, Metatheorie und Prinzipientheorie[18] verbindende Ethik mit exklusiven Theoriequalitäten auszustatten und der subtheoretischen Speziellen Ethik gegenüberzustellen. Statt dessen gibt es, um nun die positive Seite der Bilanz aufzumachen, eine ganze Reihe von Theorieelementen, die den Anspruch der gesamten Präskriptiven Ethik auf einen regulären Theoriestatus rechtfertigen: 1.) Einen Argumentationsapparat, der sich keineswegs auf einzelne Themen, Fälle oder Ratschläge konzentriert, sondern zum Zweck der Normen-, Ziel- und Kontextkontrolle[19] zwischen Speziellem und Generellem vermittelt oder im Dienst der Vernetzung der einzelnen Themenfelder quer durch diese hindurchläuft. Im weiteren Umkreis gehört dazu die Korrelationsforschung zwischen den Ethiktypen (Komplementär-, Spiegel- und Kooperationsverhältnisse und andererseits Limitierungs- und Konfliktrelationen), die auf argumentativ relevante Interdependenzen führt. 2.) Die Tendenz zur thematischen Komplettierung und zur systematischen Kohärenz, die teils topischen Bedürfnissen dient, teils aber auch als Entfaltung von Theoriekonzepten anzusehen ist. 3.) Eines dieser Theorieelemente ist die wie auch immer verstandene Zuordnung von Prinzipien (Supernormen und Generalregeln, in zweiter Linie auch Ziel- und Normkategorien) und Prinzipiaten (Spezielle Normen und Regeln), die dem herrschenden Theoriebegriff am meisten entspricht. 4.) Die relativ rezente Metatheorie hat sukzessiv, mit der Analyse der Moralsprache beginnend, einige Theorieaspekte der Präskriptiven Ethik abstrahierend ausgezogen und isoliert. Weder trifft dies jedoch für alle Theorieelemente der Präskriptiven Ethik zu, noch bedeutet es, daß die von der Metatheorie erfaßten Elemente nicht in einer weniger expliziten Form auch im Rahmen der Präskriptiven Ethik behandelt werden können. 5.) Man kann die Stufenfolge von Metaethik, Präskriptiver und Angewandter Ethik (Methodologie)

18 Das Argument, beide Male handle es sich um Invarianten, trifft für die stets geschichtlichen Moralprinzipien nicht zu (vgl. Kap. 1).

19 Z. B. zwischen Supernormen und -regeln, Grund-, Spezial- und Einzelregeln bzw. -normen.

als eine Abfolge von drei Stadien ethischer Theorie verstehen, die sich zunehmend der Praxis annähern. Die Differenz im Theoriestatus ist in dieser Perspektive nur eine graduelle.

Ist demnach die Theoretizität der Präskriptiven Ethik als ganzer grundsätzlich gesichert, so stellt sich die weitere Frage, inwieweit nicht der überwiegend topische Charakter zumal der Speziellen Ethik ihr entgegensteht oder sie doch mindert. Während die kategoriale Betrachtungsweise der Metatheorie tendenziell zu Invarianten führt, verfährt die Spezielle Ethik, die bestimmten geschichtlichen Bedarfslagen konzentrisch Rechnung trägt, wesentlich selektiv und instanziierend, ja kontingent und arbiträr und darum auch in ihrer systematischen Textur weniger streng. Dies kommt einer topischen Verwendungsweise sehr entgegen, wie denn die Spezielle Ethik sich häufig auf die Entwicklung exemplarischer Modelltopiken von einiger formaler und inhaltlicher Repräsentanz verlegen wird, die es erlauben, andere Felder nach der Analogie extrapolierend zu regulieren. Indessen schließen Theoretizität und Systematizität und selbst Kategorialität einer- und topische Organisation andererseits einander nicht aus. So liegen Topiken zwar meist unterhalb des kategorialen Niveaus, doch können umgekehrt kategoriale Bestände sehr wohl in topischer Funktion verwendet werden. Auf die Metatheorie bezogen bedeutet dies, daß sie den Toposbegriff, den sie metatopologisch thematisiert, für theoretische Diskurse auch auf sich selber anwenden kann. Um so weniger schließen sich systematisierende Theorienbildung und topische Anlage bei der Präskriptiven Ethik aus. Beide verhalten sich vielmehr neutral und indifferent zueinander oder, anders gewendet, die interne Theoriestruktur einschließlich der Prinzipien kann zusätzlich auch in topischer Absicht gebraucht oder verarbeitet werden. Dabei empfiehlt es sich, zwischen der Innen- und der Außenseite der Theorienbildung zu unterscheiden und ihnen zwei verschiedene Arten von Topisierung zuzuordnen: die interne für den theoretischen Diskurs und die externe für die unmittelbare Praxisregulierung, die sich auf der Ebene der Methodologie der Beratung und Anwendung fortsetzt.[20]

20 Vgl. oben S. 322.

Diese Klärungen zum Verhältnis von Theoriestatus, Systematisierung und Topisierung sind bedeutungsvoll auch für die weitergehende Frage, wie man eine ›Ethik‹ als literarische Darstellung anlegen und schreiben solle. Je nachdem, ob es sich dabei um Werke für Praktische Philosophen und Ethikspezialisten oder für philosophisch Interessierte und Vorgebildete handelt, wird der Autor mehr nach der internen oder der externen Form der Topik hin gewichten. Populärphilosophische Darstellungen ethischer Themen können sodann die Topik noch weiter externalisieren, indem sie beispielsweise die Argumente einer Auswahl unterziehen, sie verkürzen und vereinfachen oder ganz darauf verzichten.

VIII Ethik und Praktische Philosophie

Die überkommenen Einteilungen der Philosophie sind heute ins Gleiten geraten, sei es zwischen Theoretischer und Praktischer Philosophie, Praktischer Philosophie und Ästhetik oder zwischen den Disziplinen der Praktischen Philosophie selbst. Man versucht, hergebrachte Schranken zu überwinden und neue, übergreifende Perspektiven zu gewinnen. Das Anliegen ist dann gerechtfertigt und ein Paradigmenwechsel dann angezeigt, wenn die Gewinne die Verluste überwiegen und das Verstehens- und Erklärungspotential der neuen Perspektive nachweisbar progressiv und nicht rückläufig ist. Dies hängt von dem Phänomenbestand ab, wie er sich heute darstellt, und der danach erforderlichen Problemdifferenzierung, die die der Lösungen vorbereitet. Eine undifferenzierte Problemstellung ist vor allem in der Praktischen Philosophie zu vermeiden, weil sie zu Simplifikationen und Scheinlösungen führt, die zuletzt desorientierend und handlungslähmend wirken. Dies ist im vorigen an Hand einheitsethischer Postulate vorgeführt worden (Kap. II), bedarf aber jetzt der erweiterten Anwendung auf die Mehrdimensionalität des praktischen Feldes überhaupt und im Blick auf eine integrativ verstandene Praktische Philosophie. Zur Frage steht zunächst die Autonomie der Ethik im Verband der praktisch-philosophischen Disziplinen, daran anschließend das Verhältnis der Individualethik zur Sozialethik und Politischen Ethik und schließlich der Kreis der Konsequenzen, die sich aus der Konzeption einer Integrativen Ethik für den Aufbau und das systematische Verständnis der Praktischen Philosophie als ganzer ergeben.

Bestrebungen, die Ethik in der Philosophie des Sozialen oder Politischen aufgehen zu lassen, werden gewöhnlich im Namen eines Kollektivismus oder Soziologismus artikuliert, der in seiner stärkeren Version systemisch oder anthropologisch fundiert, in seiner schwächeren normativ am Vorrang von Gesellschaft und Staat vor dem Individuum orientiert ist. Indessen bleibt die Prätention einer linguistisch oder sozialpsychologisch begründeten Neuorientierung der Philosophie am Paradigma der Intersubjektivität anstelle des Paradigmas der Subjektivität schon auf der anthropologischen Ebene problematisch, weil der vorgängige, noch nicht sozial vermittelte Selbstbezug des Subjekts nicht ganz ausgeschlossen und auch seine fortschreitende Aufstrukturierung und Anreicherung durch soziale Bezüge nicht von spontanen Leistungen der Selbst- und Weltdeutung abgetrennt werden kann.[1] Eine Paradigmenerweiterung erscheint hier angemessener als ein dramatischer Paradigmenwechsel. Der Bereich praktischer Entscheidungen vollends ist vom systemischen oder anthropologischen Substrat nicht zureichend determiniert und davon noch einmal abzuheben, wenn man nicht einem systemistischen oder anthropologistischen Fehlschluß verfallen will.[2] Eine praxisgerechte Differenzierung der Perspektiven ist hier angezeigt, zum wenigsten unter den Reflexionsbedingungen von Hochkulturen. Dabei ist schon bei der Moral davor zu warnen, sie auf Grund der Analogie der sozionomen Struktur mit der sozialen oder politischen Dimension koinzidieren oder doch konvergieren zu lassen. Die Moral ist beispielsweise nicht kontraktualistisch aufzumachen und entzieht sich dadurch einer politischen oder juridischen Situierung. Sie kann ferner soziale und politische Gebilde kritisch bewerten und erweist sich darin als autonome Formation. In noch höherem Grade gilt dies für die individuelle Lebensführung, bei der auch die Strukturanalogie der Sozionomie fehlt und die sich daher einer sozialen oder politischen Aufhebung wesentlich widersetzt. Sie ist in der Tat vorzugsweise geeignet, die Eigenart der Ethik im Verband Praktischer Disziplinen zu profilieren und ihren Autonomieanspruch zu stützen. Auch auf der Theorieebene ist also zu unterscheiden und die Selbständigkeit des ethischen Zugangs zur Praxis gegenüber den übrigen Praktischen Disziplinen zu wahren, bei Gefahr von Selbstwidersprüchen seitens ihrer Betreiber. Eine forciert unifizierte Praktische Einheitsphilosophie ist für Praxis und Theorie so wenig dienlich wie eine Einheitsethik. Ein Paradigmenwechsel im Aufbau der (Teil)Disziplinen ist darum beide Male nicht indiziert.

Daß die Ethik die grundlegende Disziplin der Praktischen Phi-

1 Vgl. oben S. 217f.

2 Vgl. oben S. 111, vgl. 214ff.

losophie sei, ist oft vertreten, aber noch nicht unter dem Gesichtspunkt einer Integrativen, Moralphilosophie und Selbstethik verbindenden Ethik erprobt und präzisiert worden. Die Ethik ist fundamental nicht nur als Beurteilungsinstanz von Recht, Gesellschaft, Ökonomie und Politik, sondern auch deshalb, weil die Mehrdimensionalität des Ethischen prototypisch ist für eine entsprechende Mehrdimensionalität des Praktischen in allen Praktischen Disziplinen der Philosophie. Die *strebensethische* Perspektive läßt sich nämlich in das Gruppenverhalten in Gesellschaft und Staat hinein verlängern und auf die Zielbestimmung von Institutionen und Gruppierungen sowie auf deren Realisierung beziehen. Dabei zeichnet sich eine Überhöhung der individuellen Lebensführung ab, die nicht einfach zu quantitativer Vervielfältigung, sondern in eine qualitativ andere Dimension führt, die eine neuartige Kategorisierung erfordert und daher auch die Etablierung einer eigenen Regulationsinstanz – der normativen Theorie der Gesellschaft und des Staates – rechtfertigt. Die Gruppenbildung ermöglicht es, durch die Summierung und Kumulierung der Kräfte und Machtmittel sowie durch kooperative, arbeitsteilige Großstrategien die Grenze möglicher Problemlösungen weiter hinauszuschieben und das für den Einzelnen Unverfügbare operationalisierbar zu machen. Die Ziele des Überlebens, der Aporienvermeidung und der Optimierung können in der Gruppe weiter gesteckt und ihre Realisierung besser und zuverlässiger garantiert werden. Die individuelle Zielkategorie des Unverfügbaren und des temporalen Konspekts verlieren daher in der Gruppenperspektive an Bedeutung oder verändern doch ihren Sinn. Eine solche Finalstruktur, die von einem gemeinsamen – gleichgerichteten oder koordinierten – Streben auf bestimmte Güterwerte und zuletzt ein bereichsspezifisches Gesamtgut hin getragen wird, trifft für institutionalisierte wie institutionsfreie, sub- und supraetatistische Gruppierungen (z. B. Parteien, Gewerkschaften, Standes- und Interessenverbände, Konzerne, Betriebe, Firmen, Vereine, Bürgerinitiativen und Selbsthilfegruppen) und ebenso für die staatliche Organisation zu. Sie schließt aber auch natürliche, geschlossene Gemeinschaften wie die Familie und andererseits okkasionell und transitorisch auftretende Spontangruppierungen ein, soweit sie ein kooperatives Handeln entwickeln können.

Generelle Ziele sind hier allemal die durch den Zusammenschluß gewährleistete erweiterte Interessenerfüllung oder (beim Staat) die öffentliche Wohlfahrt nebst Sicherheitsgarantien (Recht und Ordnung). Die Kooperation kann sich in gleichartigen, aber auch in komplementären und ferner in mehrfach vermittelten und funktionalisierten Leistungen vollziehen. Die Finalisierung mag im Grenzfall auch geschichtsphilosophisch-utopische Ziele betreffen, bei denen die Teilhabe an der Interessenerfüllung nicht mehr real, sondern nur antizipatorisch gegeben ist. Ein aktuelles, überstaatliches und die Weltgesellschaft angehendes Beispiel bieten die Probleme des Umweltschutzes und das dadurch herausgeforderte umweltbewußte Verhalten, das in erster Linie ein prudentielles, auf die Erhaltung eigener Lebensgüter und die Vermeidung von Übeln und Antizielen bedachtes ist und erst sekundär ein moralisches.[3]

Es versteht sich, daß eine normative Theorie der Gesellschaft und der Politik sich nicht auf die moralischen Aspekte in den kommunikativen und verständigungsorientierten Prozessen zwischen den Gruppengliedern und in den institutionellen Strukturen beschränken kann. Dies hieße ziellos auf Wegen zu beharren und auch bei den Wegen eine selektive Abstraktion und Stilisierung zu verfolgen, die den größeren Teil der Aufgaben im toten Winkel liegen läßt. Im Unterschied zu den beschreibenden Sozialwissenschaften fällt den entsprechenden präskriptiven Disziplinen der Praktischen Philosophie die prinzipiell uneingeschränkte Regulierung ihrer Sachfelder zu, d. h. wie in der Ethik so weitgehend wie möglich und nötig. Das schließt im Ansatz eine Spezifizierung nach speziellen Themenfeldern, die Ausarbeitung von Typologien sowie die praktische Fallberatung ein. Dabei haben Fragen der Zielklärung, der Ausbildung kooperativer Handlungsstrategien mit Hilfe von Modelltopiken kooperativen Handelns sowie gegebenenfalls die Anleitung zur Zielrealisierung Vorrang vor Fragen der Binnenmoral. Diese Gewichtung ergibt sich aus der Natur der sozialen und politischen Gebilde als Zweckverbände, bei denen beispielsweise die Interessenerfüllung vor dem Gruppenerhalt und dieser vor der Gerechtigkeit der Mitglieder untereinander

3 Vgl. oben S. 270ff.

rangiert – eine fortschreitende, sich zur Rangordnung gegenläufig verhaltende Bedingungsfolge –, und auch im Staatszweck die Förderung des Gemeinwohls weiter reicht als die Minimalleistung der Sicherung von Recht und Ordnung oder gar die im Dienst des Gemeinwohls stehende Außenpolitik. Der Primat der erfolgsorientierten und überwiegend zweckrationalen Finalitätsstruktur vor den sie ermöglichenden Bedingungen kann jedenfalls in der Theorienbildung der Praktischen Philosophie nicht umgekehrt oder der Problemkreis der Finalisierung und Realisierung als bloß »empirisch« beiseitegelassen werden. In solchen Abstraktionen wirken spätmetaphysische Grundannahmen über die Möglichkeit und Dignität apriorischer Supernormen nach, die als methodisch verfehlt zu betrachten und durch eine erweiterte normative Kompetenz Praktischer Philosophie in Verbindung mit einer formalen (aber nicht normativen) transzendentalanthropologischen Metatheorie zu ersetzen sind. ›Grundlegungen‹ der Sozial- oder Politikphilosophie können daher nur im Ausgang von den Zielbestimmungen des sozialen oder politischen Gesamtguten und den *darauf* bezogenen Generalregeln aussichtsreich sein. ›Verständigung‹ kann daran gemessen nur als Durchgangsphase und Moment bei der Koordinierung von individuellen zu Gemeinschaftsstrategien gelten. Aus der Klarlegung dieser häufig bereits berücksichtigten, aber durch den zeitgenössischen Neokantianismus verdunkelten Gewichtsverhältnisse erwachsen Folgerungen für die philosophische Dignität einer noch zu rehabilitierenden Strebensethik: Wenn die Sozial- und Politikphilosophie nicht umhin kann, in Kategorien des Güterstrebens und der Gütererhaltung zu denken, wird man der dazu analogen Formation der Ethik einen entsprechenden, ja grundlegenden philosophischen Rang nicht verweigern können. Die interdisziplinären Responsionen sind dabei geeignet, zu einer wechselseitigen Blickschärfung im ganzen und im einzelnen zu verhelfen. Zugleich tritt dadurch die thematische Einheitlichkeit der Praktischen Philosophie deutlicher hervor.

Die thematische Kontinuität und die Parallelität des Aufbaus zwischen den Disziplinen Praktischer Philosophie wird freilich erst dann voll erkennbar, wenn man die Mehrdimensionalität auch der Sozial- und Politikphilosophie berücksichtigt und die der *Moralphilosophie* korrespondierenden Momente mit heranzieht.

Dabei sind jedoch ganz verschiedene Strata auseinanderzuhalten: Zunächst gibt es den Grenzfall des Spontankonsenses über Ziele und Mittel, wo sich die Kooperation trieb- oder gefühlsgeleitet, kontingenterweise und unbeabsichtigt einstellt und darum spezifisch moralische Bindungen nicht erforderlich sind. Doch schon die diskursive Verständigung und Konsensbildung führt zur Beachtung einer minimalen Binnenmoral der Gruppe, die die Transzendental- oder Universalpragmatik richtig analysiert, aber in verschiedener Weise überschätzt hat. Dazu gehört die Einhaltung von Regeln der Kommunikation und der Beschlußfassung, aber auch die Befolgung gefaßter Beschlüsse, ohne sich auf Kosten der andern parasitenhaft auszunehmen (wobei noch das vorsätzliche Ausscheren vom Fall der Akrasie zu unterscheiden wäre).[4] Weiter führt die materiale Gruppenmoral mit der gerechten und billigen Verteilung von Gütern, Pflichten und Lasten und andererseits dem Recht auf Mitbestimmung der einzelnen Ziele und gegebenenfalls der Handlungsstrategien. Solche Moralprobleme werden komplizierter in dem Maße, als sie nicht zwischen Individuen, sondern zwischen Unter- und Teilgruppen auftreten. Dies führt bereits zu Fragen struktureller sozialer oder politischer Gerechtigkeit auf der Ebene der Verfassungen, der Gesetzgebung bzw. der Gruppenkodizes und der Institutionen. An sie schließen sich Spielregeln des Gruppenverhaltens oder der politischen Moral an (differenziert nach dem Politiker, Administrator, Bürger oder auch Publizisten). Hierher gehören auch Probleme der Legitimität, der Sanktionsbegrenzung oder des Widerstandsrechts. Eine weitere, vierte Konstellation betrifft das externe Moralverhalten der Gruppe und ihrer Glieder gegenüber anderen Gruppen oder Nichtzugehörigen, z. B. einer Partei gegenüber anderen Parteien, einer Nation gegenüber anderen Nationen oder der gegenwärtigen Weltbevölkerung gegenüber den mutmaßlichen ökologischen Ansprüchen künftiger Generationen. Man könnte bei dieser Aufstrukturierung von einer primären, sekundären oder tertiären Moral der Gruppe sprechen. Allerdings sind mit der spezifischen Binnen- und der Außenmoral von Gruppen nur diejenigen Moral-

4 Auf der politischen Ebene fordert die Rechtsidee des Staates dafür eine Zwangs- und Sanktionsordnung, die nicht durch eine Konzeption kommunikativer Gesellschaft ersetzt werden kann (O. Höffe).

aspekte erfaßt, die aus der zweckbestimmten Kooperation selber folgen. Andere Moralformen, die nicht durch bewußte Entscheidungen hindurchgegangen und daher auch nicht eigentlich zweckbestimmt sind, treten zwangsläufig hinzu. Die meisten auf kooperative Interessenerfüllung hin gebildeten Gruppen werden zusätzlich auch von solchen Moralformationen elementarer Art bestimmt, die ihre Glieder aus dem soziokulturellen Umfeld bereits mitgebracht haben. Sie liefern auch Maßstäbe dafür, die Gruppe oder den Staat in ihrer Struktur sowie in ihren internen und externen Aktionen kritisch zu beurteilen.

Für eine mehrdimensionale Betrachtungsweise Praktischer Philosophie stellt sich in den verschiedenen Strata des Moralischen das Gegenstück zur vorrangigen Güter- und Strebensbasis dar. Es wäre aber verfehlt, gerade darin die spezifische Politische oder Soziale *Ethik* erkennen zu wollen. Zum einen kann die Politische oder Soziale Ethik nicht ausschließlich moralisch, sondern muß integrativ orientiert sein. Zum andern können der Politischen oder Sozial-Ethik nur bestimmte Aspekte der Politischen oder Sozial-Philosophie zufallen, nämlich diejenigen, die sich unmittelbar auf ein Ethos beziehen, während der objektive Aufbau der Ziele, Normen, Regeln, Institutionen und Strukturen zwar politik- und sozialphilosophisch, aber nicht ethisch qualifiziert ist. Die Sozialethik – und entsprechend die Politische Ethik – unterscheidet sich von der mißverständlich so genannten Individualethik nicht etwa durch einen entindividualisierten Sozialbezug tout court, sondern durch eine Spezialisierung auf bestimmte soziale und politische Felder, d. h. als Familien-, Wirtschafts-, Standes-, Betriebs- oder Politische Ethik und dergleichen. Diese Bestimmung gilt in erster Linie für die soziale Spezifizierung der per definitionem sozionomen Moral, aber auch für die Strebensethik, die in ihrer generellen Form nicht nur den Umgang mit Weltdingen, sondern auch den mit anderen Subjekten nach seinen nichtmoralischen Aspekten betrifft. Wie die spezielle moralische Einstellung kommt nun aber im größeren Rahmen des sozialen oder politischen Gruppenhandelns auch eine sozial oder politisch spezifizierte Strebensethik zur Geltung: Die langfristige gemeinsame Verfolgung von Zielen nötigt dazu, einschlägige Verhaltensweisen durchzuhalten, Rollen zu fixieren und dafür feste Grundhaltungen auszubilden. Das

Leistungsethos der individuellen Lebensführung bleibt also auch in der Gruppe erhalten, oder, genauer ausgedrückt, es entwickelt neue, in Gemeinschaftsstrategien eingebettete und funktionalisierte, aber darum nicht auch schon direkt moralisierte Formen der Anwendung und Betätigung. Ohne ein dergestalt erweitertes und ins Gruppenhandeln eingelassenes individuelles Strebeverhalten und die zugehörigen Dispositionen könnten Gemeinschaftsleistungen nicht erbracht und Gruppenziele nicht erreicht werden. Sozialethik ist demgemäß im Regelfall als Integrative Ethik aufzufassen, die sowohl moralische wie auch leistungs- und selbstverwirklichungsbezogene Ethosformen enthält. Die Gewichtung kann dabei keine andere sein als die der übergreifenden Disziplin, der normativen Sozialphilosophie selbst (und analog bei der Politischen Ethik gemäß der Philosophie des Politischen). Als Sozialethik unterscheidet sie sich von der planen Ethik, sei sie als Moralphilosophie oder Strebensethik aufgefaßt, dadurch, daß sie der normativen Theorie der Gesellschaft – und entsprechend die Politische Ethik der normativen Theorie des Politischen – und deren einzelnen Themenfeldern zugeordnet ist. Wie die normative Theorie des Sozialen und des Politischen insgesamt jeweils mehrdimensional angelegt ist, so gehört zu ihr auch eine mehrdimensionale Formation der Ethik, die als solche der Integrativen Ethik als der Grunddisziplin Praktischer Philosophie entspricht. Dabei ist wiederum zu beachten, daß Ethik nicht eo ipso Sozialethik oder Politische Ethik sein kann, da es unspezifizierte Formen der Moral und andererseits sozial nicht eingebundene Formen der Lebensführung gibt. Sie stehen prototypisch für alle sozial und politisch situierten Weisen der Moral und der Lebensführung und sie enthalten zugleich ein kritisches Potential, das Maßstäbe für die Beurteilung und Bewertung jener bereitstellt.[5] Auf der anderen Seite ist es deutlich, daß die Aufdifferenzierung der Praktischen Philosophie in eine Mannigfaltigkeit von Disziplinen nicht schon auf der Ebene der Ethik zu begründen ist. Politische oder Sozial-Ethik können als Anwendungsfelder der Ethik unter anderen verstanden werden; sie gewinnen den Rang einer eigenen Prakti-

5 Die Abgrenzung der »Individual«- von der Sozialmoral durch sogenannte Pflichten gegen sich selbst ist dagegen systematisch ebenso haltlos wie entbehrlich (vgl. Kap. 1).

schen Disziplin erst im Rahmen der Philosophie des Politischen und der Sozialphilosophie. Deren Eigenständigkeit verdankt sich der transethischen kategorialen Eigenart des sozialen und politischen Bereichs, bei der, wie gezeigt, die Güter- und Strebensmomente nach Art der Strebensethik leitend sind, aber auch die Dimension der individuellen Lebensführung wesentlich übersteigen. Man kann es dahingestellt sein lassen, ob die Diversifikation Praktischer Philosophie vorzugsweise auf den Güter- und Strebensmomenten oder auf der Mehrdimensionalität insgesamt beruht. Wichtiger ist, daß die Parallelität der mehrdimensionalen Anlage sich auf alle einzelnen Disziplinen erstreckt – für die Philosophie des Sozialen und Politischen sogar mehrfach (Soziale und Politische Ethik) – und daß dadurch die Einheitlichkeit der Struktur Praktischer Philosophie deutlicher hervortritt. Die Rechtsphilosophie ist davon nur scheinbar auszunehmen, doch beruht ihre Sonderstellung in erster Linie darauf, daß sie teils als Metatheorie der Rechtswissenschaft oder der Philosophie des Politischen (als Theorie der Gesetzgebung), teils (mit der Rechtsidee) als angewandte Moralphilosophie auftritt und keine eigene Rechtsethik entwickelt. Andererseits klärt sie jedoch über die eigenen Rechte nicht weniger auf als über die zu beobachtenden Rechte anderer, wie denn das Recht insgesamt im Unterschied zur Moral geeignet ist, die Differenz der eigenen und der fremden, der autonomen und der heteronomen Perspektive zwar nicht zu überbrücken, wohl aber nicht einseitig zugunsten der zweiten zu gewichten.[6]

Im übrigen sind in allen praktischen Feldern die interessen- und zielbestimmten und die normativ-restriktiven Aspekte so eng miteinander verflochten, daß sie meist nur durch abstraktive Verfahren oder gar idealtypisch isoliert werden können. Dennoch lassen sie sich in der Theorie und oft auch in der Praxis voneinander unterscheiden und müssen darum auch von der Praktischen Philosophie kritisch auseinandergehalten und gesondert thematisiert werden. Nur durch die planmäßige Beachtung der Mehrdimensionalität des Praktischen werden vorschnelle Verschleifungen vermieden und Differentialdiagnosen ermöglicht, die Anta-

6 Vgl. unten Anmerkung 10.

gonismen, Konvergenzen und Interdependenzen operationalisierbar machen. Die beiden Aspekte lassen sich generell dadurch charakterisieren, daß bei der kooperativen Zielverfolgung sich die Interessen addieren, während sie unter moralischen und sanktionistischen Gesichtspunkten miteinander konfligieren können.
Daß die Praktische Philosophie in mehrere Einzeldisziplinen zerfällt, beruht nicht nur auf Gründen der Arbeitsteilung, sondern primär auf der verschiedenen Struktur der Teilregionen ihres Sachbereichs, die bis in die Zielkategorien hineinreicht. Es ist daher eine bevorzugte Aufgabe der Einzeldisziplinen, zunächst einmal über die kategoriale Nichtidentität ihrer Zielvorstellungen, dann aber auch über deren mögliche Korrelationsmodi aufzuklären. Ähnliche Ab- und Ausgrenzungen sind danach für die spezielle Topik und endlich für die der Ausführung angezeigt. Dadurch wird der potentielle Akteur besser instandgesetzt, die verschiedenen praktischen Rollen, die er gleichzeitig spielen muß, zu unterscheiden, zu koordinieren und in den oft ziemlich komplexen Entscheidungen seines praktischen Verhaltens richtig zueinander in Beziehung zu setzen. Das Konzept einer Integrativen, alle praxisregulierenden Disziplinen komplett umfassenden Praktischen Philosophie sieht genau eine solche optimale Praxisregulierung vor, wie sie nur auf dem Wege über eine Differenzierung der Perspektiven und Auffächerung der dafür zuständigen Instanzen erreicht werden kann. Beschränkt man sich auf die repräsentative Zielebene, so lassen sich in der Tat bestimmte kategoriale Propria angeben, die das praktische Gute der einzelnen Regionen auszeichnen.[7] So ist das *individuelle* Gute definierbar als ein stimmiges Weltverhältnis, das von einem entsprechenden Selbstverhältnis begleitet wird. Das individuelle Welt- und Selbstverhältnis wird ergänzt und modifiziert durch das gemeinsame Weltverhältnis der *Gruppe*, dem qualitativ neue Könnenslagen und Wirkungsmöglichkeiten und zugleich eine eigentümliche Binnenreferenz der Gruppe zugehören – ein doppeltes kategoriales Novum des gruppenspezifischen Guten. Das *politische* Gute bringt dann zum wenigsten mit der Rechtsordnung ein weiteres Novum hinzu.

7 Zur weiteren Ausführung der jeweiligen Kategoriensätze: Verf., Kategorialität und Praktische Philosophie, in: Kategorie und Kategorialität, Festschrift f. K. Hartmann, 1990, 368 ff.

Es erstreckt sich auch auf das zwischenstaatliche Völkerrecht und die damit verbundenen Menschenrechte. Das *moralisch* Gute ordnet sich in den gleichen Bezugsrahmen ein (Welt / Selbstverhältnis), setzt aber zunächst durch die partielle Inversion des Verhältnisses – ›gut‹ primär das für Andere, nicht das für mich oder für uns Gute – einen anderen Akzent. Der Inversion entspricht eine speziellere Fassung des Freiheitsbegriffs, der nicht wie in den übrigen Disziplinen als Primärkategorie des Guten (Können u. ä.), sondern nur als Bedingung des moralisch Guten auftritt.

Für eine konsequente Theorienbildung Praktischer Philosophie stellt sich die abschließende Frage, ob und inwieweit sich die Einzeldisziplinen auf einen gemeinsamen Begriff des praktischen Guten beziehen und dadurch funktionell vereinheitlichen lassen. Das gesuchte integrative Gute der Praktischen Philosophie und damit auch der Ethik würde als Grundbegriff Praktischer Philosophie die verschiedenen Erscheinungsweisen des individuellen, gruppenspezifischen, politischen und moralischen Guten[8] übergreifen, und zwar so, daß diese im Verhältnis ihrer kategorialen Propria und Nova eine korrelative Ordnung und einen Funktionszusammenhang erkennen lassen.

Die korrelative Zuordnung der verschiedenen Ausprägungen des praktischen Guten rührt an das kontroverse Problem einer Rangfolge der Bereiche Praktischer Philosophie und ihrer mutmaßlichen entelechetischen Verfaßtheit. Steigt sie vom Individuellen über das Soziale zum Politischen an – so die klassische Hegelsche Lösung – oder stehen umgekehrt – so die neuzeitliche Tradition des Naturrechts und die ihr folgende nominalistische Hauptströmung der Gegenwartsphilosophie – das Soziale und das Politische in dieser Reihenfolge instrumentalisiert im Dienst des Individuellen? (Dabei bleibe die ambivalente Rolle des Moralischen zunächst ausgespart.) Gemeinsam ist die deskriptive Bestandsaufnahme: das individuelle Gute ist die Basis, zu der zuerst das soziale und dann das politische Gute jeweils optimierende Korrektive darstellen. Daraus ergibt sich einerseits zwanglos der größere Reichtum, die höhere »Vollkommenheit«, Allgemeinheit und Einheit (gegen-

8 Die Ökonomik ist keine selbständige philosophische Disziplin, sondern ordnet sich der normativen Sozialphilosophie als Spezialfall ein (fällt also auch nicht mit ihr zusammen).

über dem Sozialen) des Politischen, die die vorangegangenen Stufen inkludiert und in der Endposition abschließt. Auf der anderen Seite stellt sich gerade unter praktischen Gesichtspunkten die Frage, inwieweit die Abfolge wirklich einsinnig und nicht vielmehr mehr- und gegensinnig interpretiert werden muß. Hinzu kommt eine Unbestimmtheit der ontologischen Implikationen, denen zufolge über den Vorrang des Einzelnen oder des Allgemeinen nicht ohne weitere Differenzierung entschieden werden kann. Hier scheint nun die Alternative von Nominalismus und platonisch-hegelschem Begriffsrealismus (mit dem Seinsprimat des Allgemeinen) systematisch gesehen nicht disjunkt zu sein. Man kann den dogmatischen oder methodologischen Nominalismus ablehnen, ohne mit der Anerkennung des Allgemeinen auch dessen ontologischen Primat zu behaupten. Es gibt also Zwischenpositionen, die die prinzipientheoretische Begründungsfrage zumindest offenlassen. Für die Praktische Philosophie wichtiger ist ein mehr pragmatischer Gesichtspunkt: Das Integrations- und Inklusionsverhältnis ist mehrdeutig und in gewisser Weise umkehrbar, insofern sich zwar das allgemeinere Gute auf das speziellere und einzelne vollständig abbilden läßt, nicht aber umgekehrt. Das hat Konsequenzen für Komparabilität und Kontrolle und zuletzt für die Operabilität. (In bestimmter Hinsicht stellt sich das individuelle Gute sogar als die allgemeinere Kategorie dar, denn sie steht auch für den Grenzfall der Robinson-Situation.) Man könnte die komplexen Relationen so zusammenzufassen versuchen, daß man den teleologischen Fortschritt zum sozialen und politischen Guten uneingeschränkt anerkennt, aber unter Bewahrung der jeweiligen Autonomie noch einmal gegenläufig auf das individuelle Gute zurückbezieht.

Das moralisch Gute ist dem bisher skizzierten Aufbau des praktischen Guten nicht eindeutig zuzuordnen. Zunächst zeigt das mehrfach angesprochene Inversions- und Reflexionsverhältnis des moralischen Guten zu den übrigen Formen des praktischen Guten, daß es sich nicht um eine geradlinige Erweiterung zu einer neuen Optimierungsstufe handeln kann. Die Moral wirkt vielmehr auf allen Stufen primär kritisch-restriktiv. Dies gilt schon für die unabgegoltene moralische Überschußleistung, die das Individuum wie anderen Einzelnen so der Gruppe oder dem Staat

gegenüber zu erbringen hat, um deren Funktionieren zu gewährleisten. Eine solche systemische Finalisierung der Moral ist noch keine individuelle. Für das Individuum würde diese Art externer Moralbegründung ihrer Indirektheit und Unkontrollierbarkeit wegen nicht zureichen oder aber die Kategorizität der moralischen Forderung aufheben. Dies ist gegenüber dem (fiktiven) Moralautonomismus oder -harmonismus klassischer Autoren ebenso wie gegenüber neueren Versuchen einer strebensethischen Positivierung der Moral festzuhalten. Die früher anthropologisch mit der Disposition zu Überschußleistungen begründete[9] Formalstruktur des Moralischen muß jedoch auf das Verhältnis der Gruppe zu anderen Gruppen oder Übergruppen (auch dem Staat), des Staats zur Staatengemeinschaft und der Weltgesellschaft zu künftigen Generationen erweitert werden. In allen diesen Verhältnissen, die neben dem letzten noch andere asymmetrische einschließen (Minderheiten, Behinderte, Kranke, Tiere u. a.), sind Forderungen zu erfüllen, die den eigenen Interessen entweder zuwiderlaufen oder doch nicht dienlich sind. Das moralisch Gute ist hier überall dasjenige, kraft dessen den Anderen oder dem Ganzen ein eigenes Gut abgetreten, überlassen oder aufgeopfert wird.[10]
Ein solches Transzendieren des Eigeninteresses, das die Heteroge-

9 Kap. 1 S. 68f.

10 Man könnte einwenden, die Moral beruhe wie das Recht auf Gegenseitigkeit, schütze also ebenso wie sie dem eigenen Streben Abbruch tut. Für eine Gesinnungsmoral ist diese Argumentation indessen unbrauchbar und der moralischen Grundsituation des Gefordertseins nicht angemessen. Auch gehen die Forderungen der Moral in der Regel sehr viel weiter als die des auf Minimalleistungen beschränkten Rechts, und zwar oft so weit, daß sie unsere eigenen Schutzbedürfnisse übersteigen. Weiter ist die Neigung zum Parasitentum in der Moral größer als beim Recht, da vergleichbare Zwangs- und Sanktionsdrohungen in der Moral fehlen. Moralordnungen sind überdies viel weniger und langsamer der Rationalisierung zugänglich als die des (gesetzten) Rechts, da Moral, um zu funktionieren, durch Internalisierung auf Dauer gestellt werden muß, während das Recht kurzfristig durch gesetzgeberische Akte korrigiert werden kann. Zwar unterliegt das Recht auch der Kritik und Kontrolle seitens der Moral, doch darüber hinaus noch anderen Revisionskriterien wie der Angemessenheit, Zweckmäßigkeit und Sachgerechtheit auf Grund gesellschaftli-

neität und das kategoriale Proprium des moralisch Guten gegenüber den anderen Weisen des praktischen Guten ausmacht, stellt sich jedoch auf der jeweils übergeordneten Ebene affirmativ als Bedingung oder Moment des jeweiligen nichtmoralischen Guten dar. So läßt sich beispielsweise das moralische Gute als konstruktives Moment der Gruppe oder des Staatswesens nachweisen, das – als ethische Binnenmoral oder objektiv als Gerechtigkeitsprinzip[11] – die Funktion eines stabilisierenden Faktors hat, der Zuverlässigkeit und Effektivität garantiert und dadurch teils existenzerhaltend, teils als eine Grundlage der Rechtssetzung, teils optimierend wirkt. Über die Systemfunktionalität hinaus wendet sich die Moral ferner als kritisches Korrektiv gegen repressive oder aggressive Gruppen und Staaten und unterzieht sie der moralischen Geltungsprüfung ihrer Ziele, Mittel und Ansprüche durch einen übergreifenden Moralkonsens, der die Forderungen einer überstaatlichen Weltgesellschaft artikuliert. Auf diese Weise läßt sich, die konzentrische Anordnung konsensueller moralischer Horizonte vorausgesetzt (Kap. 1), über die Abfolge des Individuellen, Sozialen und Politischen hinaus ein weiterer Fortgang annehmen, bei dem eine universalistische Moral, deren Normen diejenigen der staatlichen Ordnung noch einmal kritisch zu überprüfen erlauben, eine zusätzliche Optimierung mit sich bringt. Damit scheint sich in der kategorialen Sukzession der Formen des praktischen Guten doch eine Linearität abzuzeichnen, die zur immanenten Selbstkorrektur der Moral durch den jeweils umfassenderen konsensuellen Horizont parallelläuft. Das sowohl konstruktive wie kritische, stabilisierende wie protektive Potential der Moral ließe sich dann mit einer gewissen Verschiebung der Responsionen in verschiedener Weise auf die übrigen Formen des praktischen Guten beziehen und trotz der strukturellen Heterogeneität in ein einheitliches Konzept des praktischen Guten integrieren.

Für die kategoriale Formalität des moralischen Guten trifft dies in der Tat zu, nicht jedoch für die Dimension seiner materialen Konkretionen, wo sich die Autonomie und Heterogeneität der

cher Erfahrungen, während es für die Moral keine rationale Appellationsinstanz mehr gibt.

11 Beim Staat kann man noch zwischen Legitimität und Limitation (O. Höffe) der Staatsgewalt unterscheiden.

Moral doch als zu groß erweist, um die Linearität der kategorialen Abfolge und die Integration des praktischen Guten zu tragen. Bei genauer Betrachtung zeigt sich nämlich, daß die geschichtlich realisierten Moralen keine glatte, definitive Zuordnung dulden, sondern zu den übrigen Formen des praktischen Guten auch in ein prinzipiell antagonistisches Verhältnis treten können, das die Praktische Philosophie nicht zu überbrücken, sondern nur zu artikulieren und auszuformulieren vermag. Die Moral ist heute weder mehr an einem metaphysischen Natur- oder Vernunftrecht festzumachen noch auch auf eine zweckrationale oder kommunikative Utilität festzulegen, die sie von den übrigen Formen des praktischen Guten zuletzt ununterscheidbar machte. Trotz ihrer von den übrigen Systemen unabhängigen Geltung und ihrer kritischen Valenz ist die Moral ihrerseits in hermeneutische Weltbilder und Herrschaftsverhältnisse eingebunden und bis hin zur Moralphilosophie auf entsprechende Optionen angewiesen. Sie ist ferner mehr als die andern Systeme von Obsoleszenzen und Dysfunktionalitäten bedroht.[12] Es gibt daher keine letzte Gewähr dafür, daß sich in der Moral, gleichviel von welcher Größenordnung und Reichweite, die rational nachvollziehbaren Erfordernisse der übrigen Systeme rein abbilden und darstellen. Die Moral ist ihrer Struktur nach zu komplex angelegt, als daß sie eindimensional auf eine zweckrationale oder kommunikative Zielsetzung reduziert werden könnte. Sie kann darum auch in der Regel eine fehlende Rationalität nicht ersetzen. Hinzu kommt, daß die kritische Funktion der Moral dadurch erkauft wird, daß sie selbst nur noch immanent, aber nicht mehr unmittelbar von einer externen Instanz her kritikabel ist. Da Moral zuletzt nur durch Moral kritisierbar ist, ist sie als Ganzes zwangsläufig inappellabel, zweckfrei und der direkten Kontrolle entzogen. Das moralische Bedürfnis, dem sie entspringt, ist ein phänomenales Grunddatum, das in praktischen Zusammenhängen nicht mehr hinterfragt werden kann. In dieser unaufhebbaren Autonomie des Moralischen liegt das Schwergewicht seiner Heterogeneität und möglichen Ambivalenz gegenüber den übrigen Formen des praktischen Guten. So sehr darum das Verhältnis in vielen Fällen als kritische Optimierung, ja

12 Vgl. Kap. 1 S. 69f.

Ermöglichung aufzufassen ist, wird man sich doch entschließen müssen, es in seiner Gesamtheit formaler zu halten und eher als (defunktionalisierte) Komplettierung zu kategorisieren.
Dies hat weiterhin Konsequenzen für den Versuch, das praktische Gute insgesamt über die Korrelativität seiner regionalen Ausprägungen hinaus inhaltlich zu vereinheitlichen und in einer definitorischen Formel zusammenzufassen, die auch für die Orientierung in der Praxis von Interesse sein könnte. Eine solche Definition (z. B. ›gelingendes Leben der größten Zahl‹) genügt zwar der Formalbestimmung des moralisch Guten als Selbsttranszendenz, überspringt aber dessen faktische Autonomie und Heterogeneität, indem sie ihm eine einseitige rational-utilitäre Bedeutung unterlegt. Indessen ist eine Rationalisierung, utilitäre Begründung und Funktionalisierung der Moral weder gegeben noch voraussichtlich jemals zur Gänze möglich (abgesehen von den Schwierigkeiten, die der Durchführung einer utilitaristischen Maximierungstheorie zusätzlich entgegenstehen). Da andererseits eine metaphysische Sanktionierung und Positivierung entfällt, läßt sich das moralisch Gute mit den übrigen Formen des praktischen Guten nicht bruchlos vermitteln. Was in exemplarischer und zugespitzter Ausprägung bereits für die Ethik zu beobachten war, setzt sich damit in die Praktische Philosophie hinein fort. Der Grundbegriff des praktischen Guten kann daher nicht einheitlich gehalten werden, ja für ihn ist nicht einmal Konsistenz zu verbürgen. Zum wenigsten bleibt er so ambivalent, daß es vorzuziehen ist, ihn analogisch konstruiert zu denken, um ihn für eine Mannigfaltigkeit von Bedeutungen offen und disponibel zu halten.
Dabei zeichnen sich zwei Hauptbedeutungen ab, die in den beiden Teildisziplinen der Ethik grundgelegt sind. Die Güter-, Strebens- oder Selbstethik steht prototypisch für das praktische Gute der meisten übrigen Disziplinen Praktischer Philosophie, soweit es als direkte oder mittelbare Optimierung des individuellen Guten zu betrachten ist. Die Moralphilosophie macht demgegenüber insgesamt ein praktisches Gutes geltend, das mit dem ersten Guten nicht ohne weiteres verrechnet werden kann und für dessen Kommensurabilität es keine Garantie gibt. Die philosophische Theorie wird, gerade wenn sie integrativ verfährt, an dieser

Distinktion auch dort festzuhalten haben, wo sie in der Lebenspraxis nicht augenfällig in Erscheinung tritt, und sich mit ihr arrangieren müssen.

Personenregister

Sachregister